Auteurs et directeurs des collections
Dominique Auzias et Jean-Paul Lab...

Rédaction et monta...
Jean-Paul Ballon,
Muriel Land...

Contact éditeu...

Publicité ☏ ...
Dana Lichiardop...

Relations publiqu...
Clotild...

Distribution ☏ 01 53 69 70 06
Patrice Evenor, Pascal Mayot, Romuald Verrier

COUNTRY GUIDE
le petit futé

FRANCHE COMTE

Chapelle de Ronchamp

Edition 1998-99
NOUVELLES ÉDITIONS DE L'UNIVERSITÉ©
LE PETIT FUTÉ FRANCHE-COMTÉ
Petit Futé, Petit Malin, Globe Trotter, Country Guides et City Guides
sont des marques déposées ™®©
Nouvelles Éditions de l'Université - Dominique AUZIAS & Associés©
Photos : *CRT Franche-Comté*
ISBN - 2 86 27355 90
Imprimé en France par Aubin Imprimeur Poitiers/Ligugé (L 55894)

Editorial

Saut du Doubs

Ce guide n'est pas un incunable à ranger précieusement sur le rayon le plus élevé d'une bibliothèque. Sa vocation est d'être trimbalé, coincé dans une poche, glissé dans une boîte à gants avec la carte de la région, traîné de campings en chambres d'hôtes, annoté, souligné, marqué, corné. Les Petits Futés ne sont pas faits pour rester au salon.

On n'y trouve pas de belles illustrations à toutes les pages, ni le roman d'un voyageur imaginatif. Il ne poursuit d'autre but que d'apporter une aide efficace et pratique, tout en éveillant la curiosité du voyageur. En ce sens, il s'adresse aussi bien au flâneur, qui trouvera tous les repères voulus pour construire chaque étape selon ses préférences, qu'à l'automobiliste pressé, qui pourra découvrir en version condensée l'essentiel de ce qu'il faut voir dans une ville ou aux abords immédiats de son itinéraire, tout en programmant au mieux, dans un séjour bien établi, ses haltes de repos et de gastronomie.

Les régions de France sont notre patrimoine et notre fierté touristique. Nos voisins aiment les découvrir dans leur diversité, alors que nous-mêmes avons tendance à concentrer nos habitudes de vacances dans l'une seulement d'entre elles. Pire encore, notre désir d'exotisme nous pousse parfois à négliger notre propre région, dont le Petit Futé nous apprend qu'elle contient des trésors, que nous avons jusque là ignorés ou tout simplement dont nous n'avons jamais entendu parler.

La région Franche-Comté a de quoi vous étonner, avec ses paysages mais aussi ses cités historiques : Besançon, surveillée par sa puissante citadelle et enserrée dans une boucle du Doubs, Montbéliard, cité des princes, ou Belfort la vaillante, qui sut résister à l'avance prussienne. Le Doubs, la Saône, l'Ognon ou la Loue, les lacs du Jura ou les étangs des Vosges saônoises font de ce pays d'eau et de forêt un paradis pour le promeneur et le pêcheur. Bonne route !

La collection Petit Futé Régions s'enrichit régulièrement de nouveaux titres, pour couvrir aujourd'hui près de 80% du territoire, déclinant ainsi le Guide France, auxiliaire indispensable du voyageur, et l'un des plus grands succès de librairie de ces dernières années dans le domaine du guide touristique. Cette réalisation n'aurait pas pu être menée à bien sans les aides précieuses que nous avons reçues des instances régionales et départementales, Comités Départementaux de Tourisme et Comités Régionaux, associations diverses, qui ont bien compris l'intérêt de notre démarche. Remercions également, et principalement, les Offices de Tourisme et Syndicats d'Initiative, dont beaucoup nous ont renseignés très efficacement, et que nous avons par ailleurs également rencontrés sur place, anonymement : nombreux sont ceux qui accomplissent un remarquable travail de promotion de leur ville et de leur région, en particulier dans les petites communes.

Nos remerciements à ceux qui ont participé à l'élaboration de ce guide, apportant souvent leurs connaissances précises de la région. En particulier, Barbara Gris et Didier Boucheron, Olivier Petit, Xavier Lafory, Benjamin Hannuna, Anne-Sophie Mercier, Elisabeth Andrieux et Marc Esquerré.

> **Mise en garde** *Le monde du tourisme et celui de l'industrie des voyages sont en perpétuelle transformation. Des établissements peuvent fermer entre le passage de nos rédacteurs et la sortie de nos guides. De même, les numéros de téléphone et les prix sont parfois l'objet de changements qui ne relèvent pas de notre responsabilité. Nous prions les lecteurs de nous excuser pour les erreurs qu'ils pourraient trouver dans les rubriques pratiques de ce guide.*

Som

Comment s'y rendre 11
Histoire 26
La région 27
Economie 29
Tourisme 30

Saline royale d'Arc-et-Senans

DOUBS 47

Besançon 51
Vallées de la Loue et du Lison 71
Arc-et-Senans 76
Pontarlier et le Haut-Doubs 81
Mouthe et sa région 84
Vallée du Doubs 91
Montbéliard 100
Centre 106

JURA 113

Lac des Rousses

Région des lacs 116
Dole et sa région 135
Vignoble et Revermont 151
Arbois 156
Poligny 161
Lons-le-Saunier 163
Haut-Jura 174
Saint-Claude 176

maire

Sports et loisirs 33
Repères 37
Les enfants du pays 39
Gastronomie 43
Index général 279

Fontaine à Malbuisson

HAUTE-SAONE 195

Lure 198
Passavant-la-Rochère et le Nord 204
Luxeuil-les-Bains et les Vosges saônoises 207
Vallée de la Saône 219
Champlitte 226
Vesoul 231
Gray 235
Rioz et le Sud 246

TERRITOIRE DE BELFORT 249

Belfort 253
Giromagny et les Vosges 265
Ballon d'Alsace 266
Delle 271
Terroir 277
Pratique 278

Château de Joux

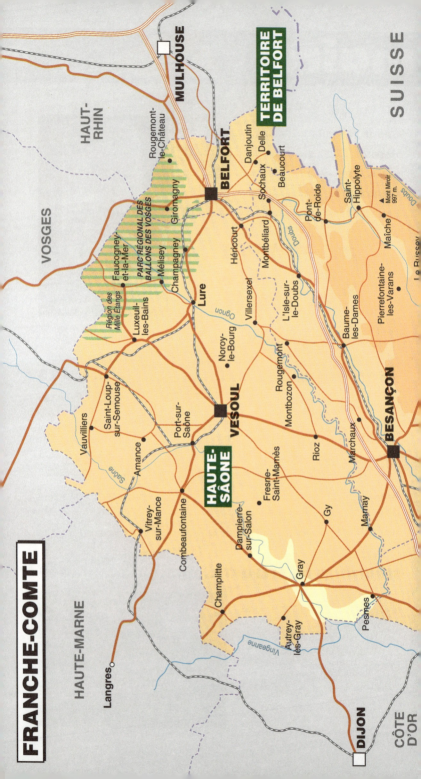

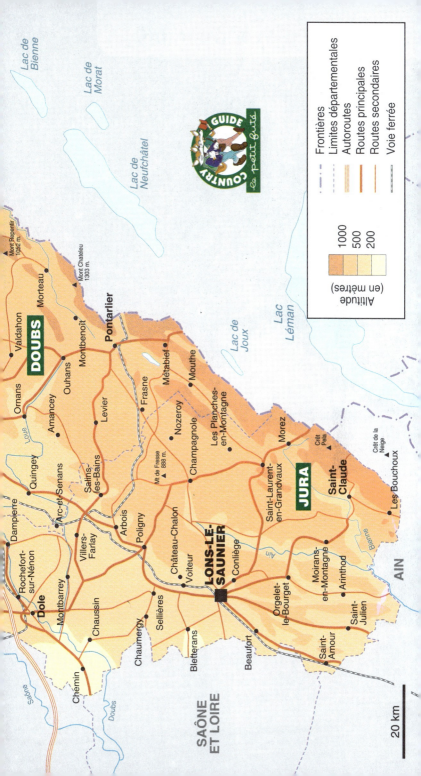

Quand y'en a pour un...

Renault.
Moteur d'idées
depuis cent ans

3615 3616 RENAULT
Coût : 1,29 F / min   http://www.clio.renault.fr

La nouvelle Clio est équipée en série du double airbag* SRP (Système Renault de Protection), conducteur et passager, à dégonflement progressif. En l'associant aux ceintures de sécurité à prétensionneurs et aux limitateurs d'effort, on optimise la protection de la tête et du thorax des occupants en cas de choc frontal. Pour encore plus de sécurité, la nouvelle Clio est équipée d'une nouvelle génération d'ap-

puis-tête avant à tiges courbes qui réduit les dangers du "coup du lapin", en cas de choc arrière. La nouvelle Clio est disponible en 4 motorisations (essence 1.2, 1.4, 1.6 et diesel 1.9D) et 4 niveaux d'équipements (niveaux d'équipements disponibles selon motorisation). Modèle présenté nouvelle Clio RXT 1.6 avec options. RENAULT préconise elf

* Coussins gonflables conducteur (60 l) et passager (150 l)

NOUVELLE CLIO
MAIS QUE RESTE-T-IL AUX GRANDES ?

RENAULT
LES VOITURES
À VIVRE

COUNTRY GUIDES

Europe
Açores	Allemagne	
Andorre	Autriche	
Baléares	Belgique	
Danemark	Espagne	
Féroé	Finlande	France
Grèce	Gde-Bretagne	Groenland
Hongrie	Iles grecques	Irlande
Islande	Italie	*Kiev*
Londres	Luxembourg	Madère
Moscou	Norvège	Pays-Bas
Portugal	Prague	St-Pétersbourg
Sibérie	Suède	*Suisse*

Proche-Orient
Chypre	Egypte	Liban
Israël	Syrie	Turquie
Jordanie	Yémen	Oman

Afrique
Afrique du Sud	Botswana	Cap Vert
Marrakech	*Maroc*	Namibie
Tanzanie	Zimbabwe	Guinée
Kenya	*Sénégal*	*Côte d'Ivoire*

Océan indien et pacifique
Australie	*Comores*	Inde
Madagascar	Maurice	N-Calédonie
La Réunion	Seychelles	*Sri Lanka*
Nouvelle-Zélande		*Maldives*
Mayotte		

Asie
Birmanie	Cambodge	Indonésie
Himalaya	*Laos*	Malaisie
Philippines	Singapour	*Taïwan*
Thaïlande	Viêt-nam	Chine
Corée	*Japon*	Hong-Kong

Amériques
Antilles	*Argentine*	Bolivie
Brésil	Californie	Canada
Costa Rica	Cuba	Equateur
Floride	Louisiane	Mexique
Montréal	*Pérou*	Québec
St-Domingue	*Venezuela*	*Jamaïque*
Colombie	Amérique centrale	

GUIDES RÉGIONS

Alsace	Auvergne
Bourgogne	Bretagne
Corse	Champagne-Ardenne
Côte d'Azur	Flandres-Artois
Languedoc	Midi-Pyrénées
Normandie	Périgord-Quercy	Picardie
Poitou	Provence	Pyrénées
Roussillon	Vallée de la Loire	Vallée du Loir
Franche-Comté	Rhône-Alpes	Aquitaine

CITY GUIDES

Alençon	Amiens	
Angers	Annecy	
Auxerre	Avignon	
Besançon	Bordeaux	
Bourges	Brest	
Caen	Chalon/Saône	Chambéry
Clermont-Ferrand	Colmar	Compiègne
Dijon	Evreux	Grenoble
Le Havre	Le Mans	Lille
Limoges	Lyon	Marseille
Melun	Metz	Montélimar
Montpellier	Mulhouse	Nancy
Nantes	Niort	Orléans
Paris	Pau/Béarn	Pays Basque
Poitiers	Quimper	Reims
Rennes	Rouen	Saint-Brieuc
Saint-Etienne	Strasbourg	Toulouse
Tours	Troyes	Tulle
Valence-Romans	Vannes-Lorient	Versailles

Europe
Anvers	Bruxelles	Charleroi
Genève	Liège	Luxembourg
Namur	San Sebastián	

Canada (The Clever Fox)
Montréal	Québec	Rive Sud

Russie (Malienki Khritets)
Moscou	St-Pétersbourg	*Sibérie*
Kiev	Anneau d'Or	*Crimée*

GUIDES WEEK-END

Alsace	Andorre	
Anjou	Ardèche	
Berry	Bouches-du-Rhône	
Cahors-Lot	Calvados	
Charente	Charente-Maritime	
Corrèze	Seine-Maritime	Côte d'Or
Creuse	Gironde	Hérault
Ille-et-Vilaine	Jura	Finistère
Landes	Loire	Loire-Atlantique
Lorraine	Lyon	Manche
Morbihan	Nîmes	Orne
Paris Dimanche	Périgord	Puy-de-Dôme
Côte-d'Armor	Saône-et-Loire	Val-d'Oise
Vaucluse	Vendée	Haute-Loire

Administration (secrétariat Hélène Gentais 01 53 69 70 00) Gérard Brodin, Dina Bourdeau, Elisabeth Lefort, Josselina Nobre
Collection Country / Régions (01 53 69 70 15) Nora Grundman, Frédérique de Suremain, Nicolas Menut, Caroline Jouanblanq
Collection City / Week-Ends (01 53 69 70 04) Michèle Kassubeck, Romain David, Nathalie Thénaud
Régie publicitaire Dana Lichiardopol, Stéphan Szeremeta (Country / Régions 01 53 69 70 13 / 16)
Direction commerciale Luc Régnard (City / Week-Ends 01 53 69 70 00)
Relations presse Clotilde Sirven (01 53 69 70 08) • **Diffusion** Patrice Evenor, Pascal Mayot, Romuald Verrier (01 53 69 70 06)
Production et fabrication (City / Week-Ends 01 53 69 70 11) Jacky Lagrave, Franck Delapierre, Emmanuel Gentais, Evelyne Marchand, Frédéric Ouzana - (Country / Régions 01 53 69 70 12) Thibault Pontonnier, Nathalie Thoraval, Delphine Pagano, Muriel Landsperger

Le Petit Futé 18, rue des Volontaires 75015 PARIS • Tél. 01 53 69 70 00 - Fax 01 42 73 15 24
NEU, SARL au capital de 3 000 000 F F. RC Paris B 309 769 966
Email : info@petitfute.com

Comment se rendre en Franche-Comté

EN AVION

Aucune ligne régulière ne dessert directement la Franche-Comté. Il existe un aérodrome à Dole-Tavaux (Jura) et à Besançon-La Vèze (Doubs). Les aéroports les plus proches sont :

Mulhouse-Bâle	✆ 03 89 69 00 00
Genève-Cointrin	✆ 00 41 22 717 71 11
Lyon-Satolas	✆ 04 72 22 72 21
Dijon-Bourgogne-Longvic	✆ 03 80 67 67 67

EN TRAIN

Destinations principales et informations concernant les gares :

BESANÇON Au départ de Paris-gare de Lyon, 17 allers-retours par jour en moyenne, directs ou avec un changement à Dijon. Durée du trajet : 2h40. Besançon est également desservie par les trains Corail Lyon-Strasbourg (7 liaisons par jour).
- Service voyageurs ✆ 03 81 53 36 36
- Services bagages ✆ 03 81 63 41 63
- Service groupes ✆ 03 81 81 55 91

BELFORT Au départ de Paris-gare de l'Est, 9 trains Corail par jour en moyenne (en 3h45), le plus souvent avec arrêt à Vesoul. Belfort est également desservie par les trains Corail Lyon-Strasbourg (7 liaisons par jour).
- Service voyageurs ✆ 03 84 57 51 28
- Service groupes ✆ 3 84 57 51 97

FRASNE (Ligne Paris-Lausanne). Au départ de Paris-gare de Lyon, 3 TGV directs par jour. Durée du trajet : 3h.
- Service voyageurs ✆ 03 81 89 77 05
- Etat du trafic ✆ 03 81 53 36 36

PONTARLIER (Ligne Paris-Berne). Au départ de Paris-gare de Lyon, 1 TGV aller-retour par jour. Durée du trajet : 3h15.
- Service voyageurs ✆ 03 81 46 56 99
- Etat du trafic ✆ 03 81 53 36 36

LONS-LE-SAUNIER La préfecture du Jura est desservie par les trains Corail Lyon-Strasbourg (7 liaisons par jour). Venant de Paris, correspondance par TGV à Mouchard (à 30 mn, et 2h de Paris) ou à Bourg-en-Bresse (à 40 mn, ligne TGV Sud-Est).
- Service voyageurs ✆ 03 84 86 08 03
- Etat du trafic ✆ 03 81 53 36 36
- Service groupes ✆ 03 84 86 08 08

POUR VOYAGER EN TRAIN AU MEILLEUR PRIX
Selon votre situation la SNCF propose une gamme de prix réduits en 1re et en 2e classe.

Pour tous
- Le billet Découverte J30 et J8 : en réservant votre billet à l'avance, jusqu'à 30 jours avant la date du départ avec Découverte J30, et jusqu'à 8 jours à l'avance avec Découverte J8, vous pouvez voyager à petit prix en 2ème classe sur plus de 470 relations.
- Le billet Découverte à Deux : vous effectuez un aller-retour à deux. Que vous ayez ou non un lien de parenté, vous pouvez bénéficier en 1ère et 2ème classes d'une réduction de 25% sur le prix de base du billet.

Pour ceux qui voyagent avec un enfant
- La carte Kiwi : avec une carte Kiwi, un enfant de moins de 16 ans et les personnes qui l'accompagnent (4 maximum) peuvent bénéficier en 1ère et 2ème classes d'une réduction de 50% sur le prix de base. Il existe 2 cartes (valables un an) : Kiwi 4x4 pour 4 trajets et Kiwi Tutti pour un nombre de trajets illimité.

Il existe maintenant mille et une manières de voyager

Voyage, la télé de tous les voyages
disponible sur certains réseaux câblés et sur CanalSatellite

Renseignements : 08 36 68 04 20 - 36 15 TELEVOYAGE (2,23F/mn)
Voyage sur internet : http://www.voyage.fr

Comment se rendre en Franche-Comté

Pour les jeunes
■ Le billet Découverte 12-25 : vous avez entre 12 et 25 ans. Sur justification de votre âge, vous pouvez bénéficier en 1ère et 2ème classes d'une réduction de 25% sur le prix de base du billet.
■ La carte 12-25 : vous avez entre 12 et 25 ans. Avec la Carte 12-25, vous pouvez bénéficier en 1ère et 2ème classes de 25% ou 50% de réduction sur le prix de base du billet pour un nombre de trajets illimité pendant un an.

A partir de 60 ans
■ La carte Sénior, qui s'adresse aux personnes de 60 ans et plus, remplace la carte Vermeil et permet de bénéficier de 50% de réduction sur les trajets en période bleue ou 25% dans tous les autres cas.

Pour les voyages en groupe
■ Tarifs Groupe, Groupe de jeunes et Promenades d'enfants : en voyageant en groupe (de 10 à 99 personnes), vous pouvez bénéficier en 1ère et 2ème classes d'une réduction de 30% (groupes d'adultes), de 50% (groupes de jeunes de moins de 26 ans), ou de 75% (groupes d'enfants de moins de 15 ans) sur le prix de base des billets.

Autres situations
■ Billet Congé Annuel : vous êtes salarié(e), retraité(e), pensionné(e) ou demandeur d'emploi (sous certaines conditions). Ce billet, délivré une fois par an, vous donne droit pour un voyage aller-retour d'au moins 200 km à une réduction de 25%. Cette réduction est calculée sur le prix de base de 2ème classe pour les voyages en 2ème classe comme en 1ère.
■ Carte Famille Nombreuse : votre famille compte au minimum 3 enfants dont au moins un mineur. La carte Famille Nombreuse vous permet de bénéficier d'une réduction individuelle de 30%, 40%, 50% ou 75% selon le nombre de vos enfants mineurs. Cette réduction est calculée sur le prix de base de 2ème classe pour les voyages en 2ème comme en 1ère.

INFORMATIONS - RESERVATIONS
Pour réserver ou se renseigner de chez vous, quatre services SNCF vous sont proposés :
■ Ligne directe. Service Information et Ventes Grandes Lignes, disponible 7 jours sur 7 de 7h à 22h ✆ 08 36 35 35 35 (2,23 F/mn). Accessible depuis la France entière.
■ Ligne vocale. Serveur Vocal Interactif Grandes Lignes, accessible 7 jours sur 7 et 24h sur 24. Informations horaires pour la France et les grandes relations internationales ✆ 08 36 67 68 69 (1,49F/mn). Accessible depuis la France entière.
■ Minitel. 3615 et 3616 code SNCF : informations et vente (1,29 F/mn). Egalement 3623 code SNCF (Minitel Magis Club, vitesse rapide).
■ Internet. Informations horaires et tarifaires : www.sncf.fr

EN AUTOBUS

Dans la plupart des régions de France, le bus est un des moyens les plus pratiques pour se déplacer et découvrir villes et paysages. On profite souvent de réseaux denses, d'itinéraires choisis et d'horaires souples permettant de programmer ses escales sans difficulté. C'est aussi une manière originale de découvrir non seulement la région mais aussi ceux qui y vivent, se déplaçant ainsi pour leurs besoins quotidiens. On obtient les horaires et lignes dans les gares routières ou auprès des compagnies locales.

Monts-Jura Autocars ✆ **03 81 21 22 00.** C'est la plus importante compagnie de cars interurbains de Franche-Comté. Elle possède des lignes dans les quatre départements.

Compagnie des Transports de l'Est (Haute-Saône) ✆ **03 84 76 49 92.**

La radio qui voyage !

Partenaire de vos escapades en région

avec

LE PETIT FUTÉ

Comment se rendre en Franche-Comté

EN VOITURE

Avec un réseau routier très important, l'accès à la plupart des sites touristiques de France est aisé en automobile. Même si les distances à l'intérieur d'une région ne sont pas considérables, la voiture reste le moyen le plus pratique et celui qui offre le plus de liberté. En revanche, les vacances en voiture ne sont pas les plus reposantes et les plus naturelles qui soient. A utiliser avec modération, en entrecoupant régulièrement de marches ou de haltes prolongées.

Deux autoroutes desservent la région :

A 36 : Suivant l'axe Rhin-Rhône, C'est la liaison majeure de la région. Cette autoroute, la "Comtoise" relie le réseau autoroutier allemand à l'autoroute du Sud en passant par Mulhouse, Belfort, Montbéliard, Besançon, Dole et Beaune.

A39 : Elle relie déjà Dijon et l'A 31 à Dole et sera prolongée dans quelques mois vers Lons-le-Saunier en direction de Bourg-en-Bresse.

Pour certaines destinations, des formules mixtes sont appréciables comme la formule train ou avion + voiture de location qui débarrasse du souci du transport et du mauvais traitement subi par son propre véhicule.

INFORMATIONS ROUTIERES 24H/24 Informations sur les conditions nationales et régionales de circulation sur les grands axes, mais aussi des informations saisonnières (calendrier et conseils de Bison Futé).

- Serveur vocal audiotel : 08 36 68 20 00. Minitel 3615 Route
- Centre d'information des autoroutes : 01 47 05 90 01. Minitel 3615 Autoroute
- Centre régional d'information et de coordination routière ℅ 03 87 63 33 33.

N'oubliez pas non plus la station Autoroute FM sur 107.7 sur tout le réseau routier, qui donne à tout moment des informations relatives au tronçon sur lequel vous circulez.

D'autres services Minitel «officiels» donnent des renseignements routiers, tels 3615 INFOROUTE ou 3615 BISON FUTE

Centrales de réservation des principaux loueurs de voitures

- Hertz 01 39 38 38 38
- Budget 0 800 10 00 01
- National-Citer 01 44 38 61 61
- Rent A Car 01 40 56 32 32
- Avis 01 46 10 60 60
- Europcar 01 30 43 82 82
- Ada 01 49 58 44 44

Quelques services pour rouler futé

3615 Allostop, 3615 Stoptel, 3615 Otostop, 3615 Pouce, 3615 Trajeco... Ces services permettent des consultations sur minitel pour faciliter les voyages en auto-stop ou le covoiturage entre automobilistes et passagers, que ce soit pour les trajets quotidiens ou occasionnels, pour aller au travail ou partir en vacances.

3615 ITI, 3615 KM et 3615 Partir... Pour éviter des détours inutiles ou pour établir un budget de voyage, ces services par minitel vous permettent de définir un itinéraire et de calculer le coût, selon la formule de votre choix : itinéraire direct, sans péages, par étapes et selon votre véhicule (caravane ou non). Enfin, ces services donnent des informations sur le trafic, utiles pour les week-ends chargés.

EN DEUX-ROUES

La Franche-Comté à vélo, c'est très joli aussi, et pas trop difficile si l'on se contente de suivre les vallées du Doubs ou de la Saône, par exemple. Mais il faudra quand même être un bon grimpeur si l'on est résolu à découvrir dans doute sa diversité le massif du Jura et si l'on tient absolument à contempler le lac Léman depuis le col de la Faucille....

Comment se rendre en Franche-Comté

Le cyclomoteur est un véhicule presque idéal, assez silencieux et qui ne va pas trop vite. On visite presque au rythme du cycliste, sans la fatigue. L'inconvénient est aussi qu'on ne peut guère "faire de la route" en allant d'une ville à l'autre et qu'il faut tracer un itinéraire entre chaque étape. A cet effet, le réseau routier régional, fort de ses milliers de kilomètres de routes départementales et de chemins communaux, qui en font un des principaux réseaux de France, se prête à merveille à la promenade en deux-roues, à l'écart du trafic automobile et poids lourds.

La moto, elle, permet de grandes traversées, et aussi de transporter davantage de bagages. Et, sous la pluie, on se débarrasse un peu plus vite des nuages qu'en cyclo. En revanche, le poids supérieur enlève de la maniabilité (essayez de pousser une moto en panne), et la vitesse supérieure n'a pas que des bons côtés, notamment en ce qui concerne la sécurité.

EN BATEAU

Le tourisme fluvial connaît un bel essor depuis quelques temps, et l'on n'a jamais vu autant de vacanciers sur les canaux. Deux gros avantages, le silence, la beauté des paysages, souvent inaccessibles autrement, et, comme le vélo, un rythme tout à fait adapté, avec cependant une autonomie moindre du fait du choix limité d'intinéraires. La région est irriguée par un bon réseau de voies navigables, représenté par le Doubs canalisé (affluent de la Saône qui prend sa source dans le Jura et la rejoint à Saint-Jean-de-Losne, partiellement canalisé entre Dole et Montbéliard), la Saône, le canal de la Marne à la Saône et le canal de l'Est.

Informations générales

VNF. Voies Navigables de France. 175, rue Ludovic Boutleux 62408 Béthune ✆ 03 21 63 24 44. Gère, entretient et développe la plupart des canaux, rivières et fleuves navigables de France. Envoie, sur demande, le dépliant "la France en douce" (cartes, adresses, tarifs des péages, informations pratiques pour les plaisanciers).

Le Petit Futé du Tourisme fluvial. Toute la France fluviale en 53 itinéraires et tout ce qu'il faut savoir pour naviguer tranquille. Un ouvrage complet pour la plaisance, les adresses des sociétés de location et de promenade, la description minutieuse de chaque tronçon, avec des commentaires touristiques, pratiques et gastronomiques. Dans toutes les librairies.

3 COLLECTIONS POUR UNE DECOUVERTE ENCORE PLUS FUTEE DE LA FRANCHE-COMTE

Les City Guides, les guides Week-End et les guides Région du Petit Futé sont en vente partout

Comment se rendre en Franche-Comté

Loueurs nationaux

CROWN BLUE LINE. Le Grand Bassin 11400 Castelnaudary ✆ **04 68 94 52 72/ 01 42 40 81 60.** 450 bateaux, 24 modèles différents. Loueur international implanté dans toute la France. Bases les plus proches à Saint-Jean-de-Losne (71) sur la Saône ✆ 03 80 29 12 86 et à Fontenoy-le-Château (88) sur le Canal de l'Est ✆ 03 29 30 43 98.

LOCABOAT PLAISANCE. Port au Bois 89300 Joigny ✆ **03 86 91 72 72.** Loueur international implanté dans toute la France. Base sur la Saône à Corre ✆ **03 84 92 59 66** ; les autres bases les plus proches à Joigny (89) sur l'Yonne et à Dijon (21) sur le Canal de Bourgogne ✆ **03 80 76 27 27**.

CONNOISSEUR CRUISERS. Ile Sauzay, rue du Val de Saône 70100 Gray ✆ **03 84 64 95 20.** Important loueur international, dont la pricipale base française est située en Franche-Comté à Gray (Haute-Saône). Nombreuses bases également sur les canaux bourguignons voisins.

NICOL'S. Route du Puy-Saint-Bonnet 49300 Cholet ✆ **02 41 56 46 56.** Loueur international possédant une base en Franche-Comté, à Dole ✆ 03 84 82 65 57 et à Montbéliard sur le Doubs ✆ **03 81 94 92 69** (capitainerie du port).

RIVE DE FRANCE. 55, rue d'Aguesseau 92100 Boulogne-Billancourt ✆ **01 41 86 01 01.** Base de Franche-Comté : Port de Scey-sur-Saône (70) ✆ 03 86 43 44 00.

Autres loueurs

Loisir Nautic de France. Port de Plaisance 70160 Port-sur-Saône ✆ 03 84 91 59 33.

Saône Plaisance. Port de Savoyeux 70130 Seveux ✆ 03 84 67 00 88.

Vetus. La Capitainerie, place de l'Eglise 71350 Verdun-sur-le-Doubs ✆ 03 85 91 97 97.

ORGANISATEURS DE VOYAGES

Agences et tour-opérateurs régionaux et locaux

Dans chaque département, des agences locales et organisateurs de voyages proposent des circuits et séjours hébergements.

DOUBS

Monts-Jura Tourisme. 9, rue Proudhon 25000 Besançon ✆ 03 81 21 22 38

Bernard Voyages. 1, place du Champ de Foire 25200 Montbéliard ✆ 03 81 91 10 70

Service Loisirs Accueil. 4 ter, Faubourg Rivotte 25000 Besançon ✆ 03 81 82 80 48.

JURA

Juragence. 19, rue Jean Moulin 39000 Lons-le-Saunier ✆ 03 84 47 27 27.

Sylver Tours. 3, route de Besançon 39600 Arbois ✆ 03 84 66 10 70.

Transarc Tourisme. 18, avenue du Stade 39000 Lons-le-Saunier ✆ 03 84 24 76 00.

Service Loisirs Accueil. 8, rue Louis Rousseau 39000 Lons-le-Saunier ✆ 03 84 87 08 88.

HAUTE-SAONE et TERRITOIRE DE BELFORT

Service Loisirs Accueil. 117, rue des Bains 70000 Vesoul ✆ 03 84 75 43 66.

Agences et tour-opérateurs nationaux

LE PETIT FUTE VOYAGES ✆ **01 41 06 41 07.** C'est une agence de voyages et surtout une super combine pour obtenir, en plus des conseils les plus futés, billets, prestations et surtout les meilleures conditions sur presque toutes les compagnies et les agences que nous référençons. C'est pratique, pas cher et vite fait comme dans un supermarché.

Latitudes

A la montagne comme à la mer, à l'écoute de vos loisirs

180 Résidences, Résidences Club, Hôtels et Hôtels Club en France et à l'étranger

Les formules MAEVA :

La Résidence
Des appartements prêts à vivre et une foule de services et d'avantages vous est proposée (service hôtelier, réduction location de skis, remontées mécaniques, stages…).

La Résidence Club
Tous les avantages et services d'une résidence, avec en plus, compris dans nos tarifs : club enfants (durant les vacances scolaires), animation, et activités sportives.

L'Hôtel
Du 2 au 4 étoiles, en petit déjeuner, demi-pension ou pension complète, à la nuitée ou à la semaine, la proposition hôtelière MAEVA se veut avant tout souple et adaptée à vos exigences de confort.

L'Hôtel Club
Les services d'un Hôtel, mais aussi tous les ingrédients d'une formule Club ; garderie d'enfants durant les vacances scolaires, animation, activités sportives…

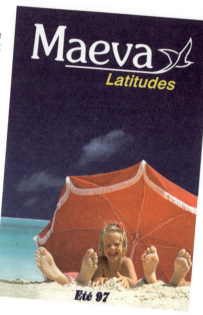

RENSEIGNEMENTS - RESERVATIONS

PARIS 01 46 99 53 53 - LYON 04 78 39 20 20 - LILLE 03 20 15 92 92 - MARSEILLE 04 91 15 80 80 - NANTES 02 40 20 57 18 - TOULOUSE 05 61 22 78 78 - STRASBOURG 03 88 21 01 00

Minitel 36 15 Maeva (2,23 F la mn) ou chez votre agence de voyages agréée

Je souhaite recevoir sans engagement de ma part la brochure MAEVA

A retourner à MAEVA - 92, Route de la Reine - BP 408 - 92103 BOULOGNE Cedex

Nom .... Prénom ....

Adresse ....

Code postal .... Ville .... Tél ....

GROUPE LOCAREV-MAEVA - S.A. au capital de 46 107 000 Francs - MAEVA LOISIRS - S.N.C. au capital de 20 000 Francs - R.C.S. NANTERRE B 378.106.108
Licence N°092950031 - Tél : 01 41 22 10 10 - Fax : 01 41 22 10 45 - Responsabilité civile : AGF - 87, rue de Richelieu - 75002 PARIS
Garantie Financière : SOCIETE GENERALE - 6, rue Auber 75009 PARIS

Réf. PF - La Diffusion Graphique 04 74 88 25 88 - Photo : Mauritius (La Photothèque)

Comment se rendre en Franche-Comté

HAVAS VOYAGES. 450 adresses en France - Minitel 3615 code Havas Vayages. La brochure Havas Voyages "Vacances en France" propose plus de 120 destinations dont plusieurs d'entre elles en Franche-Comté. Du simple week-end à la semaine ou plus. Toute une gamme de services à la carte pour organiser ses vacances à sa guise :
- Séjours en hôtels ou gîtes.
- Randonnées à la découverte de la région .
- Séjours d'exception en châteaux-hôtels.

NOUVELLES FRONTIERES. 150 agences à Paris et en province ✆ 08 36 33 33 33 - Minitel 3615 ou 3616 NF. Circuits en étoile, randonnées pédestres ou équestres dans des sites encore sauvages. Séjours découverte ou séjours sportifs. Une gamme de plus en plus large pour découvrir les régions françaises.... Vous pouvez aussi combiner votre circuit avec un séjour dans un hôtel Paladiens.

VISIT FRANCE. Réservation-vente en agence de voyages. Tout un éventail de séjours et de circuits préparés par cette filiale du Groupe Air France. Forfaits complets, circuits à la carte, formules spécial week-end ou mini-circuits... Au programme des thèmes originaux ou insolites au gré des régions : gastronomie, thalasso, festivals culturels, vols en montgolfière, safaris-nature...

JET TOURS. Réservation-vente en agence de voyages. Jet Tours propose, sur l'ensemble du littoral et sur les massifs montagneux français, des suggestions de locations et d'hôtels, de différentes catégories. Une formule bien adaptée au tourisme familial.

SELECTOUR VOYAGES. Réservation-vente dans les 410 agences Selectour. Dans sa brochure "Partir en France", Selectour propose de découvrir l'hexagone de différentes façons : week-ends et séjours dans des stations sélectionnées, circuits et séjours à thème (festivals, gastronomie, vélo...) à la découverte des régions, croisières fluviales, cures de thalassothérapie ou encore découverte des plus grands parcs d'attractions.

FRANTOUR. Réservations-vente en agence de voyages. Cette filiale de la SNCF propose des séjours en hôtels-clubs Frantour ou en hôtels traditionnels, des locations de voiture Avis, des réservations TGV + séjours...

NOUVELLE LIBERTE. 38, rue du Sentier 75002 Paris ✆ 01 40 41 91 91. Minitel 3615 NLB ou 3615 Air Direct. Une large sélection de produits : vols secs à prix sacrifiés, séjours hôteliers, formules à la carte et circuits découverte.

EPISODES ✆ 01 60 79 62 62. Le groupe Accor suggère, dans sa brochure Episodes, de courts séjours et des week-ends en liberté dans les établissements du groupe, avec avion ou train + hôtel + auto.

VACANCES BLEUES. A Marseille ✆ 04 91 53 09 18. A Lille ✆ 03 20 30 76 81. A Lyon ✆ 04 78 30 60 49. Le tour-opérateur des seniors. Circuits et séjours libres ou a thème.

CLIO. 34, rue du Hameau 75015 Paris ✆ 01 53 68 82 82. 128, rue Bossuet 69006 Lyon ✆ 04 78 52 61 42. 45, rue de la Paix 13001 Marseille ✆ 04 91 54 02 13. Des "vacances culturelles" en petits groupes, tel est le credo de Clio. Voyages classiques ou randonnées, événements musicaux ou fêtes de noël, quel que soit votre choix, grâce à un éventail de propositions diversifiées, mille et un visages du patrimoine historique et artistique de la France vous seront présentés, mis en relief par des conférenciers spécialistes.

TERRIEN. 1, allée Turenne 44003 Nantes ✆ 02 40 47 93 25. Un grand choix de circuits en autocar à la découverte de la France et de ses richesses.

ALLIBERT VOYAGES. Route de Grenoble 38530 Chapareillan ✆ 04 76 45 22 26 - 14, rue de l'Asile Popincourt 75011 Paris ✆ 01 40 21 16 21. Circuits en autocar et randonnées à la découverte des régions françaises, dans l'ambiance chaleureuse et conviviale d'un petit groupe.

Comment se rendre en Franche-Comté

TOURISME VERNEY. Réservations-vente en agence de voyages. Circuits en autocar à la découverte des régions françaises. Des produits particuliers toute l'année, tels que escapades d'une journée (shopping, carnavals, fêtes), week-ends pour le réveillon dans des sites pittoresques, week-ends gastronomiques...

Vacances sportives

Les paysages de la Franche-Comté se prêtent merveilleusement à la pratique sportive.
Avec le ski, le premier sport à pratiquer dans la région, et le plus accessible toute l'année, reste la randonnée, incomparable moyen de découvrir les paysages et d'aller à la rencontre des habitants. Les chemins de Grande Randonnée - GR - sont balisés et entretenus régulièrement, et sont décrits dans les topo-guides. L'hébergement se fait en gîtes d'étape, parsemés au long des chemins et des pistes.

D'autres sports ont fait, ces dernières années, une percée spectaculaire. Ecologiques, synonymes d'aventure, de glisse, le rafting (descente de rivière dans un grand canot pneumatique contenant de 6 à 10 personnes), le canyonning (randonnée sur rivière combinant nage et escalade), les raquettes à neige ont rejoint l'escalade, la planche à voile, le ski et le VTT, le canoë-kayak ou la plongée dans cette catégorie de sports qui se prête à merveille aux vacances et aux stages.

Contactez également les fédérations sportives des différentes disciplines.

Organismes et tour-opérateurs nationaux

U.C.P.A. 62, rue de la Glacière 75013 **Paris** ✆ 01 45 87 45 87 - 28, boulevard de Sébastopol 75004 **Paris** ✆ 01 43 36 05 20. Le spécialiste des vacances sportives pour les jeunes : voile, planche à voile, escalade, canoë, rafting...

TERRES D'AVENTURE. 6, rue Saint-Victor 75005 **Paris** ✆ 01 53 73 77 77 - 8, rue Henriette d'Angeville 74403 Chamonix ✆ 04 50 55 84 95 - 9, rue des Remparts d'Ainay 69002 Lyon ✆ 04 78 42 99 94 - 50, rue de Paris 59800 Lille ✆ 03 20 15 80 20 - Minitel 3615 Terdav. Spécialiste du voyage à pied aux quatre coins du monde, Terrres d'Aventure propose de nombreux circuits de découverte au cœur des terroirs de France qui ont chacun leurs paysages particuliers, leurs traditions et parfois leur... langue.

CLUB AVENTURE. 18, rue Séguier 75006 **Paris** ✆ 01 44 32 09 30 - Minitel 3615 Clubavt. Circuits pédestres. Loin de l'agitation de l'été, le Club permet de découvrir les côtes, et leur arrière-pays. Club Aventure propose également parmi ses nombreuses randonnées la découverte de la haute montagne, sans portage du sac.

NOMADE. 49, rue de la Montagne Sainte-Geneviève 75005 **Paris** ✆ 01 46 33 71 71 / 01 43 54 77 04 - Minitel 3615 Nomadav. En compagnie de guides à l'accent du terroir, Nomade vous propose quelques itinéraires dans les coins les plus reculés et les plus pitoresques. Vous marcherez en toute liberté, d'un point à un autre (sans jamais rien porter). Après des marches de 5-7 h, vous atteindrez l'auberge ou le gîte prévus.

EXPLORATOR. 16, rue de la Banque 75002 **Paris** ✆ 01 53 45 85 85 - Minitel 3615 EXPLO. Vacances sportives et circuits de découverte de territoires sauvages, préparés par les meilleurs spécialistes.

DNTE. Délégation nationale au tourisme équestre. 30, avenue d'Iéna 75116 Paris ✆ 01 53 67 44 44. Sélectionne les meilleures adresses par région et par département.

HEBERGEMENT

De nombreuses grandes sociétés nationales d'hébergement touristique (tourisme associatif, chaînes d'hôtels, de villages de vacances, de résidences de tourisme, catalogues de locations de vacances...) disposent ou proposent des établissements ou des adresses en France pour des séjours adaptés aux désirs et aux possibilités de chacun.

Comment se rendre en Franche-Comté

Vacances en famille

VVF. Réservation centrale ✆ 0 803 808 808 - Minitel 3615 VVF. Depuis 35 ans, c'est le spécialiste des vacances familiales. Les sites à la mer, à la montagne et à la campagne. Séjours en villages de vacances, hôtels-clubs, appartements ou gîtes.

VACANCES POUR TOUS. 21, rue Saint-Fargeau BP 313, 75989 Paris Cedex 20. ✆ 01 43 58 95 66. Premier opérateur du tourisme associatif. Pour des vacances familiales en location, demi-pension ou pension complète. Organisation de séjours pour les enfants et les adolescents en centre de vacances ou en circuits itinérants, avec plus de 70 activités sportives, culturelles et de détente.

VAL. 33, rue Eugène-Gilbert 63038 Clermont-Ferrand Cedex 1 ✆ 04 73 43 00 00. Un des spécialistes du tourisme vert. Cette association gère des villages de vacances à la campagne, à la montagne et à la mer.

RENOUVEAU. 18, rue de l'Hôtel de Ville 75004 Paris ✆ 01 42 78 26 42. Villages de vacances à la mer et à la montagne. Convient particulièrement aux séjours en famille. Nombreux stages sport, loisir, culture.

VACANCES LÉO LAGRANGE. 12, Cité Malesherbes 75009 Paris ✆ 01 44 53 30 90. Des sites pour des vacances à la mer, à la montagne et à la campagne dans des hébergements diversifiés : villages de vacances, gîtes, hôtels-clubs. Pour les jeunes, nombreuses possibilités de séjours, formations sportives et projets-découvertes.

VTF. 15, rue Gay Lussac 75005 Paris ✆ 04 72 53 65 00. Villages et résidences de vacances dans des sites privilégiés (mer, montagne, campagne) pour des séjours au meilleur prix. Séjours sportifs, week-ends, séjours juniors.

VACANCIEL. Chemin de l'Epervière 26000 Valence ✆ 04 75 82 45 45 Minitel 3615 Vacanciel. Des stations choisies pour des séjours en famille dans des villages de vacances à la mer, à la montagne et à la campagne.

Résidences de tourisme

MAEVA-LATITUDES. Distribué pas Havas Voyages ✆ 01 41 06 41 06 - Minitel 3615 Havas. Résidences de tourisme dans les plus grandes stations touristiques françaises. Séjours en hôtel-clubs ou résidences dans des appartements tout équipés.

PIERRE ET VACANCES. Réservation centrale ✆ 01 43 22 22 22 - Minitel 3515 Pierre et Vacances. Séjours en résidences de tourisme à la mer et à la montagne. Studios et appartements tout équipés.

CITADINES. Réservation centrale ✆ 01 41 05 79 79. Apparthôtels implantés au cœur des grandes villes pour des séjours en famille, de quelques jours à plusieurs semaines, dans des appartements tout équipés (du studio au 3 pièces) avec services hôteliers (téléphone direct, TV, linge fourni...).

ORION. Réservation centrale ✆ 01 40 78 54 54. Séjours en résidences de tourisme à la mer et à la montagne mais aussi en ville. Studios et appartements tout équipés.

FRANCE LOCATION. Réservation centrale ✆ 04 92 93 55 92. Résidences de tourisme sur la côte méditerranéenne. Studios et appartements tout équipés.

VACANTEL. Réservation centrale ✆ 01 60 91 76 76. Séjours en appartements tout équipés à la mer et à la montagne.

Minitel futé

De plus en plus de services par minitel proposent des produits touristiques soldés ou de "dernière minute". Par exemple : 3615 DEGRIFTOUR, 3615 FUTÉ, 3617 PROMOVAC, 3615 RÉDUCTOUR ...

 AÇORES, MADERE CAP VERT
 AFRIQUE DU SUD
 ALLEMAGNE
 ALSACE-VOSGES
 ANTILLES
 COUNTRY PETIT GUIDES DE Paris • Bruxelles • New

 BOTSWANA
 BOURGOGNE
 BRESIL
 BRETAGNE
 BRUXELLES

 CORSE
 COSTA RICA
 COTE D'AZUR MONACO
 CRETE

CUBA
DANEMARK

 FRANCE
 GDE-BRETAGNE
 GRECE
 GUYANE
 HIMALAYA
 ILES GRECQUES

 LONDRES
 LUXEMBOURG
 MADAGASCAR
 MALAISIE
 MARRAKECH
 MEXIQUE

 PARIS
 Guide DIMANCHE Paris et environs
 PERIGORD QUERCY
 POITOU
 PORTUGAL
 PRAGUE

 SEYCHELLES
 SIBERIE
 SINGAPOUR
 SUEDE
 SYRIE
 THAILANDE

Les Country Guides du Petit Futé : culture

pratique, aventure... l'essentiel et plus...

Comment se rendre en Franche-Comté

Auberges de jeunesse

FÉDÉRATION UNIE DES AUBERGES DE JEUNESSE (FUAJ). 27, rue Pajol 75018 Paris ✆ 01 44 89 87 27 - Minitel 3615 FUAJ. Regroupe 186 auberges réparties dans toute la France. Edite un catalogue de séjours avec d'activités sport-loisir.

LIGUE FRANÇAISE DES AUBERGES DE JEUNESSE (LFAJ). 38, boulevard Raspail 75007 Paris ✆ 01 45 48 69 84. L'autre grande association d'auberges de jeunesse.

Groupements, associations et labels hôteliers

RELAIS ET CHATEAUX. 15, rue Galvani 75017 Paris ✆ 01 45 72 96 50. En France, près de 150 établissements de charme et de prestige. Guide gratuit.

LES GRANDES ETAPES FRANÇAISES. 140, rue de Belleville 75020 Paris ✆ 01 43 66 06 06. 12 châteaux-hôtels de grande classe.

CHATEAUX ET HOTELS INDEPENDANTS. 15, rue Malebranche 75005 Paris. Réservation centrale ✆ 01 40 15 00 99.

LOGIS DE FRANCE. 83, avenue d'Italie 750013 Paris ✆ 01 45 84 70 00. Minitel 3615 Logis de France. Regroupe en France, un peu plus de 3 700 établissements traditionnels et de bon confort classés par cheminées.

BEST WESTERN FRANCE. Réservation centrale ✆ 0 800 90 44 90. Une centaine d'hôtels de caractère 3* et 4*, en centre ville et grandes stations touristique de standing.

INTER HOTEL. Réservation centrale ✆ 01 42 06 46 46. Près de 180 hôtels traditionnels de bon confort (2* et 3*).

HOTELS RELAIS SAINT-PIERRE. 8, avenue de l'Opéra 75002 Paris ✆ 01 42 96 10 23. Hôtels tranquiles situés sur des sites de pêche en rivière.

RELAIS DU SILENCE. 2, passage du Guesclin 75015 Paris ✆ 01 45 66 77 77. Près de 170 hôtels 2*, 3* et 4* sélectionnés pour la qualité de leurs prestations et leur calme.

Chaînes hôtelières

4 étoiles et 3 étoiles

Sofitel. Réservation centrale ✆ 01 60 77 87 65.

Concorde. Réservation centrale ✆ 01 40 71 21 21 ou 0 800 05 00 11.

Novotel. Réservation centrale ✆ 01 60 77 51 51 - Minitel 3615 Novotel.

Mercure. Réservation centrale ✆ 01 60 77 22 33 - Minitel 3615 Mercure.

Holiday Inn. Réservation centrale ✆ 0 800 90 59 99.

Bleu Marine. Réservation centrale ✆ 01 64 62 49 49.

Frantour. Informations ✆ 01 45 19 15 40.

2 étoiles

Ibis. Réservation centrale ✆ 01 60 77 52 52 - Minitel 3615 Ibis.

Campanile. Réservation centrale ✆ 01 64 62 46 46-Minitel 3615 Campanile.

Climat de France. Réservation centrale ✆ 0 801 63 22 11.

Comfort Inn. Réservation centrale ✆ 0 800 91 24 24.

Clarine. Réservation centrale ✆ 01 64 62 48 48.

One Star Plus. Informations ✆ 01 40 06 08 50.

Comment se rendre en Franche-Comté

1 étoile et autres

Formule 1. Réservation centrale ✆ 08 36 68 56 85 - Minitel 3615 Formule 1.

Etap. Réservation centrale ✆ 08 36 68 89 00 - Minitel 3615 Etap.

Bonsaï. Réservation centrale ✆ 0 801 63 72 71.

Balladins. Réservation centrale ✆ 0 801 63 22 24.

Nuit d'Hôtel. Informations ✆ 01 64 46 05 05.

Première classe. Réservation sur minitel 3615 Première classe.

B&B. Informations et réservations auprès de chaque hôtel.

Villages Hôtels. Informations ✆ 03 80 71 50 60.

Fasthôtel. Informations ✆ 01 42 35 79 79.

Gîtes et chambres d'hôtes

GÎTES DE FRANCE. 35, rue Godot de Mauroy 75439 Paris Cédex 09 ✆ 49 70 75 75 - Minitel 3615 Gîtes de France.

CAFE COUETTE ✆ **01 42 94 92 00 - MINITEL 3615 Café Couette.** Sélection de 450 adresses " Bed and breakfast" à Paris et en province.

TOURISME CHEZ L'HABITANT. 15, rue des Pas-Perdus 95800 Cergy-Saint-Christophe ✆ **01 34 25 44 44 - Minitel 3615 code TCH.** Spécialiste du logement chez l'habitant, une formule d'hébergement traditionnel, économique et de qualité. Durée minimum 2 nuits. Pour plus d'un mois : Nuit du Monde ✆ 01 34 25 44 55 ou 3615 NDM.

Locations de vacances

LOCATOUR. 67, boulevard Haussmann 75008 Paris ✆ 01 44 56 30 30. Catalogue et réservations-vente en agence de voyages. Spécialisé dans les locations de vacances. Plus de 200 destinations et séjours en hôtels, clubs et villages de vacances, résidences de tourisme, villas et bungalows. Découverte de la France "verte" : stages d'équitation, tennis, VTT et golf. Séjours en thalassothérapie.

LAGRANGE VACANCES. 9, rue Le Chatelier 75017 Paris ✆ 01 47 54 00 00 ou 3615 LAGRANGE. Catalogue et réservations-vente en agence de voyages. Du mini-séjour aux grandes vacances, Lagrange vous propose des hôtels et des résidences à la mer, à la montagne et à la campagne.

CLÉVANCES. 54, boulevard de l'Embouchure ✆ 05 61 13 55 66 - Minitel 3615 Clévacances. Le spécialiste des locations de vacances. Plus de 20 000 adresses en France strictement sélectionnées et labélisées.

INTERHOME. 15, avenue Jean-Aicard ✆ 01 43 55 44 25. 6 000 appartements et villas pour les vacances, à la mer, à la montagne et à la campagne.

Camping - caravaning

FEDERATION FRANCAISE DE CAMPING-CARAVANING. 78, rue de Rivoli 75004 Paris ✆ **01 42 72 84 08 - Minitel 3615 FFCC.**

CHAINE CASTELS ET CAMPING-CARAVANING. BP 301, 56008 VANNES cedex ✆ 02 97 42 55 83. Regroupe 48 sites haut de gamme.

CAMPING CLUB DE FRANCE. 218, boulevard Saint-Germain 75007 Paris ✆ 01 45 48 30 03. Regroupe 27 terrains, chalets et caravaneiges.

Histoire

Dans sa position frontalière, on se doute bien que la Franche-Comté n'a pas connu que la douceur et la tranquillité. Et il est vrai que, de la plupart des conflits qui ont secoué l'Europe dans le second millénaire, elle n'a pas raté grand chose, souvent aux premières loges, perpétuel objet de convoitise.

Pourtant, on pourrait dire que, dans son grand malheur de n'être pas tout à fait née française et d'avoir, au partage de l'empire de Charlemagne, basculé du côté germanique, elle a bénéficié d'une relative prospérité et d'une attention soutenue au cours des siècles de la part de ses seigneurs, qu'ils viennent de l'autre côté du Rhin ou, comme un peu plus tard, de l'autre côté des Pyrénées. Elle a aussi, très tôt, manifesté une certaine unité et une identité que peu de régions administratives peuvent revendiquer aujourd'hui.

On peut trouver symbolique cette relative stabilité qui justifie l'attachement des Comtois à leur région. Les racines sont profondes : elles remontent à l'époque gallo-romaine. Le terrain n'est pas occupé par de multiples tribus, mais par une seule, les Séquanes, et qui vivent plutôt bien jusqu'à la chute de Rome. Au Ve siècle viennent les Burgondes qui s'installent sans plus de dégâts et trouvent la région fort plaisante, cultivant et bâtissant pour forger une personnalité à ce Comté d'Outre-Saône, tel qu'il sera attribué à Lothaire à la mort de Charlemagne. Par partages et alliances successifs, il fera parfois partie de la Bourgogne, ainsi constituée du Duché et du Comté, avant de prendre son nom de Franche-Comté en 1366. Après avoir connu les Barberousse et les Habsbourg, c'est la branche espagnole qui s'installe en 1556 pour sceller le destin comtois.

L'histoire commence en effet vraiment sous Charles Quint. Les villes se développent, s'embellissent alors qu'un Bisontin natif d'Ornans, Nicolas Perrenot de Granvelle devient un des premiers personnages de l'Empire en étant le conseiller le plus écouté du roi d'Espagne. S'il assure sa fortune personnelle et cultive le népotisme en plaçant ses enfants à des postes clés (le plus gâté sera cardinal et ministre de Philippe II), il fait aussi œuvre de bienfaisance pour sa ville et sa région qui s'accommode plutôt bien de la présence espagnole. Les nombreuses maisons et hôtels particuliers de cette époque témoignent d'une certaine prospérité, qui durera jusqu'à l'expression militaire de la volonté de Louis XIV d'étendre sa domination jusqu'aux confins de son royaume et un peu au-delà. Cette prétention française ne date pas d'hier : au XIVe siècle, lorsque le duc de Bourgogne Philippe le Hardi devient roi de France, la région passe fugacement dans le royaume ; lorsque Charles le Téméraire combat Louis XI, ce dernier apprécierait bien de le dépouiller un peu plus et se trouve fort déçu que, à sa mort, sa fille épouse Maximilien de Habsbourg ; Henri IV tente le coup, puis Richelieu à la fin de la guerre de Trente Ans. Enfin, Louis XIV, qui n'a pas épousé Marie-Thérèse d'Autriche uniquement pour ses beaux yeux, revendique à son tour la région et se met vraiment en colère lorsqu'on la lui refuse.

Les guerres qui secouent alors la Franche-Comté, malgré une résistance farouche des habitants, mènent au traité de Nimègue : en 1678, la plus grande partie de la région devient territoire du royaume et Vauban, infatigable fortifiant, va l'équiper de solides défenses pour que les futurs prétendants y réfléchissent à deux fois avant de tenter quoi que ce soit contre les nouvelles possessions.

Après la Révolution, la Franche-Comté s'agrandit encore un peu (tiens, bonjour Montbéliard !), mais ne prendra sa forme actuelle que par la défaite de 1870 et la bravoure héroïque des Belfortains. Menés par Denfert-Rochereau, ils sont comme des lions à refuser de se rendre aux Prussiens, alors que le reste du pays a déjà rangé les armes. Et lorsqu'ils cèdent enfin, c'est presque en vainqueurs. Le partage qui suit, arrachant l'Alsace, cède un petit morceau de territoire incluant cette vaillante ville de Belfort au département du Haut-Rhin : le plus petit département de France vient d'être créé (il sera réellement classé ainsi en 1922) pour venir grossir plus tard l'ancien comté de Bourgogne et constituer l'actuelle région administrative.

La région

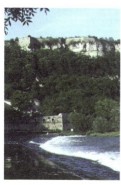

Citadelle de Besançon

Avec une telle abondance naturelle de lacs, de forêts et de montagnes, de vertes vallées, de promontoires aux panoramas saisissants, de curiosités étonnantes - sources souterraines, gouffres aux concrétions tarabiscotées, reculées, combes et crêts, Mille Etangs et grands lacs - on est bien tenté de conseiller au touriste de se promener au gré du vent. Il serait pourtant injuste de ne pas associer les hommes dans ce trésor patrimonial ; pas seulement ceux qui ont bâti la chapelle de Ronchamp, la citadelle de Besançon ou la merveilleuse Saline d'Arc-et-Senans ; mais avant tout ceux qui ont façonné de leurs mains cette région, ceux qui ont labouré la terre comme ceux qui ont tenu le rabot, la truelle et la scie, ceux qui ont fait tourner la meule, ceux qui ont fondu le métal. Par amour et par passion, ils sont aussi devenus des artistes, inégalés dans leur discipline : ce sont les artisans comtois qui en disent plus long sur leur région que la rivière, la cathédrale ou le musée.

Des outils et des hommes

Entre les deux, le geste… Aucune autre région française n'a su à ce point développer un artisanat et des traditions, et les conserver intactes, c'est à dire vivantes. En quatre départements, vous ne traverserez pas seulement des forêts et des rivières, des villages et des montagnes : vous verrez des hommes, vous entendrez le bruit des outils, vous verrez les gestes ancestraux reproduits, pour passer un flambeau qui, comme la flamme olympique, ne s'éteint jamais. Pas sur des photos, pas seulement dans les musées, mais dans les ateliers et les échoppes qui font vivre et travailler ces héritiers d'un patrimoine plus précieux que n'importe quel château, que n'importe quel tableau. Ce patrimoine-là est vivant et même vivace : il est l'orgueil et la marque de la région.

Ce bonheur-là est unique : avant d'admirer l'horlogerie, on admire l'horloger dans la vallée du Doubs, avant de goûter le kirsch, on va humer les senteurs enivrantes dans les distilleries de Fougerolles, on s'extasie dans la cristallerie de Passavant-la-Rochère mais on est fasciné par le travail du peintre-verrier de Fondremand.

Aucune autre région n'a à ce point favorisé l'épanouissement du métier d'art. Une chance sans doute, due à la profusion de matériaux propices, à commencer par le bois et l'eau. Mais aussi et surtout une volonté, un attachement, une conscience qui forgent une identité et nous aident à mieux appréhender les richesses comtoises.

La Région et la Direction de l'Artisanat en Franche-Comté éditent une brochure qui recense ces artisans dont l'incroyable variété montre le dynamisme et le talent : ébénisterie, marqueterie, sculpture sur bois, gravure, dorure, sellerie, diamanterie, joaillerie, sculpture sur pierre, faïences et céramiques, jouets en bois, lutherie, fonderie d'art, serrurerie et tant d'autres encore, qui ne sont pas seulement là pour émerveiller, mais aussi, dans son sens premier, pour accomplir un devoir comme les Compagnons d'autrefois.

Horlogerie

Tournerie - tabletterie

La région

Pistes de Nods (Haut-Doubs)

La Franche-Comté compte quatre départements : le Doubs (25), le Jura (39), la Haute-Saône (70) et le Territoire de Belfort (90). Capitale régionale : Besançon.

Les départements du Doubs, du Jura et de la Haute-Saône sont constitués en 1790, la région administrative en 1982.

Chiffres

Superficie : 16 202 km2, soit 3% du territoire métropolitain. Doubs : 5 234 km2. Jura : 4 999 km2. Haute-Saône : 5 360 km2. Territoire de Belfort : 609 km2.

Situation : entourée par l'Alsace, la Lorraine, la région Champagne-Ardenne, la Bourgogne et la région Rhône-Alpes, la Franche-Comté compte 250 km de frontières communes avec la Suisse.

Sa capitale est Besançon (122 000 habitants), première "ville verte" de France.

L'eau

D'un chiffre, on comprend la joie des pêcheurs, des plaisanciers et des simples admirateurs aquatiques : les cours d'eau couvrent un réseau de 5 350 km, dont 4 550 sont zones de pêche. Le plus long est le Doubs, avec 393 km en Franche-Comté pour une longueur totale de 458 km. La Saône coule sur 160 km en Franche-Comté pour une longueur totale de 480 km, l'Ain sur 91 km (longueur totale : 200 km). La région compte 80 lacs, «Mille Etangs» (Haute-Saône) et 320 km de voies navigables (Saône et Doubs).

Aujourd'hui voies privilégiées pour la plaisance, la Saône et le Doubs ont été durant longtemps d'importants axes de communication. Il a manqué ces dernières années au Doubs d'être navigable pour de grosses unités afin de relier le Rhône au Rhin, d'où le projet de Grand Canal.

La montagne

Le point culminant de la région est le Crêt Pela (Jura, 1495 m), devant le Mont d'Or (Jura, 1423 m). On skie alpin aux Rousses (Jura) ou à Métabief (Doubs).

La montagne, en été, c'est 5 000 km de sentiers pour randonner à pied, à cheval et en VTT. En hiver, 3 500 km de pistes de ski de fond balisées et entretenues auxquelles s'ajoute la Grande Traversée du Jura (GTJ) de près de 400 Km.

La forêt comtoise

Le climat

Les précipitations annuelles sont de 700 mm en plaine et de 1200 à 1700 mm sur les plateaux. Les températures records observées sur un siècle sont de -34° à Mouthe en janvier 1963 et de +38,8° à Besançon en juillet 1983.

La forêt

La forêt occupe 43% de la superficie régionale, avec 705 000 ha, ce qui lui donne la deuxième place nationale. Les résineux ne représentent que 30% de la forêt comtoise.

Les forêts les plus vastes se trouvent dans le Jura (forêt de Chaux, Parc Régional) et dans le Parc Régional des Ballons des Vosges.

Economie

Population

Ferme comtoise

Population de la Franche-Comté : 1 097 276 (2% de la France)

La Franche-Comté compte 1 785 communes, dont 80% possèdent moins de 500 habitants.

La densité est de 69 habitants/km2, soit sensiblement moins que sur l'ensemble du territoire (110 hab/km2). Mais elle n'est que de 43 en Haute-saône et 50 dans le Jura, pour 94 dans le Doubs et 225 dans le Territoire de Belfort.

Les communes de plus de 5 000 habitants (hors agglomération)

Doubs : Besançon (115 000), Montbéliard (30 000), Pontarlier (18 000), Audincourt (16 000), Valentigney (13 000), Bethoncourt (7 000), Morteau (6 500), Seloncourt, Grand-Charmont, Mandeure, Baume-les-Dames (entre 5 000 et 6 000).

Jura : Dole (27 000), Lons-le-Saunier (19 000), Saint-Claude (13 000), Champagnole (9 000), Morez (7 000).

Haute-Saône : Vesoul (18 000), Héricourt (10 000), Lure (9 000), Luxeuil-les-Bains (9 000), Gray (7 000).

Territoire de Belfort : Belfort (50 000), Delle (7 000), Beaucourt (5 500).

L'activité économique

La région est à la pointe de la vitesse et de la technique : Alsthom à Belfort construit le TGV, Peugeot des moteurs de Formule 1 et Besançon se maintient toujours plus solidement à la pointe de l'innovation. La balise Argos ou les résonateurs de la sonde spatiale Voyager 2 viennent des bureaux d'étude franc-comtois.

La population active est fortement industrielle : 31% travaille dans le secteur secondaire et les ouvriers en représentent près de 40%. Cette disproportion (plus de 10 points au-dessus de la moyenne nationale dans le secteur secondaire) se fait au détriment du secteur tertiaire, qui ne mobilise que 59% des actifs (contre 69% sur l'ensemble du territoire). En contrepartie, la Franche-Comté est la première région industrielle de France, et l'industrie comtoise s'est développée deux fois plus vite qu'au plan national. La Franche-Comté assure 13% de la production automobile et 80% de l'industrie horlogère, qui a par ailleurs doublé ses exportations en dix ans. Elle est également leader dans le domaine des jouets et de la lunette.

Les salaires moyens par catégorie sociale sont légèrement inférieurs aux normes nationales, en particulier pour les cadres. Plus d'un foyer fiscal sur deux est non imposable.

Diamantaire-lapidaire

En revanche le taux de chômage est sensiblement inférieur à la moyenne nationale, avec près de trois points d'écart (9,5% contre 12,1%). Le taux le plus bas est atteint dans le Jura (7,2%).

L'agriculture se maintient en effectif, avec des exploitations moins nombreuses mais plus importantes. La production de lait est majoritaire (52% de la production totale).

La première entreprise régionale est aussi la première de France : Peugeot à Sochaux (19 400 salariés), devant GEC Alsthom à Belfort (4 300), Peugeot à Vesoul (2 600), Solvay (chimie, 2 200) à Tavaux (Jura) et ECIA (équipement automobile, 2 000) à Valentigney (près de Sochaux-Montbéliard) et Audincourt (1 730).

Tourisme

Le Lion de Belfort

En voie de développement, le tourisme en Franche-Comté a encore besoin d'asseoir ses fondations en développant les structures permettant de retenir les visiteurs. Une hôtellerie encore timide, qualitativement et quantitativement, un accueil qui n'a pas encore la maturité commerciale (doit-on le regretter ?) indispensable, autant de raisons pour justifier que le séjour moyen à Besançon et alentour n'est que de 1,8 nuit. On ne peut que regretter, même si certains Francs-Comtois tiennent à leur tranquillité, que la beauté naturelle, la gastronomie, la culture patrimoniale et artisanale ainsi que le fort potentiel dans le domaine des loisirs ne soient pas davantage connus du voyageur qui s'en tient pour le moment à un simple transit.

Le tourisme en Franche-Comté représente environ 11 000 salariés, ce qui situe la région au 14e rang national (sur 22 régions). Elle ne se place pourtant qu'en 17e position pour le produit de la taxe de séjour, indicatif de la fréquentation touristique.

Le Doubs est le mieux équipé en chambres d'hôtels (4 107 pour un total de 8 677 soit près de 50 % de la totalité de l'offre hôtelière), la région se classant au 19e rang national en ne laissant derrière elle que Champagne-Ardenne, Limousin et Picardie ; le Jura concentre 65 % des emplacements de camping de la région (15e rang national). C'est dans le domaine des gîtes ruraux que la Franche-Comté est le mieux lotie : avec 1 533 gîtes, elle occupe la 11e place au niveau national.

L'hôtellerie franc-comtoise ne reçoit que 1,2 % des nuitées totales de l'hôtellerie française, ce qui est peu en comparaison de son poids économique et démographique. C'est un peu mieux pour les campings (1,4 % des nuitées).

Le tourisme fluvial peut constituer une alternative intéressante à l'hôtellerie traditionnelle : en descendant la Saône et le Doubs, on parcourt la région à bord de confortables house-boats en découvrant les paysages sous un angle nouveau.

LES GRANDS MUSEES DE FRANCHE-COMTE

Musée Courbet. 25290 Ornans

Musée Ledoux. Saline Royale, 25160 Arc et Senans

Pipe à Saint-Claude

Musée de la Résistance. Citadelle, 25000 Besançon

Musée Peugeot. 25600 Sochaux

Musée de l'Horlogerie. 25500 Morteau

Musée du Jouet. 39260 Moirans

Musée de la Boissellerie. 39220 Bois-d'Amont

Maison de Louis Pasteur. 39600 Arbois

Musée de la Maison Natale de Louis Pasteur. 39100 Dole

Musée de la Lunette. 39400 Morez

Musée de la Pipe et du Diamant. 39200 Saint-Claude

Château-Musée de Champlitte. 70600 Champlitte

Tourisme

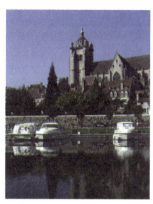
Tourisme fluvial à Dole

THERMALISME

**Etablissement thermal de Lons-le-Saunier.
BP 181, Parc des Bains 39005 Lons-Le-Saunier** ✆ **84 24 20 34.** Enfants : troubles de la croissance, énurésie, affections ORL.
Adultes : rhumatologie. Remise en forme : demi-journée, semaine.

Etablissement. thermal de Salins-Les-Bains. Les Thermes, 39110 Salins-Les-Bains ✆ **84 73 04 63.** Troubles du développement chez l'enfant. Rhumatologie,gynécologie. Remise en forme : demi- journée, journée, week-end, ski thermal.

Etablissement thermal de Luxeuil-Les-Bains. Rue des Thermes, B.P.51,70303 Luxeuil-Les-Bains ✆ **84 40 44 22 Fax: 84 40 31 91.** Remise en forme, séjours vitalité, phlébologie, gynécologie.

PARCS

Parcs naturels

Parcs naturels, montagnes, forêts, étangs : en Franche-Comté, vous avez rendez-vous avec la nature, à pied, à cheval ou en ski.

Parc Naturel régional du Haut Jura. Maison du Haut-Jura Lajoux, 39310 Septmoncel ✆ **03 84 41 20 37.** 75 672 hectares.

Parc naturel régional des Ballons des Vosges. Maison du Parc, antenne de Giromagny, Mairie, 90200 Giromagny ✆ **03 84 29 56 51**

Parcs Animaliers

Parc Zoologique de la Citadelle. Besançon, 25000 ✆ 03 81 65 07 44

Jurafaune. Château d'Arlay, 39140 Arlay ✆ 03 81 85 04 22

Ferme de l'Aurochs. Vallée du Hérisson, 39530 Val Dessous

ADRESSES UTILES

Comité Régional du Tourisme. Le Saint-Pierre - 28, rue de la République 25044 Besançon cedex ✆ 03 81 25 08 08 - Fax 03 81 83 35 82.

Agence de développement économique du Doubs. Hôtel du département - 7, avenue de la Gare d'eau 25031 Besançon ✆ 03 81 65 10 00 - Fax 03 81 82 01 40.

Comité départemental de tourisme du Jura. 8, rue Louis Rousseau, 39000 Lons-le-Saunier ✆ 03 84 87 08 88 - Fax: 03 84 24 88 70.

Comité départemental de tourisme de Haute Saône. Rue des Bains, BP117 - 70002 Vesoul Cedex ✆ 03 84 75 43 66 - Fax 03 84 76 54 31.

Office de tourisme de Belfort et du Territoire de Belfort. Place de la Commune 90000 Belfort ✆ 03 84 55 90 90 - Fax 03 84 55 90 99

Fédération Régionale des Logis de France. 4ter, Faubourg Rivotte 25000 Besançon ✆ 03 81 82 8048 et 03 81 82 80 77.

Office du tourisme de Besançon. 2, Place de la Première-Armée-Française, Parc Micaud, 25000 Besançon. ✆ 03 81 80 92 55.

SPORTS ET LOISIRS

GOLF

Doubs
Les Balcons de la Perche et Golf-club de Prunevelle (Montbéliard), Golf-club du château de Bournel (Cubry), Golf de Besançon
Territoire de Belfort
Golf de Rougemont-le-Château
Haute-Saône
Golf-club de Luxeuil, Les Jardins de l'Etang (Vesoul)
Jura
Golf-club du val d'Amour (Dole), Golf Chapelle Voland et Golf du Val de Sorne (Lons-le-Saunier), Golf de Saint-Claude, Golf de Beauregard, Golf du Rochat et Golf du Mont-Saint-Jean (les Rousses)

LOISIRS NAUTIQUES

Le programme est vaste dans cette région véritablement tournée, touristiquement, traditionnellement et économiquement, vers l'eau et la forêt. De nombreuses structures ont été mises en place autour des plus beaux sites de chaque département.

Principaux plans d'eau

Doubs
Lac St Point : 419 ha.
Lac de Remoray : 95 ha.
Lac de Bonnal : 30 ha.
Lac d'Osselle : 20 ha.
Plan d'eau de Brognard : 15 ha.
Jura
Lac de Vouglans : 1600 ha.
Lac de Chalain : 230 ha.
Lac des Rousses : 90 ha.
Lac de l'Abbaye : 80 ha.
Lac de Clairvaux : 63 ha.
Lac d'Ilay : 72 ha.
Lac de Narlay : 40 ha.
Lac du Maclu (petit et grand) : 22 ha.
Lac de Bonlieu : 17 ha.
Lac d'Etival : 17 ha.
Haute-Saône
Lac de Champagney : 11 ha.
Lac de Vesoul : 91,5 ha.
Lac de Chassey-les Montbozon
Val de Bonnal : 30 ha.
Plan d'eau de Marnay : 24 ha.
Plan d'eau de Cintray-Preigney : 6,5 ha.
Plan d'eau de Mersuay : 5 ha.
Région des Mille Etangs.
Territoire de Belfort
Lac de Malsaucy : 65 ha.
Etang des Forges : 30 ha.
Etang de la Seigneurie : 7 ha.

PECHE

Les quatre départements recensent une belle proportion de pêcheurs : 18 000 dans le Jura et en Haute-Saône, 25 000 dans le Doubs, 3 000 dans le Territoire de Belfort. La région compte, par rapport à sa population entière, 6,5% de pêcheurs.

La pêche sur les principaux plans d'eau
Lacs (voir plans d'eau ci-dessus "loisirs nautiques").

Les plus belles rivières de 1re catégorie
Doubs : le Doubs, la Loue, le Dessoubre et le Cusancin

Haute-Saône : l'Ognon

Jura : l'Ain, ses affluents et la Bienne

Territoire de Belfort : la Savoureuse

En 1974 a été menée une opération écologique "Sauvetage du Doubs" qui a permis d'améliorer notablement la qualité des eaux de la rivière. Aujourd'hui mieux contrôlée, cette qualité a permis de revenir à une variété halieutique appréciable (près de 30 espèces).

Relais Saint-Pierre
Le label "Hôtel Relais Saint-Pierre", né en Franche-Comté est octroyé par le Club Français Pêche et Tourisme de Maison de la France. Les Hôtels Relais Saint Pierre vous assurent de trouver sur place le cadre, l'accueil et les moyens de réaliser votre passion ou encore de vous inviter à taquiner le poisson.

Reçoivent ce label les établissements suivants

Auberge de l'Etang du Moulin**. 25120 Bonnétage ✆ 03 81 68 92 78

Auberge du Moulin du Plain**. 25470 Goumois ✆ 03 81 44 41 99

Hôtel de France***. 51-53 rue P.Vernie, 25290 Ornans ✆ 03 81 62 24 44

Hôtel du Pont**. 25160 Labergement Sainte Marie ✆ 03 81 69 34 33

Le Bois Dormant**. Route de Pontarlier 39800 Champagnole ✆ 03 84 52 66 66

Hôtel des Lacs**. 9, route de Genève 39150 Chaux les Crotenay ✆ 03 84 51 50 42

Hôtel Faivre-Lecoultre*. BP3, Les Isles 39450 Foncine les Haut ✆ 03 84 51 90 59

Au vieux Pressoir**. La Chourlette Plaisir 39270 Orgelet ✆ 03 84 25 41 89

Hôtel du Cerf. 39300 Pont du Navoy ✆ 03 84 51 20 87

Hôtel de la Terrasse**. Au Bord de la Rivière 70110 Villersexel ✆ 03 84 20 52 11

Le Grand Chalet. 39450 Foncine le Haut ✆ 03 84 51 95 51.

PLAISANCE FLUVIALE

Les loueurs
Groupement pour le tourisme fluvial. 18, rue Ampère, 25000 Besançon ✆ **03 81 88 71 38.** Fédère et recense les possibilités.

Adresses des loueurs : voir «Comment s'y rendre»

Bateaux à promenades
Doubs

Au départ de Besançon, croisière-repas sur **Le Pont Battant** ✆ 03 81 68 05 34

Les **Vedettes Bisontines** ✆ 03 81 68 13 25

Au départ de Montbéliard, croisière repas sur les **bateaux Nicols** ✆ 03 81 94 92 69

Le Saut et les Bassins du Doubs près de Villers-le-Lac :

Bateau-restaurant "**Le Sauconna**" ✆ 03 81 68 05 34

Les **Vedettes du Saut du Doubs** ✆ 03 81 68 13 25

Le Lac de Vouglans (Jura)

Bateaux le "**Louisiane**" ou le "**Jules Verne**" ✆ 03 84 25 46 29 ou 03 84 25 46 78

RANDONNEE

7 000 km de sentiers, tous les degrés de difficultés, des lacs, des forêts, des montagnes : rien que pour vos yeux et dans le calme de vos pas, la Franche-Comté se prête volontiers à une exploration minutieuse et pédestre. Les sentiers, du GR au petit chemin balisé, sillonnent les quatre départements, traversant notamment les deux parcs régionaux du Ballon des Vosges et du Haut-Jura.

Comité Régional de la Fédération française de la randonnée pédestre. 14, rue Luc Breton 25000 Besançon ✆ 03 81 52 79 24

SKI

Le Jura, en tant que massif montagneux, est la troisième région française pour le nombre de stations et le nombres de remontées mécaniques, derrière les Alpes du Nord et les Alpes du Sud, mais nettement devant les Pyrénées. On dénombre 42 stations pour 488 remontées mécaniques, et 44 stations de ski de fond, également au troisième rang.

Le massif du Jura compte trois stations principales, dont deux en Franche-Comté, la troisième, Mijoux-Lélex La Faucille se situant dans le département de l'Ain.

Par départements, Jura et Doubs se partagent l'or blanc et ses plaisirs. Moins surchargées que leurs homologues alpines, les vaillantes stations du Jura attirent chaque année un nombre croissant d'amateurs de sports d'hiver différents, d'air pur et de simplicité. Les deux stations les plus importantes sont Métabief-Mont d'Or, dans le Doubs, et les Rousses, dans le département du Jura.

La région est aussi le paradis du ski de fond, le Doubs en chef de file avec ses 1 500 km de pistes. Chaque année est organisée la plus importante course du territoire national, la Transjurassienne (rsgts Comité d'organisation ✆ **03 81 46 66 00**) qui départage des concurrents de toutes nations sur les 76 km tracés entre Lamoura et Mouthe.

Les Rousses (Jura)

Dans le Haut-Jura, Les Rousses réunit, avec Bois-d'Amont, Lamoura et Prémanon un important domaine skiable, pour la descente comme pour le fond.

Altitude : 1120 / 1680 m

Remontées mécaniques : 40

Pistes de ski alpin : 43 km

Pistes de ski de fond : 220 km

Information : Les Rousses - Haut-Jura, Office de Tourisme - BP 8 ✆ 03 84 60 02 55. Minitel 3615 HTJURA (avec centrale de réservation), 3615 TOULEJURA.

Répondeur météo station ✆ 03 84 60 05 08

Métabief Mont-d'Or (Doubs)

Le domaine s'étend sur les communes des Hôpitaux-Neufs, Hôpitaux-Vieux, Métabief, Jougne, Les Longevilles-Mont-d'Or et Rochejean.

Altitude : 880 / 1460 m

Remontées mécaniques : 30

Pistes de ski alpin : 40 km

Pistes de ski de fond : 130 km

Information : Métabief-Mont-d'Or, Office du tourisme 25370 Les Hôpitaux-Neufs ✆ 03 81 49 13 81 - Fax 03 81 49 09 27. Minitel 3615 HADORE. Centrale de réservation des locations ✆ 03 81 49 18 43.

Répondeur météo station ✆ 03 81 46 47 47

De nombreux autres sites sont propices à la pratique du ski de fond.

Jura

Saint-Claude (1100 / 1500 m).

Communes : Giron, Lajoux, Les Moussières, La Pesse

Pistes : 280 km

Saint-Laurent-en-Grandvaux (880 / 1150 m)
Communes : Prénovel, Lac des Rouges Truites, Grande-Rivière, Saint-Laurent
Pistes : 250 km

Morez (900 / 1500 m)
Communes : Bellefontaine, Morbier, Longchaumois, Les Rousses
Pistes : 380 km

Nozeroy (850 / 1200 m)
Communes : Cémiébaud, Foncines-le-Haut, Mignovillard
Pistes : 250 km

Doubs

Mouthe (950 / 1400 m)
Communes : Chapelle-des-Bois, Chaux-Neuve, Combes-Derniers, Mouthe
Pistes : 250 km

Métabief (1000 / 1300 m)
Communes : Malbuisson, Les Fourgs, Jougne, Les Hôpitaux-Neufs, Métabief-Mont d'Or
Pistes : 280 km

Egalement des possibilités autour de **Morteau** (150 km de pistes), **Pontarlier** (150 km) et **Montbéliard** (120 km).

Territoire de Belfort
Ce n'est plus le Jura, mais les Vosges qui servent de terrain de jeux : on skie au sommet du ballon d'Alsace.

La Grande Traversée du Jura (GTJ)
La GTJ traverse la région sur près de 400 km, explorant le Haut-Doubs, le Haut Jura jusque dans l'Ain, avec quelques détours par la Suisse. C'est une randonnée mythique pour tous les amoureux de la montagne et de la nature, offrant de multiples possibilités par des circuits de toutes longueurs. Vous pouvez, sur demande, préparer votre voyage, la longueur des étapes et la durée que vous souhaitez.

Espace Nordique Jurassien, BP132 - 39304 Champagnole Cedex ✆ 03 84 52 58 10

VINGT MILLE LIEUES SOUS LA TERRE

Avec plus de 9000 grottes et gouffres répertoriés, la Franche-Comté est une région phare pour l'exploration souterraine. **Grotte d'Osselle.** 25140 Saint Vit ✆ 03 81 63 62 09

Grotte de la Glacière. 25530 Chaux les Passavant ✆ 03 81 60 44 26

Gouffre de Poudrey. 25580 Etalans ✆ 03 81 38 10 32

Grotte Chapelle Notre Dame de Remonot. 25650 Montbenoit ✆ 03 81 38 10 32

Grottes et cascades. 39210 Baume les Messieurs ✆ 03 84 44 61 41 (mairie)

Grotte des Moidons. 39800 Molain ✆ 03 84 51 74 94

Grotte des Planches. 39600 Arbois ✆ 03 84 66 07 93

VTT

D'après le relief et la végétation, la région se prête admirablement à la pratique de ce sport, en plein développement, avec 169 circuits : le plus long étant la GTJ, sur 350 km, le plus spectaculaire étant la piste de descente de Métabief où des courses importantes (championnats de France, du monde) se courent régulièrement.

Ligue de Cyclotourisme de Franche-Comté. 18, rue de la Motte 70000 Vesoul ✆ 03 84 76 14 27

Comité Régional de Vélo Tout-Terrain et de Loisirs. 12, rue Charles Dornier 25000 Besançon ✆ 03 81 52 17 13

REPERES

Accent
Il est délicieux, l'accent franc-comtois, à mi-chemin entre l'alsacien et le vaudois, mais beaucoup moins facile à imiter. Il n'est pas, en outre, généralisé, pas plus, à l'évidence, que le parisien ou le breton.

Accueil
On ne peut pas dire que le touriste soit accueilli comme le Messie. Au-delà de la réserve naturelle des Francs-Comtois, il y a une qualité de vie auxquel chacun tient ici, évoquant le phénomène touristique avec circonspection. Un peu comme en Alsace, on est assez content - et légitimement fier - de montrer et de faire profiter des beautés naturelles de la région, mais on ne tient pas outre mesure à l'invasion. C'est en partie cette attitude qui explique çà et là quelques défauts de structure : c'est la vie quotidienne des habitants qui prime, avant les desiderata des visiteurs. Cela dénote une certaine franchise et comporte pas mal d'avantages pour le promeneur qui veut jouir à fond d'un environnement encore très peu attaqué ; certes, il ne faut pas s'attendre à trouver des centres commerciaux et des magasins ouverts en dehors des heures règlementaires. Même en pleine saison, vous devrez vous adapter aux horaires locaux. On travaille tôt, la pause du midi est sacrée, et quand c'est fermé, ni les dollars ni les marks ne font rouvrir la boutique…

Architecture
Si l'on note, de la période de domination espagnole, quelques belles maisons construites sous Charles Quint ou Philippe II, l'architecture reste souvent pratique, la maison rurale comtoise étant avant tout équipée pour le climat rigoureux. Murs épais, toit descendant très bas et coiffant les pignons pour protéger du vent et supporter la neige.

Clochers
Le clocher comtois typique est à l'impériale, c'est à dire à bulbe et à pans débordants. Les plus beaux sont recouverts, comme en Bourgogne, de tuiles vernissées aux couleurs harmonieuses. Certains portent, à la mode alpine ou transalpine, un campanile.

Combe
En gros une vallée de montagne creusée par l'érosion dans un pli géologique ; elle est bordée par les crêts.

Cristallerie
La plus ancienne de France se trouve à Passavant-la-Rochère, au nord de la Haute-Saône.

Dentelle
Une discipline peu courante dans une région où l'on travaille plus volontiers le bois et le métal : c'est pourtant une spécialité de la ville de Luxeuil-les-Bains (Haute-Saône).

Etangs
La région des Mille Etangs s'étend au nord-est de la Haute-Saône, dans les contreforts vosgiens. C'est une des perles naturelles de la région.

Fruitière
A prendre au premier sens, le fruit signifiant le produit. Une fruitière est donc une sorte de coopérative diffusant sa production agricole. La fruitière à comté produit et commercialise son fromage, la fruitière vinicole propose son vin. Attention, notamment pour les fromagères, aux horaires d'ouverture. Le matin, c'est généralement tôt et jusqu'à midi. En revanche, l'après-midi, c'est souvent seulement à partir de 16 h jusqu'à 19 h 30 environ.

Genre des rivières
On dit "le" Lison, "la" Loue, "le" Dessoubre" et bien sûr "le" Doubs.

Grottes
On en compte plus de 9 000 en Franche-Comté !

Horloge
La première horloge comtoise apparaît au XVIIe siècle. Le balancier et le mécanisme sont enfermés dans une gaine, primitivement en fruitier, puis en résineux à partir du XIXe siècle. Les Comtois sont devenus des spécialistes en la matière parce qu'ils ont la matière première et le goût du travail minutieux : qualité de l'ébénisterie, précision du mécanisme.

Kirsch
La capitale française du kirsch est comtoise : Fougerolles, cernée par les cerisiers, se trouve au nord de la Haute-Saône.

Lavoirs
Les fontaines et lavoirs de Haute-Saône constituent un très précieux patrimoine. Plusieurs circuits permettent d'en admirer de superbes, par exemple autour de Gy.

Lion
Presque un emblème pour le Territoire de Belfort. Le fauve courageux symbolise la résistance des Belfortais lors du siège de la ville par les Prussiens durant l'hiver 1870-71.

Ministres
Outre Edgar Faure, grande figure politique régionale (député, maire de Pontarlier, président du Conseil régional, plusieurs fois ministre et président de l'Assemblée Nationale), la Franche-Comté nous offre, dans le gouvernement Jospin, une forte concentration ministérielle avec Dominique Voynet (Dole), Pierre Moscovici (Montbéliard) et Jean-Pierre Chevènement (Belfort).

Noms de rivières
Les rivières de France ont des noms parfois chantants, gazouillants, souvent poétiques et parfois baroques. La Franche-Comté en fait quasiment une spécialité, avec ses noms féminins si évocateurs : la Furieuse, la Superbe, la Savoureuse qui arrose Belfort, pas loin de la Bourbeuse, de l'Autruche, de la Rosemontoise et de la Madeleine, toutes adeptes du Territoire. Si le Rognon, le Durgeon, le Batard et l'Ognon sont moins bien lotis, comment ne pas avoir envie de mieux connaître la Semouse et la Lanterne, la Colombine et le Razou, qui passent autour de Lure et Luxeuil en Haute-Saône ?

Pince
Vous en pincez pour les pinces ? un rare musée se consacre à la pince dans tous ses états à Montéchéroux (Doubs).

Pipe
Une bonne pipe vient forcément de Saint-Claude (Jura), capitale incontestée en la matière.

Prononciation
On ne prononce pas les "z", ni les "x" en fin de mot : "moré" et non "morèze", "mènetru en jou" pour Menetrux-en-Joux. En revanche, on dit "lonsse" pour Lons, mais "moiran" pour Moirans-en-Montagne et "métabié" pour Metabief.

Reculée
Une vallée se terminant par un cirque fermé, ou «bout du monde». La reculée est typiquement jurassienne. La plus fameuse est la «reculée des Planches» près d'Arbois.

Saucisse
Celles de Morteau et de Montbéliard font la gloire de la région.

Sel
Les sources salées ont fait la fortune et la prospérité de Salins-les-Bains (Jura). L'industrie du sel est aussi, indirectement, à la base d'une des plus belles réussites architecturales de la région, la Saline d'Arc-et-Senans.

Tournerie
Une entreprise spécialisée dans le travail du bois. On visite de nombreuses tourneries en Jura et dans le Doubs.

Tuyé
Il s'agit d'un tuyau de cheminée qui sert à fumer les aliments, notamment la charcuterie.

ENFANTS DU PAYS

Marcel Aymé
Pas franc-comtois le génial Marcel ? c'est comme si vous nous disiez que Victor Hugo n'est pas né à Besançon. Jugez plutôt : il naît à Joigny, dans l'Yonne, c'est vrai, en 1902, mais de parents tous deux originaires du Jura ; sa mère meurt deux ans plus tard et son père, qui n'a pas envie de s'encombrer de ses six moutards (Marcel est le benjamin) le place chez ses grands-parents. Il retourne donc dans le Jura, à Villers-Robert, près de Chaussin, où le grand-père exploite une tuilerie. Villers-Robert, où il reste jusqu'à l'âge de huit ans, c'est le village de *La Jument Verte* dont les descriptions et les caractères ont une savoureuse rusticité. Il perd son grand-père à six ans, sa grand-mère en profite alors pour le faire baptiser et meurt à son tour deux ans plus tard. Il devient alors pensionnaire à Dole, au collège, dès la rentrée de 1910. Bachelier à seize ans malgré un caractère déjà fort indépendant et facétieux, ce fort en maths entre en prépa à Besançon en 1919, mais, malade, doit interrompre ses brillantes études avant de faire son service militaire en Allemagne et de "monter" à Paris en 1924. Sa carrière débute alors vraiment lorsque son deuxième roman, *Aller-Retour*, est publié par Gallimard. On lui doit de nombreuses œuvres fort plaisantes, injustement classées légères, alors qu'elles dénotent un grand talent d'observation, une certaine causticité, de l'humour et un attachement aux atmosphères villageoises et campagnardes. Outre *La Jument Verte*, la campagne franc-comtoise se respire dans *Les Contes du Chat Perché* (avec Delphine et Marinette !), *La Table aux Crevés* ou encore *La Vouivre*, dont Roger Nimier a écrit *"cette fée aux serpents, éternellement jeune, désirable et stérile, c'est tout le Jura de Marcel Aymé"*. Il est également l'auteur de deux grands best-sellers, *Le Passe-Muraille* et *Clérambard*. La plupart des œuvres de Marcel Aymé, mort en 1967, ont été adaptées au cinéma, dont récemment *Uranus*, par Claude Berri, troisième volet d'un triptyque composé de *Travelingue* et du *Chemin des Ecoliers*.

Tristan Bernard
Journaliste humoriste né à Besançon (sa maison natale se trouve au 23, Grande Rue), Paul de son véritable prénom. Industriel puis avocat, il fait ses débuts dans les lettres en 1891 à La Revue Blanche. Romancier (*Mémoires d'un jeune homme rangé*, 1899), il s'impose surtout au théâtre grâce à un humour et une causticité décapants (*Triplepatte* - 1905 - *le Petit Café* - 1911). Il est connu autant pour ses définitions de mots croisés (*"vide les baignoires et remplit les lavabos"* pour "entracte") que pour ses bons mots (on lui demandait : *"si le Louvre brûlait, quel tableau emporteriez-vous?"*, il répondit *"le plus près de la porte"*).

Michel Bouquet
Ce comédien, originaire de Morteau, s'est imposé dans la force de l'âge sur des compositions fortes (dans *Jacques Le Fataliste* à la télévision) et parfois inquiétantes (avec Chabrol au cinéma). Il a, dans la maturité, élargi son registre par des rôles plus tendres et inattendus (*Toto le Héros*)

Jacky Boxberger
Toujours élégant en course, le Sochalien fut un jeune espoir prometteur du demi-fond, avant de devenir un crossman redoutable, aux multiples titres de champion de France.

Hilaire de Chardonnet
Inventeur de la soie artificielle, cet ingénieur des Ponts et Chaussées né à Besançon mit sa découverte au point pour la présenter à la Grande Exposition de 1889.

Jean-Pierre Chevènement
Logntemps maire de Belfort, et aujourd'hui premier adjoint, à la forte personnalité, celui qui dit tout haut ce qu'il pense tout bas, a été ministre de l'Education Nationale, et ministre des Armées, mais pas ministre de la Guerre contre l'Irak. Fondateur du Mouvement des Citoyens et partisan du "Non" au traité de Maastricht, il est à nouveau devenu ministre, de l'Intérieur, dans le gouvernement Jospin.

Bernard Clavel
Il est né à Lons-le-Saunier en 1923 d'une famille de boulangers. Résistant pendant la guerre, il est publié pour la première fois en 1954. En 1968, il obtient le prix Goncourt pour *Les Fruits de l'Hiver*. Auteur régional dans toute la noblesse du terme, chroniqueur attentif et compatissant du monde paysan et ouvrier, cet écrivain des âmes pures et simples et de la nature pas toujours facile revient à chaque occasion dans sa Franche-Comté natale. Il s'est également fait une spécialité des contes pour enfants.

Gustave Courbet
Le peintre est né à Ornans en 1810 et les bords de la Loue l'ont bien inspiré dans ses œuvres de jeunesse, dont l'une des plus fameuses fut justement *Un enterrement à Ornans*. Pratiquant une approche simple et directe de la nature, cet ardent défenseur du réalisme s'oriente vers une conception de l'art plus populaire et démocratique. Partisan actif lors de la Commune, il fut accusé par les bons amis de Monsieur Thiers d'avoir participé à la destruction de la colonne Vendôme, puis condamné à une lourde amende qui le ruina et le contraignit à l'exil. Sa ville lui consacre un musée dans sa maison natale.

Pierre-Philippe Denfert-Rochereau
Le lion, c'est lui, ce colonel qui commandait la garnison de Belfort et qui, avec ses soldats résista tout l'hiver 1870-71 au siège des Allemands, ce qui valut à Belfort de rester française après la capitulation. Un lion, réplique du fauve belfortain, veille sur la place parisienne qui lui est dédiée.

Edwige Feuillère
La grande Edwige, qui se prénommait en réalité Caroline, ce qui la fit débuter sous le pseudonyme de Cora Lynn, est née à Vesoul. Après des études dijonnaises, elle a imposé sa classe naturelle et son talent, de *Marthe Richard* à *En Cas de Malheur*, où elle donne à la perfection la réplique à Gabin, entourant la petite Brigitte.

Charles Fourier
Philosophe et économiste français, il critique la société industrielle bourgeoise mais s'en prend également aux théories d'Owen et au saint-simonisme. Ce Bisontin voulait instituer un ordre économique nouveau, basé sur l'égalité et la solidarité. Il aurait réuni tout son petit monde dans des "phalanstères", pour produire mieux et plus harmonieusement. Cela aurait été merveilleux.

Félix Gaffiot
Professeur à la Sorbonne. Né à Liesle (Doubs). Il rédige le fameux dictionnaire qui a réjoui notre enfance : transporter le Gaffiot, le jour où vous avez éducation physique et travail manuel est une ineffable part de bonheur.

Claude Goudimel
Musicien et humaniste. Il met en musique les Odes d'Horace et la traduction des Psaumes de Marot et Théodore de Bèze (1551-1557 ; 1565). On lui doit aussi des chansons profanes. Il a été massacré lors de la Saint-Barthélémy.

Nicolas Perrenot de Granvelle
Bien que né à Ornans d'une famille pauvre, c'est à Besançon qu'il s'illustre et c'est Besançon qui lui en est reconnaissant. Ambitieux et intelligent, il devient avocat puis conseiller, avant d'être chancelier de Charles Quint, par une de ces ascensions vertigineuses qui n'existent que dans les romans de gare. Il établit une fortune colossale qu'il met en partie au service de sa ville, faisant notamment bâtir un palais superbe. Il joue également la carte familiale en plaçant ses fils à des postes clés ; le plus illustre sera cardinal et ministre de Philippe II

Antoine Perrenot de Granvelle
Cardinal, homme d'état. Tel père, tel fils : Antoine marche sur les traces de son père et, après Charles Quint, prend le relais avec Philippe II. Il sait notamment remplacer l'alliance qu'il a conclu avec l'Angleterre grâce au mariage de Philippe II et de Marie Tudor, par une alliance avec la France (Traité de Cateau-Cambrésis, 1559). Son libéralisme se change pourtant en intolérance à l'avènement de Philippe II. Après avoir exercé la charge de vice-roi à Naples (1571-1575), il est rappelé à Madrid et son retour amène une reprise de la politique d'expansion espagnole.

Jules Grévy
Ce Jurassien succéda à Mac Mahon à la tête de l'Etat en 1879, mais dut démissionner en 1887 après un scandale éclaboussant son gendre. Il est né à Mont-sous-Vaudrey et donne son nom à de nombreuses rues et places jurassiennes.

Fabrice Guy
Originaire de Mouthe, le champion olympique d'Albertville en combiné (saut à ski et course) a connu un après-olympiade difficile, avec quelques saisons désatreuses. Il revint en forme au bon moment pour se placer parmi les outsiders aux jeux de Nagano en 1998.

Victor Hugo
Cervantès, Dante et Shakespeare réunis, en bref un géant, à la production pléthorique, touchant à tous les genres avec réussite. Dans un registre un peu tonitruant, il a écrasé de son empreinte le roman populaire, l'aventure historique, et le poème épique. Ses héros, Gavroche, Esmeralda, Ruy Blas, ont été célébrés par la plupart des genres artistiques. Sa vie, entamée en 1802 à Besançon, et achevée par des funérailles nationales à Paris fut, elle-même, d'aventures passionnelles en drames familiaux, de disgrâce politique en réhabilitation éclatante, totalement dépourvue de banalité.

Francis Lopez
Le roi de l'opérette était originaire de Montbéliard. Comme quoi la saucisse et l'escarpolette font parfois bon ménage.

Les frères Lumière
Le 19 octobre 1862 et le 5 octobre 1864 naissent à Besançon Auguste et Louis Lumière, fils de Claude-Antoine Lumière et de Jeanne-Joséphine Costille. En 1870 naît Jeanne Lumière (cinq ans avant Jeanne Calment). La famille part à Lyon. En 1889, Edison invente le film et fait projeter, à New-York pour la première fois en 1894 une série de photographies animées (le kinétoscope). En 1895, les frères Lumière améliorent sensiblement le procédé et inventent le cinématographe. Ils ont mis au point un système original d'entraînement du film (basé sur le mécanisme du «pied de biche» dans le dispositif d'entraînement des machines à coudre) doublé de la possibilité de projection sur grand écran. Le 28 décembre 1895, c'est la première séance publique du cinématographe Lumière, dans le salon indien du Grand Café à Paris. 33 personnes ont payé leur place pour la première fois pour voir *La sortie des usines Lumière à Lyon* et autres fantaisies, parmi lesquelles une version de l'arroseur arrosé dont le héros était interprété par le jardinier des Lumière. C'estun peu plus tard que leur premier film le plus achevé *L'arrivée du train en gare de la Ciotat*, sera ajouté au programme. Le succès est immédiat puisque dès janvier 96, l'affluence quotidienne dépasse les 2 000 personnes.

Jacques de Molay
Dernier grand-maître de l'Orrdre des Templiers, il a, sur le bûcher, maudit les rois de France, ce qui leur a quand même porté un certain tort, puisqu'ils sont tous tombés comme des mouches après cette malédiction jetée des flammes. Jacques de Molay était bien de Molay, petit village de Haute-Saône.

Xavier de Montépin
Né à Apremont, en Haute-Saône, il a écrit *La Porteuse de Pain*, qui fut un best-seller pendant plus d'un siècle.

Charles Nodier
Elevé dans des sentiments révolutionnaires, il prononce dès 1791 des discours à la Société des amis de la constitution. Curieux de tout, il s'intéresse à l'histoire naturelle et est affilié à la société secrète des Philadelphiens. Nommé bibliothécaire et directeur du télégraphe officiel (1812) à Laibach. Après son premier roman (*Les proscrits*) en 1802, il produit des œuvres à l'atmosphère étrange, des romans noirs qui inspirèrent plus tard le grand Nerval et bien après les surréalistes. A partir de 1824, Nodier fait de son salon de la bibliothèque de l'Arsenal le point de ralliement du romantisme. C'est de cette époque que date le meilleur de son œuvre : *La Neuvaine de la chandeleur* (1839), *Histoire du chien de Brisque*t (1844). La vérité n'a jamais pour lui beaucoup d'intérêt. Il lui oppose la fantaisie et le rêve, et même la folie qui le fascine.

Louis Pasteur
L'adversaire enragé des microbes de tout poil, né à Dole en 1822, est célébré dans tout le Jura. Certains évangélisent, lui pasteurise à tout-va, blanchit le charbon, calme la rage. Sacha Guitry en a fait, dans un de ses films, une admirable composition.

Louis Pergaud
L'auteur de *La guerre des boutons* est né dans le Doubs à Belmont. Son célèbre roman régionaliste fut maintes fois adapté au cinéma et à la télévision. Instituteur de métier, il s'est inspiré de son environnement familier dans les œuvres de sa courte vie. Il est mort près de Verdun, dans les marais de la Woevre. Voir aussi "Belmont" dans "Doubs".

Peugeot
Toute la dynastie naît, vit et travaille dans le Doubs. De la propriété familiale aux usines de Sochaux, c'est aussi bien qu'il n'y ait qu'un pas.

Pierre Joseph Proudhon
"La propriété, c'est le vol !". Depuis deux siècles, on a rarement fait aussi direct dans l'opinion contraire à la culture bourgeoise. Cet aphorisme résume l'œuvre de ce théoricien socialo-anarchiste, un des premiers à avoir défendu l'idée d'une société mutualiste, du syndicalisme ouvrier et du fédéralisme. Il apparaît à la fois comme un révolutionnaire et, selon Marx, comme *«un conservateur petit bourgeois, constamment ballotté entre le travail et le capital, entre l'économie politique et le communisme»*.

Claude Rouget de L'Isle
Plus de 30 ans après sa naissance à Lons-le-Saunier, il a écrit pour les soldats de la Révolution le *Chant de Guerre de l'Armée du Rhin*, devenu un peu plus tard *La Marseillaise*. Sa célébrité passagère ne l'empêcha pas de sombrer dans les ennuis et la misère, et d'être même jeté en prison pour dettes. Il mourut pauvre à 76 ans, et repose aujourd'hui aux Invalides.

Cadet Rousselle
Il s'appelait Guillaume et venait d'Orgelet, dans le Jura, au temps de la Révolution. Huissier de son métier, il s'était installé à Auxerre où ses fantaisies le rendirent populaire. Sa maison, une loggia construite entre le château (l'hôtel de ville actuel) et la tour de l'horloge, a même inspiré la chanson : *"Cadet Rousselle a trois maisons qui n'ont ni poutre ni chevron, c'est pour loger les hirondelles, que direz-vous de Cadet Rousselle ? Ah ! Ah ! Ah ! oui vraiment, Cadet Rousselle est bon enfant !"*

Laurence Sémonin
Cette fille d'un épicier de Morteau a créé un personnage unique qui joue sur le bon sens et l'à propos, la Madeleine Proust, sorte de conteuse comtoise moderne qui n'a pas la langue dans sa poche et raconte la vie des villages avec truculence. Laurence Sémonin a depuis abandonné cet encombrant personnage pour se consacrer à d'autres voies de communication, le cinéma entre autres.

Dominique Voynet
La joie de la nouvelle Ministre de l'Environnement et de l'Aménagement du Territoire faisait plaisir à voir après sa nomination, avec cette dose de fraîcheur et de sincérité peu courante dans le monde politique. Madame la Ministre est née en 1958, a accompli de brillantes études secondaires à Belfort, décrochant un Bac C à 16 ans avant d'entamer à Besançon des études de médecine prolongées par une spécialisation en anesthésie-réanimation (elle entre au service "réa" de l'hôpital de Dole). Militante écologiste dès son plus jeune âge (à 18 ans, elle faisait partie d'une association de protection de l'environnement à Belfort) elle a été de tous les combats (droits des femmes, tiers-monde, anti-nucléaire, chômage), entrant vraiment en politique en 1989 comme conseillère municipale de Dole. Elle a été candidate aux dernières élections présidentielles et dirige le seul parti écologiste vraiment crédible, recueillant les fruits de son intégrité avec sept députés aux dernières législatives et ce poste ministériel. Dans la région, sa prise de position contre le projet du Grand Canal ne lui fait pas que des amis.

Karl Zéro
L'humoriste et agitateur de Canal+ est né à Lons-le-Saunier. Il anime le *Vrai Journal* et règle quelques comptes parisiens pour le bonheur des initiés.

GASTRONOMIE

CHARCUTERIE

Les spécialités charcutières franc-comtoises sont reconnues et appréciées.

En Haute-Saône, le jambon de Luxeuil est un jambon salé et fumé selon une recette ancestrale : il macère d'abord dans un bain de sel et de baies de genévrier puis il est légèrement fumé à la sciure de résineux.

La saucisse de Montbéliard et la saucisse de Morteau ont une base de fabrication commune. Elles se fabriquent avec de la viande de porc de la région et se fument à la sciure de résineux (mélange de sapin, épicéa, genévrier), la seconde ayant la particularité d'être séchée et fumée dans un «tuyé». On les marie volontiers avec des pommes à l'huile ou plus localement avec la cancoillotte chaude (voir fromages).

A découvrir, le gandeuillot de Fougerolles, des abats de porc malaxés et broyés, additionnés de kirsch puis mis au fumoir dans un gant fait de parois d'intestin.

FRUITS ET LEGUMES

Les champignons, champions des eaux et forêts dont la nature comtoise est si prodigue : chanterelles, mousserons, petits-gris embellissent les plats régionaux. La reine de ces agapes reste naturellement la morille qui entre dans la composition de la majeure partie des plats nobles de la région, tant elle épouse bien la crème et le vin jaune dans la plus fameuse sauce comtoise, qui a la particularité de convenir presque aussi bien aux poissons qu'aux viandes et aux volailles ; nous la conseillons particulièrement avec un poisson de rivière, la truite tout simplement, telle qu'elle est le plus fréquemment utilisée, ou, plus rare, avec une sole ; mais elle fait vraiment merveille sur un filet de bœuf.

Le cerisier est, dans la région de Fougerolles, au nord de la Haute-Saône, le plus commun des arbres : il donne naissance à un fruit délicat qui se déguste aussi bien en eau-de-vie qu'en clafoutis, avec le canard ou en griottines. Le kirsch de Fougerolles occupe, pour les connaisseurs, le premier rang national.

La morille

Ce délicat et savoureux champignon fait le bonheur de celui qui le mange, mais aussi de celui qui le trouve. C'est un des grands trésors régionaux qui se cherche au pied des sapins, parmi les aiguilles tombées au sol. Pour d'autres spécialistes, on la rencontre plutôt dans des sols déjà foulés. Toujours est-il qu'il n'y a pas à proprement parler de "coin à morilles" et que cette merveille au chapeau brun tavelé de forme phallique est une récompense qu'il faut savoir mériter. La saison commence vers le 15 mai et dure environ jusqu'à la mi-juin : c'est le bon moment pour la savourer fraîche (assurez-vous qu'elle vient bien de Franche-Comté et non de Turquie). Le reste de l'année, on utilise des morilles lyophilisées et régénérées à l'eau : c'est un des rares champignons qui supporte avec réussite l'opération en conservant une bonne saveur, en particulier dans les sauces classiques, à la crème et au vin jaune.

POISSONS

Ils vivent en abondance dans les rivières et ruisseaux si clairs et si purs. Les pêcheurs se régalent, les cuisiniers et cuisinères également avant leurs hôtes : mariné, grillés, pochés, les truites, brochets, ombles chevaliers s'accommodent fort bien des préparations à la mode comtoise. La Franche-Comté est une des dernières régions où l'on trouve encore de belles écrevisses, grâce principalement à la qualité des eaux.

LES PLATS

La croûte (aux champignons, aux morilles) n'est pas, comme l'appellation pourrait le suggérer, une sorte de tourte, mais une crème chaude aux champignons dans laquelle trempent les croûtons qui donnent leur nom à la recette.

Le "Jésus" de Morteau se marie typiquement à la cancoillotte chaude. Les röstis (ou "roestis" ou "roechtis") qui accompagnent la charcuterie, le jambon à l'os, les viandes sont un mélange de pommes de terre émincées et d'oignons dorés à la poêle comme une galette : ils peuvent être également pris en entrée, comme la tarte au comté qui se satisfait de l'excellent fromage local.

Poissons et viandes sont apprêtés la plupart du temps dans le souci de la saveur mais aussi du réconfort, avec une densité calorique certaine. Les sauces sont donc à la fois exquises et riches, les accompagnements solides pour permettre la vie au grand air, les travaux champêtres ou forestiers, les grandes randonnées à ski de fond.

Parmi les grands classiques que vous devez fréquenter au moins une fois lors d'un séjour bien mené en Franche-Comté figure le coq au vin jaune.

LES FROMAGES

Avec ses trois seigneurs, comté, morbier, mont-d'or, la Franche-Comté est une grande région fromagère : les "fruitières" sont de plus en plus visitées par les touristes qui n'hésitent pas à ramener dans leurs bagages un odorant souvenir. Le comté, qui détient une A.O.C., est le plus fameux (voir encadré). Dans la même famille, l'emmental Grand Cru Label rouge est plus doux et un peu moins fruité. Le morbier se distingue par sa ligne bleue qui le sépare en deux. L'explication est singulière : à l'origine on produisait un demi-fromage grâce à la traite du matin, on protégeait la surface avec une couche de charbon puis on recouvrait avec la traite du soir. Le vacherin ou mont-d'or A.O.C. est un fromage que l'on déguste souvent pendant les fêtes de fin d'année car elles correspondent à son arrivée à maturité optimale : protégée par une écorce d'épicéa, c'est un bonheur qu'il faut ouvrir en famille car sa texture, moelleuse et coulante, ne se prête pas vraiment à une longue conservation. Le bleu de Gex, que l'on trouve au sud du département du Jura, jouit également d'une A.O.C. S'il est moins corsé que les autres bleus, il s'adapte très bien à la cuisine et peut se rencontrer en sauce et même en raclette.

La cancoillotte, à pâte molle et fermentée, existerait depuis 2000 ans, et serait donc le plus ancien fromage de la région. Elle se déguste froide ou chaude, sur du pain ou en accompagnement de saucisses ou de röstis. L'edel de Cléron, fromage au lait doux et moelleux, porte le nom de sa ville de fabrication. Le septmoncel est un fromage de vache à moisissure interne, originaire du Jura.

Le comté

Lorsqu'on porte le nom de sa région, on a des droits et des devoirs. Avec sa pâte délicate au goût tout en douceur agrémenté d'une pointe de noisette, le comté est un seigneur qui mérite les honneurs dus à son rang. C'est un fromage au lait cru à pâte pressée cuite, de la forme d'une meule cylindrique de 40 à 70 cm de diamètre. Il faut 500 litres de lait pour préparer un fromage de 50 kilos. Il est fabriqué en Jura, Doubs et Haute-Saône et quelques zones limitrophes pour production annuelle de 40 000 tonnes.

PATISSERIES ET PRODUITS SUCRES

L'abondance de produits laitiers fait les bons gâteaux : s'il n'existe pas de nombreuses spécialités, les pâtisseries sont souvent excellentes à travers les quatre départements.

La galette de goumeau est faite de pâte à brioche beurrée parfumée à la fleur d'oranger.

Le "Belflore", originaire du Territoire, est une pâtisserie de pâte sablée aux amandes fourrée de framboises et décorée d'amandes et de noisettes.

Le miel, présent dans tous les départements de la région, bénéficie des essences régionales, avec des arômes de sapin, d'acacia, de trèfle, de pissenlit...

LES BOISSONS

Le vignoble du Jura occupe une grande région viticole avec trois capitales, Arbois, Château-Chalon, et l'Etoile. Ces villages sont traversés par la très belle "route des vins".

Les blancs résultent de l'assemblage, dans une proportion qui va de 0 à 100%, de chardonnay et de savagnin, superbe cépage local qui entre en ingrédient exclusif dans l'élaboration du vin jaune. Le vin de paille résulte comme son nom l'indique d'un long mûrissement des raisins sur la paille. Il accompagne principalement les desserts.

Les rouges sont à base de trousseau, de poulsard et d'autres moins typiques comme le pinot noir ou même le gamay. Ils donnent des vins assez légers et agréables qui peuvent supporter le vieillissement.

En Haute-Saône, on ira à Champlitte boire des gamays bien troussés et surtout des chardonnays plein de verve. En particulier une spécialité très locale, le "non filtré" qui garde fruit et un peu de verdeur (à boire jeune bien sûr), notamment celui de la Coopérative des Vignerons. A connaître également, le charcenne, que vous rencontrerez sur de nombreuses tables de restaurant du département, produit en particulier par un pépiniériste renommé, Guillaume, qui a réhabilité avec réussite le vin local, tout en légèreté et fluidité.

A l'apéro, délaissez votre anisette favorite pour adopter les recettes locales. Commandez le Pontarlier, à base de plantes et au goût anisé, préparé par plusieurs distilleries de la ville. C'est une originale idée de cadeau-souvenir et les bouteilles sont très jolies.

Le moment du digestif est aussi une tradition en Franche-Comté, et le petit coup de gnôle de fin de repas est loin d'être déplaisant. Les eaux-de-vie bénéficient des beaux vergers et de la qualité du vignoble : le marc du Jura, le kirsch (de Fougerolles), mais aussi des eaux-de-vie de prunelle, de mirabelle, de framboise, d'alisier…

Le vin jaune

Le fleuron de la production viticole du Jura résulte d'une fermentation lente et d'une longue tenue en fûts de chêne (6 ans minimum). La typicité de son cépage savagnin, alliée à cette minutieuse élaboration (c'est un voile qui se forme à la surface, le protégeant ainsi de l'air) lui donnent un goût reconnaissable entre tous (c'est bien le vin le plus facile du monde à identifier à l'aveugle) avec un arôme de noix qui n'est pas sans rappeler le vin de Xerès. La bouteille typique de vin jaune, elle aussi exclusive par sa contenance inhabituelle de 62 cl s'appelle le clavelin. Le plus fameux est celui de Château-Chalon, mais nombre de viticulteursproduisent ce délicieux nectar dans leur propre vignoble d'Arbois, Arbois-Pupillin ou l'Etoile.

ADRESSES UTILES

Comité de Promotion des Produits Régionaux (C.P.P.R.). Valparc Espace Valentin, 25 048 Besançon Cedex ✆ 03 81 50 69 43 - Fax: 03 81 50 69 42.

La route des vins, Société de Viticulture du Jura. Avenue du 44e R.I. 39016 Lons-le-Saunier ✆ 03 84 24 21 07.

La route du comté, Maison du comté. Avenue de la Résistance 39801 Poligny cedex ✆ 03 84 37 23 51.

Quelques producteurs recommandés

Jacques Puffeney. Saint-Laurent 39600 Montigny-lès-Arsures ✆ **03 84 66 10 89.** Des blancs très typés, un savagnin racé et superbe, de grandes réussites et des vins parfaitement élaborés.

Désiré Petit. 39600 Pupillin ✆ **03 84 66 01 20.** Le charme et la typicité de l'appellation arbois-pupillin à travers les chardonnays et chardonnays-savagnins.

Fruitière vinicole. 2, rue des Fossés 39600 Arbois ✆ **03 84 66 13 78.** Un très bon rapport qualité-prix et une excellente et constante cuvée «Béthanie».

LOCATION SANS PERMIS

Vivre une croisière fluviale en France...

Paysages superbes, nature préservée, villes et villages riches d'Histoire, gastronomie, sont autant de thèmes à découvrir en naviguant sur les 8 000 km de canaux et rivières de France.
Au départ de ses 15 bases, CROWN BLUE LINE vous propose dans chaque région, différentes possibilités d'itinéraires pour une semaine ou plus.

10 GRANDES RÉGIONS
A DÉCOUVRIR
15 BASES

CROWN BLUE LINE, une flotte de plus de 450 bateaux entièrement équipés et aménagés tout confort : 24 modèles faciles à piloter, conçus pour recevoir de 2 à 12 personnes.

ACCUEIL ET SERVICE DE QUALITÉ
● PERMANENCE TECHNIQUE 7/7 JOURS ● PERSONNEL BILINGUE.

✱ CROWN BLUE LINE

1er LOUEUR DE BATEAUX FLUVIAUX EN FRANCE

Demandez le catalogue et les tarifs des croisières fluviales CROWN BLUE LINE 1997 à l'adresse ci-dessous :

CROWN BLUE LINE
Le Grand Bassin, BP 21 - 11401 Castelnaudary Cedex
Tél. (33) 04 68 94 52 72 - Fax (33) 04 68 94 52 73
Email adress : boathols@crown.blueline.com

 **QUIZZ KLEBER**

Le Doubs

1. Quel peintre né à Ornans fut poursuivi pour la destruction de la colonne Vendôme ?

2. Quel dictionnaire de latin porte le nom de son créateur, né à Liesle ?

3. Quel Bisontin créa les phalanstères ?

4. Originaire de Mouthe, il fut champion olympique à Albertville. De qui s'agit-il ?

5. Quel écrivain évoque sa naissance dans le vers "*Ce siècle avait deux ans, Rome remplaçait Sparte*" ?

6. Quels Bisontins inventèrent le cinématographe ?

7. Quelle spécialité Morteau et Montbéliard ont-elles en commun ?

8. Quelle œuvre rendit célèbre Louis Pergaud, originaire de Belmont ?

9. Dans quelle village se trouve la saline royale de Claude-Nicolas Ledoux ?

10. Dans quelle ville se trouve la plus grande usine de France par le nombre de salariés ?

Réponses 1. *Gustave Courbet* - 2. *Félix Gaffiot* - 3. *Charles Fourier* - 4. *Jules Grévy* - 5. *Victor Hugo* - 6. *Les frères Lumière* - 7. *La saucisse* - 8. *La guerre des boutons* - 9. *Arc-et-Senans* - 10. *Sochaux (Peugeot)*

LE DOUBS EN CHIFFRES

Population : 484 828 habitants

Superficie : 5 233 km2

Densité : 93 habitants / km2

Préfecture : Besançon (122 633 hab.)

Sous-préfectures : Montbéliard (117 494 hab.), Pontarlier (19 788 hab.)

La population du département augmente globalement (+ 4,5 % depuis 1982) et c'est la population rurale qui croît tandis que la population urbaine décroît.

La population active est industrielle à 42 %, très au-dessus de la moyenne nationale. Le chômage est également inférieur de 2,5 % à la moyenne nationale.

Le Doubs compte 3 arrondissements, 35 cantons et 594 communes. On trouve 182 hôtels pour un peu plus de 4 000 chambres et 37 campings pour 592 emplacements

Il possède 170 km de frontière commune avec la Suisse.

Economiquement, le PIB par habitant est légèrement supérieur à la moyenne nationale, tandis que le chômage est inférieur de 2 points (9,3 % contre 11,7 %). Les principaux produits exportés concernent l'horlogerie, les cycles et motocycles, l'automobile et l'équipement automobile.

ADRESSES UTILES

Agence de développement économique du Doubs (A.D.E.D.). 7, avenue de la Gare d'Eau 25031 Besançon cedex ✆ 03 81 65 10 00 - Fax 03 81 82 01 40

Offices de tourisme

Besançon 25000. 2, place de la 1e Armée-Française @ 03 81 80 92 55

Arc-et-Senans 25610. ✆ 03 81 57 46 44

Baume-les-Dames 25110. 6, rue de Provence BP 101 ✆ 03 81 84 27 98

Les Fourgs 25300. 36, Grande Rue ✆ 03 81 69 44 91

Les Hôpitaux-Neufs 25370. 1, place de la Mairie ✆ 03 81 49 13 81

Maîche 25120. Place de la Mairie ✆ 03 81 64 11 88

Malbuisson 25160 - Lacs de Saint-Point et Remoray ✆ 03 81 69 31 21

Montbéliard 25200. 1, rue Mouhot ✆ 03 81 94 45 60

Montbenoît 25650. Rue de Pontarlier ✆ 03 81 38 10 32

Morteau 25500. Place de la Gare ✆ 03 81 67 18 53 et 03 81 67 14 78

Moute - Le Risoux 25240. 3b, rue de la Varée ✆ 03 81 69 22 78

Ornans 25290. 7, rue Pierre Vernier ✆ 03 81 62 21 50

Pontarlier 25300. 14bis, rue de la Gare ✆ 03 81 46 48 33

Villers-le-Lac 25130. Rue Berçot ✆ 03 81 68 00 98.

Minitel

3615 ITOUR
3615 BISONTEL
3615 HADORE (réservations)
3615 TPLUS (Montbéliard)

Centrale de réservation, autocaristes

Loisirs-Accueil Doubs. 4 ter, faubourg Rivotte 25000 Besançon ✆ 03 81 82 80 48

Voyages Gentiane. 6, rue Gay - ZI de Thise 25220 Chalezeule ✆ 03 81 80 52 90

Monts-Jura Autocars. 9, rue Proudhon 25000 Besançon ✆ 03 81 21 22 00

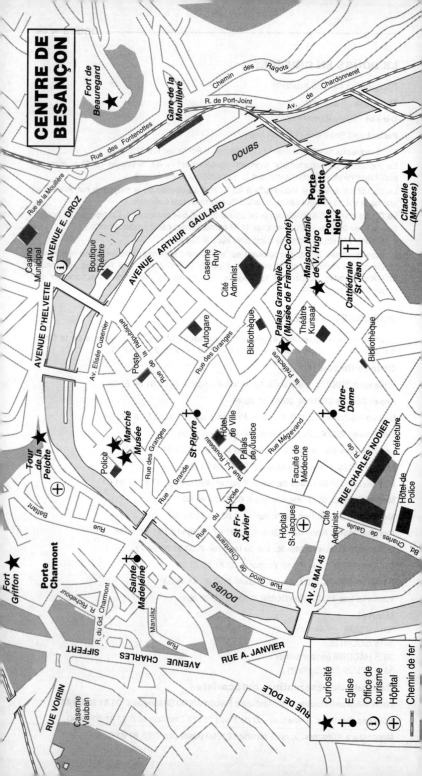

BESANCON

ET SA REGION

BESANÇON

Office du tourisme de Besançon. 2, Place de la Première-Armée-Française, Parc Micaud 25000 Besançon. ✆ 03 81 80 92 55. *Ouvert du 1er avril au 30 septembre du lundi au samedi de 9h à 19h, du 16 septembre au 14 juin le dimanche de 10h à 12h et du 15 juin au 15 septembre, le dimanche de 10h à 12h et de 15h à 17h.*

122 000 Bisontins. Préfecture du Doubs et capitale régionale, la cité horlogère et hugolienne est une ville agréable, élue il y a peu première ville verte de France par un hebdomadaire national. Enserrée dans une boucle du Doubs, elle contemple la rivière depuis sa citadelle édifiée par Vauban, parfaitement conservée dans un environnement et un panorama uniques. Cet espace fortifié renferme quelques lieux de culture, le Parc zoologique, le Musée d'histoire naturelle, l'aquarium, le Musée populaire comtois et le Musée de la résistance et de la déportation.

Il y a tant à faire à Besançon : entrer dans la cathédrale Saint-Jean et consulter son horloge astronomique, visiter le Musée des beaux-arts et d'archéologie. Se balader sur les rives du Doubs, dans la Grande Rue, et la très animée rue Bersot. Sur l'autre rive, vers la citadelle, flâner dans le pittoresque et vieux quartier Battant, animé par ses nombreux cafés et restaurants.

Besançon est une ville authentique où il fait bon se promener. La préfecture de Franche-Comté semble méconnue des touristes, qui s'arrêtent trop rarement, et pour trop peu de temps. Il s'agit pourtant d'une des plus belles villes de France avec un vrai patrimoine architectural, des traditions préservées et une atmosphère saine et vivifiante. Desservie par une autoroute pratique qui rejoint Montbéliard, Belfort et la Suisse, l'accès est aisé, à un peu plus de trois heures de Paris.

Besançon constitue en outre la meilleure base de départ pour visiter la région, avec les nombreux points d'intérêt (Saline Royale d'Arc-et-Senans, vallées de la Loue et du Doubs, stations de montagnes du Jura, à portée d'automobile.

Besançon sur Internet : **http : www.besançon.com.**

HISTOIRE

Le site de Besançon, entouré par le Doubs et ses sept collines a toujours représenté une forteresse naturelle. A l'époque gauloise, Vesontio (Besançon) est déjà un oppidum (place forte) occupé par les Séquanes. Du Ier au Ve siècle, elle devient grande ville gallo-romaine et une des clefs de l'Empire. D'après Jules César, "elle possède en très grande abondance tout ce qui est nécessaire pour faire la guerre. De plus, sa position naturelle la rend si forte, qu'elle offre de grandes facilités pour faire durer les hostilités : le Doubs entoure presque la ville entière d'un cercle qu'on dirait tracé au compas ; l'espace que la rivière laisse libre ne mesure pas plus de 1600 pieds et une montagne élevée le ferme si complètement que la rivière en baigne la base des deux côtés ".

A cette époque, Besançon se couvre de monuments (Porte Noire, square Castan, les arènes). Les invasions barbares annihilent cette splendeur. La ville fait alors partie de la Burgondie qui se scindera en Duché de Bourgogne et Comté de Bourgogne (l'actuelle Franche-Comté). En 1032, Besançon est rattachée au Saint-Empire germanique. L'archevêque de Besançon Hugues de Salins devient le seigneur de la ville. En 1290, elle conquiert ses libertés communales. Tout en restant soumise à l'empereur, elle se gouverne seule et est indépendante du Comté de Bourgogne dont Dole est la capitale. Le blason et le sceau de la ville libre adoptés au XIIIe siècle représentent l'aigle impérial encadré de deux colonnes rappelant le passé romain de la cité.

Au XVe siècle, Besançon est sous la protection des ducs de Bourgogne. C'est une période de prospérité. A la Renaissance, l'empereur Charles Quint fortifie la ville, grâce à Nicolas Perrenot de Granvelle, chancelier de l'Empire. Toute la région bénéficie des faveurs de Charles Quint. Besançon devient alors cinquième ville impériale et de superbes monuments sont érigés (Palais Granvelle, Hôtel de Ville). Puis elle perd sa liberté pour être conquise par les Espagnols. Elle le restera dix ans de 1664 à 1674, ce qui permit plus tard à Victor Hugo de qualifier Besançon de "vieille ville espagnole" nom repris bien souvent depuis pour désigner cette jolie cité.

En 1674 la Franche-Comté est conquise par Louis XIV, roi de France. Dès lors, Besançon remplace Dole comme capitale de la province et Vauban entoure la ville d'une ceinture de remparts. Au XIXe siècle, c'est le temps de l'horlogerie avec l'arrivée de réfugiés suisses, dont Mégevand. Des forts sont construits sur les collines entourant Besançon. Au XXe siècle, les progrès de l'artillerie rendent obsolètes les fortifications bisontines. La ville n'est plus une place de guerre. Aujourd'hui, c'est une cité dynamique, pôle européen des industries de précision qui a su développer, grâce également à un environnement naturel propice, une rare qualité de vie.

■ Les surnoms de Besançon

Chrysopolis (la ville d'or) au IXe siècle. Ce nom est employé pour la première fois dans une lettre de Louis le Débonnaire adressée à l'archevêque de Besançon (Bernoin) en 821. Ce terme s'éteindra définitivement au XIIe siècle. Le surnom de Chrysopolis ne supplanta toutefois jamais le nom propre de Besançon.

Bouclier de l'Empire. C'est ainsi que Charles Quint lui-même l'a qualifiée (XVIe siècle). Maître de Besançon et de la Franche-Comté, il fait rénover les fortifications de la ville.

Capitale de la montre. Elle prend cette appellation lors du développement de l'industrie horlogère au XIXe siècle.

■ GEOGRAPHIE - ECONOMIE

A mi-chemin entre Paris et Milan d'une part, Strasbourg et Lyon d'autre part, Besançon est au cœur de l'Arc jurassien (espace franco-suisse à vocation culturelle et économique). L'altitude moyenne au centre ville est de 250 m. Les collines aux alentours culminent à 610 m au Belvédère de Montfaucon.

Le climat est continental : s'il faut bien se couvrir l'hiver quand la bise est venue, on transpire beaucoup aux temps chauds. La ville est entourée par le Doubs. La surface de la boucle est d'environ 120 hectares.

Besançon en chiffres

Chef-lieu du département du Doubs. 122 000 habitants intra-muros (1994). 149 400 habitants pour le District du Grand Besançon auquel adhèrent 38 communes sur une superficie de 31 000 hectares. Longueur totale des rues de la ville : 415 km dont 330 km de rues éclairées, 465 m de voies piétonnes et 111 m de voies semi-piétonnes. Besançon compte 170 clubs sportifs, 35 000 licenciés. Le patrimoine sportif municipal s'étend sur environ 75 hectares.

Besançon, l'innovation

Les logiciels C.F.A.O. pour les outils de découpage (Logopress) ou les oscillateurs à quartz thermostatés de haute stabilité pour les matériels de télécommunication diffusion T.V. et instrumentation (AR Electronique), les transducteurs électroacoustiques pour le secteur médical et l'industrie (Imasonnic) ou le dépôt ionique sous vide pour l'horlogerie, la lunetterie ou les articles de luxe (Ionitec), la fabrication d'anticorps monoclonaux (Innothérapie) ou la recherche appliquée à la pharmacologie (Med Pharex) sont autant d'exemples de produits développés par des entreprises championnes de l'innovation. Il ne faut pas oublier d'y associer les entreprises spécialisées dans le génie biomédical qui ont trouvé à Besançon un savoir-faire unique dans le domaine de la précision et de l'infiniment petit.

Besançon prouve également son dynamisme avec son centre de congrès, Micropolis, construit en 1988, et qui offre une structure complète adaptée à toutes les manifestations : hall de 2 700 m2, amphithéâtre de 700 places, une salle de 300 places et des salles modulables, restaurant, bar, cafétéria, services.

L'Université. Créée à Dole en 1422 et transférée à Besançon en 1691 par Louis XIV, l'Université de Franche-Comté compte 22 500 étudiants (1994). Elle est pluridisciplinaire et comprend : cinq unités de formations et de recherches (sciences et techniques, S.T.A.P.S., sciences juridiques, économiques, politiques et gestion, sciences du langage, de l'homme et de la société, sciences médicales et pharmaceutiques), une unité de recherche (observatoire des sciences de l'univers) et un IUT. On y trouve notamment un Centre de Linguistique Appliquée très recherché qui accueille chaque année des étudiants de plus de 80 nationalités.

L'école d'ingénieurs. Anciennement Ecole de Chronométrie et de Mécanique, l'Ecole Nationale Supérieure de Mécanique et des Micro-techniques (E.N.S.M.M.) accueille aujourd'hui, dans des locaux très récents, 400 étudiants (les "chronos"). Elle propose un enseignement polyvalent avec quatre options possibles : automatisme et robotique, mécanique et vibration des structures, électronique et capteurs, matériaux et surfaces.

Economie

Jusqu'au XIXe siècle, l'économie bisontine est surtout agricole. Les cultivateurs, les éleveurs et les vignerons forment l'essentiel de la population. Au XIXe siècle, les industries horlogère, papetière et textile s'installent à Besançon. Ces trois industries prospèrent jusqu'en 1970. Elles suscitent la création d'autres activités : la fonderie, la bonneterie, la faïencerie, l'automobile. La ville passe de 60 000 à 100 000 habitants en 20 ans et l'agriculture est à la baisse. En 1973, c'est le début de la crise dans les secteurs horlogers (Lip), textiles (Rhodiaceta). La capitale franc-comtoise a pourtant su s'adapter en développant des activités industrielles de pointes (micromécanique et micro-techniques, robotique, horlogerie à quartz...).

Secteur primaire. Besançon est la première commune agricole du Doubs (17 exploitations, 700 bovins), avec des activités de maraîchage et d'horticulture.

Le secteur secondaire. Ce secteur représente sur Besançon 24% de l'activité économique (1992). Il comprend des entreprises de renommée nationale telles Bourgeois Découpage (métallurgie), Maty (horlogerie, bijouterie), Moyse S.A. (bâtiment et travaux publics), Weil (habillement), Vandamme, La Pie qui Chante (agro-alimentaire), Supérior (cuirs et peaux)...

Le secteur tertiaire. C'est le premier secteur d'activité de la ville (75% de l'activité totale). L'administration emploie plus de 20 000 personnes.

Transports

Compagnie des Transports Bisontins. 46, rue de Trey ✆ 03 81 50 28 55

Air Franche-Comté. Aérodrome de La Vèze - Route de Lausanne ✆ 03 81 81 50 82

Train : gare Viotte. Informations téléphoniques tlj de 8h à 20h (19h le samedi) ✆ 03 81 53 50 50. Réservations téléphoniques, tlj sauf dimanche et fête ✆ 03 81 53 18 11

Parkings gratuits : Chamars, Battant, Saint-Paul...

Parking payants : parking de la Mairie (600 places couvertes, ouvert de 7h à 1h du matin), les Remparts Dérasés, Granvelle, faculté de médecine, Président, Arènes. A noter : pour les "sans monnaie", la carte Monnaie permet de régler les stationnements gérés par la plupart des horodateurs et le parking de la Mairie. On peut se la procurer à **Via Stationnement** (56, rue Bersot) ou à l'accueil du parking de la Mairie.

Taxis-radio. 26, rue Ampère ✆ 03 81 88 80 80. Tête de station esplanade gare Viotte ✆ 03 81 80 17 76.

Le Petit Futé sur Internet
info@petitfute.com

Victor Hugo à Besançon

Les amateurs, étudiants, passionnés, thuriféraires ou simplement curieux lisent dans leur ouvrage de référence : "Victor Hugo, né en 1802 à Besançon". On imagine donc que l'homme qui a écrit le XIXe siècle doit être adulé, exposé avec fierté, honoré et monumentisé à chaque coin de rue de sa ville natale, comme Diderot à Langres, Mozart à Salzbourg ou La Fontaine à Château-Thierry.

L'étonnement sera donc d'autant plus vif de ne trouver que de très brèves allusions à l'auteur des "Travailleurs de la Mer" dans la capitale régionale. Sa maison natale ne peut même pas être visitée. Depuis deux siècles, les municipalités successives n'ont pas cru bon de l'attacher au patrimoine communal pour en faire un musée. Une simple plaque rappelle l'événement le plus important de la littérature française comme une péripétie mineure, un détail de l'histoire peut-être.

En ville, peu de statues, pas d'exposition particulière dans les librairies et bibliothèques, pas une salle au musée de la ville et pas de manifestations annuelles autour de l'œuvre du géant (Courbet, né à 15 km de là est plutôt mieux loti) comme s'il y avait lieu de montrer de la modestie d'avoir accueilli la naissance de Victor Hugo dans une maison du centre ville.

Cette publicité très réduite tient, selon les instances touristiques locales, à la faible identité régionale du bonhomme. Il n'est effectivement resté à Besançon que deux ou trois mois, avant de partir à Marseille où son père, général, avait reçu sa nouvelle affectation. Certes, durant ces trois mois, le bambin n'a certainement pas eu le temps d'écrire les Misérables. Doit-on pourtant considérer sa naissance comme un fait quasi négligeable ? Dans tous les coins de la planète, on connaît Stratford-sur-Avon, charmante bourgade anglaise qui connut l'immense privilège de voir naître Shakespeare.

Besançon est-elle trop fière de ses atouts - certes nombreux et considérables - pour se passer d'une telle réputation ? A Osaka, à Chicago ou à Milan, on connaît le nom de Besançon, "ville natale de Victor Hugo", sans doute autant que pour sa remarquable horlogerie. A quel autre lieu pourrait être attaché le nom du grand Totor, hormis Paris et Guernesey, si ce n'est au point de départ de son extraordinaire trajectoire ? N'est-il pas étrange que les allusions à Victor Hugo soient plus nombreuses et plus fréquentes à Villequier, près de Rouen, où se noya Léopoldine qu'à Besançon ?

On ne peut pas dire non plus que le grand poète se soit vraiment passionné pour sa ville natale, qui lui reprocha bien souvent de ne pas lui être venu en aide par quelques déclarations ou quelque soutien financier. A sa mort, une polémique survint au conseil municipal quant à l'opportunité de l'érection d'une statue. La presse conservatrice souligna avec tact que Totor avait placé son argent à l'étranger, se faisait offrir des funérailles nationales alors que les temps étaient si durs en Franche-Comté et autres délicatesses. Il est exact qu'hormis quelques allusions sans tendresse excessive («vieille ville espagnole»), on ne sent pas, dans le journal du maître, une affection passionnelle pour son berceau.

"Ce siècle avait deux ans, Rome remplaçait Sparte
Déjà Napoléon perçait sous Bonaparte"

Ces vers, extraits des "Feuilles d'Automne", parlent d'un fameux 26 février 1802. L'événement se déroulait dans une petite maison de Besançon...

Vous pourrez cependant retrouver Hugo dans un itinéraire bisontin bien conduit (on trouve entre autres un restaurant "Thénardier"), qui vous amène par exemple à l'hôtel Castan, près du conseil régional. Si vous passez la nuit dans cette superbe maison, l'un des plus beaux hôtels de caractère de la région (voir "hôtels"), la conversation sera d'autant plus facile avec le maître des lieux, admirateur et collectionneur hugolien reconnu. Il possède quelques pièces rares qu'il dévoile avec parcimonie, mais si vous vous montrez curieux, peut-être aurez-vous la chance d'en admirer quelques-unes, en particulier une de ses dernières acquisitions, l'album de photos de Juliette Drouet, qui compte, outre Juliette elle-même, les enfants d'Hugo et la famille Vacquerie, quelques très beaux clichés du maestro.

■ VISITE

La Citadelle. ✆ **03 81 65 07 50.** *Ouverture : avril à septembre de 9h15 à 18h15, octobre à fin mars de 9h45 à 16h45.* Surplombant la ville et le Doubs de 118 m de hauteur, la citadelle s'étend sur 10 ha d'histoire et de culture. A l'époque gallo-romaine, un temple se trouvait sur la colline. De nouvelles fortifications furent élevées au Moyen-Age et au XVIe siècle. Après la conquête française de 1674, Vauban édifia la forteresse actuelle qui fut utilisée comme caserne, école de cadets sous Louis XIV, prison d'état de la Terreur à la Restauration. Si l'on y accède par la rue des "Fusillés", c'est pour rappeler qu'elle servit aussi de lieu d'exécution des patriotes de la Seconde Guerre Mondiale ; le poteau des fusillés se trouve au centre, face au musée de la Résistance et de la déportation.

Aujourd'hui site préservé, elle constitue une richesse historique considérable. C'est un lieu de culture et de loisirs qui offre de multiples possibilités de découverte : à l'intérieur des murs, un zoo, un aquarium et insectarium, quatre musées et des expositions temporaires, un jardin public, café, restaurant, boutiques… En nouveauté, un "noctarium", dans l'ancienne poudrière, expose le monde des mammifères nocturnes.

Cathédrale Saint-Jean. Rue de la Convention ✆ **03 81 81 12 76.** De la première construction du XIIe siècle subsistent de nombreux éléments, notamment le plan général à vaste nef centrale et deux absides, qui donnent à cet édifice un style intermédiaire entre roman et gothique. A l'intérieur on notera quelques beaux tableaux, parmi lesquels une fameuse Vierge aux Saints XVIe, par Fra Bartolomeo pour le chanoine Ferry Carondelet, protégé de Charles Quint, qui a son tombeau dans une des absidioles. Le plus épatant reste l'autel circulaire en marbre blanc, une pièce très rare qui vaut à lui seul la visite. Le clocher XVIIIe résulte de l'effondrement du clocher primitif en 1726.

Horloge astronomique. Cathédrale Saint-Jean, rue de la Convention. ✆ **03 81 81 12 76.** *14F (+ de 18 ans) et 7F. Visites commentées à 9h50, 10h50, 11h50, 14h50, 15h50, 16h50, 17h50 tous les jours sauf : janvier, mardi, mercredi (du 1er octobre au 1er avril), jours fériés.* Conçue par A.L. Vérité de 1858 à 1860, cette machine merveilleuse avec ses 60 cadrans, donne l'heure dans 14 points du monde, les jours de la semaine, l'heure des marées, les phases de la lune, les mois de l'année... C'est une pièce monumentale de 5,80 m de haut et 2,50 m de large qui est un peu l'emblème de l'horlogerie bisontine. 21 automates signalent les changements d'heure tandis que l'on peut suivre l'évolution des planètes dans le système solaire. Les commentaires à eux seuls valent le déplacement.

Le Palais Granvelle (1534-1540). Au coin de la rue de la Préfecture et de la Grande Rue. Sa façade à trois étages Renaissance marquée de colonnes toscanes, ioniques et corinthiennes, brillante œuvre commandée par Nicolas Perrenot de Granvelle, montre la puissance de ce "self made man" du temps de Charles Quint qui exerça toute sa diplomatie au service de son ambition, mais aussi de sa ville. Son fils Antoine, le cardinal, terminera les embellissements de cette somptueuse demeure.

Musée des Beaux-Arts et d'Archéologie. Place de la Révolution ✆ **03 81 81 44 47.** *Ouvert de 9h30 à 12h et de 14h à 18h. Tarifs : 20,50F, 10,50F (16-25 ans), 12,50F (3e âge et groupe) gratuit pour les scolaires, étudiants, chômeurs et tous les dimanches et jours fériés.* Le bâtiment du XIXe siècle revu et corrigé par un disciple de Le Corbusier, Miquel, abrite une collection rare et complète de toiles de maîtres des écoles européennes : l'école française bien sûr (Ingres, Courbet, Bonnard, Géricault, Boucher), mais aussi italienne (Bellini, Titien), espagnole et anglaise. 6000 dessins du XVe au XXe siècle (des sanguines de Fragonard). Une belle collection de pièces modernes (Picasso, Matisse), et une partie archéologie avec des antiquités égyptiennes, grecques et romaines. De plus des expositions sont organisées régulièrement.

Musée comtois. La Citadelle. ✆ **03 81 82 16 22.** *Ouvert du mercredi au samedi de 9h45 à 16h45 et le dimanche et lundi de 9h45 à 12h45 et de 14h à 16h45.* C'est le relais de la culture et des traditions comtoises. On découvrira ici, à travers dix-neuf salles d'exposition, les secrets de l'artisanat régional, et les coutumes locales. Ce sont aussi les spécificités industrielles de la région qui sont mises en avant, avec une exposition sur le travail du fer et des collections originales (girouettes, plaques de cheminée, coqs de clocher…). Depuis 1996, deux nouvelles collections sur le territoire et les paysages comtois.

Hôpital Saint-Jacques. Place Saint-Jacques. Un beau bâtiment fin XVIIe qui fut le premier exemple de construction "française" puisqu'il est immédiatement postérieur à l'annexion de la Franche-Comté. Davantage que l'architecture, c'est la pharmacie qu'il faut admirer, l'une des plus anciennes et des plus belles du pays.

Musée d'Histoire naturelle, salle météo et astronomie. La Citadelle. ✆ 03 81 82 16 22. *Ouvert de 9h45 à 12h45 et de 13h45 à 16h45.* Un classique passionnant et enrichissant : parc zoologique, aquarium, insectarium, complété d'un détour scientifique par le biais de l'exploration spatiale.

Musée de la Résistance et de la déportation. La Citadelle, rue des Fusillés. ✆ 03 81 83 37 14. *Ouvert du mercredi au samedi de 9h45 à 16h45 et le dimanche et lundi de 9h45 à 12h45 et de 14h à 16h45.* Musée d'art et d'histoire présentant la seconde guerre mondiale sous différents aspects : photographies, textes sur le nazisme et le régime de Vichy mais aussi les œuvres de déportés ou de victimes de la guerre.

Musée du Temps. 96, Grande rue, Palais Granvelle. ✆ 03 81 61 51 04. *Ouvert tous les jours sauf le mardi de 9h30 à 12h et de 14h à 18h.* L'horlogerie se devait d'avoir son musée dans la capitale bisontine. Le musée, installé dans un Palais Granvelle revivifié, met en valeur cette industrie, fierté départementale et régionale. De nombreux documents et objets pour relater l'histoire de la mesure du temps.

Voir aussi les **vestiges de la période romaine**, notamment la Porte Noire, arc de triomphe romain de la fin du IIe siècle, l'Hôtel de ville XVIe avec à l'extrémité gauche de la façade bicolore, l'aune municipale du XVe siècle, le théâtre de Claude-Nicolas Ledoux, la préfecture (XVIIIe siècle) et son parc d'où l'on admire une façade en rotonde couronnée d'un dôme. Des anciennes portes des fortifications du XVIe siècle ne subsiste que la porte Rivotte.

Le **pont de Battant** a remplacé le vieux pont romain et offre une agréable perspective sur le quai Vauban et ses maisons XVIIe.

Outre la **cathédrale**, notons, au chapitre religieux, la **chapelle du Refuge** et sa coupole à tuiles vernissées dessinée par Nicolas Nicole, l'**église de la Madeleine** et son riche intérieur Louis XV ainsi que l'**église du Sacré-Cœur**, avenue Carnot, pour son grand orgue signé Henri Didier (1894) et récemment restauré. L'**église Saint-Pierre** se trouve sur la place de l'hôtel de ville (place du 8 Septembre) et si le bâtiment actuel date de la fin du XVIIIe siècle, sa première édification remonte au IVe siècle. L'**église Notre-Dame**, rue Mégevand, demeure à l'emplacement de l'abbatiale d'une ancienne abbaye bénédictine Saint-Vincent dont le cloître et le couvent ont laissé la place à l'université.

La **basilique Saint-Ferjeux** datant du XIXe siècle, d'inspiration romano-byzantine, a beaucoup d'allure avec son petit air de Sainte-Sophie. L'intérieur est également remarquable, tout comme la très belle crypte abritant un Christ au Tombeau.

■ BALADE EN VILLE

La Grande Rue. C'est une des rues les plus commerçantes de Besançon, mais aussi l'une des plus anciennes (autrefois empruntée par les chars romains venant d'Italie) et la plus importante de la vieille ville. C'est son appellation latine "magnus vicus" qui lui donna son nom. Sous la Révolution, la Grande Rue devint, du pont Battant à l'actuelle place Victor Hugo, la "rue de la Réunion" puis, à partir de cet endroit la "rue des Défenseurs de la Patrie". Au numéro 140 se trouve la maison natale de Victor Hugo.

Cette artère principale est entièrement pavée et la balade y est plaisante car la circulation est fortement contrôlée. Tout au long, des petits immeubles de deux étages en pierre. **Place du 8 septembre**, une belle église et le **café de la Mairie** où l'on prend un pot en terrasse dès les premiers rayons.

Promenez-vous ensuite sur les **bords du Doubs** à l'orée de la Grande Rue, à l'instar de nombreux Bisontins qui prolongent leur balade commerçante par quelques pas sur le quai Vauban, le long du Doubs, sous les arcades aux nombreux cafés et terrasses, pour se raséréner et voir passer, paisible à l'abri de la pluie ou de la chaleur, l'auguste rivière.

Pour une autre tranche de quais, l'accès se fait porte Mayeur, place de la Révolution.

Autre promenade indispensable pour le **quartier Battant**, avec ses petites rues typiques. C'est un autre quartier ancien de la ville, avec, pour l'essentiel une très belle rue, du même nom que le quartier. Les immeubles sont plus élevés que Grande Rue, toujours en pierre. De petites places charmantes où vous pourrez vous rafraîchir, en poursuivant jusqu'à l'**abbaye de la Madeleine** et les bords du Doubs.

En remontant vers d'autres vieux quartiers, autour du joli **square Castan** (avec le bel hôtel du même nom), prolongez la promenade jusqu'à la citadelle, pour la visite comme pour le panorama sur la ville ; la petite route qui y mène est escarpée mais l'ascension réalisable en une demi-heure assez sportive. On peut aussi garer sa voiture dans le grand parking, en haut de la petite colline (ou prendre le petit train de Besançon, solution moins rapide car il traverse toute la ville).

■ PRODUITS REGIONAUX

Fromages

La Ferme Comtoise. 12, rue Battant ✆ 03 81 81 38 78. Fromages de toutes sortes (y compris la cancoillotte) mais aussi charcuteries régionales (saucisses de Morteau).

La cave à fromages. 2, rue Gustave Courbet. ✆ 03 81 81 01 25. Pour faire provision des fromages régionaux affinés avec précision.

Drogrey. Marché Couvert, rue de Paris. ✆ 03 81 83 20 03. Comté, cancoillotte, morbier, vacherin des meilleures adresses de Franche-Comté.

Boulangeries

Alain Christe. 11, rue Paul Bert ✆ 03 81 88 48 77. Une excellente boulangerie de quartier. Les baguettes à l'ancienne sont savoureuses ainsi que les pains "bio". Un bon rayon pâtisserie. Egalement pizzas, tartes salées...

Au Pain d'Antan. Rue du Chasnot ✆ 03 81 80 41 86. Piétons et voitures s'agglutinent devant cette boulangerie, où le pain est renommé.

Charcuteries, traiteurs

Bonnet. 8, rue Marulaz ✆ 03 81 81 54 98. Une sélection gourmande des produits régionaux ; service traiteur.

Au bon fumé de Morteau. 51, rue des Granges ✆ 03 81 81 05 37. Une charcuterie qui met en avant les produits régionaux (saucisses de Morteau). Produits de qualité.

Froissard. 28, rue de Belfort. ✆ 03 81 80 77 74. Boucherie-charcuterie de qualité avec des produits du terroir.

Fruits et légumes

Sous l'Allée couverte, **place de la Révolution** ; au marché couvert, **rue de Paris** ou **place du Marché** : un lieu de passage, de mouvement perpétuel. Un marché permanent et un marché mobile contribuent à créer une ambiance sympathique et un peu nostalgique. Les meilleurs produits de la région (fumaisons Myotte, fromages Drogrey) sont présents.

Pâtissiers, chocolatiers

Baud. 4, Grande Rue ✆ 03 81 81 20 12. La grande pâtisserie bisontine, avec ses spécialités, l'écureuil, le boléro.

Caraux. 91, Grande Rue ✆ 03 81 81 34 23. Une chocolaterie de qualité où vous pourrez faire provision de galets.

Grandvoinnet. 50, rue de Belfort ✆ 03 81 80 28 43. Une réputation solide dans la ville et des spécialités gourmandes savoureuses, les tourtières de Gascogne comme la tarte franc-comtoise à la cancoillotte, pommes de terre et saucisses de Morteau.

Foie gras

Foie gras de la Fauconnerie ✆ 03 81 86 79 70. Du foie gras doubiste, pourquoi pas ? l'élevage y est de qualité, et quand la technique suit, le produit fini ne peut que séduire. Dégustation sur place. Sur la route d'Ornans en venant de Besançon.

BARS, PUBS

La Fontaine des Caraïbes. 4, Rue des Boucheries ℗ 03 81 81 29 09. *Karaoké tous les mercredis et jeudis ; la bière n'est qu'à 10F.* Dans un intérieur jeune et chaud, l'ambiance bat son plein le soir quand la fièvre chanteuse envahit les jeunes bisontins.

Le Groonny's. 30 rue Rivotte ℗ 03 81 83 02 98. Tables en bois, couleur verte et noire, façon pub anglais. D'un abord assez conventionnel, ce petit bar n'en est pas moins un des hauts lieux de la vie nocturne bisontine. Cathy et Virginie servent une clientèle hétéroclite qui va du musicos à l'étudiant en commerce. Grand choix de whiskys.

Le XIXe siècle. 11, Rue Battant ℗ 03 81 83 27 14. Un curieux endroit un peu médiéval transformé en bar de jour branché en pierre et bois, avec sa petite terrasse qui revêt un aspect vieillot mais remplit des banquettes profondes des bisontins les plus "tendance".

Le Corto Maltese. 40, Rue de Besançon ℗ 03 81 46 74 61. Il fait le plein d'étudiants dès l'heure de l'apéritif (10F le Ricard) et tout au long de la nuit, avec une large gamme de bières pression et bouteilles.

Le Noratlas. 18, rue Joachim du Bellay, ZAC Chateaufarine. ℗ 03 81 41 32 82. Deux atouts pour ce qu'on peut désormais appeler un temple de la nuit : la fermeture à 3h du mat' et surtout la déco, dans un avion avec les ailes et la carlingue. Foin d'arguments, prenez cet avion un peu excentré pour vous faire décoller et vous transporter à Mach 2 dans les hauteurs des nuits comtoises. Qui a dit que Besançon était une ville morte ?

Le Cousty-Bar. 21, rue de Dole. ℗ 03 81 52 49 94. Encore un incontournable pour qui veut connaître la vie nocturne bisontine. Un bar sobre où s'entasse la jeunesse.

Le Petit Bar. 2, rue Chifflet. ℗ 03 81 81 12 70. Un endroit qui ne paye pas de mine mais qui regorge d'une clientèle plutôt sympathique. Etudiants, jeunes profs, vieux noctambules viennent ici prendre un premier verre pour débuter la chaude soirée.

Brasserie de l'Université. 5, rue Mairet. ℗ 03 81 81 68 17. LE café-concert de la ville, avec une programmation toujours pertinente, qui attire un grand nombre de mélomanes de tout poil. L'endroit est stratégiquement placé en face de la fac de lettres, et sa décoration début de siècle lui confère une atmosphère délicieusement rétro.

L'Underground. 5, rue de Vigner. ℗ 03 81 81 54 70. Pour les fans de Kurt Cobain, voilà le nirvana ! Musique forte, bières au comptoir, clientèle lookée... bref une formule réussie.

Le Pop-Hall. 26, rue Proudhon. ℗ 03 81 83 01 90. Une décoration à tomber par terre, des patrons chaleureux au possible, un choix pléthorique de cocktails et de bières : comment résister aux atouts de ce bar aux accents londoniens?

Le Marulaz. 2, place Marulaz ℗ 03 81 82 05 67. Un bar jeune à l'ambiance décontractée (militaires, étudiants...). Un endroit où l'on peut siroter son verre tranquillement. La terrasse l'été est très agréable et souvent remplie. Concerts blues, afro, jazz...

L'Abbaye. Ecole Valentin - Près entrée autoroute A36 ℗ 03 81 50 20 02. *Fermé dimanche et lundi. Ouvert de 16h à 1h.* Un tout petit pub à bière juste avant l'Espace Valentin en direction de Vesoul. ici, la bière coule à flôts, qu'elle soit ambrée, brune, blonde. Toutes les saveurs pour les initiés et les autres.

Le Brussel's café. 24, Grande Rue ℗ 03 81 61 99 57. Dans un cadre agréable à côté du pont Battant, le Brussel's vous accueille tous les jours de la semaine avec ses mètres de bière (80 F le mètre) et ses raquettes de margaritas. Tous les âges, tous les styles.

Le Central. 58, Rue des Granges ℗ 03 81 81 19 79. Ambiance jeune et branchée. Des concerts ont lieu régulièrement (jazz, rock). Il y a toujours beaucoup de monde.

Le Gibus. 15, rue Claude Pouillet ℗ 03 81 81 42 02. Super ambiance, super musique rock, super décor, super classe quoi. Le bar, en quelque sorte.

Le Tapas. 2, place de Paris ℗ 03 81 81 32 14. A partir de 19h, formule tapas avec l'apéritif. L'accueil est très cool, le lieu très fréquenté (beaucoup de jeunes).

Le Bersot. 4, rue Bersot ℗ 03 81 81 22 60. Pour manger sur le pouce (sandwiches), plat du jour, dans un endroit sympa rempli de jeunes lycéens et d'étudiants. L'ambiance est familiale, le décor agréable ; une terrasse exiguë, mais accueillante.

Les Deux Bars. 3, quai Veil-Picard ✆ 03 81 81 18 84. Le rendez-vous des potes qui ne savent pas où aller... Les consommations ne sont pas chères, le décor n'a rien d'exceptionnel mais l'ambiance est sympathique et l'on peut jouer au billard.

La Brasserie du Commerce. 31, rue des Granges ✆ 03 81 81 33 11. Une brasserie très fréquentée, superbe, un carrefour bisontin primordial dans un beau décor de brasserie "à la parisienne".

Le Web. Rue Jean Petit. Cocktails, salades ou sandwiches en surfant sur Internet.

■ RESTAURANTS

Bien et pas cher

Restaurant Thénardier. 11, rue Victor Hugo ✆ 03 81 82 06 18. L'accueillante façade verte et jaune révèle un endroit à la déco rétro et à la cuisine bistro. Le patron, loin d'être à l'image du personnage de Victor Hugo, vous gratifie d'un service fort aimable. Optez pour une formule complète et peu onéreuse (75F) avec os à moelle, filet mignon à la graine de moutarde.

La Brasserie du Commerce. 31, rue des Granges,25000 Besançon ✆ 03 81 81 33 11. *Ouvert tous les jours jusqu'à 1h du matin. Plat du jour : 45 F. A la carte : 70 F.* C'est le rendez-vous des bisontins le midi. Toujours bondé derrière l'imposante façade verte si accueillante dans la salle sur deux niveaux à l'atmosphère néo-coloniale. L'endroit n'est pas classé Monument historique pour rien ! En plein quartier central, c'est la grande brasserie bisontine avec ses plats régionaux et classiques.

Barthod. 22, rue Bersot 25000 Besançon ✆ 03 81 82 27 14. *Fermé dimanche, lundi. Fermeture annuelle septembre, février. Menus 79, 110, 159, 295 F. Jusqu'à 22h30.* Un classique régional qui remplit bien son office. Grâce à son excellente formule "Autour d'un verre de vin", Barthod vous invite, inversant la tendance commune, à accorder un plat au vin proposé. Les vins sont évidemment toujours bien choisis et la cuisine bien faite. De la cave attenante, vous pourrez repartir avec la caisse du vin dégusté à table.

Le Cercle Suisse. 4, rue Lacoré ✆ 03 81 81 37 58. Une grande salle, une amusante ambiance d'habitués dans une pension de famille et des tarifs honnêtes pour une cuisine bien affinée dans les standards. Des spécialités aux morilles et au vin jaune (jambon à l'os, truite, faux-filet), la saucisse de Morteau avec la cancoillotte ou le Mont d'Or chaud avec le brési. Le côte-du-jura en litre coûte 88 F.

Le Pissenlit. 97, rue des Granges 25000 Besançon ✆ 03 81 82 32 74. *Fermé le dimanche. Menus 59/129 F. Carte 100 F.* Un cadre moderne et frais avec, pour ne pas profiter des conversations environnantes, d'utiles paravents rouges et jaunes. La cuisine est bien maîtrisée dans un style assez classique et les menus sont à prix doux : 79, 129 F avec la pintade rôtie aux morilles ou le pavé de lapin et de délicieux desserts maison. Carte des vins judicieuse et relativement bon marché (excellent côtes-du-jura blanc pour 129 F).

Le Champagney. 37, rue Battant 25000 Besançon ✆ 03 81 81 05 71. *Fermé le dimanche. Menus 65/165 F. Carte 145 F. Jusqu'à 22h.* Au cœur du quartier Battant, on entre dans la cour intérieur de l'hôtel de Champagney, remarquable édifice du XVIe siècle récemment restauré. Les façades de cette placette sont pimpantes en bleu et crème et, sous l'élégante galerie de bois soutenue par des colonnes de pierre, le restaurant a su garder une véritable authenticité avec ses plats de terroir et son service souriant. Un endroit chaleureux et bien aménagé, avec toutes les spécialités régionales : croûte aux morilles, viande séchée du Haut-Doubs, cœur de rumsteck au vin du Jura, filet de perche au vin jaune.

Au Pied de cochon. 16, rue Bersot 25000 Besançon ✆ 03 81 81 03 50. *Menu du jour 50 F. Choucroute (le jeudi en saison) : 70 F. Carte : environ 80 F.* Une première petite salle, style bistrot, puis les cuisines, puis une seconde salle tapissée de rouge. Des tableaux aux murs, une belle armoire rustique, on se croirait à un banquet dans la salle à manger d'un particulier. Si vous aimez la cochonnaille, c'est l'endroit qu'il vous faut. Des andouillettes (au grill, sauce moutarde ou au riesling) accompagnées de pommes vapeur, environ 45 F, ou le pied de porc pané à l'estragon (36 F) vous réjouiront. En dessert, optez pour les tartes maison ou les coupes glacées.

Le Quignon Comtois. 10, rue Gustave Courbet 25000 Besançon ✆ **03 81 83 36 13.** *Fermé le dimanche et le samedi midi. Menus 58 (midi), 68, 89 F. Carte 78 F.* Un restaurant tout en longueur à l'atmosphère familiale qui propose une cuisine comtoise avec des assiettes repas au rapport qualité/prix imbattable. Idéal pour un déjeuner décontracté.

L'Assiette Comtoise. 13, rue de la Liberté 25000 Besançon ✆ **03 81 80 44 93.** *Fermé dimanche. Plats de 60 F à 80 F. A la carte : 100 F à 150 F.* Un petit restaurant au décor banal et à la cuisine très soignée. Spécialiste des plats roboratifs : paillassons, raclettes et fondues savoyardes aux cèpes.

Le Carré Vert. Rue Battant 25000 Besançon ✆ **03 81 83 44 12.** *Menus de 74 F à 150 F, menu enfant : 37 F, formule à 49 F le midi, plat du jour : 35 F, carte : 120 F.* A découvrir pour ses tartes flambées (flammakuche : 46 F) que l'on peut déguster à la mode franc-comtoise avec de la saucisse de Morteau, ou ses caquelons franc-comtois (pommes de terre, saucisse de Morteau, cancoillotte chaude, le tout gratiné et servi brûlant). Le cadre est agréable, l'accueil sympathique et les desserts succulents.

Pause café. 9, rue du Lycée 25000 Besançon ✆ **03 81 33 11 86.** *Ouvert du lundi au vendredi de 9h à 17h30. Plat du jour : 38 F, menus à partir de 58 F, carte : environ 80 F. TR.* Dans une rue lycéenne du centre ville, un petit restaurant où l'accueil est charmant et la cuisine savoureuse à des prix très étudiés. Découvrez le plat ou menu du jour mais également les tartes alsaciennes (49 F, succulentes) ou les galettes de roëstis (59 F). Pour le survol des spécialités franc-comtoises, le menu à 89 F est tout indiqué. Le restaurant est aussi une galerie d'art qui expose les artistes régionaux.

La Winstub. 107, rue des Granges, 25000 Besançon ✆ **03 81 81 54 65.** *Fermé samedi midi et dimanche. Menus à 55 F, 80 F, 110 F 185 F.* Une cave voûtée pleine de charme pour des spécialités alsaciennes toutes en saveurs. Baeckeoffe sur commande et, le lundi soir, tartes flambées.

Bonne table

Le Comte Palatin. 46, rue Battant 25000 Besançon ✆ **03 81 81 57 45.** *Menus 75 F, 98 F, 115 F (vin compris), 125 F (menu poisson), 155 F, 185 F. Compter 200 F à la carte.* De hauts plafonds agrémentés de poutres, les vieilles pierres et la cheminée d'une ambiance d'autrefois. Une touche de rose et des fleurs pour adoucir les lieux. Un endroit digne du Vieux Besançon où vous pourrez déguster une cuisine traditionnelle fort sympathique : croûte aux champignons, escalope de saumon et ses petits légumes. Pour les amateurs de poisson un menu à 125 F (huîtres, choucroutes de la mer, fromage, dessert). C'est agréablement cuisiné et bien accompagné.

Pavé Rivotte. 9, rue Rivotte 25000 Besançon ✆ **03 81 82 38 44.** *Fermé le lundi. Menus 90, 115, 125, 180 F. Carte 150 F.* Extérieurement, la façade évoque une morne brasserie. A l'intérieur, c'est un peu plus soigné, mais c'est surtout, l'ambiance, l'accueil et la clientèle locale qui vous persuadent que vous avez frappé à la bonne porte, celle d'une table sincèrement régionale qui distribue avec générosité la croûte aux morilles, le jambon à l'os, le jésus de morteau et la truite au vin jaune. D'excellentes formules menus et des plats du jour qui prouvent la vitalité de la gastronomie locale.

Le Comptoir. 12, rue Richebourg 25000 Besançon ✆ **03 81 83 59 09.** *Ouvert du lundi au samedi soir, fermé le samedi midi. Plat du jour : 42 F. Menu du jour 75 F, 125 F, 155 F. A la carte 150 F.* Un décor qui associe ancien et contemporain. Des murs rouges qui dynamisent la pièce, agrémentés de tableaux et de lithographies. Belle table, cuisine à la fois fine et généreuse.

Le Chaland. Pont Brégille - Promenade Micaud 25000 Besançon ✆ **03 81 80 61 61.** *Ouvert tous les jours sauf samedi midi et dimanche. Menus de 95 à 295 F avec vins. Menu affaire servi en une heure. Prix moyen à la carte : 170 F.* Ce chaland immatriculé à Dombasles (54) sous le n° 2522 ne transporte plus depuis longtemps du minerai pour les établissements Solvay. En 1966, il a accosté à Besançon, à la grande joie des Bisontins. Climatisé, il offre une décoration chic et marine : c'est le site bien sûr et l'originalité de cette péniche-restaurant qui attire le chaland. On s'accordera sur une prudente tradition régionale et les premiers menus pour conserver un indéfectible sourire et profiter du paysage. On en viendrait même à espérer voir les amarres larguées pour une petite promenade fluviale et gourmande.

Daniel Achard. 95, rue de Dole 25000 Besançon ✆ 03 81 52 06 13. Cette tradition bien menée, avec le goût "traiteur" des présentations classiques lui plaît bien quand elle est réussie. Les habitués ne s'y trompent pas, qui plébiscitent ce décor moderne dans une belle maison bourgeoise habillée de vigne vierge. En confiance pour cette manière solide et éprouvée, autour de l'assiette franc-comtoise, du filet de carpe farci ou du mignon de veau au savagnin. Belle cave, qui ne se cantonne pas à la région, sachant aussi explorer judicieusement Bourgogne et Bordelais.

Le Poker d'As. 14, square Saint-Amour 25000 Besançon ✆ 03 81 81 42 49. *Fermé dimanche soir et lundi. Menus de 95 à 200 F (vin compris). Carte 250 F.* Une jolie table dans un coin animé, autant d'atouts pour le touriste comme pour le Bisontin malin. A vrai dire, la surprise vient presque des tarifs, certes costauds à la carte, mais vraiment doux aux menus en regard de la qualité, celle d'une cuisine fine et sympa, qui ne garde des modernes préceptes que la légèreté et la saveur, les mariant à une tradition bien tempérée. Exemple d'un beau menu autour de 120 F : le velouté de langoustine, la marmite de tête de veau ou le filet de rascasse et une tarte aux mirabelles. Le chef est inventif et se renouvelle régulièrement, s'adaptant avec bonheur au rythme des saisons.

Luxe

Mungo Park. 11, rue Jean Petit 25000 Besançon ✆ 03 81 81 28 01. *Fermé samedi à midi et dimanche. Menus 180, 230, 490 F. Carte 350 F.* Une jolie maison fleurie, dans le style colonial : c'est la table en vogue où se pressent les cadres bisontins et leurs élégantes épouses. La cuisine a du chic, mais aussi de la précision et de l'inventivité dans un beau décor de fraîcheur et d'exotisme. On aime les allusions au terroir, toujours finement menées, autant que les assiettes imaginatives qui n'abusent pas des rajouts saugrenus mais travaillent les mariages pour le meilleur uniquement. Un cocktail réussi : la poêlée de langoustines sur une gelée de citron confit, la carpe aux morilles à l'hysope ou le suprême de volaille au vin jaune. La même inventivité s'applique aux desserts : tarte fine à la frangipane et rhubarbe ou gâteau aux épices et chocolat et sa gelée de réglisse.

Pizzerias

Al Sirocco. 1, rue Chifflet 25000 Besançon ✆ 03 81 82 24 05. *Fermé dimanche et lundi. Service jusqu'à 23h30. Réservation conseillée. Compter 50 F pour une pizza, 70 F pour viandes et poissons, 30 F pour un dessert.* Une des meilleures pizzerias de Besançon, dans un décor marin, réchauffé de vieilles pierres et du four à bois apparent.

L'Emiliana. 12, rue des Frères-Mercier 25000 Besançon ✆ 03 81 82 23 64. *Ouvert tous les jours sauf dimanche midi et lundi. Menu enfant : 28 F. Pizzas de 41 à 52 F, viandes 80 F, poisson 80 F. Carte : 90 F.* Dans un décor contemporain beige et saumon, sur deux niveaux qui offrent tout à la fois espace et intimité. Pizzas excellentes et bien garnies.

La Trattoria. 12, rue Claude Pouillet 25000 Besançon ✆ 03 81 81 21 58. *Fermé dimanche. Menus de 67 F à 92 F. Menu enfant : 39 F. Plat du jour : 38 F. Carte : 80 F.* Une pizzéria sympa sur deux niveaux (au second, vue sur les arcades et les quais, au rez-de-chaussée, petit coin intime pour les amoureux ou les solitaires). Service rapide et agréable, bonnes pâtes.

A proximité

Auberge de la Malate. 10, chemin de la Malate 25000 Besançon ✆ 03 81 82 15 16. *Menu de 65 F à 130 F. Carte 120 F.* En sortant de la ville direction Pontarlier, prendre à gauche juste après la Porte taillée. Vous arriverez directement à l'auberge de la Malate. Ici, vous profiterez pleinement du décor champêtre et de la proximité des rives du Doubs tout en savourant un petit plat sympa. En salle ou sur la terrasse, vous dégusterez une cuisine traditionnelle : truite de la pisciculture d'Arcier au vin jaune et aux morilles, viandes diverses et leur garniture, ronde des desserts maison.

La Bergerie. Pouilley-les-Vignes 25000 Besançon ✆ 03 81 55 01 90. *Fermé dimanche soir et lundi. Menus de 98 F à 188 F. Menu affaires : 145 F (apéritif, un verre de vin blanc, un verre de vin rouge et café compris). A 10 km du centre ville.* Situé dans un petit village ravissant au nord-est de Besançon, un cadre bucolique pour savourer une cuisine de très bon niveau (petit pot-au-feu de filets de grondin, lieu noir et merlan parfumés au safran, ragoutin de ris d'agneau aux champignons de bois frais et petits légumes).

Le Vigny. 2, rue du Commerce 25000 Morre ✆ **03 81 82 26 12.** *Menus de 70 F à 180 F. Menu enfant : 55 F. Carte : 130 F.* Dans un village agréable, en direction de Pontarlier, un hôtel restaurant très convivial. Des spécialités franc-comtoises (comme la croûte forestière ou l'escalope franc-comtoise) et des plats plutôt bien tournés.

■ HOTELS

Bien et pas cher

Hôtel Granvelle. 13, rue du Général Lecourbe 25000 Besançon ✆ **03 81 81 31 77.** *Ouvert toute l'année. 30 chambres 180/260 F. Petite restauration. Carte 80 F.* Un établissement fonctionnel au cœur de la ville, au fond d'une cour intérieure. Bons équipements, décoration soignée, excellent accueil.

Hôtel Foch. 7 bis, avenue Foch 25000 Besançon ✆ **03 81 80 30 41. 27.** *Chambres 230/240 F. Chiens acceptés.* Pratique, près de la gare, avec une belle vue sur la ville. Un hôtel de bon niveau à prix serrés. Chambres coquettes, plutôt bien arrangées, accueil aimable. Soirées étape.

Hôtel du Nord. 8, 10, rue Moncey 25000 Besançon ✆ **03 81 81 34 56.** *Ouvert tous les jours, 24h/24. Point phone-minitel. Chambres 155/310 F. Parking (27 places) et garage.* Cet hôtel en plein centre ville possède 44 chambres coquettes, décorées sobrement, bien calmes, toutes équipées de salle de bains ou douche, W-C, T.V. Canal+, ascenseur. Les animaux sont acceptés gratuitement.

Hôtel Regina. 91, Grande Rue 25000 Besançon ✆ **03 81 81 50 22.** *Ouvert tous les jours, 24h/24. Point phone-minitel. Chambres 200/235 F. Parking privé (8 places).* Situé au fond d'une cour au centre de Besançon, cet hôtel est très calme et l'accueil est fort sympathique.

Hôtel de la Gibelotte. 2, avenue Léo Lagrange 25000 Besançon ✆ **03 81 50 04 31.** *Chambre 135/200 F. Parking de 30 places.* A proximité immédiate de la piscine couverte du palais des sports et du stade, ce petit hôtel possède 6 chambres (W-C et douches sur le palier, coin bureau). Bar et restaurant : casse-croûte et menu du jour (60 F), ambiance sympathique et soutenue.

Charme et confort

Hôtel de Paris. 33, rue des Granges 25000 Besançon ✆ **03 81 81 36 56.** *Ouvert tous les jours 24h/24 - Chambres 220/320 F. Parking privé.* Cet hôtel possède 58 chambres bien équipées donnant toutes sur un jardin intérieur.

Accotel. 159, route de Dole 25000 Besançon ✆ **03 81 51 42 42.** *Ouvert tous les jours, 24h/24.* A 7 km du centre ville, à proximité immédiate du centre commercial et du centre d'affaires Châteaufarine. *Chambres : 1 personne, 295 F, 2 personnes, 350 F (un lit), 370 F (deux lits), chambre familiale de 410 F à 480 F. Petit déjeuner : 45 F (buffet à volonté). Menus de 88 F à 250 F, enfant 55 F, carte 160 F.* L'hôtel Accotel, implanté au milieu d'un hectare de verdure, possède une piscine et la possibilité d'une restauration en terrasse l'été. Ses 62 chambres calmes au décor moderne sont toutes équipées de salle de bain, téléphone direct, T.V., Canal+... Les animaux sont acceptés sans supplément. Divers services : location de voitures, coffres, sono, secrétariat, télex, fax, service room... Salons climatisés et modulables pour séminaires. Restaurant le Palm Beach., bonne cave.

Mercure. 3, avenue Edouard Droz 25000 Besançon ✆ **03 81 80 14 44.** *Ouvert tous les jours, 24h/24. Chambres 370/500 F. Parking de 100 places. Animaux acceptés avec un supplément de 50 F.* A proximité immédiate du centre ville et de la vieille ville, cet hôtel se situe dans les jardins du casino face au Parc Micaud. Pour profiter de la verdure, des rives du Doubs et de la proximité du centre ville. Chambres très confortables et bien équipées. Restaurant-bar Vesontio.

Novotel. 22B, rue de Trey 25000 Besançon ✆ **03 81 50 14 66.** *Ouvert tous les jours, 24h/24. 107 chambres 425/460 F. Parking gratuit de 200 places. Animaux acceptés avec un supplément de 60 F.* Cet hôtel est implanté dans un parc de 3000 m2 intégré à un ensemble résidentiel. Chambres climatisées, bar et grill, restaurant de cuisine traditionnelle avec des spécialités régionales. Piscine.

Le Relais des Vallières. 5, rue Rubens-Boulevard-Ouest 25000 Planoise ✆ 03 81 52 02 02. *Chambres 260/310 F.* Dans un endroit calme et bucolique, à deux pas du Palais des congrès et du Parc des expositions. 49 chambres avec salle de bain, télévision couleur (Canal +), minibar et téléphone direct. La restauration est possible sur place. accueil charmant.

Hôtel Franc-Comtois. 24, rue Proudhon 25000 Besançon ✆ 03 81 83 24 35. *Ouvert tous les jours, 24h/24. Ascenseur. Chambres 220/320 F. Garage (3 places), parking à proximité. Pas de restauration. Animaux acceptés.* En plein centre ville, cet hôtel offre 22 chambres toutes équipées de salle de bains, W-C, T.V., Canal+, téléphone, réveil automatique. L'accueil est engageant, les chambres impeccables.

Hôtel Ibis. 21, rue Gambetta 25000 Besançon ✆ 03 81 81 02 02. *Ouvert tous les jours, 24h/24. Point phone-minitel. Chambres 300/340 F. Parking dans la cour de l'hôtel (25 places), autres parkings à proximité.* C'est l'Ibis du centre ville à proximité des quais. 49 chambres équipées aux normes de la chaîne, très bon accueil.

Hôtel Ibis. 5, avenue Foch 25000 Besançon ✆ 03 81 88 27 26. *Ouvert tous les jours, 24h/24. Point phone-minitel. Chambres 285 F. Parking.* Hôtel confortable et moderne à 5 mn du centre ville et face à la gare.

Luxe

Relais Castan****. 6, square Castan 25000 Besançon ✆ 03 81 65 02 00. *Fermeture annuelle pendant les fêtes de fin d'année et 15 jours en août. Chambres pour 1, 2 ou 3 personnes, de 550 F à 980 F. Petit déjeuner : 50 F, plateau repas froid sur demande. Possibilité de séminaires (15 à 20 personnes). Parking privé.* Un hôtel particulier, expression à double sens qui s'adapte parfaitement à cette maison de charme au cœur de la ville. Le propriétaire, dentiste de son état et passionné par Victor Hugo, concilie ses deux activités professionnelles pour bichonner ses huit chambres, toutes différentes, et pleines de cachet. Parmi les plus agréables, Bonaparte, qui doit son nom au fait que le futur empereur vivait toujours dans les étages les plus élevés de l'immeuble, Versailles, vraiment royale ou Pompéï, avec sa salle de bains luxueuse (télévision au-dessus de la baignoire) aménagée dans les anciennes oubliettes.

A proximité

Hôtel des Trois Iles. 1, rue des Vergers 25000 Chalezeule ✆ 03 81 61 00 66. *Ouvert tous les jours de 7h à 23h. Chambres 230/300 F.* Un petit hôtel familial en pleine nature, à 5 km de Besançon. Un lieu calme, proche du Doubs, avec une cour ombragée. 10 chambres équipées de douche ou bain, W-C, téléphone direct, Canal+.

Le Vigny. 2, rue du Commerce 25000 Morre ✆ 03 81 82 26 12. *Ouvert de 8h à 22h. Chambre double de 165 F à 195 F.* Annick et Thierry Marmier vous accueillent en plein centre de Morre (petit village agréable à 10 km de Besançon). Ce petit hôtel possède 8 chambres avec téléphone direct, T.V., W-C, bain, ou douche et W-C à l'étage. Sur la route du gouffre de Poudrey et des stations de ski.

Auberge de la Malate. La Malate 25000 Besançon ✆ 03 81 82 15 16. *Chambres de 170 F à 200 F.* Voir "Restaurants".

Camping

Camping Le Chane. 9, chemin du Chanet. 25000 Besançon ✆ 03 81 62 23 44. Un très grand camping qui propose également des caravanes à louer.

■ LOISIRS

Cinémas

Plazza Lumière. 59, rue des Granges ✆ 03 81 83 17 67. Cinq salles dans ce cinéma où la grande salle est très confortable. A noter : les jeudis Lumière à 25 F (films rares ou d'art et d'essai).

Plazza Victor Hugo. 6, rue Gambetta ✆ 03 81 82 09 44. Quatre salles pour ce petit cinéma. A noter : les mardis curieux (films en version originale, films d'art et d'essai).

Vox. 62. Grande Rue ✆ **03 81 81 36 18.** Quatre salles pour assouvir votre passion du cinéma, dont une avec écran géant. Les sièges sont confortables, le confort audio remarquable (son digital dolby stéréo dans la grande salle).

Styx. 11, rue Battant ✆ **03 81 81 29 13.** Une salle art et essai, à consulter fréquemment pour sa programmation toujours étudiée.

Opéra-Théâtre. Place du Théâtre ✆ **03 81 83 03 33.** Une programmation éclectique pour ce haut lieu du spectacle : classique, variété, théâtre... Les Bisontins lui sont très fidèles et le programme annuel les déçoit rarement.

Presse

L'Est Républicain. 60, Grande Rue ✆ **03 81 82 80 34.** Il a été créé le 5 mai 1889 à Nancy et est implanté à Besançon depuis 1951. De l'unité de Besançon (première agence après le siège) dépendent Lure, Vesoul, Pontarlier, Montbéliard, Belfort. Le tirage global dépasse 350 000 exemplaires sur 10 départements.

Le Journal du Pays de Franche-Comté. Bât. B. 6, bd Diderot ✆ **03 81 88 52 93.** Journal quotidien qui dépend de "l'Alsace". Il donne des informations régionales essentiellement sur Montbéliard, Belfort, Lure, Héricourt.

Pays Comtois. Centre d'affaires le Cadran, 187, rue de Belfort 25000 Besançon ✆ **03 81 47 01 05.** Un des maillons de la chaîne régionale orchestrée par les éditions Freeway à Clermont-Ferrand. Comme les autres titres du groupe, les photos sont très belles, les textes et les sujets traités participent avec sincérité et intelligence à la promotion de la région. Le magazine est fait par et pour les gens qui vivent la région au quotidien. Pays Comtois est une vraie réussite.

A lire encore à Besançon, le **"BVV"**, journal municipal ("Besançon votre ville") et un nouveau mensuel sur la vie culturelle bisontine, **Show Dedans**, dont le sous-titre est "arts, spectacles et movida".

Librairies

Camponovo. 50, Grande Rue ✆ **03 81 81 32 01.** *Fermé de 12h30 à 13h30.* Un dédale dont les livres sont les guides. Une superbe verrière pour un éclairage naturel et de l'espace : 1300 m2 où le livre est roi, qu'il soit roman, universitaire, scolaire ou livre d'art. Le rayon papeterie-carterie est bien fourni, comme la section travail manuel.

Cetre. 14, Grande Rue ✆ **03 81.81.11.93.** *Fermé de 12h30 à 13h30.* Proche de la place Pasteur, une librairie spécialisée dans les livres et auteurs régionaux. Vous y trouverez également les livres scolaires ou universitaires et un très grand choix de livres pour enfants. Un vaste rayon papeterie.

Bouquinerie Comtoise. 9, rue Morand ✆ **03 81 81 02 93.** Vous pourrez fouiner dans les rayons qui montent jusqu'au plafond. Ca sent le vieux papier... les couleurs ont jauni et parfois les lettres s'estompent. Mais le charme agit toujours. Classés par thème, du livre de poche jusqu'à l'édition du XVIe siècle, un grand choix pour les amateurs. On y trouve aussi des gravures anciennes, des soldats de plomb, des médailles, des cartes postales...

Les sandales d'Empédocle. 95, Grande Rue ✆ **03 81 82 00 88.** *Ouvert du mardi au samedi de 10h à 19h.* Singulière librairie qui ressemble davantage à une bibliothèque. De salle en salle, on s'enfonce silencieusement dans l'univers des livres au milieu de lecteurs passionnément attentifs. Beaucoup de livres rares.

La Médiathèque Pierre Bayle. 27, rue de la République ✆ **03 81 81 50 71.** La médiathèque se compose d'une bibliothèque (adultes et jeunes), d'un service documentation de presse (rez-de-chaussée) et d'actualité créé en 1972. L'ensemble des journaux, revues et dossiers de presse proposé est accessible à tous gratuitement en consultation sur place uniquement. Aucun prêt n'est consenti, mais des photocopies d'articles peuvent être obtenues. On y trouve 300 titres de périodiques (11 quotidiens nationaux, 3 quotidiens régionaux). Des articles regroupés par thème constituent des dossiers de presse. 5000 dossiers "cinéma" rassemblent, par titre de film, les critiques parues dans la presse générale et spécialisée. Parmi les autres revues, 70 sont régulièrement analysées. Le centre Pierre Bayle comprend également une vidéothèque et une discothèque. A noter : visionnage des cassettes sur place uniquement.

Festivals

Festival International de Musique ✆ **03 81 80 73 26.** *Renseignements (jusqu'au 25 août) au secrétariat. 2D, rue Isembart. Location (du 28 août au 20 septembre).* **Hôtel de ville.**

Place du 8 septembre (place Saint-Pierre) ✆ **03 81 82 82 85.** Sa renommée ne cesse de grandir notamment grâce au concours international de jeunes chefs d'orchestre. Pendant tout le mois de septembre, vous découvrirez des formations orchestrales, des chefs et solistes réputés mais également de jeunes talents. Besançon se met au diapason : musique dans les rues, vitrines aux couleurs du festival : une deuxième fête de la musique.

Festiv'Eté. Parc Micaud ✆ **03 81 80 92 55.** *Renseignements au syndicat d'initiative.* Besançon l'été, c'est une multitude d'activités musicales et artistiques qui vous permettent de profiter de la douceur de l'air et d'une ambiance culturelle agréable. Sur les places de la ville, de la musique, du folklore, des pièces de théâtre, des visites guidées. Concerts au **Palais des Sports** pour les grosses pointures ; les petits groupes de la région se produisent au **Cousty**.

Parcs animaliers

Aquarium et Insectarium. La Citadelle ✆ **03 81 65 07 50.** *Ouverture : avril à septembre de 9h15 à 18h15, octobre à fin mars de 9h45 à 16h45.* Quinze bassins de 3 000 litres dans une très belle salle voûtée, au rez-de-chaussée du petit arsenal, pour mieux connaître le monde des rivières voisines. Dans une salle de 300 m2 au dessus de l'aquarium, le monde des insectes avec des élevages de fourmis, de mygales...

Zoo de la Citadelle. La Citadelle ✆ **03 81 65 07 50.** *Ouverture : avril à septembre de 9h15 à 18h15, octobre à fin mars de 9h45 à 16h45.* Il s'étend sur 2,5 ha avec 350 animaux environ appartenant à la faune locale ou étrangère.

Dino Zoo. Un zoo de dinosaures. Bizarre, non? (voir plus loin "Etalans").

Discothèques

Le Queen Station. 8, avenue du Chardonnet ✆ **03 81 61 17 49.** Une des plus cotées. Au rez-de-chaussée, un spaghetti-bar. Soirées à thème, soirées sportives, soirées étudiantes.

Le Taos Blue. 5, Grande Rue ✆ **03 81 82 80 70.** C'est petit et c'est très recherché ; une ambiance particulière, un lieu de concerts également. Excellente musique.

Espace 39. Le bourg, Nenon (5 km de Dole). Une grande discothèque avec plusieurs pistes et une belle décoration intérieure. Elle accueille tous les âges (18 à 40 ans). Une piste "classique" (rock, slow, valses...) et une autre avec essentiellement de la dance. Piscine et terrasse pour les soirs d'été.

Le Babylone. Domblans Voiteur - Près de Lons-le-Saunier ✆ **03 84 44 63 93.** Un cadre superbe, de l'espace, quatre pistes de danse où vous pourrez danser sur des styles de musique totalement différents (rock, dance, techno, house, garage...). Un décor original (les gros nénuphars spécial slows), une superbe piscine, un restaurant.

Casino

Casino du Parc, 1, avenue E. Droz. ✆ **03 81 80 27 27.** Le casino de Besançon se trouve en face de l'Office du tourisme. Entrée gratuite, 130 machines à sous, boule.

■ SPORTS

Aviation

Aérodrome de Besançon-la-Vèze. Vers la vallée de la Loue : on y accède, à droite en venant de Besançon, au carrefour avec la route d'Ornans.

Association de promotion de l'aviation comtoise. Aérodrome de La Vèze 25660 La Vèze (Besançon) ✆ **03 81 81 50 82 - Fax 03 81 81 57 15.** Vol d'initiation, baptême de l'air.

Association Vol Moteur de l'aérodrome du Doubs. 25220 Thise (Besançon) ✆ **03 81 61 27 00 - Fax 03 81 61 73 98.** Vol d'initiation, baptême de l'air.

Bowling, billard

Bowling Brunswick. Route de Marchaux 25000 Besançon ✆ **03 81 80 26 51.** *Ouvert tous les jours de 14h à 1h, samedi de 14h à 2h, dimanche de 10h à 20h.* Bowling, bar, jeux vidéo, snooker.

Building Café Billard. 26, rue Proudhon ✆ **03 81 83 01 90.** Seize billards pour se distraire dans une ambiance sympathique. Bar. Location de billards (français, pool, américain).

Snooker. 4, rue des Chalets ✆ **03 81 88 66 45.** *Ouvert tous les jours de 12h à 1h du matin. Tarif : 60 F/h, 10 F/h pour le pool anglais. Bar.* Une grande salle cossue, une ambiance feutrée.

Canoë-kayak

Sport nautique bisontin - Club FFCK. 2, avenue Chardonnet 25000 Besançon ✆ **03 81 80 89 46** . De juin à septembre ✆ **03 81 60 97 98** - Fax 03 81 80 88 17.

Canoë-Club Chalèze CKCC. Allée des Marronniers 25220 Chalèze ✆ 03 81 61 71 05.

Canoë-kayak Roche-Les-Beaupré - Club FFCK. 5, rue des Ecoles 25220 Roche-Les-Beaupré ✆ 03 81 55 66 88 - Fax 03 81 55 68 52.

Equitation

Centre Omnisports Pierre Croppet. 11, Route de Gray 25000 Besançon ✆ **03 81 50 56 97.** Poney club, cheval club, manège couvert.

Les Ecuries de St-Paul. 48, Chemin du Fort Benoît 25000 Besançon ✆ **03 81 88 32 41.** Manège couvert, stages organisés. A la sortie du bois Saint-Paul, dans un cadre superbe, vous découvrirez ce centre équestre. C'est un poney-club exclusivement. Leçons et stages pour enfants dès 5 ans. Pension de chevaux.

Etrier Bisontin. 39, Rue Combe du Puits 25480 Besançon-Ecole Valentin ✆ **03 81 50 01 12.** Poney club, promenade, stages organisés. Un manège couvert très lumineux (60m x 20m), une carrière, des boxes d'une propreté irréprochable pour chevaux et poneys. Son atout : proche de la forêt de Chailluz, pour de merveilleuses balades. Moniteurs diplômés.

Les Ecuries de la Licorne. 25220 Amagney ✆ 03 81 57 01 87. Manège couvert.

Ferme équestre Elite. 25620 L'Hôpital-du-Grosbois ✆ **03 81 56 00 63 (sur réservation).** Poney club, promenade, location libre (selon niveau), stages organisés. Promenades en calèche et chariot.

Golf

Golf Club de Besançon. La Chevillote 25620 Mamirolle ✆ **03 81 55 73 54.** *Ouvert du 1er mars au 30 novembre.* A 12 km de Besançon par N57, D112 et D104. Dans un magnifique parc de 200 ha, 18 trous, Par 72 de 6070 m. Un parcours sélectif et varié. Dessiné en 1968 par M. Févin dans un site superbe, ce 18 trous reste accessible à tous. L'accueil, le bar et le restaurant sont ouverts tous les jours.

Valgolf. ✆ **03 81 53 04 44.** *Ouvert tous les jours de 10h à 24 h (été et automne).* Pour s'initier ou pour pratiquer, un accueillant golf de 12 trous au nord de Besançon. Le complexe sportif comprend en plus une piscine, des courts de tennis, un boulodrome et des aires de jeux.

Multi-activités

Cap Loisirs Emotion. Route de Lyon 25720 Beure ✆ **03 81 52 11 63 - Fax 03 81 41 07 34.** Une association dynamique et pleine de ressources : VTT, canoë-kayak, escalade, spéléologie, canyonning, course d'orientation, raid challenge.

Patinoire

Patinoire municipale. 5, rue Louis Garnier ✆ **03 81 41 23 00.** *Ouvert de sept. à mai.*

Faites-nous part de vos coups de cœur

Piscines

Piscine couverte municipale. Rue Stéphane Mallarmé ✆ 03 81 50 51 50. Une piscine avec un grand bassin (50 m) et un bassin enfant.

Piscine de Chalezeule. Route de Belfort ✆ 03 81 80 33 81. Piscine en plein air, au bord du Doubs. Un lieu agréable avec beaucoup d'espaces verts, des jeux pour les enfants. Deux grands bassins, deux bassins pour les enfants et une pataugeoire. A noter : la piscine est chauffée grâce à des panneaux solaires.

Sport nautique bisontin. 2, avenue Chardonnet ✆ 03 81 80 56 01. Piscine en plein air, tout près du centre ville.

Randonnées

Pour les amateurs de grandes randonnées, quelques adresses utiles :

Club Alpin Français. 14, rue Luc Breton ✆ 03 81 81 02 77

Club de Marche Bisontin. 50, rue de Besançon - Beure ✆ 03 81 51 52 64

Balise 25 (initiation aux sports d'orientation). 6 bis, rue de Dole - Contact : Valérie Pourre ✆ 03 81 80 25 69

ULM

Aéroclub du Doubs "Les Lépidoptères". 25220 Thise (Besançon) ✆ 03 81 52 68 91. Vol d'initiation.

Vol à voile (planeur)

Association "Vol à voile aéroclub du Doubs". Aérodrome de Thise 25220 Thise (Besançon) ✆ 03 81 61 10 47. Baptême de l'air.

BALADE VERTE

La promenade sur les bords du Doubs est indiscutablement le plus agréable itinéraire vert de la ville. Les berges sont bien aménagées et les Bisontins eux-mêmes ne manquent pas d'y faire un tour régulièrement. Pour le pique-nique, ils préfèrent cependant la proche forêt de Chailluz, qui fourmille de recoins propices aux agapes familiales et dominicales.

Ce n'est d'ailleurs pas la moindre qualité de cette ville que de proposer, et dans toutes les directions à une lieue du centre, une vraie détente forestière, au milieu des sapins, des hêtres ou des bouleaux. Besançon est ainsi à juste titre fière de ses 2390 ha d'espaces verts, soit 200 m2 par habitant.

Parc et jardins

La promenade Micaud. L'idée de ce jardin remonte à 1830, mais les travaux ne furent entrepris que plus tard pour des raisons financières. La promenade fut créée en 1843 par l'architecte Delacroix. Elle prit le nom du maire qui avait travaillé à ce projet : Jean-Agathe Micaud, qui administra la ville jusqu'en 1843.

Le jardin occupe 3,2 ha sur la rive droite du Doubs. Il offre une vue remarquable sur la Citadelle, le Doubs et les collines boisées. Très fréquenté par les Bisontins, on y trouve une aire de jeux, des promenades à poney, un bassin et une allée pour handicapés. Magnifique notamment avec les couleurs de l'automne, au coucher du soleil.

Jardin botanique. Faculté des sciences, place du Maréchal Leclerc ✆ 03 81 66 56 69. *Entrée gratuite. Ouverture des serres du lundi au vendredi de 8h30 à 11h et de 14h à 16h30, le samedi matin de 8h30 à 11h. Visites en plein air : de 7h à 19h. Visites commentées, payantes, sur demande.* Dans la serre tropicale, vous découvrirez orchidées et plantes carnivores ; dans la serre froide, une collection de cactées et autres végétaux des milieux arides. En plein air, des jardins de rocaille, magnifiques au printemps, des plantes médicinales, des arbres et de nombreuses plantes aquatiques et franc-comtoises.

Le clos Barbisier. Au cœur du quartier Battant, le Clos Barbisier abrite une collection de roses anciennes à visiter au mois de juin.

Jardin des Senteurs. Situé sur la promenade Helvétie, en prolongement du parc Micaud, le jardin des Senteurs, réalisé en 1987, permet aux handicapés moteurs et non-voyants de découvrir une collection de plantes et arbustes choisis pour leurs particularités sensorielles diverses.

Forêts

La **forêt de Bregille**, à deux pas du centre ville vous propose un parcours santé, 90 ha d'ombrage et 8 km d'allées piétonnes dont la moitié est praticable en toutes saisons et par tous les temps. Elle offre en outre une vue panoramique sur Besançon. Pour vous y rendre : la voiture ou, de façon plus pittoresque, un sentier piéton (départ au-dessus de l'église Sainte-Jeanne d'Arc).

La **forêt de Chailluz**, légèrement plus éloignée, s'étend sur 1 673 ha. Vous y découvrirez un parcours santé complet, la zone d'attraction des Grandes Baraques (parking, abris, installations de jeux, sentiers pédestres), une zone de réserve zoologique (aménagement d'un point d'eau, parc de nichoirs...). l

Sur l'eau

Les Vedettes Bisontines © 03 81 68 13 25. *On embarque pont de la République.* Dès les beaux jours, plusieurs vedettes proposent un agréable tour de ville utilisant la curiosité naturelle offerte par la rivière : le Doubs enserre Besançon dans une boucle très serrée (en Périgord, on parlerait de "cingle") et l'on admire donc l'essentiel – la citadelle notamment – au cours de cette enrichissante et plaisante excursion.

Ces vedettes vous permettent de vous promener le long du Doubs et d'écouter les visites commentées. Pendant la balade, vous franchirez deux écluses et emprunterez le canal souterrain de 375 m creusé à la main sous la citadelle pour 1h15 de tranquillité et de points de vue uniques.

Pour allier le plaisir aquatique au plaisir gastronomique, il existe des croisières avec restauration à bord (déjeuners, dîners, petits-déjeuner, buffets, soirées dansantes...).

On peut aussi dîner ou déjeuner sur l'eau : la **Péniche** et le **Chaland** sont amarrés sur les quais pour vous accueillir.

Vedettes panoramiques "Le Pont Battant" © 03 81 68 05 34. Mini-croisière commentée avec passage de deux écluses et du tunnel sous la citadelle. La boucle du Doubs dure environ 1h15 *(adultes 45 F, enfants 35 F).*

Le Vauban © 03 81 68 18 25. Départs tous les jours pour une simple croisière.

Le petit train de Besançon

Départ parking Rivotte. Circule tous les jours en avril, mai et septembre de 11h à 18h, en juin, juillet et août de 10h à 18h. Adulte : 25 F, enfant : 15 F ; troisième enfant gratuit.
Pour faire le tour de la ville sans fatiguer vos jambes, le petit train de Besançon vous emmène du centre ville jusqu'à la Citadelle de Vauban, empruntant un circuit touristique classique mais toujours intéressant, agrémenté d'un commentaire de 40 mn qui instruit les visiteurs pendant la balade.

DANS LES ENVIRONS

Dans un rayon d'une trentaine de kilomètres, la capitale franc-comtoise déploie un environnement de petits villages, dont certains sont véritablement charmants, qui complètent la visite de la capitale.

BEURE (à 5 km de Besançon, par la N 83)

Musée des armées Lucien Roy. © 03 81 52 60 30. Dans une maison vigneronne XVIIIe, armes et uniformes des deux guerres mondiales.

A faire également, une agréable balade verte de 2 km dans la vallée des Mercureaux commentée tout du long par des panneaux explicatifs sur la faune et la flore.

Carte du Doubs en page 48

ETALANS (17 km E par la N57)

Pour une des plus importantes curiosités naturelles du Doubs, le gouffre de Poudrey, qui attire chaque année de nombreux visiteurs.

Gouffre de Poudrey. Maison des guides 25580 Etalans ✆ **03 81 59 22 57.** *Ouvert tous les jours du 1er mai au 30 septembre et tous les jours sauf le mercredi en mars, avril, octobre et novembre. Plusieurs visites par jour et non stop en juillet-août.* Un impressionnant phénomène géologique, de nombreuses concrétions et, pour animer le tout, un beau spectacle son et lumière. C'est le plus vaste espace aménagé de ce type en France.

Dino Zoo. Charbonnières-les-Sapins, par D 492 ✆ **03 81 59 27 05.** *Ouverture du 1er mars au 30 novembre : en mars, avril de 14h à 18h, en mai, juin et septembre de 10h à 18h, en juillet août de 10h à 19h, en octobre de 13h30 à 17h30, en novembre de 13h30 à 17h30 seulement le dimanche (mais tous les jours durant les vacances de la Toussaint). A 20 km de Besançon en direction de Lausanne.* Les dinosaures, le retour ! Non, ce n'est pas le dernier film de Spielberg mais un parc étonnant où vous découvrirez une merveilleuse fresque de la préhistoire. Ils sont tous là, en maquette grandeur nature : le brontosaure, le tricératops, le tyrannosaure... bref, une grande famille. Le parcours suit une progression chronologique retraçant l'évolution animale depuis les premières formes de vie jusqu'à 10 000 ans avant notre ère. Vous en profiterez par la même occasion pour visiter le gouffre de Poudrey juste à côté. Sachez enfin que le plus vieux dinosaure français date d'environ 210 à 220 millions d'années et que ses restes fossilisés ont été retrouvés en Franche-Comté.

MONTFAUCON (A 8 km de Besançon par la D 464)

Le château de Montfaucon. ✆ **03 81 81 45 71.** Vestiges de l'ancien château et du village fortifié des seigneurs de Montfaucon. Promenade sur le chemin de ronde.

NANCRAY (A 9 km, sur la D 464 vers Baume-les-Dames)

Musée de plein air des maisons comtoises ✆ **03 81 55 29 77.** Pour se familiariser avec l'architecture comtoise, on a construit ici, fidèlement restitués, 21 édifices de style régional, entièrement meublés. Le tout dans un environnement champêtre qui respecte la nature.

Le conservatoire des végétaux a balisé un petit mais intéressant sentier du Chêne Président long de 600 mètres.

PIREY (7 km O par D70)

A voir l'**église Saint-Martin** XVII-XIXe qui possède un très riche mobilier : un beau retable, mais surtout une remarquable Vierge au Manteau, œuvre en bois doré issu du couvent des minimes de Consolation (on l'appelle également Notre-Dame de Consolation), et que la commune de Pirey a pu acquérir auprès d'un habitant qui l'avait achetée lorsqu'elle avait été vendue à la Révolution comme bien national.

TREPOT (20 km SE par la N57 et la D112)

Fromagerie-Musée ✆ **03 81 86 71 06.** Ancienne fruitière fondée en 1818. Une visite permet de voir l'élaboration du comté, notamment la salle des chaudières et ses énormes cuves de cuivre rouge. A la fin de la visite, vous pourrez acheter votre comté à point.

Tout près, passer à **Foucherans** pour son musée rural qui présente d'authentiques pièces, comme un intérieur de cuisine de ferme et des outils de vigneron.

Plus bas un site naturel, la **grotte de Plaisir Fontaine**.

VAIRE-LE-GRAND (A 11 km de Besançon par la N 83)

Château de Vaire-le-Grand ✆ **03 81 57 09 50.** Datant de 1713, de style classique, il possède un jardin à la française parmi les plus remarquables de Franche-Comté.

■ MANGER, DORMIR

Hôtel du Plateau. 36, Grande Rue 25360 Nancray. ✆ 03 81 60 10 49. Une petite maison sans prétention, chambres de 140 à 235 F pour, si nécessaire, une nuit dans le village.

La Cheminée. 3, rue de la Vue des Alpes 25660 Montfaucon ✆ 03 81 81 17 48. *Fermé dimanche soir et lundi. Fermeture annuelle dernière semaine d'août et première de septembre. Menus 120, 160, 180, 255 F. Menu affaires à 120 F en semaine. Carte 220 F. Jusqu'à 21h30.* De la salle, un agréable panorama sur les contreforts du Jura depuis cette banlieue de Besançon, et sur la table, la belle cuisine de saveurs et de parfums de Philippe Gavazzi. La fricassée d'escargots au persil simple et éclats de noisettes, le foie gras chaud aux griottines, la truite au vin jaune, les noisettes d'agneau à la fleur de thym...

LA VALLEE DE L'OGNON DOUBISTE

On suit la rivière qui s'étend plus longuement en Haute-Saône avec de ravissants villages. Dans le Doubs, quelques endroits sont à voir, avec des monuments d'exception. Après ces visites, on pourra suivre la charmante rivière tout au long de l'autre département riverain (elle sert de frontière sur plusieurs dizaines de kilomètres).

MONCLEY (A 16 km de Besançon par N 57, D 1 et D 14)

Le château de Moncley. ✆ 03 81 80 92 55. Un édifice néoclassique, en arc de cercle, présentant une stricte façade de colonnes ioniques surmontées d'un fronton triangulaire. Il fut construit au XVIIIe siècle par Bertrand. A l'intérieur, un colossal vestibule d'honneur à colonnes corinthiennes et des pièces dans le même style grandiloquent avec des meubles du XVIIIe siècle.

CUSSEY-SUR-L'OGNON

A la frontière du département, par N57 et D1 depuis Besançon. On admire une remarquable **mairie-lavoir** du XIXe siècle élevée par l'architecte Philibert.

RIGNEY (A 22 km NE de Besançon par la D486)

Un modeste et accueillant village, auprès duquel se trouve le château de la Roche, un édifice massif du XVIe siècle.

Château de la Roche. *Ouvert du 15/04 au 15/09 de 10h à 12h et de 14h à 17h. Accès à partir de Rigney vers Germondans.* Un fier bâtiment élevé au XVIe siècle sur les fondations d'une forteresse médiévale, construite par Othon de Ray à son retour de la quatrième Croisade. L'édifice actuel (1559), même s'il a été conçu comme demeure d'habitation, n'en demeure pas moins impressionnant.

■ MANGER, DORMIR

La Vieille Auberge. Place de l'Eglise 25870 Cussey-sur-l'Ognon ✆ 03 81 57 78 35. *Fermé dimanche soir et lundi. 8 chambres de 250 à 320 F, petit déjeuner 35 F. Menus de 100 à 215 F. Chiens acceptés. Jusqu'à 21h.* Verdure et rusticité de la Vieille Auberge, à quelques kilomètres de Besançon, sur l'Ognon. Agréables chambres décorées avec un parti pris d'authenticité, et cuisine de tradition de Danielle Clerc : croûte aux morilles, filet de sandre rôti à l'huile d'olive, ris de veau morilles, escalope de veau à la francomtoise... Belle cave, avec le régional champlitte, et les vins de la Fruitière Vinicole d'Arbois.

Chambres d'hôtes, fermes-auberges

Michel et Claudine Manet. 25870 Palise ✆ 03 81 57 81 20. *Ouvert samedi soir, dimanche midi sur réservation.* Spécialités : Volailles à la broche, au feu de bois, terrines, croûtes. Gîte d'étape : 15 personnes.

Canoë-kayak

Association du Val de l'Ognon. Base Port de Rigney-Vandelans ✆ 03 81 86 15 32.

VALLÉES DE LA LOUE ET DU LISON

"Une vallée de vie, une vallée de vérité" dit le slogan de l'office de tourisme, résumant ainsi les nombreux attraits de la Loue : un coin de pêche unique (une espèce de truite a même pris le nom de la rivière), grâce au taux de calcium élevé qui favorise la vie aquatique, un lieu d'attache d'une grande variété d'insectes, de plantes aquatiques qui, de la vaucheria à la cladophora, verdissent et oxygènent sa vallée. Les hommes ont aussi colonisé la Loue, et de ravissants villages sont nés sur ses berges. La vie semble donc se perpétuer au mieux autour de la vallée et la promenade du Sentier de la Loue (1h30 de marche, de belvédères en châteaux, entre flore et faune) résume naturellement toutes les richesses de l'endroit.

Son patrimoine est aussi un témoignage d'authenticité. D'abord Ornans, la petite Venise de Franche-Comté, qu'on dirait construite autour de la rivière comme pour la mettre en valeur, avec des maisons qui plongent dans l'eau et s'y reflètent si joliment. Montgesoye, Vuillafans et Lods, qui suivent la Loue jusqu'à sa source à Mouthier-Hautepierre, ne manquent pas non plus de charmes avec leurs moulins et leurs maisons vigneronnes.

L'eau joue un grand rôle dans la beauté des sites : cascades, miroirs, grottes où passent les rivières souterraines, autant de miracles de la nature au coin des chemins.

La Loue, tant de fois magnifiée dans les tableaux de son enfant le plus célèbre, Gustave Courbet, semble préservée de toutes les pollutions. Profitons-en pour la garder intacte, afin que le tableau jamais ne se dénature.

ORNANS

4080 Ornanais. Ornans est surnommée la "Petite Venise de la Franche-Comté".

Le village natal de Gustave Courbet, auquel est consacré un musée, est une fort jolie halte, avec la rivière et ses traditions de pêche, mais aussi de belles maisons anciennes sur les berges. Il est en outre plutôt bien aménagé pour le visiteur, ses curiosités étant bien mises en valeur. En revanche, une déviation routière ne serait pas du luxe, les nombreux camions traversant Ornans n'améliorant pas notablement l'atmosphère de la rue principale.

■ HISTOIRE

En 1151, on trouve pour la première fois mention d'Ornans dans un partage de domaines. Au XVe siècle, il est le chef-lieu d'un bailliage (dont le bâtiment abrite aujourd'hui l'hôtel de ville). La mairie est établie en 1576 grâce à Nicolas Perrenot de Granvelle et son fils. Au XVIIe siècle, quand Louis XIV se rend maître de la Franche-Comté, il fait d'Ornans une subdélégation. De la Révolution au XIXe, la ville n'est plus qu'un chef-lieu de canton. L'extraction de la houille blanche lui apporte une activité industrielle bienvenue.

Ornans est donc le berceau de deux personnalités : le peintre Gustave Courbet (1819-1877) et l'homme politique Nicolas Perrenot de Granvelle (1486-1550).

Quant à la rue Pierre Vernier qui vous intrigue, elle n'est pas dédiée au comédien complice de Jean-Paul Belmondo qui fit un remarquable Rocambole à la télévision, mais à l'inventeur du vernier, cet appareil très ingénieux qui sert à mesurer les petites dimensions avec précision. Son inventeur est né à Ornans en 1580 et son appareil, s'il n'est plus guère utilisé aujourd'hui, fut longtemps un auxiliaire précieux ainsi qu'un thème d'enseignement de la technologie pour de nombreux collégiens des années 70.

Index général à la fin de ce guide

■ VISITE

Musée Gustave Courbet. 1, place Robert Fernier ✆ 03 81 62 23 30. *Ouvert tous les jours de 10h à 12h et de 14h à 18h.* Le musée se trouve dans la maison où naquit Courbet le 10 juin 1819 ; on y retrouve la décoration inchangée et quelques œuvres de l'artiste (peintures et sculptures) et de ses amis. Tous les ans une exposition est consacrée à un peintre contemporain de renommée mondiale (Picasso en 1989, Buffet en 1993 ...).

Musée de la Pêche. 36, rue Saint Laurent ✆ 03 81 57 14 49. *Ouvert tous les jours de 10h à 12h et de 14h à 18h.* Des objets aux techniques, des rivières aux variétés de poissons qu'elles abritent, rien de ce qui est halieutique n'est étranger à ce paradis des humbles pêcheurs.

Eglise Saint-Laurent. Un bel édifice XVe et XVIe siècles, de style gothique avec son clocher franc-comtois. Elle abrite le tombeau familial des Granvelle, accueillant notamment les parents de Nicolas de Granvelle.

Balade

La **bibliothèque municipale** est installée dans l'ancien hôtel Sanderet de Valonne XVIIe, sur les bords de la Loue, limpide et joyeuse. On l'atteint d'ailleurs en franchissant la rivière par une passerelle, pour une jolie photographie. Juste à côté, la maison de l'Eau et de la pêche et tout près, l'**église Saint-Laurent**.

La balade peut se poursuivre par la **rue Saint-Laurent**, qui permet de rejoindre la maison natale et le **musée Courbet**. On pourra alors rejoindre la rive droite par le grand pont.

Voir également l'**hôtel de ville**, installé dans l'ancien bailliage XVe rénové en 1740 et le "**Pêcheur de chavots**", une fontaine portant une élégante sculpture d'enfant armé d'une sorte de harpon pour attraper les chavots, des poissons qui aiment se cacher sous la roche. A la sortie, remarquer la **statue de Granvelle**, bienfaiteur du département, et voir le pittoresque quartier riverain de Nahin.

Au cimetière, la tombe de Gustave Courbet, relativement modeste, mérite bien un petit hommage après la visite du musée.

Le **miroir de la Loue** est une étendue calme dans lequel se reflètent les maisons anciennes. C'est aussi un site d'une grande quiétude qui fournit un moment propice pour la méditation et la relaxation.

On boit un verre au **café du Pêcheur**, en terrasse sur cette jolie place Courbet, ombragée de marronniers, bordée de demeures de la fin du siècle dernier. On mange le couscous à **l'Oriental**, sur la rive gauche, rue Saint-Laurent.

Achats de bouche à **la Cuvée**, avenue Wilson, qui vend de l'arbois en vrac et des produits régionaux.

Les pâtisseries et chocolats à **la Gourmandise**, 34, rue Pierre Vernier ✆ 03 81 62 13 34 avec terrasse plongeante dans la Loue, pour un arrêt romantique et un peu gourmand. Les gâteaux chocolatés sont excellents.

A proximité

Au Sud, à Chassagne-Saint-Denis, le **château en ruines de Scey-en-Varais** XIIe, l'un des plus anciens de la région, présente des vestiges intéressants notamment cette Tour Saint-Denis qui domine la vallée.

Parmi les balades proches, allez voir le **rocher du Château**, qui accueillait autrefois la demeure des Comtes de Bourgogne (où naquit le dernier d'entre eux Othon IV). Juste à côté, la chapelle Saint-Georges et un très beau point de vue sur la vallée.

Par la D 57, des chemins pédestres ou accessibles aux V.T.T. longent la Brême. On pourra découvrir dans cette balade le **Puits Noir** plusieurs fois immortalisé par Courbet. Cette jolie vallée mène à Bonnevaux-le-Prieuré où vous pourrez pousser l'excursion jusqu'à la **grotte de Plaisirfontaine**.

Vers Besançon, à 8 km environ, une **ancienne tuilerie** rappelle l'importance de l'activité dans ce département sillonné par les cours d'eau.

Vers Pontarlier, on suit la Loue en trouvant quelques coins pique-nique bienvenus, notamment autour de Montgesoye (voir ci-après «vallée de la Loue»).

■ MANGER, DORMIR

Le Moulin du Prieuré. Rue Moulin du Bas 25000 Bonnevaux-le-Prieuré ✆ 03 81 59 21 47 - Fax 03 81 59 28 79. *Fermé le mardi et le mercredi midi. Menu 145/350 F. Carte 350 F. 8 chambres 380 F. Petit déjeuner 35F.* L'étape chic du coin, en pleine nature, dans la vallée de la Brême, aménagée dans un vieux moulin restauré. Le chef travaille les produits nobles avec assurance, foie gras, ris de veau aux truffes, homard. Huit belles chambres à l'étage et des bungalows-chalets pour vivre en toute quiétude.

Hôtel de France. 51-53, rue P. Vernier 25290 Ornans ✆ 03 81 62 24 44. *Fermé le dimanche et lundi soir. Menu 110/300 F. Carte 250 F. Chambres de 160 à 380 F.* Le restaurant montre une carte complète et alléchante et une belle batterie de menus. Bon choix à 150 F avec des filets de rouget ou un filet de canard, sauce à l'estragon. Une cuisine de produits frais et de qualité. Belle cave à prix corrects. L'hostellerie est du même niveau avec des chambres douillettes et confortables.

Hôtel du Progrès. 11, rue Jacques Gervais 25290 Ornans ✆ 03 81 62 16 79. Sur une petite place en face de la poste, une maison accueillante et bien tenue. Chambres agréables et correctement équipées, prix très honnêtes.

Auberge Paysanne. 18, rue du Stade 25580 Vernierfontaine ✆ 03 81 60 05 21. *Fermé en hiver sauf vacances scolaires. Fermé le jeudi. 4 chambres 180/200 F. Petit déjeuner 30/65 F. Menus 58/115 F. Jusqu'à 21h.* Ambiance paysanne à l'écart de l'axe Besançon - Pontarlier, à 14 km E d'Ornans (par D492, D392 et D27E). Cette ancienne ferme comtoise dispense un régionalisme de bon aloi autour de la saucisse de Morteau, de la croûte forestière, de la fondue au comté. Joli cadre rustique. Quelques chambres coquettes pour prolonger le retour à la nature.

Ferme-Auberge de la Faye. 25620 Foucherans ✆ 03 81 59 27 34. *Fermé lundi hors saison. Menu 80 F. Réserver la veille.* La grande campagne doubiste à dix kilomètres de Besançon, non loin de la D67 vers Ornans. Grands espaces pour les promeneurs et sur la table produits de la ferme de Josette et Philippe Koebel, qui se sont dotés récemment d'un four à pain, par fidélité à la tradition. L'hiver, tartes flambées, cuites au feu de bois, vendredi et samedi, pommes de terre au lard, terrines, agneau, desserts maison. Repas dans le jardin en été.

■ LOISIRS

Syratu, Tourisme et Loisirs. Route de Montgesoye 25290 Ornans. ✆ 03 81 57 10 82. Tous les sports d'aventure, canoë-kayak, rafting, spéléologie, canyonning, escalade, VTT. Le sentier balisé qui longe la Loue est un circuit pédestre d'environ 1 h 30, avec des indications sur l'histoire locale, ainsi que sur la faune et la flore.

■ ESCAPADE DANS L'ARRIERE PAYS ORNANAIS

Par la D 101 vers Cléron, ne manquez pas **Maisières-Notre-Dame** et la chapelle Notre-Dame-du-Chêne : un curieux nom pour une chapelle à l'histoire tout aussi singulière ! En 1803, alors que la jeune Cécile se promène dans les bois, la Sainte-Vierge lui apparaît dans un halo sur un chêne. On ouvre donc l'arbre, pour découvrir à l'intérieur du tronc une statue de la Sainte Vierge datant du XVIIe siècle. Pour glorifier l'événement, on a construit, en 1860, une chapelle dans le village et placé à l'emplacement du fameux chêne une réplique de la statue découverte. Continuez cette belle départementale bordée de rivières et de verdure jusqu'à Cléron.

Le **château de Cléron**, construit au XIVe siècle, agrandi au XVIe et XVIIIe, dominant la Loue, est l'un des plus beaux et les mieux préservés de la région. Défendu par deux châtelets à toits pointus, il peut être visité en saison. En descendant le long du mur extérieur, on en verra l'accès le plus charmant, recouvert d'une toiture à tuiles vernissées et les beaux jardins.

Aux abords du village, un passionné de véhicules anciens a ouvert dans son atelier d'ébéniste un intéressant **Musée du tacot** avec de nombreux documents et pièces sur les chemins de fer anciens (✆ **01 81 62 13 31** ; de 15h à 18h en été et sur rendez-vous).

On pourra poursuivre la promenade vers Quingey, en suivant le château et la rivière. La forêt proche offre des plaisirs supplémentaires : c'est à juste titre une des balades préférées des Bisontins pour les beaux dimanches. La nature y est grande ouverte et l'air parfaitement pur.

Arrêt gourmand à la **Fromagerie Perrin** ✆ **03 81 62 22 70** : visite et dégustation de fromages régionaux.

Très jolie route vers **Amondans**, puis vers **Lizine** pour trouver le **belvédère de Gouille Noire** qui offre de très belles perspectives sur la vallée. Pour votre sécurité, il est heureusement gardé par quelques solides piquets de bois (interdisez cependant aux enfants d'y arriver en courant). On débouche ensuite sur un plateau dégagé comme un causse, mais beaucoup plus verdoyant pour rejoindre Lizine et sa vieille église. On peut poursuivre sur Doulaize et trouver la vallée du Lison (très beau GR 590 qui remonte la rivière à partir de Chiprey). On continue par **Coulans**, **Eternoz** et **Amancey**.

Le syndicat d'initiative d'Amancey se trouve dans l'immeuble de l'hôtel-restaurant des Sports, au centre du village.

On fait une petite croque au "**Plateau campagnard**" (produits régionaux, comté) juste à côté de la pizzeria **le Fournil**.

A suivre, un beau sentier botanique du Grand Bois de 2 km pour découvrir des espèces de fleurs de la région.

On rejoint ensuite **Bolandoz** par la D32, son calme et sa fontaine-lavoir. A proximité, le site du Rocher de Rochanon. On peut alors revenir à Ornans par la D492.

LA LOUE, D'ORNANS AUX SOURCES

D'Ornans, la vallée de la Loue se remonte avec la jolie D 67 qui longe le cours d'eau. Quatre villages jusqu'à la source : Montgesoye, Vuillafans, Lods et Mouthier-Haute-Pierre.

MONTGESOYE

L'intérêt principal réside dans le site, sur les bords de la rivière. Loisirs divers sur place : on peut rêvasser, pêcher, jouer au tennis et même visiter le cimetière, tout près des berges, facile d'accès, de l'autre côté de la route.

Pour le plaisir culturel, voir aussi :

Le Musée du costume comtois. 14 rue de Besançon. ✆ **03 81 62 18 48.** *Ouvert tous les jours sauf les mardis de 14h à 18h.* Des mannequins habillés en costumes d'époque ou présentant des occupations traditionnelles (brodeuses, paysanne...). Une petite collection de dentelles.

VUILLAFANS

Un village charmant bordé par la Loue. Quelques vieilles maisons comtoises, dont la maison de Balthazar Gérard XVIe (le porche est classé), qui assassina le prince d'Orange, d'autres plus récentes, dans un style préservé, balcons en bois et formes trapues. La partie la plus agréable se trouve de l'autre côté du pont par rapport à la route vers Pontarlier. Voir aussi le vieux pont et l'église XVIe.

On mange la pizza au **Relais du Pêcheur**, pourvu d'une terrasse qui donne sur la rue.

Un moulin à aube sur la rivière accueille une boutique d'antiquités-brocante.

LODS

Anciennement grande cité vigneronne, Lods est aujourd'hui bien paisible, classée parmi les "plus beaux villages de France". Cette distinction est due à la conjugaison du site - la Loue y passe en joli petit gave bouillonnant - avec les vieilles maisons des hauteurs : celles des berges n'ont rien d'étonnant, mais le vieux village s'appuie sur la colline, homogène et charmant. Le patrimoine est enrichi d'un château, d'une église, d'un musée de la vigne, et de belles maisons vigneronnes des XVIe et XVIIe.

Atelier Lodois 25930 Lods ℘ 03 81 60 91 19. Sous la direction d'Annette von Lucke, un atelier d'artiste installé dans une belle demeure sur la place, où des stages peinture-dessin sont organisés.

Musée de la vigne et du Vin. ℘ 03 81 60 93 54. Dans une maison évidemment vigneronne, outils et objets viticoles, caves, tonneaux et cuves.

LONGEVILLE (A 7 kilomètres de Lods par D 32)

Belle promenade en traversant la Loue, pour monter sur Longeville : les meilleurs points de vue sur Lods, et après la traversée de la forêt, la découverte d'un pittoresque village rural : les maisons comtoises typiques, même si la plupart arborent une toiture de tuile rénovée, dans un environnement bovin-tracteurs, bottes et chapeaux de paysans, lavoir et monument aux morts. Même la cabine téléphonique, dans une sorte de cahute-chalet, possède son petit charme.

Un peu plus loin, à **Amathay**, l'église est à tuiles vernissées, à la mode bourguignonne. Grosses maisons comtoises pour accueillir des dynasties, belle mairie, au bord d'une large sapinière pour randonnées et pique-nique. En lisière, site agréable et jolis points de vue sur la vallée et le village voisin d'où émerge le clocher pointu d'une église rénovée, celle de **Reugney**.

MOUTHIER-HAUTE-PIERRE

A proximité de Lods, une station verte que l'on aborde par son camping "Les Oyes" en bord de rivière. La vallée, plus resserrée, près des sources de la Loue, y est particulièrement jolie, avant de se transformer en gorges un peu plus loin. Le village est du XIVe siècle, l'église Saint-Laurent, du XVIe, avec son fier clocher-porche octogonal, est l'attraction architecturale du lieu.

On y a récemment, par la descente du Moine, disputé les championnats de Franche-Comté de VTT. Autre titre d'importance, Mouthier-Haute-Pierre est la capitale doubiste du kirsch et les cerisiers sont effectivement nombreux dans les vallées, celles de la Loue, mais aussi celle du Lison. Sur place vous trouverez donc quelques artisans et une coopérative, à la sortie du village vers Pontarlier, rue Ernest Reyer, la Marsotte.

Le village est dominé par la Roche de Haute-Pierre, point culminant au-dessus de la vallée (882 m), proche du village de Hautepierre-le-Châtelet.

Musée Phisalix. Place de l'église ℘ 03 81 60 91 10. Collection d'oiseaux et de reptiles régionaux naturalisés.

Pour trouver les sources de la Loue, on suivra la direction Ouhans, avant d'obliquer à droite (route de la Source). Le site est assez spectaculaire, la rivière descendant d'une vaste caverne après un trajet souterrain.

A proximité

Aubonne. Au-dessus de Mouthier par une très jolie route qui passe à Hautepierre.

L'abeille et le Haut-Doubs. La Creuse. ℘ 03 81 69 93 62. Pour découvrir et comprendre le travail des insectes et la fabrication du miel. Dégustation après la visite.

■ MANGER, DORMIR

Hôtel restaurant la Truite d'Or. Rue du Moulin Neuf 25930 Lods ℘ 03 81 60 95 48. *Fermé le dimanche soir et lundi. Menu 95/260 F. Carte 250 F.* Un endroit paisible avec des chambres rustiques et propres de 150 à 280 F. Le restaurant reste classique avec sa cuisine de terroir ; bon menu à 95 F très régional avec jambon de montagne, faux-filet sauce vigneronne et dessert. Vins de la région à prix raisonnables.

Hôtel La Cascade. 25920 Mouthier-Hautepierre ℘ 03 81 60 95 30. *Menus 106/276 F. Chambres 270/430 F.* Un hôtel classique et accueillant, offrant des chambres douillettes avec balcon sur la montagne. Le restaurant appuie sa carte sur les plats comtois traditionnels : filet de truite au vin jaune, bonne croûte aux morilles.

Les Lauriers. 17, rue de Besançon 25111 Montgesoye ℘ 03 81 62 14 40. Une adresse classique et sérieuse qui fait ce qu'il faut pour contenter le chaland : des chambres propres à prix amical, une bonne cuisine traditionnelle.

Auberge du Moine. Grange Carrée 25520 Renédale ℘ 03 81 69 91 22. *Ouvert du 1er avril au 31 octobre et les week-ends hors saison. Fermé le lundi soir. Menus de 35 à 130 F. Carte 60 F. Jusqu'à 21h.* Juste à côté de Mouthier vers les sources de la Loue, une bonne maison comtoise traditionnelle en pleine nature. On vient y savourer une sympathique tradition régionale, faite de croûte forestière aux morilles, de truite au vin jaune ou de jambon fumé de pays. Joli décor campagnard contemporain.

Chambres et tables d'hôtes, fermes-auberges

Ferme-auberge du Rondeau. 25580 Lavans-Vuillafans ℘ 03 81 59 25 84. *Fermeture annuelle du 15 novembre au 15 décembre. 6 chambres 220/270 F pour 2 personnes, petit déjeuner inclus. Menus 88/120 F.* Véritable ferme jurassienne isolée en pleine campagne. Belle salle rustique aux murs de pierre, ornée d'une vaste cheminée. Cuisine basée sur les produits de la ferme : jambon fumé de sanglier, terrines, confit de porc. Elevage de chèvres.

La Ferme du Château. 25520 Aubonne ℘ 03 81 69 90 56. Une maison typique dans un village charmant de la vallée de la Loue. Xavier et Véronique Lombardot vous y accueillent comme en famille.

Campings

Camping Champaloux. Lods ℘ 03 81 60 90 11. Bien situé, et proposant de nombreuses activités sportives.

Camping Les Oyes. RD 67, Mouthier Haute-Pierre. ℘ 03 81 60 91 39. Un petit camping charmant sur les bords de Loue. Petits prix et grosse tranquillité.

■ LOISIRS

Franche-Comté Air Loisirs. 25520 Arc-Sous-Cicon ℘ 03 81 69 91 87. Vol d'initiation, baptême en ULM biplace, fiable et silencieux.

ARC-ET-SENANS ET ENVIRONS

ARC-ET-SENANS

Le village draine à juste titre un très grand nombre de visites touristiques du département, grâce à la présence de la **Saline Royale**. Le chef-d'œuvre de Claude-Nicolas Ledoux, même s'il apparaît grandiose comme sur toutes les vues des dépliants régionaux, pourrait sans doute être davantage mis en valeur, car c'est une pure merveille architecturale dans son étonnant style néoclassique, et indiscutablement le joyau de la région.

Certaines des autres curiosités locales sont plus inattendues, comme cet "**Eldorado City**" du meilleur goût (artisanat, cadeaux). A fréquenter la Fruitière Vinicole qui tient boutique pratiquement en face de la Saline.

A proximité, voir le beau **domaine du Château de Roche-sur-Loue**, sur les bords de la rivière, vaste maison comtoise à tours carrées et clochers à bulbe, d'une première construction XIIe, reconstruit au XVIIIe (beau parc). Jolie balade également, après le pont sur la Loue, à droite par la D274, qui suit complètement la rivière en passant devant le camping, jusqu'à Champagne-sur-Loue. De l'autre côté (à droite après le pont), on gagne Cramans et l'on peut rejoindre la Loue à Port-Lesney (on tourne à gauche à la statue de la Vierge, en sortant de Cramans).

Plus loin, vers l'ouest, on trouve une auberge paysanne à **Germigney**.

Arc-et-Senans se trouve à proximité de la grande et belle forêt de Chaux (Jura), troisième de France par sa superficie.

■ VISITE

Saline Royale, fondation Claude-Nicolas Ledoux. ✆ 03 81 54 45 45. *Ouvert tous les jours de 10h à 12h et de 14h à 18h (17h de novembre à mars) et non stop de 9h à 19h en juillet-août.* Une sorte de phalanstère à l'échelle de la cité : un architecte plein d'imagination, Claude-Nicolas Ledoux, voulut y bâtir une cité idéale du travail, qui devait se développer autour de l'unité centrale et administrative. Construite de 1774 à 1779, classée au patrimoine mondial de l'Unesco en 1983, elle servait à exploiter la saumure venant de Salins-les-Bains, illustration emblématique de l'industrie du sel au XVIIIe siècle. Le projet de "ville du futur" de l'architecte illuminé ne dépassa pourtant jamais le stade de ces très beaux bâtiments industriels et la saline fonctionna durant un siècle environ, jusqu'en 1895. En pleine nature, avec des champs à perte de vue, c'est une œuvre étrange et pénétrante, qui abrite aujourd'hui un centre de conférences et un musée. Le monument est partiellement ouvert à la visite. Des spectacles (concerts) et expositions ont lieu régulièrement dans ce cadre prestigieux.

Musée de l'architecte Claude-Nicolas Ledoux. Saline Royale. ✆ 03 81 54 45 45. *Ouvert tous les jours de 9h à 18h.* Dans un des bâtiments de la Saline, la Tonnellerie, le musée abrite soixante maquettes de l'architecte retraçant son œuvre complète.

A proximité

Port-Lesney (Jura). Jolie station sur la Loue. Un vieux pont y a été remplacé par une passerelle verte toute neuve, moins jolie mais plus solide.

Le camping est très bien placé en bordure de rivière. Pour séjourner, le restaurant **Pontarlier** ou l'**hôtel Bonjour**, qui fait gîte d'étape.

NANS-SOUS-SAINTE-ANNE

Un adorable village dans une vallée, pimpant comme un village suisse dans des couleurs typiquement comtoises, au vert tendre dominant. Un lieu de séjour privilégié pour se remettre en forme et profiter des douceurs régionales, d'autant que les agréments naturels ne manquent pas : **grotte Sarrasine**, une caverne de 90 m de hauteur, **sources du Lison** (très beau site un peu au-dessus du village et accès commode) et nombreux belvédères pour les promeneurs montagnards.

La curiosité principale réside dans sa **taillanderie**, à droite en arrivant de Salins, en tournant au niveau de l'hôtel de la Poste.

Pour la petite histoire de la grande histoire, c'est à Nans que se rendit Mirabeau, après s'être évadé du fort de Joux, pour rejoindre sa nouvelle fiancée Sophie de Ruffey, marquise de Monnier. Le manoir familial XVIe, théâtre de l'opération, est toujours là.

A quelques kilomètres, un **musée des métiers anciens** (avec du matériel agricole d'époque) à Eternoz. Voir également l'église, renforcée d'une tourelle pointue, les belles maisons (une vieille maison comtoise également dotée d'une tour) et la grange de Vaux, vestige du château de Sainte-Anne, ainsi que le prieuré Saint-Benoît.

On peut loger au gîte d'étape **Lison Accueil**, en effet très accueillant, ou à l'**Hôtel de la Poste**, modeste mais gentil.

On trouve une fromagerie artisanale qui propose comté, morbier et fromage à raclette. On fait son miel aux **Ruchers du Lison**, sur la route de la taillanderie.

Magnifique route de coteau D103 qui mène à Crouzet-Migette, face à une forêt de sapins. On parvient au village avant de faire la balade jusqu'au **Saut du Diable**, un à-pic impressionnant qui est l'une des grandes attractions des promenades départementales. On revient par la bonne **Auberge du pont du Diable** pour se remettre de ses émotions.

La Taillanderie. Lieu-dit La Doye 25530 Nans-sous-Sainte-Anne ✆ 03 81 86 64 18. *Ouvert en mai, juin et septembre de 10h à 12h30 et de 14h à 18h30 ; en juillet et août de 10h à 19h. En octobre, novembre, mars et avril les dimanches et jours fériés de 14h à 18h. Pendant les autres vacances scolaires de 14h à 18h.* Ferme-atelier du XIXe siècle, la taillanderie Philibert est une ancienne fabrique d'outils et de faux, fermée en 1969. Avec ses authentiques soufflets de chêne unique en Europe, en démonstration durant la visite, elle conserve tous les mécanismes originels.

Escapade

De Nans-sous-Sainte-Anne à Arbois (51 km). On sort de Nans en empruntant la D103 qui nous mène à Crouzet-Migette par la route en surplomb qui suit la profonde vallée. A Crouzet, faire la balade jusqu'au **pont du Diable**, et son à-pic vertigineux. Revenir à Crouzet pour prendre la route de Villeneuve. On traverse la D72 pour y parvenir par la D333 puis, à Villeneuve, on se dirige vers **Villers-sous-Chalamont**, où nous attend la première escouade de sapins, ceux de la **forêt de Levier**. On remarque l'église costaude de Villers et, au calvaire, on prend à gauche la route forestière vers Champagnole. C'est la **forêt de la Joux**, avec ses sapins, mais aussi ses chevreuils, sa fraîcheur, ses coins pique-nique, le repos presque éternel.

Suivre Champagnole par les crêtes, route de la Vessoie pour bénéficier des plus beaux points de vue, et de la rencontre avec le **sapin Président**, à une cinquantaine de mètres, à gauche de la route. Un beau gaillard de 45 m de haut, et qui fait déjà près de 4 m de tour à hauteur d'homme. Au carrefour suivant, on prend la route d'Andelot (interdite entre 20h et 6h du matin). On rejoint la D107, que l'on suit à droite jusqu'à Andelot. On rejoint ensuite la N467, que l'on quitte après 2 km, pour retrouver la D107 vers Arbois. 2 kilomètres après Chilly, on prend à gauche vers la Châtelaine, où l'on se précipitera au belvédère du Fer à Cheval, avant de rejoindre la D469, à droite vers Arbois puis, à droite encore vers le site grandiose de la **reculée des Planches**, un travail de titan qui a façonné la roche pour les visiteurs. C'est la plus haute reculée (245 m) du Jura, un site grandiose de cascades au jaillissement des sources de la Cuisance avec, tout près, la grotte des Planches, ses eaux aux couleurs changeantes, parfois écumantes, jouant avec la roche sculptée par l'érosion. On parvient à Arbois encore tout ébaubi.

LEVIER

Au sud du département, près des sources du Lison, Levier est un carrefour sur la D72.
La belle nature est au sud du village, dans la forêt qui porte son nom et, en lisière, dans ces villages de plateau : Boujailles, Courvières, à près de 1 000 m d'altitude. Au creux de la forêt, Villers-sous-Chalamont (voir ci-dessus).

QUINGEY

Un bourg de nationale, sur les rives de la Loue, qui compte sur ses environs et son environnement (grottes d'Osselle, notamment) plus que sur son architecture. L'intérieur, hors route, est un peu plus affriolant, en allant vers l'hôtel de ville.

On séjourne à l'**hôtel de la Truite de la Loue** ou à l'**Hostellerie du Gai Logis**. On peut aussi manger un morceau au **café de l'Hôtel de Ville**, dont l'arrière-salle à nappes fleuries est bien engageante.

A la sortie vers Arc-et-Senans, morne vision des immeubles après le terrain de foot et des installations EDF, malgré le sympathique **café des Sports**. On retrouve heureusement très vite une nature bienveillante, plaines et forêts.

On prend la D 17, où l'on croise les villages typiques mais un peu déserts de Lombart et Liesle pour arriver à Arc-et-Senans.

Grottes d'Osselle. 25410 Saint-Vit © **03 81 63 62 09.** *9 km au nord de Quingey par D13. Tous les jours du 1/04 au 1/11, de 9h à 12h et 14h à 18h (17h en septembre-octobre), sans interruption de 9h à 19h en juin-juillet-août. Salle et abri pique-nique. Terrasse, parking.* Un décor souterrain superbe qui enthousiasmera le moins passionné de spéléologie. Des concrétions aux formes tarabiscotées habilement mises en lumière, la magie des cristaux et de leurs reflets. La grotte servit d'abri, durant la Révolution, à des prêtres réfractaires.

Le Petit Futé sur Internet
info@petitfute.com

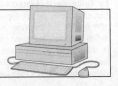

Arc-et-Senans et environs - DOUBS ◄ 79

■ MANGER, DORMIR

Hôtel de la Truite de la Loue. Faubourg Sainte-Anne 25440 Quingey ✆ 03 81 63 60 14. *Fermé lundi et dimanche soir. Menu 78/160 F.* Une belle étape pour goûter la cuisine régionale et les produits locaux bien accommodés. les standards bien ficelés, croûte aux morilles, truite au vin jaune, jambon de Luxeuil ou saucisse de Morteau.

Hostellerie du Gai Logis. Faubourg Sainte-Anne 25440 Quingey ✆ 03 81 63 63 01. Un petit hôtel tout en simplicité mais propre et confortable. La convivialité n'est pas forcée, l'ambiance familiale et les tarifs modestes : *160 F la double et 195 F pour 3 personnes.*

Hôtel Le Relais. 9, place de l'église 25610 Arc-et-Senans. ✆ 02 81 57 40 60. *48 chambres de 110 à 180 F.* Des chambres accueillantes et bien rénovées, une certaine modestie familiale de bon aloi : on se sent bien, à deux pas de la Saline, dans cette ambiance-là. Le cuisinier n'est pas manchot et les préparations régionales sont très honnêtes, dans un plaisant cadre rustique, cheminée et poutres : escargots de Bourgogne, caille aux morilles, saumon de fontaine aux queues d'écrevisses, sandre au vin jaune. Un bon menu comtois à 135 F avec le filet de carpe et sa mousseline, la poêlée comtoise sauce à la crème de morilles, saucisse de Morteau, magret de canard. Membre des "Tables régionales de Franche-Comté". On accompagne de côtes-du-jura et l'addition reste douce en toutes circonstances. A guetter également, les toujours bienvenues suggestions du jour, qui font la part belle aux produits locaux.

Hôtel-restaurant De Hoop. 25610 Arc-et-Senans ✆ 03 81 57 44 80. *Chambres de 230 à 360 F.* Une belle maison particulière près de la Saline. Une décoration soignée, un excellent accueil. La cuisine est elle aussi particulièrement travaillée, sur des bases traditionnelles avec un soupçon d'inventivité.

Restaurant Pontarlier. 39600 Port-Lesney (Jura) ✆ 03 84 37 83 27. Une aimable petite table avec son agréable terrasse ombragée d'un grand platane. Les menus sont urbains et bien composés et l'on se fait du bien avec la formule à 80 F, jambon cru et goujonnettes de filet de perche en friture. A la carte, la croûte aux morilles et champignons, la truite meunière ou le filet de sandre à l'oseille. Tout petits prix, même à la carte, et opulent menu à 145 F qui propose les spécialités maison. Une cuisine très traditionnelle, mais sympathique. Egalement quelques chambres, à moins de 150 F.

L'Auberge du Pont du Diable. 25270 Crouzet-Migette ✆ 03 81 49 54 28. *Fermé lundi et mardi en période scolaire. Fermeture annuelle courant novembre à janvier.* Chez Marie-Claude et Jean-Pierre Bochert, on sent que le touriste est le bienvenu, mais la cuisine garde un bon esprit d'authenticité et la tête froide pour les tarifs. 54 F pour une assiette roborative avec saucisse Montbéliard et cancoillotte ; 96 F pour un bon menu avec terrine forestière, cochon à la diable ou filet de volaille crème champignons. De bonnes spécialités à la carte, fondues, truites (la "queue du Diable") et gibiers en saison, faisan d'élevage. Une bonne carte de vins du Jura.

Hôtel de la Poste. 11, Grande Rue 25330 Nans-sous-Sainte-Anne ✆ 03 81 86 62 52. *Chambres autour de 220 F. Menus 85, 110 et 160 F. 8 chambres à 215 F.* Un deux étoiles un peu rudimentaire mais accueillant et bien placé dans ce village charmant. Une bonne base pour rayonner à pied ou en VTT, un accueil souriant. La cuisine est une bonne affaire, avec une identité régionale marquée. Un excellent menu à 110 F avec le jambon de montagne, la croûte aux morilles et champignons, le filet de perche meunière, la salade au cléron chaud, la truite au savagnin, le gigot aux herbes. Formule à trois plats pour 160 F. On accompagne, bien sûr de côtes-du-jura (on trouve les vins de chez Rolet).

Chambres et tables d'hôtes, fermes-auberges

Gaston et Colette Tribut. 25440 Rennes-sur-Loue ✆ 03 81 63 78 29. *2 chambres 190 F, petit déjeuner compris. Repas 65 F. Chiens acceptés.* Une belle maison doubiste, recouverte de vigne vierge, au pied de la colline sur les bords de la Loue, près d'Arc-et-Senans. Jolies chambres. Tables d'hôtes sur place, et possibilité de pêche. Camping (50 emplacements) à 40 F (pour deux).

Yves et Jeanne Jeunet. Grande Rue 25270 Villers-sous-Chalamont ✆ 03 81 49 37 51. *Ouvert toute l'année. 3 chambres à 190 F pour 2 personnes, petit déjeuner inclus.* Ancienne ferme bien restaurée, située au centre de ce village de 220 habitants. Petit déjeuner régional avec gâteau, confiture et beurre maison.

Campings

Camping Les Promenades. Quingey © 03 81 63 63 25. Sur les bords de la Loue, un établissement aux nombreuses activités.

Camping des bords de la Loue. Chemin des Graduations, Arc-et-Senans © 03 81 57 46 44. En bord de rivière, un camping accueillant et animé. Location de caravanes.

■ LOISIRS

Delta-plane, parapente, montgolfière

Air Adventures. Grande Rue 25610 Arc-et-Senans © 03 81 57 45 51 - Fax 03 80 90 72 86. Pour explorer la région du ciel, et en silence. Vol découverte en montgolfière *(1h environ, 850 F)* d'avril à novembre à la suite duquel un diplôme vous est décerné, celui d'avoir goûté au sublime plaisir aérostatique.

Activités nautiques

Cap loisirs Emotion. Base de loisirs 25440 Quingey © 03 81 63 69 41 - Fax 03 81 63 70 64. Canoë-kayak et diverses activités nautiques. Location de canoës.

Lison Accueil. 7, Grande Rue 25330 Nans-Sous-Sainte-Anne © 03 81 86 50 79. Canyonning, escalade, spéléo, canoë-kayak.

Ski

Dans et autour de la forêt de Levier, les fondeurs trouvent évidemment des pistes pour leur spatules : à Frasne, Boujailles, Levier, l'hiver est propice aux balades.

Karting

Circuit régional de l'Enclos. 25270 Septfontaines © 03 81 49 55 44 - Fax 03 81 49 53 69. *Piste : longueur 1178 m, largeur 7,5 m. Location karts , semaine uniquement.*

Equitation

Ferme équestre du Pont du Diable. 25270 Crouzet-Migette © 03 81 49 54 93. Promenades, hébergement possible.

Association "Les Fauvettes". 25270 Levier © 03 81 49 52 55. Poney-club, manège couvert, séjours. (Licence fédérale obligatoire).

Anes bâtés du Lison. 5, rue de la Passerelle 25530 Eternoz © 03 81 86 52 64. Pour randonner en compagnie des ânes qui vous serviront de porteurs. Pour un âne : 200 F par jour, 500 F pour le week-end, 1200 F pour une semaine. La nourriture de la bête est heureusement fournie.

Promenades en calèche

"Ferme équestre du Pont du Diable". 25270 Crouzet-Migette © 03 81 49 54 93. Promenade en calèche (6 pers.), promenade en chariot (10 adultes ou 15 enfants), location libre selon niveau du meneur.

LE PETIT FUTÉ VOYAGES

C'est une agence de voyages et surtout la combine pour obtenir, en plus des conseils les plus futés, billets, prestations et surtout les meilleures conditions sur presque toutes les compagnies et les agences que nous référençons. C'est pratique, pas cher et vite fait !

Appelez vite le 01 41 06 41 07

# PONTARLIER ET LE HAUT-DOUBS

PONTARLIER

Office du tourisme. 14 bis, rue de la Gare ✆ 03 81 46 48 33.

20 000 Pontissaliens.

Capitale du Haut Doubs et du fromage de Comté, important centre de commerce dès le Moyen-Age, Pontarlier a longtemps maintenu son rang grâce aux échanges avec la Suisse toute proche. Même si de nombreux incendies ont effacé les marques du passé, la ville reste toutefois fort jolie et la balade y est plaisante.

Au chapitre vieilles pierres, le château de Joux constitue une des attractions majeures de cette partie du département. Très bien préservé, exemple éloquent d'architecture militaire, il montre sa puissance et ses avantages défensifs. Toussaint Louverture, héros antillais, y fut détenu.

L'absinthe

Pontarlier fut longtemps la capitale de ce breuvage mythique fortement alcoolisé. Boisson des poètes et des artistes, on l'accusait de rendre fous voire criminels ceux qui en abusaient. De cette plante aromatique, de la famille des composées, on tirait une liqueur au goût anisé, célèbre dès le XVIIe siècle et utilisée pour donner du courage aux soldats de l'armée française pour le combat. Sa couleur, d'un vert délicat, et sa puissance procurèrent en effet des effets divers et souvent dévastateurs sur ses utilisateurs. L'apéritif aux mille vertus fut diabolisé par les ligues anti-alcooliques au début du XXe siècle et, après une série de débats houleux (ses détracteurs étaient aussi nombreux et enflammés que ses défenseurs), on interdit l'absinthe en 1915. Les nostalgiques de l'alcool cher à Rimbaud, Maupassant ou Allais collectionnent les affiches, ou passent en Suisse, où il n'est pas prohibé, pour goûter le fameux nectar.

La tradition n'est pas tout à fait perdue puisqu'on fabrique aujourd'hui à Pontarlier un excellent produit anisé qui se rapproche de son aîné sans provoquer les mêmes soucis et infortunes à ses consommateurs.

■ VISITE

Le château de Joux, La-Cluse-et-Mijoux ✆ 03 81 69 47 95. Le fort domine la vallée jusqu'à la Suisse, affichant ses qualités défensives et sa puissance. A partir d'une première édification en 1034, il fut reconstruit et modifié maintes fois jusqu'en 1879. Chaque époque est représentée, depuis les tours médiévales jusqu'aux dernières améliorations, effectuées sous la direction de Joffre. Les cellules ont abrité de célèbres prisonniers, parmi lesquels Mirabeau et Toussaint Louverture. A l'intérieur, un musée présente une prestigieuse collection d'armes des XVIIIe et XIXe siècles et de coiffures du XVIIe et XIXe siècles. Un plan en relief rend compte du château dans son ensemble.

Musée municipal, maison Labrut ✆ 03 81 46 73 68. Pour voir, en particulier, une exposition permanente sur l'absinthe.

Eglise Sainte-Bénigne. Remaniée à plusieurs reprises, cette église XVIIe possède un très intéressant intérieur, avec notamment des œuvres contemporaines : tapisseries et somptueux vitraux de Manessier voisinent avec un buffet d'orgues du XVIIIe siècle.

Le Hall d'exposition pédagogique Sbarro. Rue Déchanet, Rocade Georges Pompidou
✆ 03 81 46 23 67. Présentation des célèbres véhicules dessinés et habillés par Franco Sbarro, dont la "patte" est reconnaissable par tous les amateurs de belles carrosseries. Mais ce lieu est loin d'être un simple musée : c'est ici que Franco Sbarro a ouvert l'école ESPERA qui permet aux élèves d'appréhender les techniques les plus modernes de la conception en matière d'automobile. La formation de neuf mois est sanctionnée par un certificat privé reconnu par les professionnels. Le lieu est ouvert aux visites privées ainsi qu'aux congrès qui peuvent utiliser la salle de conférences.

Balade

Pour l'essentiel, la principale artère, la rue de la République, concentre magasins et boutiques. Un petit arrêt place Sainte-Benigne pour l'église avant de parvenir à la porte Saint-Pierre, copie de la porte Saint-Martin, ancienne porte du Boulevard (1771), classée Monument historique. Voir également le portail de la chapelle des Annonciades, monument baroque du XVIIIe siècle.

On se retrouve donc à flâner dans l'axe principal (l'animation se dilue rapidement dans les rues transversales), rue Sainte-Anne et autour de la place d'Arçon. La fontaine contemporaine avec ses cubes alignés peut laisser perplexe sur sa valeur artistique.

Balade verte sur les rives du Doubs, avec un arrêt-buffet à la guinguette du même nom.

Petit tuyau : il est tard et tout est fermé dans Pontarlier? Rendez-vous à la sortie sud de la ville par la N57 vers la Suisse, direction Les Hôpitaux-Neufs, Métabief. Vous trouverez une station Elf tenue par un patron vietnamien, elle a l'avantage d'être ouverte tous les soirs jusqu'à 21h. On y trouve des denrées de première nécessité, mais aussi des spécialités asiatiques, des nems et samosas, du riz cantonais et même du vin.

A proximité

Sur la route du château de Joux, belle harmonie du classique et du moderne dans l'architecture du Centre Hospitalier, qui pousserait même à une visite de bien portant.

Vers Morteau, la route s'élève pour proposer quelques jolis panoramas. On peut, pour rejoindre la capitale doubiste de la saucisse, emprunter la vallée du Doubs par la D439 ou bien suivre la belle D47 qui longe la frontière en suivant une autre rivière, frôle les **Roches du Cerf** avant d'atteindre **les Gras**, un sympathique et très calme village à 10 km de Morteau.

Sombacour (10 km NO par D72 et D6). Le chemin de croix, près du Col des Roches, est classé : édifié à la fin du XIXe siècle, il a été restauré en 1989. A proximité, l'église du XVe siècle possède un clocher à impériale.

■ PRODUITS REGIONAUX

Les spécialités sont vite trouvées : on prend le fromage et la crème chez **Pourchet** rue de la Gare ou à **la Fromagerie**, rue Parguez. Du premier choix chez Didier Tardiveau, au **Trou de Souris**, 7, rue Sainte-Anne ✆ 03 81 39 09 50 : une parfaite connaissance des produits régionaux, un affinage idéal des comtés, morbiers et vacherins et de bons tuyaux sur les gourmandises locales.

Les gâteaux chez **Piguet**, qui fait aussi salon de thé, rue du Faubourg et de bons chocolats chez **Petite**, tout près de la porte. Les vins **au Bon Echanson**, rue de la République, au 68.

Les distilleries proposent leur Pontarlier et autres liqueurs et eaux de vie : **Pierre Guy**, 49, rue des Lavaux ✆ 03 81 39 04 70 et **Pernot**, 44, rue de Besançon ✆ 03 81 39 04 28.

Faites-nous part de vos coups de coeur

Envoyez-nous vos bonnes adresses, elles seront utiles aux futurs voyageurs. Voyez le questionnaire à la fin du guide.

▉ ARTISANAT

Christian Bernardet. Touillon-et-Loutelet ✆ **03 81 49 11 50.** Un artisan-horloger spécialisé dans la restauration, mais qui fabrique également ses propres pièces, en neuf ou copie d'ancien.

▉ MANGER, DORMIR

Bars, brasseries, pizzerias

On trouve chaleur et convivialité au **Grand Café Français**, doté d'une terrasse pour les jours ensoleillés. On se rassemble également en force à la **brasserie de l'hôtel de la Poste**, rue de la République.

La **pizzeria Romana**, rue Mirabeau, attire les amateurs de cuisine italienne dans une belle salle à poutres apparentes et couleurs du Sud.

Petite collation vite fait au **Rendez-Vous**, à la sortie de la ville, pour ses fondues notamment. Le couscous **chez Momo**, route de Morteau.

Restaurants

La Cassolette. Rue Vannolles 25300 Pontarlier ✆ **03 81 39 38 18.** Une certaine simplicité à envisager dans les petits prix, pour quelques plats régionaux tournés avec bonne volonté : croûte forestière, roesti, tuyé et dessert maison dans le menu franc-comtois à 90 F. Un menu charolais à 129 F.

Le Chalet de Gounefay. Le Gounefay 25300 Pontarlier ✆ **03 81 69 40 29.** *Fermé le lundi. Menu 92/135 F. Carte 100 F.* Sur les hauteurs de Pontarlier pour se retrouver au calme et dans la nature montagnarde, dans un petit chalet accueillant. La cuisine réchauffe le chaland dans la convivialité, avec la raclette et la fondue, mais aussi la grande spécialité maison : la braserade du Gounefay.

Le Tillau. 25300 Les Verrières-de-Joux ✆ **03 81 69 46 72.** A 1 200 m d'altitude, un chalet très accueillant, pour le séjour, le ski, mais aussi la gastronomie. Les gens du coin apprécient cette salle boisée et cette atmosphère authentique pour déguster, à une quinzaine de kilomètres de Pontarlier, sur le Mont-des-Verrières, une franche cuisine de montagne qui vous requinque dans la bonne humeur.

Hôtels

Hôtel de Morteau. 26, rue Jeanne d'Arc 25300 Pontarlier ✆ **03 81 39 14 83.** Un établissement modeste et sérieux pour un séjour à tarifs modérés.

Hôtel du Commerce. 18, rue Docteur Grenier 25300 Pontarlier ✆ **03 81 39 04 09.** *Ouvert tous les jours. 30 chambres 260/360 F, petit déjeuner 40/54 F. Demi-pension 450 F pour 2 personnes. Chiens acceptés. Menus de 75 à 150 F. Carte 180 F. Jusqu'à 21h30.* Une grande maison solide du centre ville, animée et familiale, et qui pratique une bonne cuisine régionale. Des raclettes et fondues, et de bons menus, avec la plie au basilic ou le blanc de volaille au côtes-du-jura dans le premier d'entre eux ou, à 120 F, le feuilleté de truite à l'orange, le médaillon de ris de veau au savagnin et le dessert. Le pupillin est à 85 F. Chambres calmes et confortables. Personnel dynamique, service rapide et efficace.

Hôtel Parnet Riant Séjour. 25160 Oye-et-Pallet ✆ **03 81 89 42 03.** *17 chambres 260/350 F. Petit déjeuner 40 F. Menus 98/260 F.* Un établissement contemporain dans la banlieue, en direction du lac de Saint-Point. Les équipements - piscine, tennis, sauna – et le confort des chambres justifient amplement les trois étoiles.

Hôtel de la Poste. 55, rue de la République 25300 Pontarlier ✆ **03 81 46 47 91.** *Fermé dimanche soir et lundi. Menu 125/225. Carte 200 F.* Centrale et animée, c'est une adresse classique pour être au centre des débats. La brasserie est un des points de ralliement de la ville, dans un cadre à plafond mouluré qui ne manque pas de cachet. La cuisine est assez fine avec un menu bien calculé à 125 F qui contient un duo de saumon à la crème ciboulette, un médaillon de porc aux parfums des bois et un feuilleté aux fraises. Chambres correctes à prix justes.

■ LOISIRS CULTURELS

Au **théâtre Bernard Blier**, la programmation est riche et ne manque pas de pertinence particulièrement celle du ciné-club.
Une librairie où piocher, aux **Livres Francs-Comtois**, rue de la Halle.

■ SPORTS

Aéroclub de Pontarlier. Aérodrome de Pontarlier BP 191 - 25300 Pontarlier ✆ **03 81 39 09 70.** Vol d'initiation, baptême de l'air.

Canoë-kayak Pontarlier - Club FFCK. Base nautique ou 9, route des Granges 25300 Pontarlier ✆ 03 81 39 60 65 / 03 81 39 68 30.

Chiens de traîneaux. Rando Service. Granges des Houillettes 25300 Pontarlier ✆ **03 81 39 78 07.** Promenades en traîneaux, initiation à la conduite d'attelage.

Karting

Ducky Kart. 1, rue Hélène Boucher. ✆ 03 81 46 37 07. Circuit indoor, location de karts.

Karting Club de Septfontaines. ✆ **03 81 49 55 44.** Grande piste extérieure. Possibilité de location de karts.

Sports d'hiver. On va skier au **Larmon** pour ses deux téléskis et ses pistes de ski de fond. La petite station est assez bien pourvue, avec une bonne table, le **chalet de Gounefay**.
Autres pistes de ski de fond à la **Malmaison**, au **Laveron** et aux **Verrières-de-Joux**, vers la Suisse.

Voile. Les Foulques du Haut-Doubs (Club affilié FFV). 2, rue de Chardonnet 25300 Pontarlier ✆ 03 81 46 83 66.

MOUTHE ET SA REGION

Le coin montagneux du Doubs avec Métabief, sa station de sports d'hiver mais aussi d'été pour des sports divers. Un pays chaleureux, aux routes étroites et aux auberges sincères, agrémentée du troisième plus grand lac naturel de France, le lac de Saint-Point.

CHAPELLE DES BOIS

Aux confins du département, près de la frontière suisse, ce village au nom délicieux évoque avant tout une nature de plateau montagnard superbe. Traversé par le GR5 qui grimpe jusqu'à la frontalière Roche Champion, c'est un havre de tranquillité et de sérénité bucolique. C'est aussi une aire privilégiée pour le ski de fond, que tous les amateurs connaissent et apprécient. L'hiver, lorsque tout est blanc, c'est un des coins les plus sauvages et les plus secrets du département, où la température descend facilement en-dessous de 0°.

En prime, vers **Morez**, une auberge très accueillante, qui prend le nom de son voisin, **La Distillerie**. A proximité, une fromagerie pour morbier, comté et vacherin en saison, au goût indiscutable de l'authentique.

Etape possible au refuge l'**Aimé**, à gauche vers les sapins en venant de Mouthe.

Dans le village même, deux petits hôtels : **les Bruyères** et **les Mélèzes**, deux étoiles et Logis de France. Goûter à la ferme au **Chalet des Anges**, sur la route de Mouthe.

On suit la Combe des Cives par une belle route montagnarde le long du Mont Risoux et de la frontière. Voir la **Maison Michaud**, qui peut être visitée tous les jours sauf le lundi, une ferme traditionnelle du Haut-Doubs, munie de son "tuyé".

Pour la balade à pied, deux sentiers d'interprétation de la nature de 5 et 10 km. Nombreuses pistes de ski de fond, piste pour chiens de traîneaux, une piste éclairée.

Carte du Doubs en page 48

CHAUX-NEUVE

Une station pour le ski de fond, mais aussi alpin (un téléski), sur la GTJ (Grande Traversée du Jura). Egalement trois tremplins de saut à skis. A proximité de nombreuses balades à faire hiver (en ski de fond) comme été.

Pour la culture, rendez-vous dans la petite église Saint-Jacques, au style composite montagnard, qui possède un intérieur intéressant, avec notamment un très beau retable et quelques sculptures intéressantes, de pierre et de bois.

On peut faire halte au **Pays Nature**. Autre possibilité, beaucoup plus traditionnelle, l'**Auberge du Grand Gîte**.

MOUTHE

Office du tourisme. 3 bis, rue de la Varée ✆ 03 81 69 22 78.

Ce bourg cumule plusieurs titres, entre autres celui d'accueillir, à proximité, les sources du Doubs, d'avoir la réputation du village le plus froid de France, avec, en hiver, de vertigineuses pointes vers les degrés négatifs, avec un record national qui tient toujours (- 34°). Enfin, Mouthe, c'est la patrie de Fabrice Guy, champion olympique de combiné nordique à Albertville, saut et épreuve de fond.

Les équipements sportifs sont parés pour l'hiver : une dizaine de pistes de ski de fond, deux téléskis pour le ski alpin.

Etape au **grand Tétras** ou pour les économes au **Camping de la source du Doubs**. ✆ **03 81 69 27 61** : 50 places pour un camping qui nous plonge dans la nature.

On mange un bon morceau, fondues et raclettes **au Montagnard**. A côté, une sympathique table locale, l'**Œil de Bœuf**.

Le fromage à la coopérative fromagère, morbier, comté, vacherin. Une autre adresse fromagère dans le village, **le Chalet**, rue Varée.

Aux alentours

Belle route montagnarde dans la vallée du Cébriot. Dans l'autre sens, la vallée du Doubs permet de rejoindre Métabief, au nord, le lac de Saint-Point et Malbuisson.

■ MANGER, DORMIR

Auberge de la Distillerie. 25170 Chapelle des Bois ✆ **03 81 59 90 57.** *Fermé mercredi soir, samedi midi et dimanche soir. Menu 98/130 F. Carte 150 F.* Juste à côté de la distillerie comme on peut le supposer, cette adresse de choix est pour les amoureux du confort tranquille et offre un accueil montagnard chaleureux. La notoriété s'est faite par bouche à oreille et l'on vient goûter autant l'ambiance, le décor jurassien que la cuisine soignée du chef. C'est la patronne qui est en salle en toute gentillesse. Goûtez les spécialités locales, le jambon fumé, la croûte aux morilles, le pavé de bœuf aux morilles, le poulet au gruyère, la raclette charcuterie salade, la tarte aux myrtilles.

Pays Nature. 2 Grande Rue 25240 Chaux-Neuve ✆ **03 81 69 16 09.** Une jolie maison beige aux volets bleu, accueillante de l'extérieur comme à l'intérieur. Ce bon hôtel-café-restaurant constitue la principale animation locale. Cuisine traditionnelle, petits prix : jambon fumé, paupiette de saumon homardine, filet mignon de porc forestière pour 87 F.

Auberge du Grand Gît. Rue Chaumelles 25240 Chaux-Neuve ✆ **03 81 69 25 75.** Une simple et bonne maison ancrée dans la tradition régionale. Pas de surprise, mais la loyauté à tous les étages et des prix serrés. Bon menu à 85 F, jambon à l'arboisienne, longe de porc, brési, saucisse, rôti d'épaule de veau sauce champignons, filet de truite rose meunière. Chambres autour de 200 F, ambiance familiale.

L'Œil de Bœuf. 58, Grande Rue 25240 Mouthe ✆ **03 81 69 27 58.** Etape de remise en condition avec les solides nourritures terrestres comme le Jura sait en dispenser. Menu régional à 95 F avec la demi-douzaine d'escargots ou la salade comtoise, le filet de truite, la saucisse de Morteau. De nombreuses spécialités régionales, truite au vin jaune, filet mignon aux morilles, et opulente tête de veau. Une petite terrasse accueillante.

Hôtel du Grand Tétras. 1, rue de la Varée 25240 Mouthe ✆ 03 81 69 20 76. *Chambres de 90 à 267 F*. Une allure familiale engageante pour cet établissement bien tenu au cœur du village, plaisant par ses chambres, son confort et sa taverne attenante. La belle demeure a récemment subi un lifting en règle, la façade est réveillée en jaune et rose.

■ LOISIRS

Ski de fond et tous loisirs nordiques, mais aussi...

Chiens de traîneaux

Promenades chiens de traîneaux. Les Mortes 25240 La Chapelle-des-Bois ✆ 03 84 33 49 77. Promenade 1 pers., initiation, hébergement possible en meublé de 2 à 6 pers.

L'Odyssée Blanche. Le Cernois Veuillet 25240 Chaux-Neuve ✆ 03 81 69 20 20 - **Fax 03 81 69 14 54**. Promenades accompagnées 1/2 journée, week-end, semaine, initiation à la conduite d'attelage (groupes ou individuels). En été : visite du chenil avec démonstration d'attelage.

Equitation

Centre PEP. La Source du Doubs 25240 Mouthe ✆ 03 81 69 21 45 - **Fax 03 81 69 11 80**. Poney club, promenade.

Escapade de Mouthe à Métabief

On se promène dans la belle région verdoyante du Noirmont, encadrée par le **Lac de Joux** en Suisse et le **Lac de Saint-Point** au nord. Pour faire le tour de ce coin vert (de nombreux sentiers sont balisés pour les randonneurs) et montagneux, de Mouthe, on prend la D389, pour passer la frontière à Landoz-Neuve et atteindre le petit lac Brenet, qui précède le plus important lac de Joux. On bifurque alors par la D 415 vers Vallorbe. Une petite halte est possible pour voir les sources de l'Orbe ou la Dent de Vaulion, magnifique site naturel et préservé. Enfin on retrouve la grosse N 57 qui conduit sur Jougne (arrêt au musée animalier) et Métabief, la fameuse station de ski doubiste.

MÉTABIEF ET LAC DE SAINT-POINT

MÉTABIEF

Office de tourisme. 25370 Les Hôpitaux-Neufs ✆ 03 81 49 13 81 (annexe à Métabief). Avec les Rousses, la station numéro 1 du Jura, Métabief, tout près de la frontière, à 6 km, est l'autre grande station de sports d'hiver de Franche-Comté.

Ski alpin et ski de fond, balades splendides en été et grand air pur dans un décor entièrement préservé, pas vraiment touché par le bétonnage montagnard.

Les distractions ne se limitent pas au sport : cinéma, bars et petites tables complètent les loisirs du séjour.

A côté, le Mont d'Or culmine à 1463 m et donne son nom à un fromage exceptionnel, le vacherin "Mont d'Or" et sa fameuse texture coulante, apprécié particulièrement le soir de Noël parce qu'il atteint à cette époque sa pleine maturité.

Métabief, dans sa partie la plus ancienne ressemble à de nombreux villages du Jura. La station elle-même est l'une des plus proches des standards touristiques, dans les boutiques et animations. Hormis quelques pics en février, la station garde une atmosphère familiale et se trouve rarement dans un état d'insupportable surcharge.

Les visiteurs suisses sont bien sûr nombreux en saison, le change leur étant particulièrement favorable. Nombreuses possibilités en hébergement-restauration.

Faites-nous part de vos coups de cœur

JOUGNE

Les visites se concentrent sur la belle église et le musée animalier qui présente une collection d'animaux naturalisés ✆ **03 81 49 11 75**.

La **chapelle Saint-Maurice** construite au XIIe siècle est un bel exemple de réunion des styles roman et bourguignon.

Pour une nuit sur place, toute en simplicité, l'**Hôtel-Restaurant Barray**, place Saint-Pierre. ✆ **03 81 43 50 97** : 14 chambres coquettes de 80 à 320 F. Ou, dès les beaux jours le camping.

LABERGEMENT-SAINTE-MARIE

Maison de la Réserve. 26, rue de la Gare ✆ **03 81 69 35 99**. Une collection de fossiles, d'ossements, d'animaux naturalisés placés dans les milieux reconstitués, aquariums, insectes, en provenance de la réserve naturelle du Lac de Remoray. 1 000 m2 d'exposition, présentation de films vidéos et mise en scène remarquable pour expliquer la nature : la maison solaire et bioclimatique, Juranimo, exposition interactive, l'histoire naturelle du Haut-Doubs (deuxième étage), la fourmilière géante et les ruchettes d'observation au troisième étage.

La Maison de la Réserve organise également des sorties-découverte, des semaines-nature et diverses animations, ainsi, bien sûr que des visites de la réserve.

Le Rucher des deux Lacs. Labergement Sainte-Marie ✆ **03 81 69 31 06**. Un apiculteur, JB Girard, vous emmènera dans une visite passionnante : exposition sur le monde des abeilles, observation de leur vie quotidienne et de leur travail, et du métier d'apiculteur dans la fabrication du miel. Dégustation des produits miellés (miel, pain d'épices, gelée royale, bonbons) et vente.

Fonderie de cloches. 25160 Labergement Sainte-Marie ✆ **03 81 69 30 72**. *Visite de l'atelier en juillet et août le samedi de 10h à 12h et sur réservation. Exposition-vente toute l'année, tous les jours sauf dimanche.* La fonderie Obertino est l'un des derniers ateliers français et fonctionne depuis 1834. On y fond des cloches pour les grandes occasions ou pour des raisons utilitaires, pour l'éleveur comme pour le fabricant de jouets. Les cloches fondues ici vont du simple grelot de 100 g à la sonnaille de 10 kg. Voir l'atelier, éventuellement les opérations de coulée et démoulage (généralement vers 16h du lundi au jeudi).

LAC DE REMORAY

Un plan d'eau beaucoup plus petit que Saint-Point, réserve naturelle en liaison avec la Maison de Labergement-Sainte-Marie, présentant plusieurs biotopes riches en espèces rares d'animaux et de plantes. Très joli cadre de montagnes et de sapins.

LAC DE SAINT-POINT

Ses dimensions et sa superficie (un plan d'eau de 8 km de long) en font le troisième lac naturel de France après Grand Lieu et le lac du Bourget. Il est très joliment encadré par la montagne dans une nature verdoyante. Ce sont les moines qui, dès le XIIIe siècle, ont aménagé les berges en défrichant ses alentours. On ne peut pas dire que les installations touristiques le surchargent outrancièrement. Baignade surveillée et activités nautiques nombreuses, la découverte de la nature étant à elle seule un motif de distraction. C'est aussi un paradis pour les pêcheurs amateurs de brochets, de truites...

On peut en faire le tour à pied : le point de départ courant se situe au niveau du village de **Labergement Sainte-Marie**, entre les deux lacs (de Saint-Point et de Remoray), au niveau du pont en direction de Saint-Point, à côté de l'hôtel du Pont. Une balade très agréable, au cours de laquelle on apprécie de se retrouver au plus près de la nature, d'observer les plantes et les oiseaux. Prenez tout de même quelques précautions (eau, nourriture et petite laine en été), car les 23 km ne se font pas juste comme qui rigole. Des jumelles ne sont pas non plus superflues, pour observer les oiseaux en particulier.

On trouve à proximité un camping, installé sur les berges.

On visitera la **Maison de la Réserve Naturelle** (voir ci-avant), pour la présentation de la faune (aquariums), de la flore et des fossiles du lac et de ses alentours. Dans le village, étape possible à l'**hôtel du Haut-Doubs**.

La route la plus agréable pour suivre le lac en voiture est la D129, que l'on prend à droite après le pont correspondant au départ de la balade à pied. On rejoint alors Saint-Point, puis les Grangettes, où l'on pourra faire halte à l'**hôtel Bon Repos**.

LES FOURGS

Entre Métabief et Pontarlier, c'est le plus haut village du département. Ses pistes rejoignent celles des stations suisses les plus proches.

LES HOPITAUX-NEUFS

L'**église Sainte-Catherine** XVIIIe possède un riche mobilier baroque, et presque rococo pour certaines pièces.

MALBUISSON

Office du tourisme de la vallée des deux lacs. 26160 Malbuisson. ✆ 03 81 69 31 21.

Un grand bourg sur les bords du lac de Saint-Point. Les hôtels ne manquent pas de vanter leur belle vue sur cette étendue aquatique.

Sur les rives sont aménagées une plage et une base nautique. En face du lac, un petit chemin permet d'accéder au **fort Saint-Antoine**.

On pourra suivre également le GR 5 qui conduit à Touillon-et-Letouet avant Jougne.

Petite promenade jusqu'à la **Source Bleue**, une eau d'une telle limpidité et d'une couleur telle qu'on lui a accolé une légende, celle de Berthe de Joux, prisonnière du château de Joux, et pleurant, depuis sa cellule des torrents de larmes pour la mort de son fiancé.

SAINT-POINT

Le village donne son nom au lac. Il est accueillant, pas du tout frelaté par le tourisme, très tranquille. On achète le vin du Jura chez **Robbe**, on une étape familiale à l'**hôtel Monod** et on trouve une petite église gentillette et une fruitière à comté. Camping à l'entrée.

■ PRODUITS REGIONAUX

Fromagerie de Saint-Antoine. 25370 Saint-Antoine ✆ 03 81 49 14 34. Morbier et comté, entre Métabief et Labergement.

Fromagerie du Mont d'Or. 25370 Métabief ✆ 03 81 49 02 36. Une fromagerie "touristique" où vous pourrez voir un film montrant l'élaboration des trois rois, comté, morbier, mont d'or et visiter la fromagerie avec les commentaires d'un spécialiste, jusqu'à la cave d'affinage. Dégustation et vente sur place.

■ MANGER, DORMIR

Auberge du B'sachard. Les Longevilles-Mont d'Or ✆ 03 81 49 93 27. A proximité de Métabief, une table régionale de bon aloi pour goûter aux spécialités, le roesti, la croûte forestière, le jambon chaud à l'échalote, la tarte aux myrtilles.

Hôtel Etoile des Neiges. 4, rue du village, Métabief. ✆ 03 81 49 11 21. *Chambres de 200 à 240 F.* C'est une maison bien tenue semblable aux chalets-hôtels qu'on trouve dans toutes les stations de ski. L'ambiance est familiale et très accueillante.

Lake Placid. 48, rue de la Seigne 25370 Les Hôpitaux-Vieux ✆ 03 81 49 00 72. *Chambre double 280 F avec petit déjeuner. Demi-pension 225 F par personne.* Un bon hôtel de montagne, bien pourvu et bien placé au pied des pistes de ski de fond. Un caractère familiale (5 chambres coquettes et boisées) qui s'accorde avec de bons équipements : sauna, salle de remise en forme. Cuisine de tradition.

Le Col des Enchaux. Route des Alpes 25370 Jougne ✆ **03 81 49 10 75.** *Chambres de 200 à 240 F.* Un bon gros chalet comtois avec l'ambiance adéquate pour un séjour de tout repos. Equipements très convenables d'une maison toujours en amélioration. Cuisine simple et traditionnelle.

Les Gentianes. 12, rue Saint-Jean 25370 Rochejean ✆ **03 81 49 90 54.** *Chambres de 200 à 240 F.* Derrière la façade pimpante rose, une atmosphère montagnarde franche et chaleureuse. Tarifs doux pour un aménagement de qualité.

Hôtel Restaurant du Pont. Labergement Sainte-Marie ✆ **03 81 69 33 34.** Un établissement avec le confort de son rang, un deux-étoiles assez classique proposant 11 chambres de 165 à 270 F. Le séjour est tranquille, l'accueil charmant.

Hôtel du Lac. 25160 Malbuisson ✆ **03 81 69 34 80.** *Fermé du 15 novembre au 15 décembre. Menu 105/240 F.* L'hôtel le plus connu du bourg, au bord du lac, comme son nom le laisse supposer. Un certaine allure, dans un style chic il y a une vingtaine d'années, et l'assurance de retrouver les racines et la tradition dans ce cadre Louis XVI au service gentiment ampoulé. L'hôtel présente un confort parfaitement adapté à la situation et au pouvoir d'achat de nos proches amis suisses, sans excès cependant compte tenu de la situation. Belle cave régionale. Une nouveauté avec le Restaurant du Fromage dans une belle salle indépendante et un réel effort sur les prix : le plat du jour n'est qu'à 35 F et des fondues, raclettes et autres tartiflettes à prix doux.

Jean-Michel Tannieres. Grande Rue 25160, Malbuisson ✆ **03 81 69 30 89.** *Fermé lundi et dimanche soir. Menu 135/395 F. Carte 300 F.* L'hôtel est bien placé, juste séparé du lac par une petite butte. Une jolie terrasse sur l'arrière côté lac pour profiter de la cuisine de Jean-Michel Tannières, qui balance entre modernité et tradition avec la croûte aux morilles à l'ancienne ou la minute de féra aux herbes potagères. De belles réussites dans les plats de luxe comme la blanquette de crustacés aux morilles.

Hôtel-Restaurant Au Bon Accueil. 25160 Malbuisson. ✆ **03 81 69 30 58.** *Fermé le lundi et le mardi midi. Menu 100/265 F. Carte 200 F.* Un bon hôtel trois-étoiles d'allure comtoise, intérieur coquet et service agréable. La cuisine de Marc Faivre se rythme autour des produits frais du marché, formant des plats simples mais efficaces, une soupe aux choux au lard fumé et escargots de bourgogne, un délicieux râble de lapin au savagnin et un fameux croustillant de pain d'épice.

Hôtel Bon Repos. 2, Grande Route 25160 Les Grangettes ✆ **03 8169 62 95.** *Fermeture annuelle du 20 octobre au 21 décembre. Fermé mardi soir et mercredi hors saison. 16 chambres de 170 à 240 F. Petit déjeuner 30 F.* Pour le site, en bordure du lac de Saint-Point et la maison, d'architecture typique, accueillante et robuste. Chambres de bon confort, nombreux loisirs au naturel dans les environs. Logis de France, Table Régionale : tout ce qu'on aime dans la tradition est là, à deux pas du lac. Menu du terroir à 122 F avec l'assiette de charcuterie, les rillettes de truite fumée, la fricassée de volaille aux champignons et aux morilles, les filets de perche, fromage et dessert. Autres formules à 93 et 109 F (croûte aux champignons).

Campings

Camping Le Miroir. Les Hôpitaux-Neufs ✆ **03 81 49 10 64.** *Ouvert du 1er juin au 10 septembre et du 15 octobre au 30 avril.* Un site très accueillant, verdure et bois, et de bons équipements. Caravaneige pour profiter de l'hiver.

Camping du Mont d'Or. 11, rue du Doubs, Métabief-Les-Longeville ✆ **03 81 49 95 04.** *75 emplacements. Location de caravanes.* Et le plein d'air vivifiant.

Camping du Lac de Remoray. Route du Lac, Labergement Sainte-Marie ✆ **03 81 69 31 24.** Des activités de plein air (tennis, VTT), location de chalets pour l'hiver.

■ LOISIRS, SPORTS

Bowling. Avenue du Bois du Roi 25370 Métabief ✆ **03 81 49 18 60.** Bowling, brasserie, jeux vidéo, pizzeria.

Chiens de traîneaux

Jurachiens. Les Granges Berrard 25300 Les Fourgs ✆ 03 81 69 48 19 - Fax 03 81 69 51 37. Etapes journalières de 15 à 20 km. Séjours en pension complète. Nuits en gîtes d'étapes, refuge ou hôtel. Journée en pulka scandinave et conduite d'attelage.

Delta-plane, parapente

Ecole Tout Doubs Parapente. 25160 Malbuisson ✆ 03 81 80 38 90. Stage d'initiation, stage de perfectionnement, séance 1/2 journée, journée, vol biplace.

Equitation

Manège du Mont d'Or. Crêt de Lernier - Métabief Cedex 17/01 - 25370 Métabief ✆ 03 81 49 23 61. Manège couvert et carrière, préparation et passage des examens fédéraux, randonnée, ski joring.

Escalade

Un mur artificiel accessible par le télésiège de la Berche.

Jeux de quilles à l'ancienne

Joppy Loisirs. 15, rue de Viscernois 25370 Métabief ✆ 03 81 49 05 21.

Kart

Kart sur herbe ✆ 03 81 49 10 77. On monte jusqu'au téléski de la Berche et on descend en "buggy val", un kart sans danger que les enfants peuvent piloter comme les adultes sur une piste de 800 m de long.

Luge d'été

Site du Mont d'Or. 25370 Métabief ✆ 03 81 49 10 77 - Fax 03 81 49 14 57. Départ au télésiège de la Berche. Deux pistes de 600 m, accessibles dès six ans. Dans le genre bobsleigh, sans aucun danger.

Multi-activités

Bleu Blanc Vert. 3 avenue de l'Eglise 25160 Malbuisson ✆ 03 81 69 71 60 - Fax 03 81 69 71 60. VTT, randonnée pédestre, canoë, ski de fond et alpin, escalade, raquettes, tir à l'arc, course d'orientation.

Ski

Avec ses six relais (Jougne, les Hôpitaux-Vieux, Rochejean, les Hôpitaux-Neufs, Les Longevilles Mont d'or, Métabief) la station de Metabief-Mont d'Or constitue le plus vaste domaine de ski alpin du Jura, avec 30 remontées mécaniques et 40 km de piste

Les amateurs de petites pistes tranquilles pourront également fréquenter, dans le coin Maîche, Damprichard, Les Fourgs, Chaux Neuve, Mouthe, Pontarlier-Larmont, Charquemont, Villers-le-Lac-Le-Chauffaud, La Chaux de Gilley, Gilley, qui disposent chacune d'un téléski au moins.

Sports nautiques

Cercle de Voile de Malbuisson (Club affilié FFV). La Source Bleue 25160 Malbuisson ✆ 03 81 69 30 46 ou 03 81 69 38 30.

Base nautique P.E.P. Chemin de la Plage 25160 Malbuisson ✆ 03 81 69 34 70.

M. J. C. Le Loutelet - Membre associé FFCK. Lac de Saint-Point, Touillon-Loutelet 25370 Malbuisson ✆ 03 81 49 10 04 et 03 81 69 36 93.

Nautisme Location - Plage "Dhote". Lac de Saint-Point 25370 Malbuisson ✆ 03 81 69 33 83 / 03 81 69 25 57 / 03 81 69 36 06. Canoë-kayak.

Centre de Plein Air et de Loisirs. Base du Vezenay - Lac de Saint-Point 25370 Malbuisson Le Vezenay ✆ 03 81 49 10 04 et 03 81 69 36 93 - Fax 03 81 49 23 44. Canoë-kayak, voile, etc.

VTT

Divers circuits aménagés, parmi lesquels la piste des championnats du Monde, dont le point de départ se trouve en haut du télésiège du Morond. C'est une piste de descente unique en France et très impressionnante.

VALLÉE DU DOUBS
DE PONTARLIER A MONTBELIARD

Dans ce pays de nature et d'eau, les traditions se perpétuent : artisanales avec l'horlogerie dont Morteau est l'un des berceaux les plus significatifs, mais aussi culinaire, en particulier par le fumage des viandes. Aussi en le traversant, verrez-vous régulièrement les fameuses fermes à "tuyé", protégées par un énorme toit qui laisse s'échapper une grande cheminée. A l'intérieur, on fume les jambons, les saucisses, la poitrine.

Cette partie haute du Doubs est aussi l'occasion d'une superbe balade nature, pour peu que l'on prenne les chemins de traverse, que l'on s'intéresse à l'artisanat ou que l'on suive les curiosités naturelles (la splendide vallée du Dessoubre jusqu'au cirque de Consolation) pour découvrir ce magnifique "pays vert et bleu".

Le Doubs
Voilà une rivière généreuse qui mérite amplement de donner son nom au département qu'elle traverse. Observez bien son tracé au départ de Mouthe où se trouve sa source. Elle pourrait se contenter de rejoindre Besançon, pratiquement en ligne droite, légèrement au nord-ouest. Mais la nature, dans sa bonté et sa fantaisie, lui fait, au gré des montagnes, visiter le pays : après Pontarlier, elle s'oriente carrément à l'est pour rejoindre Morteau, grimpe au nord-est en servant de frontière, passe en Suisse et oblique presque en épingle à cheveux pour revenir en France à Saint-Hippolyte avant de prendre à nouveau le nord pour arroser Monbéliard. Nouveau changement de cap par une boucle sévère pour descendre au sud-ouest vers Besançon. Dans sa magnanimité, le Doubs fait un bout de Jura, passe à Dole et rejoint la Saône à Verdun-sur-le-Doubs.

MORTEAU ET LE SAUGEAIS

GRAND' COMBE CHATELEU

C'est le pays des combes, la vie quotidienne rudement montagnarde et les racines profondes. C'est sur cette commune que l'on recense le plus grand nombre de fermes à tuyé du Doubs (78).

A visiter, la **tournerie artisanale des frères Vuillemin** © 03 81 68 80 58 qui fabrique des meubles, statuettes, lampadaires et jouets en bois.

Voir également la **ferme-atelier du Beugnon** © 03 81 68 80 81, véritable musée des arts et traditions populaires qui reconstitue les métiers anciens, l'atelier du forgeron et du charron, garni de nombreux outils et instruments anciens.

A proximité, sur la commune des Combes, une grotte abrite une chapelle de pèlerinage : la **chapelle Notre-Dame de Remonot** voit affluer les visiteurs devant sa Vierge de Pitié XVe, en bois polychrome. Une source souterraine coule au fond de la grotte.

MONTBENOIT

Capitale de la très sérieuse République du Saugeais, qui se compose de onze villages. Sa présidente est Madame Pourchet. L'hymne national est joué à chaque cérémonie.

On trouve à Montbenoît une des plus belles abbayes de Franche-Comté.

A fréquenter, la charcuterie **Au Bon Fumé** où Jacques Faivre tient la maison familiale en activité depuis 1863. On visite le tuyé et on emporte les saucisses.

A **Gilley** (8 km N), on skie et on visite le tuyé de Papy Gaby qui vous propose ses charcuteries primées et une collection d'automates, parmi lesquels on trouve une réplique de la présidente du Saugeais, qui vous délivrera ainsi un laissez-passer.

Le Petit Futé sur internet : info@petitfute.com

Abbaye de Montbenoît ✆ 03 81 38 10 32. *Visite du 1er juillet au 1er septembre de 10h à 12h et de 14h à 18h.* Ce superbe édifice est aussi l'un des plus anciens témoignages religieux dans cet état de conservation : fondé par les sires de Joux au XIIe siècle, il conserve la plus grande partie de ses composantes initiales. La nef de l'abbatiale en particulier, le cloître, remanié au XVIe siècle ; également dans l'église, le chœur XVIe au plafond voûté décoré dans le style Renaissance et les stalles de bois sculpté sont superbes. Après un pillage, l'abbaye fut rénovée à partir de 1964.

MONTLEBON

7 km au sud de Morteau, vers la frontière suisse. Pour le site, le **prieuré des Minimes** du XVIe siècle et la balade vers la reculée de Derrière-le-Mont par le sentier Saint-Georges.
Une bonne table de terroir, le **Meix-Lagor**.

Sauge Frères. 25500 Montlebon ✆ 03 81 67 11 41. Dans un beau décor forestier, celui du hameau de "Derrière-le-Mont". Une fabrique artisanale d'objets en bois, travaillés avec imagination et soin.

MORTEAU

Office du tourisme. Place de la gare ✆ 03 81 67 18 53.
6800 Mortuaciens. Capitale charcutière et horlogère, Morteau est une agréable petite cité sur les bords du Doubs. L'animation y est régulière, les boutiques accueillantes. Appelée la Grand Ville jusqu'au XVIIe siècle, elle fut détruite par un incendie en 1865, et offre peu de témoignages de son passé. On verra cependant l'ancien prieuré XIIe siècle, l'église XVIIe et surtout le château Pertusier XVIe.

L'horloge comtoise

C'est en 1680 que naît l'horloge comtoise et cette première version, le forgeron de Morbier Mayet la réalise en fer avec une caisse en bois. Il faut attendre le XVIIIe siècle pour que sa notoriété devienne continentale. A Morez, dans le Jura, on en construit alors 4000 par an et on les exporte dans toute l'Europe.

La concurrence commence à se faire sentir et, à l'ère de l'industrialisation, des modifications indispensables lui font gagner en qualité et en esthétique. La production atteint ainsi 40 000 pièces par an au début du XXe.

Après la guerre, notamment en raison de la démocratisation de l'électricité, la fabrication est en déclin. Ce n'est que dans les années 70 avec un retour des traditions et la reconnaissance de ce travail unique et si bien fini, que la production repartira en particulier grâce aux exportations vers les Etats-Unis ou le Japon.

■ VISITE

On verra l'**église Notre-Dame de l'Assomption**, qui est le seul vestige, maintes fois remanié, d'un monastère fondé au XIe siècle.

Musée de l'horlogerie du Haut-Doubs. Montlebon, château Pertusier ✆ 03 81 67 40 88. *Ouvert du 1er juillet au 30 septembre de 10h à 12h et de 14h à 18h, et toute l'année sur demande.* Cette visite au Musée de l'horlogerie du Haut-Doubs est immanquable, avec son atelier 1930 reconstitué et ses pièces uniques, dont une magnifique horloge astronomique de 1855. On y croise la mémoire vivante de l'industrie horlogère comtoise, Constant Vauffrey, qui saura agrémenter cette visite passionnante de commentaires instructifs en apportant une multitude de précisions (c'est un métier) et d'anecdotes. Le château, de style Renaissance, est classé.

Horlogerie Cupillard ✆ 03 81 67 10 01. Visite possible de cette fabrique d'horloges comtoises et d'automates, dont le nom réputé est aussi une fierté de la ville.

A voir aussi le **musée d'automates Cupillard** et visiter, in situ, d'autres artisans horlogers, puisque la région a la chance de ne pas être seulement un musée, mais une véritable réserve artisanale où l'horlogerie est encore un moyen de vivre.

Séjour

On boit un verre au **Terminus**, un bar-pub installé dans un chalet. En face, la pizzeria **la Demi-Lune**. On va guincher à la discothèque le **Monte Cristo**.
On peut aussi manger un morceau à la sortie vers Maîche, à **l'Epoque**.

A proximité

Au nord de Morteau, la route s'éloigne du Doubs, qui constitue alors la frontière avec la Suisse. La route est très agréable, et la plupart des villages comptent une fromagerie : Noël-Cerneux, le Russey, les Fontenelles (fromagerie "Miroir du Comté"), etc.
Vers Villers-le-Lac, voir la cascade du Saut du Doubs et le défilé d'Entreroches, où l'on pratique le rafting et le kayak.

VILLERS-LE-LAC

Office du tourisme. Rue Berçot ✆ 03 81 68 00 98.
C'est le village typique du pays vert et bleu, de nature et d'eau. Promenade quasi indispensable jusqu'au **Saut du Doubs** : juste après le village et le lac de Chaillexon, le Doubs s'élargit en un vaste bassin de 3 500 m de long sur 100 m de large avant de se déverser par une chute de 27 m très spectaculaire.
Pistes de ski de fond aux Veuves et à Meix-Foncin.
Promenade jusqu'au **barrage de Chatelot**, au-delà du Saut du Doubs, une retenue qui provoque la formation du **barrage du lac de Moron**. On accède au barrage par une route forestière à partir du hameau du Pissoux.

■ MANGER, DORMIR

La Guimbarde. 10, Place Carnot 25500 Morteau ✆ **03 81 67 14 12.** *Chambres de 180 à 360 F.* Une gentille maison aux volets verts, bien tenue, qui ressemble à une pension de famille et mérite ses deux étoiles. Atmosphère familiale également au restaurant pour une cuisine de bonne tradition.

Le Poivrier. La Roche Bercail 25500 Morteau ✆ **03 81 67 00 58.** *Fermé lundi soir et mardi. Menu 95/140 F.* Dans la campagne mortuacienne, c'est une étape pour une cuisine simple et sincère. Quelques singularités bien faites comme les excellentes truites fumées à l'essence de noisette et baies roses. Le foie gras maison est très bien réalisé.

Hôtel des Montagnards. 7, place Carnot, Morteau. ✆ **03 81 67 08 86.** *18 chambres de 180 à 290 F.* Un deux étoiles correct aux chambres confortables.

Hôtel Bellevue. Montlebon 25500 Morteau ✆ **03 81 67 00 05.** *Fermé du 15 décembre au 15 janvier. Fermé dimanche soir et lundi à midi. 11 chambres 160/200 F. Petit déjeuner 24 F. Menus de 51 à 150 F. Carte 120 F.* Etape standard et sérieuse dans une veine de tradition bien interprétée. Chambres plaisantes, situation agréable en lisière de forêt, surplombant le val de Morteau, cuisine classique sur les produits régionaux.

Le Meix-Lagor. 25500 Montlebon ✆ **03 81 67 26 03.** *90/130 F.* Une authentique cuisine de terroir dans le beau décor rustique d'une maison bicentenaire. Les produits d'élevage sont bons, les compositions sincères et soignées se mettent en valeur.

Auberge de la Roche, chez Fefeu. 25570 Grand'Combe Chateleu ✆ **03 81 68 80 05 - Fax 03 81 80 05.** *Fermé lundi et mardi midi. Menu 125/400 F. Carte 350 F.* Chez Feuvrier, dit Fefeu, la table, à 4 km sud-est de Morteau, par la D437, est renommée jusqu'à Pontarlier. Les gourmets gourmands s'y retrouvent car cette opulente cuisine traditionnelle s'appuie sur des produits irréprochables, remarquablement préparés et présentés. On y déguste le saumon fumé maison, le foie gras, le tournedos de saumon au lard du tuyé, les blinis de langoustines rôtis, le jésus de Morteau en brioche, les rouelles de volaille de Bresse au vin jaune et morilles, le filet mignon de veau au vieux banyuls. Tout cela n'est évidemment pas donné (le premier menu vraiment intéressant est à 198 F), la carte gravite autour des 350 F, mais on tient là, dans un genre classique, une des bonnes et chaleureuses tables du département. Les vins du Jura ne sont pas trop matraqués.

Restaurant Faivre. Grand'Combe 25570 Chateleu ✆ **03 81 68 84 63.** *90/320 F.* Produits de terroir à l'honneur chez Jean Louis Faivre et son chef, qui savent bien sûr choisir comme personne la saucisse de Morteau (on est à cinq minutes de la capitale charcutière) mais aussi les champignons ou encore le fromage comtois. Le cadre rustique rassure les habitués, les belles assiettes sont facturées sans ménagement, mais ne mégotent pas sur l'essentiel. Quelques spécialités convaincantes sur les bases de la tradition, belle cave de Jura. Service attentionné et aimable, un petit nombre de chambres en appoint.

Hôtel de France. 8, place Cupillard 25130 Villers-le-Lac ✆ **03 81 68 00 06.** *Fermé dimanche midi, lundi. Fermeture annuelle du 1er décembre au 15 janvier. Chiens acceptés. 14 chambres 300/380 F, petit déjeuner 50 F. Menus de 160 à 450 F. Carte 350 F. Jusqu'à 21h.* A quelques kilomètres à l'est de Morteau, une maison sérieuse qui mérite des compliments. Les prix au restaurant s'envolent vite vers des sommets, mais le menu à 150 F procure déjà un très bon moment, avec la saucisse de Morteau au genévrier et, bien sûr, les pommes à l'huile, la jambonnette de poularde farcie de morilles au vin jaune ou l'entrecôte à l'arboisienne et son gratin, couronnés par une bonne charlotte aux fruits de saison. Hugues Droz, qui représente la quatrième génération dans cette maison familiale depuis le début du siècle, s'applique avec enthousiasme et un discret parfum rénovateur aux recettes traditionnelles. Desserts de roi, cigares de prince et impériale carte des vins, avec 20 000 bouteilles en cave. Chambres très confortables à prix doux et, comme curiosité, un étonnant musée de la montre ancienne au 1er étage.

Chambres et tables d'hôtes, fermes-auberges

Chez les Colin. La Fresse 25650 Montbenoît ✆ **03 81 46 51 63.** *Fermeture annuelle du 15 avril au 1er juillet et du 15 septembre au 15 décembre. 9 chambres 3 000/3 100 F (été) par semaine en pension complète.* Le grand large... du Jura, pour se refaire une santé. Ici, pas de stress, mais de l'air, et l'accueil familial de Jacques et Christiane Colin, dans leur maison montagnarde à la décoration simple, mais parfaite. Stages d'écriture, yoga, relaxation, peinture, aquarelle en été, le ski de fond en hiver, voilà pour les activités. La propriétaire-cuisinière, qui n'oublie pas son passage chez Georges Blanc, fait profiter ses hôtes de ses mitonnades régionales : soupe au potiron, poule fermière au vin d'Arbois, gratin au bleu de Gex, cancoillotte au savagnin, crème brûlée au marc du Jura. Hélas, le succès venant, les prix grimpent...

Le Crêt l'Agneau. La Longeville 25650 Montbenoît ✆ **03 81 38 12 51.** La montagne avec raffinement et sincérité dans cette ancienne ferme XVIIe en pleine nature. 7 belles chambres élégantes, les repas de cuisine régionale en table d'hôtes, et la gentillesse des hôtes qui vous mettent à l'aise comme en famille. Séjours ski de fond.

Chalet le Tantillon. Le Mont Vouillot 25500 Les Fins ✆ **03 81 67 27 15.** *Fermeture annuelle 1re semaine de septembre. Fermé mercredi et jeudi sauf vacances scolaires. 3 chambres et un gîte 180 F avec petit déjeuner. Menus 68, 78, 96 F. Carte à partir de 45 F. Jusqu'à 21h.* L'accès n'est pas évident juste au nord de Morteau, (direction les Combes, puis à droite dans les Arces en suivant les flèches), mais la récompense est au bout : une sorte de taverne de montagne dans un chalet contemporain, avec une ambiance de grande convivialité ; pour accompagner la croûte forestière, les fondues, raclettes ou moules frites, de fréquentes animations, soirées café-théâtre, jazz, etc.

Auberge Franc-Comtoise. Le Cernembert 25130 Villers-le-Lac ✆ **03 81 68 01 85.** Une sympathique auberge de montagne pour retrouver tout son tonus. Cinq chambres d'hôtes agréables dans un chaleureux décor chalet. *Autour de 200 F. 1600 F la semaine en demi-pension.* Séjours ski de fond.

Auberge sur la Roche. Le Chauffaud 25130 Villers-le-Lac ✆ **03 81 68 08 94.** Une ferme comtoise XVIIIe aménagée en douillet chalet d'hôtes, dans une ambiance familiale et montagnarde. Table d'hôtes mettant à l'honneur les produits du pays.

Campings

Camping du Cul de la Lune. 4, rue du Pont Rouge, Morteau. ✆ **03 81 67 17 52.** Pour camper dans le centre de loisirs, une étape obligée pour les sportifs.

Camping du Stade. Villers-le-Lac ✆ **03 81 68 03 77.** Nombreuses activités.

■ PRODUITS REGIONAUX

A Morteau, les saucisses chez tous les bons charcutiers, par exemple **Chapuis**, Grande Rue. Elles sont vendues autour de 50-60 F le kg.
Une boutique de produits régionaux à la sortie vers Pontarlier.

■ ARTISANAT

Jean-Claude Alonet. 25210 Le Bizot ✆ 03 81 43 82 80. Du travail sur mesure pour fabriquer l'horloge comtoise de votre goût. Egalement restauration.

■ LOISIRS

Equitation

La Combe d'Abondance. 25500 Les Combes ✆ 03 81 67 13 18 - Fax 03 81 67 55 29. Poney club, promenade, hébergement cavalier (25 places), stages.

Multi-activités

Village Club "l'Evasion Tonique". Lieu Dit "Les Vergers" ✆ 03 81 68 02 89. VTT et nombreuses activités sportives.

Espace Morteau - Membre associé FFCK. BP 7 - 25502 Morteau ✆ 03 81 67 48 72 - Fax 03 81 67 58 59. Un complexe de vacances et de détente avec hébergement dans des chambres simples mais confortables, et une restauration régionale du même acabit. L'attrait de ce grand complexe réside surtout dans les activités proposées : tout au long de l'année au gré des saisons, ski (de fond et alpin), raquette, VTT, canoë-kayak, tennis, piscine, tir à l'arc, équitation, spéléo, escalade, descente en rappel, randonnée pédestre, chiens de traîneaux, patinage, boomerang, cerf-volant, gym, …. Bref le bonheur pour les sportifs, le tout à des prix abordables (de 565 à 825 F le week-end en pension).

Promenades en bateau

Les vedettes panoramiques R. Michel. C. N. F. S. Besançon-Navigation, 2, Place Nationale 25130 Villers-Le-Lac ✆ 03 81 68 05 34 - Fax 03 81 68 01 00. Elles proposent une promenade de deux heures sur le Doubs, avec repas possible sur le bateau-restaurant (menus 139, 169, 199F).

Saut du Doubs bateaux-mouches. Les Terres Rouges 25130 Villers-Le-Lac ✆ 03 81 68 13 25 - Fax 03 81 68 09 85. Durée : 2h. 5 places. De Pâques à Toussaint.

Bateau-restaurant "Le Sauconna". C. N. F. S. Embarcadère du Pont, B. P. 30 - 25130 Villers-Le-Lac ✆ 03 81 68 05 34 - Fax 03 81 68 01 00. Croisière-repas dans les gorges du Doubs et visite du Saut du Doubs (2h30).

Promenade en calèche

Les Calèches du saut du Doubs. La Courpée 25130 Villers-le-Lac ✆ 03 81 68 09 03. Trois promenades au choix : belvédère des gorges et saut du Doubs, forêt des Lopazots et belvédère du val de Morteau, forêt des Sarrazins.

Ski

On skie à **Gilley** (1 téléski), à la **Chaux-de-Gilley** (1 téléski), pour le ski alpin. Les pistes sont nombreuses à **Arc-sous-Cicon** et dans le **Haut-Saugeais Blanc**.

Ski alpin au **Chauffaud** (1 téléski), à la frontière suisse près de Villers-le-lac et point de départ de la GTJ, au **Mont Meusy** (3 téléskis) et à **Grand'Combe Chateleu** (1 téléski). Nombreuses pistes de ski de fond aux alentours de ces pistes.

Faites-nous part de vos coups de cœur
Envoyez-nous vos bonnes adresses, elles seront utiles
aux futurs voyageurs. Voyez le questionnaire en fin du guide.

MAICHE ET LE DESSOUBRE

MAICHE

Office du tourisme. Place de la mairie ✆ 03 81 64 11 88.

4500 habitants. Sur le plateau du Doubs, la ville est renommée pour ses herbages et ses élevages de chevaux comtois.

La première mention d'une église remonte au XIIe siècle, d'après un acte de donation de l'évêque de Besançon.

Des carrières proches : on sent que la construction marche bien et les pavillons neufs sont légion. Cependant on trouve aussi de belles demeures, comme cette grande maison néogothique à l'entrée sud de la ville.

On mange la pizza au **Vieux Venise**, une vaste pizzeria à la sortie vers Morteau. On prend la charcuterie chez **Jacques Guinchard** et ses appétissants étalages, rue Montalembert (saucisse, jambon).

Balade pédestre à proximité sur les pentes du **mont Miroir** ou celles du **Faux Verger**, tous deux autour de 1 000 m. A voir également à proximité les grottes de Varoly.

Sur la route de la Chaux-de-Fonds, étape à **la Maraude**, dans un joli site.

Par la D437A, jolie route jusqu'au Col de la Vierge, puis après la descente, on trouve de très beaux points de vue sur la vallée du Doubs en empruntant la corniche de Goumois, en longeant la rivière et par là-même, la frontière suisse.

A La Lizerne, un gentil village un peu à l'écart de la route de Cour Saint-Maurice, une sympathique auberge et un gîte rural qui fait son miel.

LE CIRQUE DE CONSOLATION

Le Jura a la Reculée des Planches, le Doubs a son cirque naturel de Consolation, le plus impressionnant du département. Surprenant façonnage circulaire de la roche d'où jaillit le Dessoubre et d'un autre demi-cercle rocheux voisin son affluent le Lançot.

On atteint le site, assez touristique, mais incontournable, par la vallée du Dessoubre depuis Maîche, la D39 jusqu'à Maisonnettes, ou depuis Morteau par la D461.

CONSOLATION-MAISONNETTES

A voir la chapelle classée, achevée au XVIIe ainsi que l'exposition de tableaux régionaux du séminaire de Consolation. A proximité, belle église XVIe au Bizot, à toits de lave et clocher XVIIIe : nef imposante, chaire et boiseries remarquables, statue équestre de Saint-Georges.

VALLEE DU DESSOUBRE

Une petite rivière à pêche connue des amateurs, pêcheurs mais aussi promeneurs qui apprécient les fraîches frondaisons des berges, le calme et la douceur. On peut louer son coin de pêche en se renseignant à Saint-Hippolyte (par exemple chez Guinchard).

Méfiance en suivant cette jolie route, car les essayistes de Peugeot-Sochaux aiment ces petits lacets serrés pour tester les derniers modèles.

On passe à **Cour Saint-Maurice**, authentique village comtois avec sa scierie, ses fermes et ses vieilles maisons, une église rénovée, une pizzeria **le Fournil** et une boucherie-charcuterie **chez Péquignot**. Juste avant, à l'embranchement pour suivre le Dessoubre, une petite auberge sans prétention, en dépannage pour l'étape, l'**Auberge du Pont Neuf** qui propose quelques plats régionaux (croûte forestière, friture de truite) dans un bon menu à 75 F.

La balade se poursuit par D39, qui longe la rivière en direction de Rosureux, oblique vers le sud pour rejoindre **Mont-de-Laval**, **Maisonnettes** et le site du **cirque de Consolation**.

Les randonneurs grimperont jusqu'à la Roche du Prêtre, des pentes de laquelle coulent les sources du Dessoubre, ils profiteront en particulier d'un panorama généreux et gratifiant sur toute la région.

On peut aussi faire évoluer l'escapade en continuant, au niveau de Gigot par la D39, par la D20, en suivant alors la vallée de la Reverotte, passant par la forêt de la Joux (ne pas confondre avec la grande forêt de la Joux en Jura) et le défilé des Epais Rochers. On parvient ainsi à Pierrefontaine-lès-Varans, bourg carrefour au cœur du département.

■ MANGER, DORMIR

La Couronne. 18 Avenue Maréchal de Lattre de Tassigny 25210 le Russey ✆ 03 81 43 71 66. *Chambres de 200 à 240 F.* Un Logis de France rénové, sur les bases d'une belle et ancienne maison comtoise, avec son avancée moderne. L'ambiance et la cuisine restent fidèles à la tradition.

Hôtel du Commerce. Place de l'Hôtel de Ville 25210 Le Russey ✆ 03 81 43 73 47. *Chambres de 220 à 240 F. Fermé lundi soir. Menu 57/120 F.* L'hôtel central du Russey fait aussi une cuisine traditionnelle sans esbroufe et de bonne qualité. Chambres correctes.

Restaurant du Gey, Chem derrière le Jay 25120 Maîche ✆ 03 81 64 02 74. *65/200 F.* Dans un cadre champêtre à la sortie de Maîche avec, au programme, une cuisine de marché, des spécialités régionales bien composées à des prix plus que raisonnables. Compositions simples, tarifs dans la même veine.

Hôtel Restaurant Le Panorama. Coteau Saint-Michel 25120 Maîche ✆ 03 81 64 04 78. *Chambres de 250 à 310 F. Fermé vendredi et dimanche soir de novembre à mars. Menu 100/240 F.* Un coin tranquille avec vue sur la forêt. Le panorama n'est pas à proprement parler exceptionnel, mais l'environnement sylvestre suffit au bonheur des voyageurs, qui trouvent une ambiance familiale, des chambres coquettes (215 à 255 F la double), à l'écart de la ville sur la route de Damprichard, avec une agréable terrasse et un tennis. La table se tient convenablement, sans chercher le régionalisme à tout crin, avec son menu du terroir à 100 F (croûte aux champignons, jambon chaud et sa crème de persil, dessert) qu'escortent un menu à 110 F et un menu "gourmand" à 180 F.

Au Coin du Bois. La Lizerne 25120 Mancenans la Lizerne ✆ 03 81 64 00 55. A quelques minutes de Maîche, un petit village dans la nature comtoise, à proximité de la vallée du Dessoubre. Un chalet très accueillant au fond d'un jardin herbager et arboré, idéal pour une villégiature de repos. Des chambres de bon confort, une simplicité qui n'exclut pas les attentions et la gentillesse. La cuisine est franchement classique, avec quelques clins d'œil régionaux. Au menu à 115 F, panaché de jambon du Haut-Doubs, salade franc-comtoise, croûte forestière aux morilles, émincé de volaille aux écrevisses. Autre formule à 150 F avec les rougets ou le filet de bœuf aux baies de genièvre. Pour les amateurs de simplicité et de grosse tranquillité.

Chambres et tables d'hôtes, fermes-auberges

Chalet Les Grillons. 25140 Charquemont ✆ 03 81 44 07 01. *Ouvert toute l'année. 5 chambres d'hôtes à 240 F pour 2 personnes, petit déjeuner compris.* Chalet montagnard installé entre prés et forêt jurassienne, à sept kilomètres au sud de Maîche. Vue panoramique sur la Suisse, située à 1 kilomètre à vol d'oiseau. Possibilité de forfait hébergement-restauration avec le restaurant "le Bois de la Biche" voisin. Excellente base de départ pour des randonnées à pied ou à ski.

Le Bois-Jeunet, Paul Perrot. Les Ecorces 25140 Charquemont ✆ 03 81 68 63 18. *Ouvert toute l'année. 3 chambres d'hôtes 220/240 F, petit déjeuner inclus. Menu 80 F. Piscine.* Au sud de Maîche, entre Charquemont et Frambouhans, une maison de caractère aux chambres confortables, en pleine nature. L'adresse est idéale pour une cure de produits régionaux authentiques : jambon de montagne, rösti, saucisses de Morteau, fondue, raclette et desserts maison. L'endroit ne manque pas non plus d'occasions de faire de l'exercice, été comme hiver : randonnées pédestres, VTT ou ski de fond.

Ferme-auberge des Jonchets. Laurent, Anne et Sandrine Moreau. Frémondans 25380 Vaucluse ✆ 03 81 44 35 66. *Fermé le lundi. Ouvert le week-end seulement hors saison. Menus 60/80 F. Carte 50/60 F.* Ferme caractéristique du Haut-Doubs, près de Cour Saint-Maurice, où, dans un décor rustique chaleureux, est servie une cuisine du terroir authentique où la charcuterie de pays, la fondue comtoise ou les chèvres de l'élevage de la ferme sont à l'honneur.

◼ LOISIRS

Canoë-kayak
Club Tam Tam Kayak. 25, rue du Général De Gaulle 25120 Maîche ✆ 03 81 64 27 54 ou 03 81 64 11 88.

Chiens de traîneaux
Ecole Comtoise du musher. 25210 Bonnétage ✆ 03 81 68 93 90. Promenades de traîneaux à chiens : raids (transport de bagages) à la journée, semaine ou week-end. Stages d'initiation à la conduite d'attelage.

Equitation
Cravache du Plateau de Maîche. Rue du Stade 25120 Maîche ✆ 03 81 64 04 60. Poney, promenade, stages organisés, manège couvert, carrière.

Ski
Nombreuses pistes de ski de fond, un téléski à **Maîche** et un à **Damprichard**, trois à **Charquemont-Combe-Saint-Pierre**.

ULM
ULM Haut-Doubs. 34 Rue du Rond Buisson 25120 Maîche ✆ 03 81 64 04 19. Fax 03 81 64 20 55. Vol d'initiation.

SAINT HIPPOLYTE ET SA REGION

SAINT-HIPPOLYTE

1300 habitants. Un village ancien, connu au XIe siècle. Le joli bourg médiéval, fortifié, devint capitale de la Franche-Montagne au XIIIe siècle, et ses habitants furent libérés d'impôts (taille et censive) en 1298 par Jean II, qui fonda cinq ans plus tard un chapitre de chanoines et décida la construction de la collégiale où l'on conserva le Saint-Suaire rapporté de la quatrième croisade, jusqu'en 1452. Il est aujourd'hui à Turin.

Les jeunes filles purent également bénéficier de l'enseignement religieux à partir du XVIIe siècle, grâce à l'établissement d'un couvent d'ursulines. La petite ville, devenue chef-lieu de district, fut appelé Doubs-Marat pendant la période révolutionnaire, et devint sous-préfecture avant d'être supplantée par Montbéliard. Même bonheur éphémère avec le passage du chemin de fer, qui fit son apparition à la fin du XIXe siècle et apporta un certain essor à Saint-Hippolyte.

Le bourg, patrie de Jacques Courtois (1621-1676), peintre renommé pour ses peintures de batailles, est aujourd'hui un passage agréable sur la route de Montbéliard, où l'on verra l'église Notre-Dame du XIVe et la fontaine du XVIIe.

C'est aussi à Saint-Hippolyte que le très joli Dessoubre (voir balade ci-dessous) rejoint le Doubs pour le grossir sensiblement avant de confluer de concert vers Montbéliard.

◼ BALADE

Passer le pont du Doubs d'où l'on admire la perspective sur le **château de la Roche** et la falaise, et qui mène à l'ancien **couvent des Ursulines** datant de 1613 qui domine la rivière.

A proximité
Belle route D137 qui visite le château de Châtillon, passe à Froidevaux après de multiples et beaux points de vue sur vallées et montagnes, avant de rejoindre Provenchère. Au nord, à Rosières, arrêt-buffet de bonne qualité au restaurant Thiébaud (✆ **03 81 93 31 39**). A Provenchère, voir le musée rural et se fournir en fromage à la fruitière.

Montécheroux. *8 km N de Saint-Hippolyte.* On visite le **Musée de la pince**, qui propose une collection unique et pittoresque. On trouve également sur place une forge reconstituée. ✆ **03 81 92 50 00**.

PONT-DE-ROIDE

On sent les abords industriels de Montbéliard et le Doubs n'est plus vraiment un ruisseau sautillant. Voir l'hôtel de ville, belle construction début de siècle au-dessus du Doubs.
On mange un morceau à la **Tannerie**. Etape à l'**hôtel des Voyageurs**. Beaucoup d'animation et de jeunesse. A 5 km Sud, sur la route de Maîche, une bonne petite halte restauratrice, **le Poset**, à Noirefontaine ✆ **03 81 92 26 49**.

■ PRODUITS REGIONAUX

A Saint-Hippolyte, la charcuterie **Jean Corneille**, place de la mairie (spécialités du pays, Jésus de Morteau, terrines, saucisses). Très bons produits également chez **Guinchard**. Derrière la fontaine, ne manquez pas la **crémerie Socié** et ses fromages comtois.

■ MANGER, DORMIR

Restaurant du Doubs. 1, Grande Rue 25190 Saint-Hippolyte ✆ **03 81 96 55 52**. Dans un cadre idéal grâce à la petite véranda (et dès les beaux jours une terrasse) qui plonge dans le Doubs, on déguste une cuisine de terroir servie dans une atmosphère familiale par Martine et Jean-Marc. Un menu à 90 F bien plaisant.

Le Bellevue. Route de Maîche 25190 Saint-Hippolyte ✆ **03 81 96 51 53**. *Fermé vendredi soir, samedi midi et dimanche soir du 1er octobre au 31 mars. Chambres de 230 à 270 F. Menu 85/210 F. Carte 200 F. Chambres de 145 à 285 F.* Une maison bien tenue et une belle cuisine réalisée avec des produits de qualité. On fait le tour de France avec une salade tiède de rougets, un filet de canard aux pommes ou un navarin de homard. La tradition régionale avec la croûte aux morilles (68 F) et la truite au savagnin (70 F).

Taillard. 25470 Goumois ✆ **03 81 44 20 75**. *Fermé mercredi à midi d'octobre à mars. Chiens acceptés. 17 chambres de 280 à 430 F, petit déjeuner 52 F. Piscine. Menus de 140 à 390 F. Carte 300 F. Jusqu'à 21h.* Dans la demi-montagne jurassienne, à 600 m d'altitude, une calme maison-chalet, de très ancienne réputation, à portée de voix de la Suisse. Les chambres sont pourvues d'un balcon où l'air et la vue incitent aux promenades, et la table gastronomique est généreuse autant que les prix sont solides. Aimable tour du terroir à 130 F, avec le feuilleté forestier aux morilles, la truite en meurette au côtes-du-jura et l'assiette du pâtissier. Belles spécialités classiques.

Moulin du Plain. 25470 Goumois ✆ **03 81 44 45 70**. *Chambres de 290 à 320 F.* Le spectacle naturel engendre naturellement un appétit de fraîcheur et de produits francs. Forêts et rivières contribuent à enrichir la carte adroitement façonnée par un chef qui aime son terroir et le valorise : croûte aux morilles, poulet au savagnin et des compositions rustiques et inattendues, nimbées de puissantes saveurs régionales. L'hôtel offre une vraie détente dans un cadre plaisant : chambres bien équipées, tranquillité assurée.

Auberge de Moricemaison. Route du Dessoubre 25190 Saint-Hyppolyte ✆ **03 81 64 01 72**. *Fermé le mercredi hors saison. 6 chambres de 120 à 160 F. Petit déjeuner 25 F. Menus 55/185 F. Carte 140 F.* Une authentique ferme comtoise restaurée au bord du Dessoubre, à six km environ de Saint-Hippolyte, avec l'agrément de la rivière qui gazouille à ses pieds. A 90 F la terrine et la truite meunière, à 130 F, la croûte forestière, la truite au bleu, la saucisse de Morteau. Un menu du jour à 55 F et de bons poissons de rivière (friture de carpe, truite Mauricemaison) ; des chambres gentillettes pour faire de beaux rêves dans un silence total. Et pour les pêcheurs, le patron prépare le souper, même tardif.

Camping
Camping Les Grands Champs. Rue Baumotte, Saint-Hippolyte. ✆ **03 81 96 54 53**. Au vert et au calme, prêt aux plus belles randonnées dans les vallées et montagnes proches.

■ LOISIRS

Centre de Plein Air. Ch. des Seignottes, Goumois ✆ 03 81 44 21 30 / 03 89 37 40 05.
Base MPT. 16, rue du Général Herr 25150 Pont-De-Roide ✆ 03 81 92 44 99. Canoë.

MONTBELIARD

Office du tourisme du pays de Montbéliard. 1, rue Henri Mouhot 25200 Montbéliard.
✆ **03 81 94 45 60.** Ouverture du lundi après-midi au vendredi de 9h à 12h et de 13h30 à 18h (19h l'été).

31 000 Montbéliardais. 120 000 avec l'agglomération.

La deuxième ville du département pèse un poids économique important, avec les usines Peugeot de Sochaux, premières de France en effectif, et toutes les entreprises liées naturellement au secteur automobile.

Les abords de Montbéliard sont donc fortement industriels, semblables à toutes les banlieues de grande ville. En revanche, la présence de la rivière et le souci de l'environnement ont conduit à aménager correctement l'espace autour du port sur le Doubs, avec des espaces verts et des promenades.

La ville elle-même est assez plaisante et très animée. C'est une ville qui vit et travaille, sans grandes préoccupations touristiques malgré sa longue histoire, mais avec des habitudes de bien-vivre qui conviendront au voyageur. On y trouve en outre un souci culturel marqué, à travers plusieurs musées très intéressants et une animation bien conduite.

Au rayon gastronomique, Montbéliard est réputée pour sa saucisse, délicatement fumée.

Que de "peugeots" !

Le visiteur observateur, même si ce n'est tout de même pas une surprise, s'étonnera devant la densité d'automobiles Peugeot. C'est encore davantage impressionnant au moment de la sortie des usines, la ville semblant alors envahie par une myriade de voitures à numéro "à trous" (voir encadré). Si vous voulez amuser et occuper vos enfants dans la voiture pendant que vous allez faire quelques emplettes, donnez-leur un papier et un crayon : l'un compte les Peugeot, l'autre les non-Peugeot. Vous devriez, selon l'heure, arriver à une proportion de 50 à 70 % de véhicules de la marque au lion. Mais, comme disent les habitants de Monbéliard : "c'est tout de même bien normal que l'on soutienne l'industrie locale".

■ HISTOIRE

C'est à la fin du Xe siècle que l'on mentionne pour la première fois Montem Beliarde qui possède déjà son acropole et quelques maisons.

La ville, devenu comté indépendant, ne devient puissante qu'au XIe siècle grâce à son commerce et son artisanat. En 1397, Henriette d'Orbe, comtesse de Montbéliard, épouse Eberhard de Wurtemberg et Montbéliard est placée sous la houlette des puissants ducs germaniques de cette famille pour quatre siècles. A la fin du XVIe siècle, après les ravages occasionnés par les guerres de Religion, le prince Frédéric Ier veut reconstruire la "cité des princes" pour la rendre attrayante et la convertit à l'église luthérienne. L'architecte et urbaniste Heinrich Schickhardt mène les opérations et fait construire d'importants bâtiments (temple, académie...).

Les Württemberg-Montbéliard sont une des grandes familles d'Europe et le château voit poindre quelques grands destins : en 1796, Sophie-Dorothée de Württemberg-Montbéliard devient tsarine, car elle a épousé vingt ans plus tôt Paul, fils de la Grande Catherine, qui accède à la charge suprême sous le nom de Paul Ier, et connaîtra une fin tragique, assassiné en 1801. Maria Fedorovna (le nom de la tsarine) restera fidèle à ses racines et tissera des liens durables entre Montbéliard et la Russie.

En 1793, la ville devient définitivement française. Le XIXe siècle fera de Montbéliard une grande cité industrielle, et verra les débuts prometteurs d'une famille qui deviendra célèbre par la suite, les Peugeot. Tout au long du XXe, la construction des voitures à son enseigne fera la notoriété et la richesse de la ville.

Montbéliardais célèbres : la famille Peugeot, le poète Frédéric Bataille, le mathématicien René Thom (un des rares en France à avoir reçu la médaille Fields, sorte de Prix Nobel de mathématiques), le biologiste George Cuvier, initiateur de la paléontologie et l'inventeur de l'hélicoptère, Oehmichen.

Montbéliard - DOUBS ◀ 101

■ VISITE

Le château des ducs de Wurtemberg. Il repose sur l'acropole. On en admire à distance les tours Henriette et Frédéric. Le logis des gentilshommes présente une architecture fortement germanique, d'influence flamande : il est l'œuvre de Schickhardt à la fin du XVIe siècle. L'édifice abrite un musée aux diverses collections. Rompant avec l'architecture classique, on notera la belle grille contemporaine en fer forgé par Messagier.

Musée du château des ducs de Wurtemberg. Cour du château ✆ **03 81 99 22 61.** *Ouvert de 13h à 19h (du 1er oct. au 30 avril de 14h à 18h) tous les jours sauf le mardi.* Il présente l'histoire de la cité lorsqu'elle faisait partie de la corbeille des ducs allemands. Le muséum Cuvier a fait peau neuve début 97 pour présenter la région en suivant le cours de son histoire, les pièces allant de la préhistoire à nos jours.

Musée historique Beurnier Rossel. Place Saint-Martin ✆ **03 81 99 22 61.** *Ouvert tous les jours de 14h à 18h sauf les mardis et jours fériés.* Sur deux étages et dans les combles, face au temple Saint-martin, cet hôtel particulier de 1772, devenu musée par donation en 1917, présente de belles pièces du XVIIIe siècle, des meubles (canapé Louis XV, piano forte de 1790), des images populaires, des jouets et la collection des boîtes à musique fabriquées à l'usine L'Epée de Sainte-Suzanne.

Musée Peugeot. Carrefour de l'Europe, Sochaux ✆ **03 81 94 48 21.** *Ouvert tous les jours de 10h à 18h. Tarifs : adultes 30 F, enfants 15 F.* Un musée entier à la gloire de la marque au lion, voitures bien sûr, mais aussi cycles, motos et superbes prototypes futuristes.

Eglise Saint-Maimbœuf. Rue Saint-Georges. Cet édifice imposant de la seconde moitié du XIXe siècle (commencé en 1850, il ne fut jamais achevé) consacre le retour de la ville dans le giron de la sainte église catholique, après avoir été plusieurs siècles un foyer réformé. Une certaine grandeur dans un style classique.

Espace Galilée. Parc urbain du Près la Rose, rue Charles Lalance ✆ **03 81 91 46 83.** *Ouvert de 14h à 18h et jusqu'à 19h du 1er octobre au 30 avril sauf le mardi.* Musée à vocation scientifique dans le cadre naturel du parc. Intéressant, beau et instructif.

On peut aussi visiter la ville suivant le parcours et les œuvres de Schickhard : le temple luthérien Saint-Martin (le plus ancien de France) construit de 1601 à 1604, avec une influence italienne notoire, et qui a bénéficié d'une large restauration depuis 1991, le conservatoire de musique, anciennement le Logis des Gentilshommes, le bâtiment des Halles (1536 à 1628).

A voir également deux édifices XVIIIe siècle, l'hôtel de ville, de style néo-classique dessiné par Philippe de la Guêpière et l'hôtel de Sponeck (abritant le centre d'art et de plaisanterie), datant de 1719.

En juin, c'est la fête des princes et la ville se transforme en authentique cité médiévale rappelant l'arrivée du duc de Wurtemberg dans le château.

■ BALADE EN VILLE

Le centre est très animée, concentré autour de quelques rues phares.

Rue des Febvres, rue piétonne et commerçante. Elle mène place Saint-Martin et au musée Beurnier-Rossel (1772-1774).

La rue de Belfort, très pittoresque, concentre de nombreux atouts, maisons, boutiques, mais aussi petits restaus engageants. Remarquer certaines belles façades anciennes.

Les ruines au bout de la **rue du Château** ont été réhabilitées au début du siècle. Dans cette rue est né Jean Daignaux, colonel d'aviation (1891-1940), héros de la seconde guerre mondiale.

Pour l'intérêt culturel, on se rendra évidemment place Saint-Martin, pour le temple et le musée. A voir également sur la place, la maison Forstner XVIe, au décor italianisant, colonnes et chapiteaux des ordres classiques et une belle porte datant de 1751.

Place d'Orient se tient le marché. On prend les gâteaux (en petit comme en grand format) et les chocolats chez **Didier**, faubourg de Besançon, chez **Zusatz**, dans le carré piéton ou à **la Chocolatière**, 15, rue de Belfort (spécialité de galets au chocolat parfumés au kirsch).

■ BALADE A SOCHAUX

La ville des usines Peugeot est identique à nombre d'agglomérations industrielles. Ancienne cité ouvrière, elle aurait pu montrer ses belles petites maisons de ville début de siècle, mais plus de la moitié des habitations furent détruites par les Allemands pendant la seconde guerre mondiale dans leur souci d'atteindre les usines.

Peu de fioritures dans l'architecture d'après-guerre (la reconstruction fut la plus rapide possible), juste de grands bâtiments pour loger les ouvriers, dans le style de la Cité Radieuse à Marseille. Les imposantes usines bordent la ville, ce qui donnera envie de visiter le **musée Peugeot** (cf. ci-dessus) et de voir la **Maison du Prince**, le seul bâtiment ancien de la ville, situé en face de l'église. Cette maison du XVIe siècle, remaniée au XVIIIe, fait aujourd'hui office de hall d'exposition temporaires.

Le foot à Sochaux

Le **Football-Club de Sochaux**, créé en 1930, champion de France en 1935 et 1938, vainqueur de la Coupe de France en 1937 est l'un des grands clubs de l'histoire du football français. S'il joue souvent les premiers rôles en seconde division, il n'a pas encore tout à fait retrouvé son lustre. Parmi les grands noms du club, l'impeccable Bernard Bosquier, le gardien international François Remetter, Franck Sauzée le canonnier ou encore Bernard Genghini. Tout le monde se souvient, ici et ailleurs, d'une belle épopée européenne en 80-81, lorsque Patrick Revelli et ses équipiers avaient emmené leur équipe jusqu'en demi-finale après avoir, lors d'un aller-retour héroïque, éliminé la très impressionnante équipe allemande de Francfort par un incroyable retournement de situation (menés 4 - 0 à Francfort, les Sochaliens étaient revenus à 4 - 2 pour l'emporter 2 - 0 au retour et se qualifier au stade Bonal : la neige était blanche sur l'herbe verte, le ballon était rouge... On s'en souvient comme si c'était hier !).

Autre champion sochalien, Jacky Boxberger, plusieurs fois champion de France de cross.

■ BALADE VERTE

Parc du Près la Rose. Une presqu'île de 10 hectares, entre l'Allan et le canal, au cœur de la ville, transformée en véritable jardin botanique avec plus de 100 variétés de fleurs. C'est aussi un lieu de culture, avec l'aménagement de l'espace Galilée, où l'on trouve le vaisseau de l'Archipel, structure contemporaine qui n'est autre que le plus grand cadran solaire du monde.

C'est donc le long du Doubs que l'on satisfait à son envie de verdure, en contemplant les canards. On y accède par exemple à partir du pont Armand Bermont, pour emprunter la promenade de l'Allan (12 ha) d'un côté, ou prendre le chemin de halage qui mène au Près la Rose.

On peut également parvenir ainsi au **port de plaisance**, agréable et calme, à l'écart du trafic routier. A Montbéliard, on est également très concerné par le projet de Grand Canal (voir en fin de chapitre) et une manifestation anti-canal a été organisée le 27 avril 97.

Les Montbéliardais aiment également, aux beaux jours, fréquenter la **réserve naturelle de Brognard**, près de Sochaux, où un plan d'eau et une plage leur permettent de profiter des plaisirs balnéaires.

Le Mont Bart se trouve à 8 km de Montbéliard par la N 463. Par un instructif sentier botanique, on grimpe, en 1,5 km, jusqu'au sommet.

Port de plaisance. Il peut accueillir trente bateaux. Possibilité de location de vedettes fluviales Nicols (réservations et information ✆ 03 81 94 92 69), installé près du pont de la Petite Hollande.

■ BARS, BRASSERIES, PIZZERIAS

Au bout de la rue des Febvres, square Farel, on boit une bière au **café Leffe**. Pour le soir, **le Pub**, rue des Halles dans une ambiance de bar irlandais, avec de nombreuses bières pression bien tirées.

On mange la pizza au **Scorpio**, rue de Belfort, au **Marco Polo**, 5, rue du Bourg Vauthier ou chez **Mamma Emilia**, une boutique de produits italiens où elle est excellente, rue de la Schliffe, à faire préparer et emporter.

Pour la restauration à petit budget, on pourra également tenter c**hez Joseph**, au n°17 rue de Belfort, qui fait une formule plat du jour bienvenue et un tournedos au roquefort bien sympathique (mais tout de même à plus de 100 F). Au coin de la rue de Belfort et de la rue du Château, le **Vieux Montbéliard** donne dans le convivial (fondues, pierrades). Le couscous à **la Perle d'Orient**, 59, rue de Belfort.

Route 66. 64, rue Cuvier. Un bar et restaurant tex-mex, plutôt Tex que Mex dans une déco en bois style saloon. On tire de la bière américaine à la pression. L'ambiance est chaleureuse, les gambas et le fameux T-bone se digèrent au rythme de la musique. On déguste aussi des spécialités "mex", en particulier des tacos et un délicieux chili con carne.

Les numéros à trous

Tout le monde ne connaît pas l'anecdote, aussi nous ferons-nous un plaisir de la rappeler. Les automobiles Peugeot aujourd'hui en circulation s'appellent 106, 205, 306, 405, 406 et 605, après avoir suivi leurs prestigieuses devancières, comme les 505, les 403 et 404, et plus loin encore les 203, 202 ou 201. Pourquoi tous ces nombres comportant un "0" comme chiffre des dizaines ? L'explication est presque enfantine de bon sens : sur les premiers modèles, sur lesquels le démarreur électrique n'existait pas, il fallait démarrer le véhicule à la manivelle. Le "trou de la manivelle" se trouvait à l'avant, en haut de la calandre où était placé, en enseigne, le numéro du type de véhicule. Le "0" fut donc astucieusement intégré pour former le trou de la manivelle et, par tradition, on conserva l'habitude pour baptiser tous les nouveaux modèles.

DANS LES ENVIRONS

AUDINCOURT (3 km SE)

Pour l'**église du Sacré-Cœur**, haut lieu de l'art sacré moderne, construite par Novarina entre 1949 et 1951 (vitraux de Fernand Léger, mosaïque de Jean Bazaine).

Un **festival de BD** a lieu tous les ans avec des artistes de toutes nationalités.

BAVANS (A 7 km O par la N 463)

Site du Mont Bart. Ecole du Lorday, rue des Pins. ✆ 03 81 97 51 71. Un fort militaire du XIXe siècle avec un beau panorama et un sentier botanique de 1,5 km autour du site.

HERIMONCOURT

Berceau de la famille Peugeot et donc de toute l'économie locale. L'histoire commence très tôt, au XVIIIe siècle, avec Jean-Pierre et Jean-Frédéric Peugeot qui créent une fonderie. Les enfants de Jean-Pierre reprennent le flambeau de la forge, traversant avec leur usine de pièces métalliques et de quincaillerie tout le XIXe siècle. Un des fils de Jules, Eugène, et un des fils d'Emile, Armand Peugeot mort en 1915, s'associent pour fabriquer la première automobile Peugeot. Armand, fondateur de la société repose aujourd'hui au Père Lachaise, alors que les autres membres de la famille sont dans le caveau familial d'Hérimoncourt.

MANDEURE (8 km S par N437)

A la sortie sud de Montbéliard vers Mathay, sur la zone artisanale, Mandeure a sans aucun doute un grand intérêt archéologique, avec son exposition gallo-romaine et son impressionnant théâtre en hémicycle, mais le bourg lui-même, banlieue très urbanisée n'a aucun attrait particulier. On mange un morceau à **la Brasérade**, **chez l'Cabu**.

Théâtre gallo-romain. ✆ 03 81 36 28 80. Avec 142 m de diamètre et une contenance de 12 000 spectateurs, c'était le plus grand théâtre de Gaule. Il était l'un des fleurons de la seconde ville de Séquanie, Epomanduodurum.

■ MANGER, DORMIR

Hôtel Bristol. 2 rue de Velotte 25200 Montbéliard ✆ 03 81 94 43 17. *Chambres de 160 à 415 F.* Le coin est calme et tranquille, dans une rue perpendiculaire à la rue des Febvres, mais d'un accès facile même pour les voitures (grand garage fermé). Un établissement classique aux chambres calmes et de bon confort contemporain pour une halte sans mauvaises surprises.

Hôtel de France. 40, rue d'Audincourt 25200 Montbéliard ✆ 03 81 90 21 48. *Chambres de 170 à 298 F.* Dans l'harmonieux château du "Petit Chênois", à 1 km du centre ville, la belle demeure offre à ses hôtes une tranquillité unique (un élégant petit jardin longe l'arrière du bâtiment), un service attentionné. Les chambres sont rustiques et kitsch à des prix avenants.

Grand Hôtel de Mulhouse. 13, place du général de Gaulle 25200 Montbéliard ✆ 03 81 94 46 35. *Chambres de 160 à 320F.* En face de la gare, un grand hôtel impeccable, avec son service précis et des chambres tranquilles et propres. Pour une étape agréable dans la cité des princes.

Hôtel de la Balance. 40, rue de Belfort 25200 Montbéliard ✆ 03 81 96 77 41. *Chambres de 200 à 350 F.* Un trois étoiles de bon niveau, très bien placé dans une rue historique. L'hôtel s'enorgueillit d'avoir accueilli, pour la libération de la ville lors de la seconde guerre mondiale, le général de Lattre de Tassigny qui en avait fait son quartier général. Une maison propre et accueillante, des chambres coquettes et modernes. Le restaurant n'est pas à négliger, avec les meilleurs produits régionaux à la carte et un bon menu touristique à 135 F : tartare de saumon, jambon fumé du Haut-Doubs, noisettes d'agneau au romarin, escalope de veau aux champignons.

Le Comté. 18, rue de Belfort 25200 Montbéliard ✆ 03 81 91 48 42. Un sympathique restaurant régional qui soigne son rapport qualité/prix. A 100 F, la salade franc-comtoise, la croûte aux champignons, l'escalope Belle Comtoise, le pavé de bœuf à l'échalote, le filet de loup à la concassée de tomates, la saucisse de Montbéliard. Un menu à 155 F avec le feuilleté d'escargots et les aiguillettes de canard au vinaigre de cidre.

Le Refuge. 20, rue des Halles 25200 Montbéliard ✆ 03 81 91 19 77. Près de la station régionale France 3, un restaurant savoyard bien placé et très accueillant. Le patron propose une carte de plats de chaleur (pierrades, fondues, reblochonnades) et de spécialités personnelles : le lapin aux herbes de la garrigue glacé au miel de châtaignier ou le carré d'agneau au miel de thym.

La Tour Henriette. 59, faubourg de Besançon 25200 Montbéliard ✆ 03 81 91 03 24. *Fermé samedi et dimanche soir. Menu 100/250 F.* Une cuisine classique avec de bons poissons. Jean-Luc Verguet est très à l'aise dans les exercices imposés ; accueil charmant.

Restaurant Luc Piguet. 9, rue de Belfort 25600 Sochaux ✆ 03 81 95 15 14. Les cadres de Peugeot comme les gourmets de Montbéliard ne s'y trompent pas : il s'agit bien de la meilleure table de cette grande agglomération industrielle. Réflexions astucieuses sur le terroir, produits bien choisis au profit d'une cuisine à la fois fine et sincère ; n'étaient des tarifs de rentier suisse à la carte, on viendrait tous les jours dans ce joli décor, élégant et fleuri. Les repas au jardin pendant les beaux jours sont très recherchés et les menus, fort bien construits, sont en revanche bien sages. Très bon service, courtois et décontracté.

Hôtel Ibis. le Pied des Gouttes 25200 Montbéliard ✆ 03 81 90 21 58. *62 Chambres.* Un classique de la chaîne, à proximité du centre de production Peugeot.

■ LOISIRS, SPORTS

Aéroclub du pays de Montbéliard. Rue de Velotte 25420 Courcelles-les-Montbéliard ✆ 03 81 99 36 70 - Fax 03 81 90 01 50. Vol d'initiation, baptême de l'air.

Deltaplane, parapente. Altitude Vol Air. 18 Rue du Moulin, Voujeaucourt ✆ 03 81 90 16 00. Vols delta.

Canoë-kayak

Location de kayak. MJC Petite Hollande. 14, rue de Petit Chênois. ✆ 03 81 98 56 01. Encadrement tous les jours en juillet et août.

Canoë-kayak Audincourt - Club FFCK. 45, avenue Jean Jaurès 25400 Audincourt ✆ 03 81 30 62 14.

M.J. C. Base d'Audincourt. 25200 Montbéliard ✆ 03 81 98 56 01 - Fax 03 81 90 00 24.

La Gauloise - Club FFCK. Gymnase de l'Allan 25200 Montbéliard ✆ 03 81 92 27 04 ou 03 81 91 78 08.

Equitation. Ecurie des Grands Essarts. Les Grands Essarts 25310 Hérimoncourt ✆ 03 81 35 76 64. De belles randonnées équestres sont possibles dans la région de Montbéliard. Promenade (cheval et poney), location libre, manège couvert, carrière.

Promenade en calèche et chariot

Association Sportive L'Eperon de Mathay. Chemin d'Hirmont 25700 Mathay ✆ 03 81 35 27 32. Poney club, promenade, manège couvert, stages organisés.

Centre hippique du pays de Montbéliard. Ferme des Buis 25700 Valentigney ✆ 03 81 37 91 61. Poney club, manège couvert, stages organisés.

Swing-Golf de la vallée du Rupt. Montenois. ✆ 03 81 93 18 81. A 15 km de Montbéliard par D33 et D317, un beau parcours de 9 trous de 1565 m, par 39, dans un parc forestier de 15 ha.

Golf Club de Prunevelle. Ferme des Petits Bans 25420 Dampierre-sur-Doubs ✆ 03 81 98 11 77. *A 10 km de Montbéliard.* Parcours 18 trous, 6280 m, par 73.

Plaisance. Nicols. Rue Charles Lalance 25200 Montbéliard ✆ 03 81 94 92 69. Louer une vedette pour faire une escapade sur le canal du Rhin au Rhône.

ULM

Plume 25. 25420 Courcelles-Les-Montbéliard ✆ 03 81 91 15 98 - Fax 03 81 98 13 31. Club et école. Vol d'initiation bi-place.

Multi-activités

Acropolis Parc. ZAC de la Cray 25420 Voujeaucourt ✆ 03 81 90 51 51. Squash, tennis, jorky ball, badminton, gym, VTT.

Escapade fluviale sur le Doubs

Le port de Montbéliard est très bien équipé en bordure du parc du Près la Rose. Eau, électricité, rampe de mise à l'eau. Capitainerie avec salles de bains, salle de détente (✆ 03 81 94 92 69). Base de location Nicol's (voir ci-dessus). Deux directions possibles :

Montbéliard - Baume-les-Dames. *54 km, 27 écluses. 15 h environ.* On descend le Doubs par Bavans, dominé par le Mont-Bart et son fort XIXe, à 8 km de Montbéliard. On enchaîne avec Colombier-Fontaine (église moderne, temple XVIIe - XVIIIe), l'Isle-sur-le-Doubs, Clerval, avant de parvenir à Baume-les-Dames. La navigation est agréable, mais les écluses sont si nombreuses que l'on a un peu l'impression de passer sa journée à les franchir. Le paysage vaut cependant le coup d'œil et les sites sont intéressants.

Montbéliard - Belfort *17 km, 11 écluses. 5 h environ.* Par une dérivation, on bifurque après Exincourt vers Botans et Belfort. La navigation sur cette partie est soumise à certaines conditions : se renseigner au préalable à la subdivision de Belfort (✆ 03 84 21 00 88). On peut y circuler de 9h à 12h et de 13h à 19h30 en annonçant son passage 24h à l'avance, et avant le vendredi 16h pour le week-end (à Bavilliers ou à Montbéliard ✆ 03 81 91 17 32). La vitesse sur cette partie est limitée à 5 km/h. Le port se trouve à Botans, quatre kilomètres au sud de Belfort, en cours d'aménagement.

Le Petit Futé sur Internet
info@petitfute.com

CENTRE ET VALLÉE DU DOUBS

Les paysages sont évidemment moins variés qu'aux abords de la montagne, s'apparentant davantage, dans leur verdeur, au bocage normand. Les villages ont du caractère et beaucoup de tranquillité rurale. La rivière se prête à la plaisance et, malgré les nombreux passages d'écluses, le parcours entre Besançon et Belfort est un des plus agréables qui soient.

BAUME-LES-DAMES

Office du tourisme. RN 83. ✆ 03 81 84 27 98.

Sur les bords du Doubs, une petite ville sur une grosse nationale, la N83. La rivière passe à l'écart, au sud, et les berges procurent une agréable promenade verte.

Le bourg est assez quelconque et les visites se concentrent à l'évidence sur la remarquable abbaye fondée au VIIe siècle et la chapelle du Saint-Sépulcre. On se rend donc sur la place Saint-Martin et, après ou avant la visite, on boit un verre au Lion d'Argent. C'est le plus joli coin de la ville, avec une rue piétonnière qui part de la place.

Le petit centre ancien est assez avenant grâce à ses maisons XVIe et un très beau palais de justice du XVIIIe.

Rue des Armuriers, un restau sympa, le **Charleston**. On mange la pizza **au Caveau**, dans une des rues conduisant à l'abbaye. Dégustez les spécialités locales les choucots, les craquelins, et les pavés de la place Chamars.

De nombreuses possibilités en hébergement-restauration, le coin étant un des plus touristiques du département.

■ VISITE

Musée des Sires de Neufchatel ✆ 03 81 84 27 98. Dans un hôtel particulier de style Renaissance, des reconstitutions de scènes familières comtoises du début du siècle. Dans les caves voûtées XII et XVIe, un spectacle son et lumière a lieu en saison.

Eglise abbatiale saint-Martin. L'église de l'ancienne abbaye a été reconstruite au XVIIIe siècle en style gothique : c'est un fort bel édifice aux lignes élégantes, malheureusement inachevé qui contient des pièces de valeur, tableaux, retables et sculptures : pietà XVIe, statues de bois polychrome.

Escapade

De Baume-les-Dames à Clerval. En suivant la route de Clerval au long du Doubs par une nationale fréquentée (N83), on passe à **Hyèvre-Paroisse** où l'on croisera le solide **hôtel Ziss**, dans le village, que la route contourne aujourd'hui et, à la sortie, un sympathique arrêt-buffet au **XV Français** qui fait la friture de truite ou de carpe.

Au nord, vers la Haute-Saône et Villersexel, on pourra faire une halte au **Mésandans**, au village du même nom, une sympathique auberge sur la gauche, juste avant une sorte de hangar où l'on vend des produits régionaux.

BELMONT (16 km O de Pierrefontaine)

Maison Louis Pergaud. 25530 Belmont ✆ **03 81 60 44 15 ou 03 81 58 33 54.** *Ouvert tous les jours en juillet-août de 14h à 19h et dimanche et jours fériés de mai à octobre.*
Ce petit village est le berceau de l'écrivain **Louis Pergaud**. On verra avec une certaine émotion l'école, où il naquit, et l'on visitera cette intéressante Maison Pergaud.

Elle regroupe une vidéothèque et une boutique où l'on trouve ses écrits et d'autres œuvres régionales. On y découvre également des documents et une collection d'animaux naturalisés ayant appartenu à l'écrivain, ainsi que la reconstitution d'une salle de classe début du siècle.

L'association qui gère cet espace consacré au plus franc-comtois des écrivains vous donnera également des conseils pour suivre l'itinéraire, à travers le département, des étapes de la vie de Louis Pergaud, mort à Verdun en 1915, et dont on n'a jamais retrouvé le corps. Cette dynamique et salutaire association a aussi besoin de sous pour faire tourner la maison. N'hésitez pas à la gratifier d'un petit don, en souvenir de Petit Gibus.
Tout près, à Loray voyez l'élégante fontaine du XIXe siècle et une croix de pierre du XVe.
A Orsans, quelques kilomètres au nord, arrêt casse-croûte possible à **la Joconde**.

Louis Pergaud

L'auteur de "La guerre des boutons" est né à Belmont, près de la Grotte de la Glacière. Louis Pergaud, c'est un nom qui sent la noisette, les petits chemins de nos campagnes et cette vie villageoise qu'il a si bien exprimée. *La guerre des boutons*, son roman le plus connu, c'est la chronique attendrie et fondante comme un bonbon au chocolat de ces gamins à la fois effrayés et émerveillés par la vie, sur un ton toujours tendre et amusé. Tous les parents craquent devant l'histoire de Petit Gibus, d'autant qu'Yves Robert en a fait un film touchant, qui accuse certes son âge mais ajoute l'indispensable charme sépia à cette évocation nostalgique du bonheur enfantin que l'on ne retrouve jamais. Louis Pergaud, né à Belmont en 1882 vint, à l'âge de six ans, avec ses parents à Nans-sous-Sainte-Anne où la famille resta deux ans avant de s'installer à Guyans-Vennes. Le petit Louis fait de bonnes études à Besançon, sort de l'Ecole Normale à 19 ans et enseigne à Durnes, près d'Ornans, puis à Landresse, tout près de son village natal. Il écrit et monte à Paris : la réussite est immédiate et en 1910, il reçoit le prix Goncourt pour *De Goupil à Margot* et écrit *La guerre des boutons* deux ans plus tard. Comme Péguy, Apollinaire ou Alain-Fournier, Louis Pergaud sera privé de vie et d'une carrière littéraire prometteuse par la boucherie du début du siècle, également appelée "la Grande Guerre".

BELVOIR (au sud de l'Isle-sur-le-Doubs)

Un beau village à flanc de coteau, dont on verra avec plaisir le château féodal du XIIe siècle, remanié au XVIe et l'église qui contient de belles sculptures.

Le château de Belvoir ✆ **03 81 91 06 02**. Ce vaste édifice fut construit sur les ruines d'un oppidum gaulois. Récemment restauré, il abrite des salles entièrement meublées d'époque et une belle collection d'armes anciennes.

Le café, installé dans une vieille maison de pierre rénovée au centre du village, qui fait aussi restaurant et salon de thé, est très accueillant. Jolies vues sur les montagnes du Lomont, au nord, depuis les routes avoisinantes. Le cimetière est également bien placé et ceux qui y reposent jouissent d'un plaisant environnement forestier.

A Rahon, en bas de la route du château de Belvoir, un **Hôtel-restaurant du Château**, sur la route de l'Isle-sur-le-Doubs.

Au nord, en remontant vers Baume-les-Dames, jolie route, après Vellerot, par le Col de Ferrière. En se rapprochant de la vallée du Doubs, le paysage se modifie, pas du tout vosgien, et plutôt normand, les sapinières faisant place aux hêtraies.

CHAUX-LES-PASSAVANT

La Grotte de la Glacière ✆ **03 81 60 44 26**. *Ouvert tous les jours du 1er mars au 30 novembre, de 9h à 12h et de 14h à 18h (17h de septembre à novembre), non stop de juin à août.* Une très rare grotte de glace : des colonnes étranges et fascinantes, stalactites, cascades pétrifiées. Une collection de minéraux, à côté de la grotte, complète la visite.

A proximité, l'**abbaye de la Grâce-Dieu**, fondée au XIIe siècle, cistercienne puis trappiste. L'abbatiale a conservé certaines parties originelles, les bâtiments actuels sont récents. L'abbaye est toujours en activité, occupée par des religieuses de la congrégation de Port-Royal.

CLERVAL

Le nom est engageant, mais ce bourg de vallée fait surtout bonne impression par l'arrivée sud depuis Baume-les-Dames et beaucoup moins par le nord. En prenant un peu de recul, il montre une assez belle homogénéité et présente de vieilles demeures intéressantes dominant la rivière.

Juste à la sortie sud, une étape correcte, la **Bonne Auberge**.

La route vers Baume-les-Dames est franchement plaisante, même lorsqu'elle s'écarte du Doubs pour battre la campagne verdoyante et boisée.

L'ISLE-SUR-LE-DOUBS

Traversé par le canal et la rivière, mais aussi, pour faire bonne mesure, par la voie ferrée et la N83, l'endroit n'est pas vraiment riant. Les bords du canal sont cependant plaisants et les maisons à balcons et terrasses bordant le "Petit Doubs" ont une belle unité (site classé). On peut, depuis le pont, assister au passage de l'écluse.

On verra également l'église (quelques pièces intéressantes), la porte du Château et le château saint-Maurice.

Etape à **la Marine** au bord du canal, éventuellement à l'**hôtel de Paris**. Une adresse convenable, le **Chapagoye**, entre le canal et le Doubs. Restauration, salades, grillades.

On mange la pizza au **Don Camillo**. Le Super U se trouve à la sortie vers Clerval.

La route de la vallée, vers l'aval, devient plus agréable à partir de Rang, lorsqu'on retrouve la rivière au plus près.

Au sud, jolie D31 traversant la forêt d'Isle-sur-le-Doubs pour rejoindre le Col de Ferrière.

ORCHAMPS-VENNES (15 km S de Pierrefontaine)

Voir l'église Saints-Pierre-et-Paul : construite au XVIe siècle de style gothique, elle abrite un chemin de croix aux sculptures contemporaines réalisées par Gabriel Saury.

Musée de l'outil à bois, route des microtechniques. ✆ 03 81 43 50 23. Les outils des métiers à bois sont représentés par 2 600 pièces.

A proximité, on s'arrêtera à Fournets-Luisants (accès par D461) pour visiter une authentique ferme à tuyé, la **ferme du Montagnon** datant de 1736, et comprendre les techniques ancestrales du fumage.

PIERREFONTAINE-LES-VARANS (Entre Besançon et Maîche)

Un carrefour paisible au centre du département. Davantage que le village lui-même, ce sont l'environnement naturel et les routes qui y mènent qui justifient le déplacement.

Deux étapes recommandées sur place, les **Trois Pigeons** et le **Commerce**.

ROUGEMONT

Au nord de Baume-les-Dames et tout près de la frontière départementale avec la Haute-Saône. Accès par D50 depuis Baume-les-Dames.

Voir les deux expositions permanentes, d'archéologie et de géologie, installées au rez-de-chaussée de l'Hôtel de ville et la Maison d'autrefois que l'on trouve dans le quartier de la Citadelle, près de l'église, reconstituant une maison de paysans du XIXe siècle.

Vers l'est, balade jusqu'au château de Bournel, transformé en hôtel et doté d'un golf.

Le château de Bournel ✆ 03 81 86 00 10. Un impressionnant château de contes de fées avec quatre tours pointues construit au XIXe siècle par Parent, qui s'est inspiré autant de l'architecture militaire XVe que des belles demeures Renaissance. Il est toujours habité par la famille du marquis de Moustier et abrite un hôtel de caractère.

Carte du Doubs en page 48

SANCEY (3 km S de Belvoir)

Trois modèles pour un grand village qui s'étire sur la D464 : Sancey-le-Long et sa fruitière qui sert de coopérative pour Belvoir et Sancey, Sancey-l'Eglise et Sancey-le-Grand, le plus important de la bande, village sympathique où l'on se posera au **P'tit Cabu**, à côté de l'hôtel de ville qui fait des plats à emporter, viandes et spécialités comtoises.

Voir, à Sancey-le-Long, la basilique Sainte-Jeanne-Antide Thouret, construite à la mémoire de la sainte native du village qui fonda la Congrégation des Sœurs de la Charité.

VERCEL-VILLEDIEU-LE-CAMP (11 km O de Pierrefontaine)

Un carrefour rural, relativement animé. Etape à l'**hôtel de la Couronne**.

Fromagerie artisanale Liechti, Epenouse. ✆ **03 81 58 32 43.** Visite de l'atelier et de la cave d'affinage avec plus de 25 variétés de fromages.

■ PRODUITS REGIONAUX

Fromagerie artisanale Marguet. Villers-Saint-Martin ✆ **03 81 84 09 42.** A 5 km E de Baume-les-Dames, de nombreuses spécialités régionales, fromagères et charcutières : comté, morbier, munster, fromage à raclette, fromage blanc, crème et saucisses...

■ MANGER, DORMIR

Bien et pas cher

Hôtel du Parc. 5 Place de Breuil 25110 Baume-les-Dames ✆ **03 81 84 05 55.** *Chambres de 140 à 210 F.* Dans une rue calme bordée de platanes, une allure modeste mais une bonne adresse à petit prix et un standing bien tenu. Une certaine recherche, une exécution classique et des présentations soignées pour le biscuit de poisson maison sauce nantua, le jambon cru fumé du Haut-Doubs, le soufflé de brochet et l'escalopine de volaille gratinée à la jurassienne au hasard des menus de 88 à 130 F. Label des Tables Régionales, vins du Jura (belle cave), en bouteille ou au pichet. Terrasse ombragée, véranda.

Hôtel Central. 3, rue Courvoisier 25110 Baume-les-Dames ✆ **03 81 84 09 64.** *Chambres de 140 à 260 F.* Dans une maison ancienne de grosses pierres carrées, rien de renversant, mais la proximité de l'abbaye est un atout sérieux, d'autant que les tarifs ne sont pas exagérés au vu du confort proposé.

Le Bambi. 25110 Baume-les-Dames ✆ **03 81 84 12 44.** *Chambres de 160 à 250 F.* Une maison gentillette, comme l'enseigne le prévoit, en bord de route, avec une petite terrasse agréable. On y dort pour pas bien cher et on y trouve une cuisine fort classique et quelques spécialités dans un loyal souci de bien faire. Salle pour cérémonies.

Le Charleston. Rue des Armuriers 25110 Baume-les-Dames ✆ **03 81 84 24 07.** Un peu touriste, mais au fond bien intéressant et dans un décor plaisant, intime et chaleureux. Un menu comtois à 88 F avec la salade comtoise, la terrine de lièvre, la truite farcie maraîchère, le jarret de porc. Mais les essais plus ambitieux se mesurent à 118 F, avec les ravioles de compotée de lapin, la salade de Morteau et de jambon de montagne flambé au pontarlier, le chausson de filet de caille farcie au chou vert sauce périgueux ou l'escalope de sandre en papillote à la mousse de brochet. Des plats du répertoire classique à la carte (saumon à l'oseille, faux-filet aux morilles, feuilleté de truite aux poireaux et jambon de montagne). Bons desserts.

Hôtel Restaurant Bonne Auberge. Route de Besançon, 25340 Clerval ✆ **03 81 97 81 01.** *Menus 78, 98, 130, 150 et 170 F. Chambres doubles autour de 200 F.* A la sortie du village, en bord de nationale et de rivière, vers Baume-les-Dames, une adresse qui justifie sa réputation. Un classicisme bon teint, manifesté dans la cuisine comme dans l'hôtellerie. La table est assez chère, mais les produits sont assez bien choisis et les assiettes copieuses, avec des spécialités engageantes : filet aux morilles, salade de saint-jacques, filet de sandre meunière, cuisses de grenouilles provençale. Un menu à 98 F avec la friture de truites, autres formules à 130 et 150 F. Depuis l'hôtel, belle vue, de l'autre côté du Doubs, sur le village.

Les Trois Pigeons. Rue De Lattre de Tassigny 25510 Pierrefontaine-lès-Varans ✆ 03 81 56 04 31. Quasiment une institution, dont l'enseigne n'évoque pas les éventuels clients, mais la tradition de chasse de la région. L'hôtel est confortable, la carte est belle, la cuisine est bonne. Au menu à 82 F, jambon fumé entrecôte, à 99 F, croûte forestière, jambon demi-fumé chaud garni, fromage, dessert et autre formule plus étendue à 140 F (croûte aux morilles, truite à l'oseille). Belle carte de vins du jura (côtes-du-jura, pupillin). On vient danser le quatrième dimanche de chaque mois. Des chambres d'un confort convenable à petit prix. Très bon accueil.

Auberge du Col de Ferrière, Vellerot-lès-Belvoir. A 592 m, altitude du col, un petit chalet vosgien pour vivre au plus près de la nature. Accueillant et simple, c'est une étape réconfortante à un quart d'heure de Baume-les-Dames.

Le Commerce. 4, Grande Rue 25510 Pierrefontaine-les-Varans ✆ 03 81 56 10 50. *Fermé dimanche soir et lundi hors saison. Fermeture annuelle du 20 décembre au 20 janvier. Chiens acceptés. 10 chambres de 120 à 260 F, petit déjeuner 30 F. Demi-pension de 190 à 220 F. Menus de 60 à 180 F. Carte 120 F. Jusqu'à 21h.* Petits prix et grande gentillesse au rendez-vous des amis de cette maison robuste. Etape agréable, avec des chambres confortables et une table régionale servie par des menus pour tous budgets : jambon de montagne, croûte aux morilles, truite au bleu, filet de julienne beurre blanc, entrecôte aux morilles. Côtes-du-jura pour accompagner ce moment de bien-être.

Hôtel de la Couronne. 12, Grande-Rue, Vercel-Villedieu-le-Camp ✆ 03 81 58 31 82. *8 chambres de 195 à 290 F.* Un deux étoiles coquet pour un séjour de tout repos.

Auberge du Tuyé. Le Luisans 25390 Fournets-Luisans ✆ 03 81 67 19 40. Une chaleureuse adresse, et la bonne idée pour déguster les meilleures charcuteries fumées du coin. Autres standards savoureux dans un décor authentique.

Charme et confort

Ziss. La Crémaillère, Hyèvre-Paroisse 25110 Baume-les-Dames ✆ 03 81 84 07 88. *Fermé le samedi à midi. Chiens acceptés. 20 chambres 230/250 F, petit déjeuner 30 F. Demi-pension 240/300 F. Menus 70/180 F. Carte 130 F. Jusqu'à 22h30.* De loin, c'est un hôpital soviétique, de près, c'est une bonne maison, tout simplement. Certes, elle ne rajeunit pas et la prestation est fortement classique, mais puisque c'est bon et bien fait, pourquoi changer? Une carte qui ne transige pas avec la tradition : croûte forestière, truites, carpes, perches, entrecôtes aux morilles, canard à l'orange. Petits prix et agréable ambiance familiale.

Hostellerie du Château d'As. 26, rue du Château Gaillard 25110 Baume-les-Dames ✆ 03 81 84 00 66. *Fermé le lundi. Menu 98/265. Carte 250 F. Chambres de 240 à 390 F.* Une belle adresse pour une cuisine assez classique mais de belle facture. Une bonne salade fraîcheur aux asperges et au foie gras, une papillote croustillante de truite, la "duxelline" de morilles et foie gras sauce au vin jaune, voilà de belles spécialités qui ne manquent pas d'épater le chaland. La maison, dont l'appellation "hostellerie" est symboliquement rétro, incarne les vertus traditionnelles dans cette partie du département. L'hôtel est fort agréable et la clientèle internationale goûte toutes les joies de la région.

La Source Bleue. Val de Cusance 25110 Baume-les-Dames ✆ 03 81 84 12 82. *Ouvert du jeudi au dimanche.* Chez Thierry Ziss (le nom a une bonne renommée dans le coin), on cultive l'art de vivre au naturel : le coin est charmant, le décor agréable dans une belle et rustique maison comtoise, les poissons de rivière bien travaillés et présentés, l'ensemble est plein de franchise à tarifs justes.

L'Auberge des Moulins. 2, rue de Pontarlier 25110 Pont-les-Moulins ✆ 03 81 84 09 99. *Chambres de 225 à 285 F.* Les rivières gazouillent et les poissons abondent dans chaque recoin de ce département généreux. Vous trouverez ici toute matière à assouvir un appétit d'authenticité à travers une cuisine sincère : charcuterie du Haut-Doubs, friture de poissons de rivière, escalope franc-comtoise. Le chef a du savoir-faire et le fait savoir par d'autres compositions friandes plus recherchées. Un très beau menu à 145F (croûte aux morilles, filet de saint-pierre au fumet de crustacé, fromage et dessert maison) épaulé par une belle carte des vins ; et si la nuit tombe trop vite, de ravissantes chambres à l'étage, en constante amélioration.

Luxe

Château de Bournel. Cubry ✆ 03 81 86 00 10. Chambres d'un cachet certain de 760 à 950 F. Le restaurant Le Maugré offre à ses hôtes une cuisine fine et gastronomique avec des menus de 160 à 300 F.

■ Chambres d'hôtes, fermes-auberges

Patrice et Véronique Ramel, "Saint-Ligier". 25110 Baume-Les-Dames ✆ 03 81 84 09 13. *Ouvert vendredi soir, samedi soir, dimanche et tous les jours en saison estivale sur réservation.* Spécialités : terrines, fumés, roestis, volailles, veaux de lait, fondues. Chambres d'hôtes.

■ Campings

Camping de Lonot. Route de Belfort, Baume-les-Dames ✆ 03 81 84 27 15. Au bord d'un plan d'eau, 100 emplacements. Confort simple, prix raisonnables.

Camping de l'Ile. 1, rue de Pontarlier, Pont-les-Moulins ✆ 03 81 84 15 23. Camping correctement équipé pour une halte simple dans le village.

Camping du Val de Vennes. route de Besançon, Orchamps-Vennes ✆ 03 81 43 52 14. Des activités à foison pour cet accueillant camping de semi-montagne.

■ LOISIRS, SPORTS

Canoë-kayak

Base de Loisirs. 25680 Bonnal ✆ 03 81 86 90 87 et 84 92 31 00 - Fax 03 84 20 30 87.

Base du Centre de Loisirs. Camping du Bois de Reveuge 25680 Huanne-Montmartin ✆ 03 81 84 38 60 + 03 81 84 12 42 - Fax 03 81 84 44 04.

Equitation

Relais de la Montnoirotte. Route de Vellans 25340 Crosey-le-Petit ✆ 03 81 86 83 98. Promenade, hébergement possible.

Ecole élémentaire d'équitation Reculotte. 25390 Fuans ✆ 03 81 43 53 07 ou 03 81 43 55 55. Poney-club, promenade, manège couvert.

Centre de loisirs de Niellans. 25390 Loray ✆ 03 81 43 22 25. Promenade, location libre, stages organisés avec repas et hébergement, gîte de groupe. Promenade en calèche (20 pers.), location de chariot, location libre (avec formation), location de roulotte.

Ecurie de Chevigney. Centre équestre 25530 Chevigney-les-Vercel ✆ 03 81 56 21 79. Poney-club, promenade, stages organisés.

Golf

Golf Club du Château de Bournel. Château de Bournel 25680 Cubry ✆ 03 81 86 00 10. *Ouvert tous les jours du 15 mars au 30 novembre.* Très agréable site forestier, à l'écart de la route de Baume-les-Dames à Villersexel ; accès par un chemin, bien indiqué, à droite en venant de Cuse. La partie est agréable sur un vaste parcours de 18 trous qui surplombe le château. Practice de 25 postes et 8 couverts. Putting-green : 1 200 m2. Pitch and putt de 3 trous.

Séjour nature

La Roche du Trésor. 1, rue du Pré 25510 Pierrefontaine-les Varans et rue du Couvent 25390 Orchamps-Vennes ✆ 03 81 56 04 05. Des séjours nature pour les petits à la découverte des plaisirs rustiques :

- Une ferme-équestre à Niellans pour l'initiation et les balades à cheval, à dos de poney ou en calèche, agrémentées de feux de camp, visite de grottes ou d'escalade, dans l'ambiance naturelle de la vie à la ferme.
- Autre cadre rural à Pierrefontaine, pour assister et participer à l'élaboration des produits fermiers, du travail du forgeron ou du fileur de laine. Egalement au programme, visite de grottes, construction de cabanes, escalade, randonnées.

Durant ces deux séjours, loisirs sportifs (ping-pong, baignade) et culturels (conteur local, visite de fromagerie, d'apiculture)
- Une troisième possibilité, regroupant sport et visite d'artisans, se situe à Orchamps : escalade, canoë-kayak, randonnée aquatique ou en VTT, mais aussi découverte de la faune et de la flore, fabrication de nichoirs, d'affûts pour l'observation des animaux.

Le prix des séjours varie de 1 700 à 2 000 F la semaine et s'adresse aux 6-14 ans.

La Ferme aux Enfants. 25640 Le Puy © **03 81 63 21 34.** *A 16 km 0 de Baume-les-Dames par N83 et D352.* Une ferme pédagogique et d'éveil qui fera la joie des petits en leur permettant de découvrir le monde rural : volières à faisans, pigeons, poules naines, paons, parcs pour lapins, moutons, volailles, chèvres alpines, veaux, poneys, chèvres naines, animalerie, parc aux ânes, parc aux chevaux. Pour passer la journée, aire de pique-nique, terrasse, boutique souvenirs. Mini-camp à la ferme pour groupes.

Le Grand Canal

A force de l'évoquer, cet hypothétique ruban ressemble de plus en plus à un serpent de mer. Rappelons les faits : il manque 200 kms pour relier le Rhin au Rhône pour de gros transporteurs, qui devraient traverser la Franche-Comté. Du côté alsacien et germanique, tout a été fait et l'aménagement est remarquable et idéal pour la navigation des "4 400 tonnes". Idem de l'autre côté ou l'on rejoint sans problème l'axe rhodanien. Mais il faut bien traverser le Doubs, et la rivière éponyme n'est facilement navigable que jusqu'à Montbéliard. Après, il faut bien trouver une idée pour rejoindre l'Alsace, car l'installation actuelle (60 écluses de Dole à Mulhouse) ne permet pas franchement un accès facile. Le projet du "grand canal" est déjà bien ébauché. On sait comment et où il doit passer, on connaît les délais et les budgets. Les écologistes sont contre, les économistes sont pour et les habitants sont divisés. C'est un peu comme pour le tunnel du Somport : certains parlent de désenclavement, de chance pour la région, d'autres invoquent le désastre pour l'environnement, imprégnant dans les imaginations des barges gigantesques qui traverseraient à grand renfort de pollution des paysages jusque là paradisiaques pour les pêcheurs et la plaisance (et notamment les berges du Doubs qui serviraient de support à cette réalisation). Les partisans du projet objectent qu'on ne voit pas comment le Grand Canal empêcherait de continuer à taquiner la truite dans l'Ognon ou le Dessoubre, les plus prosaïques, peut-être par incantation, ajoutant que cette construction, dans le sens de l'histoire, est inévitable. C'est vrai en particulier pour les communes riveraines, qui voient dans les 2 milliards de francs de travaux une manne bienvenue pour le bassin économique. Rendez-vous donc bientôt pour un verdict quasi-définitif, d'autant que les événements politiques précipitent inévitablement le mouvement. Nouveau Ministre de l'Environnement et de l'Aménagement du Territoire, Dominique Voynet, député de Dole et porte-parole des Verts, entend évidemment orienter son action vers une reconsidération franche du projet. Une semaine après les élections législatives, on parlait officiellement de l'abandon du projet. Affaire à suivre, car l'enjeu est de taille et les possibilités nombreuses. On devrait en savoir plus après de nouvelles études commandées par le ministre, les décisions définitives n'étant pas pour demain.

L'information utile de vos voyages...

(commande de livres, actualités, bourse, stages)

3615 LEMONDE

2,23 F/mn

 **QUIZZ KLEBER**

Le Jura

1. Quel écrivain, auteur du *Passe-Muraille*, passa son enfance à Villers-Robert ?

2. Quelle militante écologiste de Dole est devenue ministre de l'Environnement ?

3. Quel président de la République originaire du Jura succéda à Mac Mahon ?

4. Dole et Arbois se partagent ce grand savant, inventeur d'un fameux vaccin. Qui est-il?

5. Quel nom portait primitivement la Marseillaise, œuvre du Jurassien Rouget de Lisle?

6. Quel personnage, natif d'Orgelet, soulève l'hilarité avec "ses trois maisons", dans une chanson populaire ?

7. Quel grand vin a rendu célèbre le village de Château-Chalon ?

8. Quelle rivière arrose Dole ?

9. Quelle forêt jurassienne est la troisième de France en superficie ?

10. Quelle ville du Jura est la capitale française de la pipe ?

Réponses 1. Marcel Aymé - 2. Dominique Voynet - 3. Jules Grévy - 4. Louis Pasteur 5. Le Chant de guerre de l'armée du Rhin - 6. Cadet Rousselle - 7. Le vin jaune - 8. Le Doubs - 9. Forêt de Chaux - 10. Saint-Claude

JURA

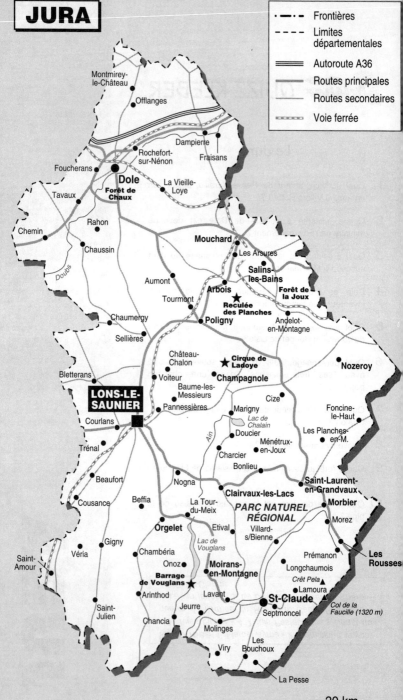

LE JURA EN CHIFFRES

Superficie : 5 055 km2

Population : 251 000 habitants

Préfecture : Lons-le-Saunier (406 km de Paris, 123 km de Lyon)

Sous-préfectures : Dole, Saint-Claude

Point culminant : Crêt Pela 1495 m (le plus haut sommet du Jura, le crêt de la Neige, se trouve dans le département de l'Ain).

Rivières principales : Doubs, Ain, Loue

Plus vaste étendue d'eau : lac de Vouglans

Superficie occupée par la forêt : 40%

Plus vaste forêt : forêt de Chaux (20 000 ha).

Le Jura est constitué de six micro-régions :
- Région doloise et Val d'Amour
- Revermont et vignoble - Bresse jurassienne
- Sud-Revermont et Petite Montagne
- Région des lacs
- Hauts-Plateaux
- Haut-Jura

ADRESSES UTILES

Comité départemental du tourisme. 8, rue Louis Rousseau 39000 Lons-le-Saunier ✆ 03 84 87 08 88 - Fax 03 84 24 88 70

Maison de la Franche-Comté. 2, bd de la Madeleine 75009 Paris ✆ 01 42 66 26 28 - Fax 01 49 24 96 56

Offices de tourisme

Lons-le-Saunier 39000. Place du 11 novembre ✆ 03 84 24 65 01

Arbois 39600. Hôtel de ville ✆ 03 84 37 47 37

Chamblay 39380 - SI du Val d'Amour. 59, Grande Rue ✆ 03 84 37 62 59

Champagnole 39304. Annexe mairie BP 129 ✆ 03 84 52 43 67

Clairvaux 39130. 36, Grande Rue ✆ 03 84 25 27 47

Dole 39100. 6, place Grévy ✆ 03 84 72 11 22

Morez 39402. Place Jean Jaurès BP 75 ✆ 03 84 33 08 73

Poligny 39800. Cour des Ursulines, place Victor Hugo BP 14 ✆ 03 84 37 24 21

Les Rousses 39220. BP 8 ✆ 03 84 60 02 55

Saint-Amour 39160. 2, rue Sainte-Marie ✆ 03 84 48 76 69

Saint-Claude 39200. Les Trois Cantons - 6, rue du Marché BP 94 ✆ 03 84 45 34 24 ou 03 84 45 57 36.

Saint-Laurent-en-Grandvaux 39150. Place Charles Thévenin ✆ 03 84 60 15 25

Salins-les-Bains 39110. Place des Salines ✆ 03 84 73 01 34

Sellières 39230. Place de la Fidélité ✆ 03 84 25 92 81

Minitel
3615 Haut-Jura

Centrale de réservation

Loisirs-Accueil Jura. 8, rue Louis Rousseau 39000 Lons-le-Saunier ✆ 03 84 87 08 88

RÉGION DES LACS

La Petite Montagne est une région qui commence à une quinzaine de kilomètres au sud de Lons-le-Saunier, dès le village d'Augisey. Elle se déroule jusqu'à l'extrême sud du département, à Thoirette. Encadrée à l'ouest par la limite du Revermont et à l'est par les lacs de Vouglans et du Coiselet, la Petite Montagne est singulière à plus d'un titre. Deux axes la traversent du nord au sud, la D 117 qui passe à Augisey en direction de Saint-Julien-sur-Suran et la D109 qui débute à Orgelet en se dirigeant vers Arinthod. Ces voies sont les plus faciles et dévoilent de nombreuses perspectives sur cette région. Mais pour mieux s'imprégner de l'esprit de la Petite Montagne, il faut la traverser perpendiculairement.

Comme son nom l'indique, le relief n'est jamais très élevé, rarement plus de 800 mètres d'altitude. Mais les routes qui la franchissent d'est en ouest sont des plus sinueuses. En quelques virages se révèle alors une des particularités qui donne tout son charme à ce Jura sud : la succession incessante de crêtes parallèles. Ces enchaînements très vallonnés qui ajoutent à la difficulté des chemins et des routes induisent une sensation d'isolement et de surprises toujours renouvelée. Les «bouts du monde» sont innombrables ici et ils combleront les amateurs de terres authentiques. La Petite Montagne offre ses trésors uniquement à ceux qui veulent sortir des parcours touristiques trop fréquentés. Les haies qui scindent ces paysages en une mosaïque aux milliers de pièces enrichissent également cette impression de retrait et les futaies semblent des protections supplémentaires contre l'envahissement des foules. C'est sans doute une des raisons pour lesquelles les Templiers en avaient fait une de leurs terres de prédilection ; les vestiges d'un riche passé médiéval sont d'ailleurs encore nombreux.

L'observateur attentif notera aussi l'analogie avec quelques détails qui trahissent une influence méditerranéenne. Ces traces héritées de lointains échanges commerciaux avec le sud se retrouvent disséminées çà et là, notamment dans l'architecture de l'église romane de Saint-Hymetière, dans les tuiles «canal» aux formes arrondies et pourquoi pas aussi dans certains jardins en paliers sur l'ancienne butte castrale d'Arinthod. Hormis les paysages, les innombrables points de vue, les nids d'aigle qui protégeaient les châteaux du Moyen Age, le visiteur ne manquera pas de découvrir l'architecture des fières églises ou des modestes chapelles, les «leuzes», ces murs de pierre qui délimitent les clôtures, les habitations caractéristiques souvent juxtaposées pour former des «barres de maisons», des rivières fraîches, des promenades en sous-bois... et des épiceries villageoises comme on en voit de plus en plus rarement. C'est une évidence, il ne faut pas prendre l'adjectif «Petite» dans un sens restrictif !

Après avoir cheminé à travers la Petite Montagne, Orgelet vous ouvre les portes de la région des lacs et de la vallée de l'Ain. Les routes y sont un peu moins tortueuses et le paysage aplani, façonné par les glaciers de l'ère quaternaire, et l'action de l'Ain.

Pour rejoindre Clairvaux-les-Lacs, vous aurez le choix entre la route de Pont-de-Poitte ou celle de Coyron-Meussia, certes un peu plus longue, mais qui permet de traverser le lac de Vouglans en empruntant le pont de la Pyle. L'idéal est ensuite de se rendre à la Chaux-du-Dombief par la N 78, donnant accès au plateau du Haut-Jura. Après une marche soutenue d'une vingtaine de minutes, le belvédère du pic de l'Aigle s'ouvre sur la région des lacs : c'est le meilleur endroit pour tenter de comprendre la géographie de cette région, où la forêt a encore la part belle. Engagez-vous alors sur la petite route de la Boissière, tracée dans une jolie combe, jusqu'au belvédère des quatre lacs. Vous embrassez du regard le pays que Charles Nodier avait baptisé, en 1820, la Petite Ecosse, avec ses lacs : Petit Maclus, Grand Maclus, Ilay et Narlay. Après ces vues «aériennes», il ne vous reste plus qu'à vous poser dans le paysage et à visiter ces sites.

Rattraper la N 5, direction pont de la Chaux, où vous prendrez à gauche la route de Frasnois, capitale de la Petite Ecosse. L'itinéraire surplombe ensuite la vallée du Hérisson où les haltes seront nombreuses avant de gagner Chalain, le plus grand lac naturel du Jura. La baignade y est vivement conseillée.

Index général à la fin de ce guide

Carnet d'adresses

Adalacs. Mairie d'Orgelet - Orgelet ✆ 03 84 35 54 54

ADAPEMONT. Association pour le Développement et l'Aménagement de la Petite Montagne. Rue des Maréchaux, Saint-Julien ✆ 03 84 85 47 91 - Fax 03 84 85 45 88.

Office du Tourisme de Clairvaux. 36, Grande Rue ✆ (15/06-15/09) 03 84 25 27 47.

Office de Tourisme de Moirans-en-Montagne. Hôtel de ville ✆ 03 84 42 31 57.

SPORTS

Pêche

Pour les amateurs de pêche, les coins ne manquent pas. Pour la pêche en lac, le choix est vaste entre Chalain, Ilay, Val (✆ **03 84 24 86 96**), Clairvaux, Bonlieu, Vouglans Nord (✆ **03 84 25 84 41**), Antre et Vouglans Sud (✆ **03 84 42 01 52**) ou encore Coiselet (✆ **03 74 81 14 50**). Pour la pêche en rivières, les amateurs trouveront leur bonheur entre l'Ain, la Cimante, le Drouvenant, le Hérisson et la Sirène (✆ **03 84 25 84 41**), la Valouse et le Valouson (✆ **03 84 48 04 31**).

Randonnée

De très nombreux circuits ont été aménagés, alliant nature, et découverte du patrimoine. Le TRL (**Tour de la Région des Lacs**) circuit balisé de 120 km. Le TLV (**Tour du Lac de Vouglans**) 50 km de chemins balisés. Le **Tour de la Petite Montagne** (128 km), mais aussi le GR 9 et le GR 559. **Jurarando** et autres topoguides en vente dans les librairies, les offices du tourisme et les syndicats d'initiative.

Petites balades en Petite Montagne

Ces sentiers très bien balisés sont accessibles à tous. Pour vous aider à préparer votre randonnée, rappelez-vous qu'un marcheur moyen parcourt environ 4 km en 1h.

- Boucle de 5 km. **Thoirette-vallée de la Vallouse** : départ garage des pompiers, balisé jaune et vert. **Condes-belvédère de Coiselet** : départ camping, balisé jaune et vert. **Saint-Hymetière-gorges de la Vallouse** : départ église balisé jaune et bleu. **Saint-Julien-le-Ponçon** : départ place de la mairie, balisé jaune et bleu.
- Boucle de 6 km. **Arinthod-le Tilleul** : départ place de la poste, balisé jaune et vert. **Barézia-vallée du Suran** : départ Barézia, balisé jaune et bleu. **Montagna-le-Templier-Montebarru** : départ Montagna, balisé jaune et bleu.
- Boucle de 7 km. **Boutavent (Vescles)-pic d'Oliferne** : départ étang de Boutavent, balisé jaune et bleu. **Monnetay-Morges** : départ Monnetay, balisé jaune et vert. **Montagna-le-Templier-le Planet** : départ croix des Laurent, balisé jaune et vert. **Tour de Dramelay-cascade de la Quinquenouille** : départ Dramelay, balisé jaune et bleu.
- Boucle de 8 km. **Genod-belvédère du Poulet** : départ Genod, balisé jaune et bleu. **Gigny-belvédère de Faÿs** : départ église, balisé jaune et bleu. **Vosbles-Roche de Vaux** : départ Vosbles, balisé jaune et vert.
- Circuit de 9 km. **Chisséria-ferme du Bourbouillon** : départ chapelle de Chisséria, balisé jaune et bleu. **Lains-vallée des Creux** : départ Lains, balisé jaune et bleu.
- Circuit de 10 km. **Arinthod-cirque de Rogna** : départ en face de la Poste, balisé jaune et bleu. **Genod-Vosbles-gorges de la Vallouse** : départ Genod ou Vosbles, balisé jaune et violet. **Lains-vallée de Lancette** : départ Lains, balisé jaune et vert. **Montfleur-côte de Saint-Pierre** : départ pont des Vents, balisé jaune et vert.
- Circuit de 11 km. **Gigny-château d'Andelot** : départ Gigny, balisé jaune et vert. **Nancuise-Marigna-sur-Vallouse-Monnetay** : départ Nancuise, balisé jaune et bleu. **Thoirette-belvédère du Turgon** : départ garage des pompiers, balisé jaune et bleu.
- Circuit de 18 km. **Cernon-Saint-Colomb-Rupt** : départ Cernon, balisé jaune et bleu.
- Circuit de 19 km. **Légna-Montadroit-Viremont** : départ Légna, balisé jaune et bleu.

Sports équestres

Pour les randonnées équestres, le Grand 8 (circuit sillonnant le Jura) offre de nombreux parcours, renseignement au 03 84 24 57 70. De nombreux centres équestres vous procureront chevaux et accompagnateurs si besoin, à Bonlieu, Clairvaux, Crenans, Doucier, Villeneuve-les-Charnod, Le Frasnois, Rothonay…(voir encadré p 194)

VTT

Sentiers balisés partant de Clairvaux-les-Lacs, du Frasnois, de Montcusel, de Doucier, d'Orgelet... Procurez-vous le guide *Tous les circuits VTT du Jura*, un guide-classeur très bien conçu contenant 80 circuits détaillés, avec carte 1/25 000 et 1/50 000. Le guide est vendu avec un porte-carte spécial VTT. En vente dans les offices du tourisme et chez les marchands de cycles ainsi qu'en librairies.

- **Tour du mont Orgier** (au départ d'Orgelet) : 14 km, 210 m de dénivelé.
- **Château de Presilly** (au départ d'Orgelet) : 22 km, 280 m de dénivelé.
- **Ronde du lac** (au départ d'Orgelet) : 32 km, 540 m de dénivelé.
- **Entre haut et eau** (au départ du Frasnois) : 40 km, 650 m de dénivelé.

LE LAC DE CHALAIN ET SES ALENTOURS

LE LAC DE CHALAIN

Le lac de Chalain d'origine glaciaire, encadré par des versants abrupts, est le plus grand lac naturel du Jura (232 ha) avec 3 km de long, 1 km de large et une profondeur moyenne de 30 m. Il est alimenté par une résurgence du lac de Narlay et du Vernois à l'est de Chalain. Un joli plan d'eau bleu pâle très claire, encadré de forêts de sapins. On peut en parcourir le tour par un chemin pédestre. On l'abordera par exemple par Marigny, où se trouve une base nautique.

En été 1904, la sécheresse fut telle que le niveau du lac baissa de plus de cinq mètres mettant au jour les vestiges d'une cité lacustre néolithique fort bien conservés. Suite à cette découverte, une pirogue et divers outils sont exposés au musée d'archéologie de Lons-le-Saunier. Quelques maisons sur pilotis totalement conformes à celle du néolithique ont été reconstituées au lieu-dit les «Marnes» à l'ouest du lac. La température de l'eau est fort agréable en été. Les plages surveillées permettent de se baigner en toute sécurité et de pratiquer tous les sports aquatiques. Le domaine de Chalain propose de nombreuses activités pendant la belle saison.

A Doucier, une plage a été aménagée et l'on peut louer des planches. Du village, belle vue sur le lac. Venez début mai pour la fête locale, les Quatre jours de l'Escargot. A proximité du village de Fontenu, une grande aire de pique-nique a été aménagée, des tables sont installées à l'ombre des noisetiers et le grand terrain plat et herbu est idéal pour les enfants. Mais l'intérêt principal du site est le magnifique belvédère sur le lac de Chalain. Le lac est aussi le paradis des pêcheurs ; classé en deuxième catégorie, il est peuplé par de nombreuses espèces de poissons : le corégone est le plus recherché mais sa capture est loin d'être évidente pour le néophyte ; perches et gardons sont plus accessibles. Pour nombre de marins d'eau douce, l'essentiel est de savourer à l'aube, le calme du lac sans baigneurs, les jeux de la lumière naissante avec les filets de brume, le clapotis de l'eau taquinant les avirons, les plaisanteries et le casse-croûte partagé. La surface de l'eau porte très bien le son et il est fréquent d'entendre les bouchons sortir bruyamment des goulots. Dernière remarque : il y a vraiment beaucoup de monde sur les rives en été. C'est la rançon du succès.

Quelques beaux points de vue sur le lac par D90, en quittant Doucier vers Songeson (à gauche direction Chevrotaine).

MARIGNY

Pendant la période du néolithique et de l'âge du bronze, cette région fut occupée par les premiers agriculteurs du Jura. Leurs habitats étaient construits sur les rives du lac pour des raisons défensives.

Cité lacustre du lac de Chalain. Maison des Lacs © *03 84 47 12 13. Ouvert de la mi-mai à la mi-septembre, de 14h à 18h30.* Ces vestiges datés du néolithique (4 000 avant J.-C.) et de l'âge du bronze constituent un site classé d'intérêt national et exploité par le CNRS. Deux maisons sont présentées au public, des supports vidéo ou documentaires complètent une mise en valeur qui va se développer progressivement (classé depuis seulement 1995).

LACS DU VAL ET DE CHAMBLY

On y accède depuis Doucier par la D326. Le paysage est superbe, entre lacs et forêts, pour trouver le réceptacle des eaux de la cascade du Hérisson. Après un parcours fracassant et tumultueux, le Hérisson devient tout à coup silencieux. Le Val d'une superficie de 49 ha et d'une profondeur d'une vingtaine de mètres dépasse son voisin de Chambly s'étendant sur 35 ha et profond d'une dizaine de mètres. Ce dernier est plus marécageux et ses rives bordées de joncs sont difficilement accessibles. Depuis le village de Saugeot un chemin forestier, puis un sentier vous conduira au belvédère de la Dame Blanche. La vue grandiose embrasse toute la vallée du Hérisson et c'est le meilleur endroit pour fixer sur la pellicule les lacs du Val et de Chambly ensembles.

DOUCIER

La Ferme de l'Aurochs. Val Dessous ✆ **03 84 25 72 95.** *Ouvert de 9h30 à 19h30 du 1er juin au 30 septembre (période été), de 14h à 19h30 du 15 avril au 30 octobre (hors été). Tarif : 25 / 12 F.* Vente de produits artisanaux et notamment du saucisson de bison. Située sur un territoire de 10 ha, au pied des cascades du Hérisson, la ferme présente une exposition retraçant la vie de l'aurochs, sa domestication, sa disparition, sa réintroduction. Dans le parc, sur un sentier jalonné de panneaux d'informations, on découvre les différents élevages : aurochs, bison d'Amérique, highland-cattles, bœufs d'Ecosse et chevaux tarpan. Cette ferme située sur un ancien marais n'a rien d'un zoo. Endroits aménagés pour les enfants.

Escapade

De Doucier à Moirans-en-Montagne (51 km). On quitte Doucier par la D27 jusqu'à Clairvaux, en rejoignant la N78. On goûtera sur place les productions fromagères, le comté, mais aussi le morbier. On suit la N78, pour prendre, après environ 5 kilomètres, à droite, la direction Saint-Maurice par Crillat. Saint-Maurice, un village tout simple, jurassien en diable, et de grand charme. On gagne Prénovel par la jolie route forestière, avec points de vue et sapins. On suit la route des Piards, où l'on trouve une toute petite route, avec la pancarte posée sur un rocher, fléchée "Les Crozets", vers la droite. On parvient aux Crozets, par une route toujours plus belle, puis on prend la direction Moirans. Sur la route principale, après la descente des Crozets, on prend à gauche pour parvenir à Moirans, capitale du jouet. Etape à l'Hostellerie Lacuzon, solide et accueillante.

Le miel de sapin

L'été en vous promenant dans les forêt de résineux, très peuplées en sapins, vous pourrez remarquer des milliers de petites taches brillantes sur les feuilles des ronces. Ecoutez ! Le ciel est bien bleu, mais il vous semble entendre pleuvoir un léger crachin, ou est-ce la rosée ? L'apiculteur ne s'y trompe pas, c'est une manne pour ses collaboratrices laborieuses, et une très bonne saison en perspective pour le berger des abeilles. Les mini-usines à miellat tournent à plein rendement grâce aux pucerons. Ces petits insectes d'un ou deux millimètres appelés Cinara Pectinatae, se nourrissent exclusivement de sève de sapin, qu'ils pompent grâce à une bouche très bien adaptée en forme de paille. Ce parasite, même en très grand nombre, n'affecte pas la santé de l'arbre. De temps à autre, un puceron expulse une déjection sucrée, petite goutelette qui va s'écraser sur une feuille. Les abeilles sont très friandes de miellat, facile à récolter. De l'aube jusqu'au coucher du soleil, le manège est incessant de la ruche aux cimes des sapins. Les butineuses peuvent effectuer plusieurs kilomètres pour collecter leur butin. L'apiculteur voit alors ses hausses de ruche se remplir et son travail s'accroître. Il obtiendra un miel foncé aux reflets verdâtres, au délicieux parfum de forêt.

Si les conditions météo sont propices, les rendements peuvent être très élevés, mais le «sapin» ne donne pas tous les ans. Cette discontinuité dans la production en fait un miel rare dont le prix est supérieur aux autres miels, «toutes fleurs» et «montagne». Si vous visitez une miellerie, demandez à déguster l'hydromel, la boisson des dieux, mais n'en abusez pas (entre 12,5 et 14 % d'alcool).

■ PRODUITS REGIONAUX

Jurabeille, apiculteur professionnel. Saffloz ✆ **03 84 25 71 90.** Des ruches vitrées permettent de découvrir et d'admirer le travail des abeilles. Vous pourrez déguster le miel de montagne, d'acacia et surtout le fameux miel de sapin.

■ MANGER, DORMIR

Grill-restaurant La Sarrazine. Doucier ✆ **03 84 25 70 60.** *Ouvert de février à novembre. Fermé le jeudi. Menus : 78 à 138 F. Carte.* Avant d'être restaurateurs, Madame et Monsieur Cossin tenaient une boucherie, ce qui explique qu'ils aient fait de la viande leur spécialité et de la qualité de la chair fraîche leur cheval de bataille. Entre le steak tartare, les pieds de cochon à la braise et les pièces de bœuf, les végétariens feront triste mine. Tout se fait sous nos yeux en un temps record. Les desserts confectionnés par Madame Cossin sont délicieux. On appréciera en été la terrasse.

Pizzeria-Grill-Glacier Le Lacustre. Doucier ✆ **03 84 25 73 00.** *Ouverture d'avril à octobre. Le midi : plat du jour à 39 F. Pizzas de 33 F à 57 F, viandes de 39 F à 95 F. Pâtes, etc.* Etonnant, dans un site aussi touristique, pour des prix modestes et une très bonne qualité.

Restaurant La Tonnelle. Le Bourg, Doucier ✆ **03 84 25 74 90.** *Ouvert de mai à fin septembre, tous les jours. Menus de 76 F à 135 F.* La spécialité de ce restaurant est l'escargot, car M. et Mme Christmann, les propriétaires sont également héliciculteurs. En feuilleté pour 42 F, ou traditionnellement au beurre dans sa coquille pour 48 F.

Le Comtois, Hôtel Roux. Doucier ✆ **03 84 25 71 21.** *De mars à octobre. 10 chambres avec cabinet de toilette, 170 à 300 F.* Une bonne maison dans un site avantageux, voilà qui garantit un séjour rassérénant. Menus avenants et relativement recherchés dans leur composition. La formule "tradition" à 99 F est la bienvenue, avec le feuilleté jurassien, comme celle à 138 F, plus ambitieuse : poêlée de langoustines au vin d'arbois, truite fario au fenouil.

Chez Yvonne. Le Pont d'Ain, Châtillon ✆ **03 84 25 70 82.** *Ouvert de mars à septembre. Fermé le dimanche soir et le lundi toute la journée, hors saison. 8 chambres de 200 F à 250 F. Deux menus à 85 F et 135 F, 69 F pour les enfants. Carte.* Par temps ensoleillé, la terrasse abritée, bordant la rivière de l'Ain, s'avère très apaisante. Un cadre verdoyant, piscine, terrain de boule, ping-pong, aire de jeux, jardin, sont disponibles pour les clients.

Camping

Camping le Relais de l'Eventail. Doucier ✆ **03 84 25 71 59.** *Ouvert du 15 mai au 15 septembre. 53 emplacements sur 1,2 ha.* Au pied des cascades, dans un cadre privilégié et merveilleusement reposant.

Camping Domaine de Chalain. Doucier ✆ **03 84 24 29 00.** *Ouvert d'avril à septembre. 800 emplacements, sur 32 ha.* Tout confort dans ce lieu de villégiature. Tout a été prévu pour un séjour agréable et détendu. Plaisirs sportifs : planche à voile, canoë, tennis, jogging, pêche, VTT, randonnées ; plaisirs de la nuit : discothèque, bar, glacier, restaurant, animations, promenade sur des chemins bien entretenus. Blocs sanitaires modernes, laverie, boutiques, nurserie, local handicapé. Si vous n'avez pas de tente, vous pouvez louer des petits chalets avec chauffage (4/5 personnes, prévoir couchage) installés au bord de la forêt, possibilité location week-end, hors saison.

Camping Les Mérilles. Doucier ✆ **03 84 25 73 06** (hors saison **03 84 52 63 94**). *Ouvert du 1er juin au 30 septembre et les week-ends de mai. Camping familial de 70 emplacements, sur environ 1,5 ha, dont 12 «grand confort».* Il est situé en bordure du village, avec possibilité de location de caravanes. A noter les sanitaires pour handicapés. Les emplacements sont entièrement clos, plats et ombragés en partie.

Camping La Pergola. Marigny ✆ **03 84 25 70 03.** *Ouvert du 1er mai au 30 septembre. 350 places sur 8 ha.* Possibilité location mobil-homes, très luxueux pour 6 personnes maxi. Camping fort bien aménagé : restaurant, fast food, bar, glacier, café. Service de change, de coffres individuels, laverie automatique, sanitaires handicapés, mini-marché, nombreux services. Chiens acceptés, mais en laisse.

■ LOISIRS

Aviation
Alizés, base ULM et delta. M. Putod, Doucier ✆ 03 84 25 71 93. Ecole d'aviation FFVL, baptêmes ULM ou delta. Circuits touristiques, formation, brevets ULM et delta.

Equitation
Poney-club Rallye Jura. Mme de Saint-Priest, Doucier ✆ 03 84 25 71 30. Ecole agréée FFE, stages, promenades, hébergement.

Multi-activités
Cap-Loisirs Emotion. M. Menbeuf, Chemin du Lac, Doucier ✆ 03 84 25 71 36. Location VTT, escalade, canyoning, spéléo.

LES CASCADES DU HERISSON ET ALENTOURS

LES CASCADES DU HERISSON

Cette série de cascades plus belles les unes que les autres s'étend sur une promenade d'environ 4 km où l'on passe de 515 m d'altitude à 780 m. Ces cascades de la rivière du Hérisson (du grec héri, sacré et du celte onn, eau), sont le fruit de deux ruisseaux prenant leur source dans les eaux des lacs de Bonlieu et d'Ilay. La grotte Lacuzon, au pied du Grand Saut, porte le nom du célèbre capitaine qui lutta pour l'indépendance de la Franche-Comté. Pour la promenade, s'équiper de bonnes chaussures de marche, car certaines parties sont assez glissantes. Attention à la sécurité des enfants, l'endroit est envoûtant mais peut s'avérer dangereux lors de certains passages. Un des hauts lieux du tourisme jurassien.

■ BALADE

Depuis Doucier, prendre en voiture la direction Menetrux-en-Joux. Au bout d'une dizaine de kilomètres la route se termine sur un vaste parking. Bien chaussés nous démarrons sur le petit sentier longeant le Hérisson. Après environ 500 mètres, nous parvenons au pied de la **cascade de l'Eventail**, l'une des plus jolies du Jura avec ses 70 mètres de haut. L'eau se répand sur toute la surface du rocher et rebondit sur les marches naturelles, imitant le pan d'une immense robe à crinoline.

Continuons. Du belvédère de l'Eventail, les douces frondaisons vertes du bois de l'Envers contrastent avec le tumulte de la cascade. Traversons le Hérisson sur la passerelle Sarrazine. L'eau claire et assez peu profonde circule entre les rochers moussus. Le sentier se scinde en deux parties (rive droite, rive gauche) qui se rejoignent sous **le Grand Saut**.

Rive droite, une sente abrupte conduit à la **grotte Lacuzon**, où la légende veut que Claude Prost dit «Lacuzon», héros local, ait trouvé refuge. Des enfants crient et s'amusent à passer derrière la cascade, les embruns glacés contraignent à de drôles de pantomimes. C'est le Club Alpin de Lons-le-Saunier qui en 1897 aménagea ce passage. Escaliers de fortune et mains courantes facilitent notre progression jusqu'au belvédère du Grand Saut, le passage est étroit et ne permet pas un arrêt prolongé lors des périodes d'affluence. Gare aux glissades ! Le rocher est patiné à force de va-et-vient. Rappelez-vous la règle élémentaire en montagne : celui qui descend doit céder le passage à celui qui monte. Arrivé au Gour bleu : vasque profonde, utilisée au XVe siècle pour fouler (assouplir) la toile. L'endroit est agréable et nous décidons de nous asseoir un moment sur la petite gravière.

Repartons pour le **saut Château Garnier**. Au XIXe siècle le docteur Garnier s'installe dans la maison-moulin préexistante et la rénove. Le chemin s'élargit maintenant et la marche devient plus aisée, nous traversons une prairie parsemée de quelques épicéas et atteignons le **saut de la Forge**. Au XVe siècle, ce site très intéressant attira forgerons, meuniers et autres corporations pour lesquelles l'eau était nécessaire.

On peut poursuivre jusqu'au **saut Girard**, via le moulin Jeunet. Environ 1,5 km plus loin, le saut Girard chute d'une vingtaine de mètres : ultime étape et l'une des plus belles cascades du Hérisson. C'est ici que l'on retrouve la trace des plus anciennes applications hydrauliques construites sur le Hérisson.

LAC DE BONLIEU

Ce petit lac glaciaire, enchâssé dans un cirque recouvert par la forêt, est sans doute l'un des plus pittoresques du Jura. Ses couleurs sans cesse renouvelées ravissent le regard. Un petit sentier à flan de colline conduit à un belvédère qui permet d'apprécier pleinement le charme et la sérénité des lieux. Sur les rives du lac, en 1170, Thibert de Montmorot fonda la chartreuse de Bonlieu. En 1208, les moines de l'abbaye du Grandvaux s'opposent aux chartreux. En 1791, la communauté est dispersée et en 1793 les bâtiments sont incendiés. Les derniers bâtiments furent détruits en 1944 pendant la guerre.

LAC DE LA MOTTE OU D'ILAY

La particularité de ce lac est de posséder une île (ou motte). Des fouilles archéologiques attestent que la motte était déjà habitée au néolithique (4 000 ans avant J.-C.). Plus tard, au Moyen Age les moines de Saint-Vincent trouvèrent l'endroit propice à la méditation et à la prière, et construisirent un monastère. La petite communauté demeura à Ilay jusqu'au XVe siècle. Le prieuré de Saint-Vincent-d'Ilay pour son approche mystique se rapproche du monastère du mont Athos, en mer Egée, ou de l'abbaye Saint-Vincent-de-Lérins, sur la côte méditerranéenne. Au XIVe siècle, un pont fut bâti pour permettre aux insulaires de communiquer avec les villageois des alentours. Des fouilles sont en cours depuis 1990 et des découvertes intéressantes permettent petit à petit de reconstituer l'ensemble architectural du site. Les amateurs de pêche se réjouiront, à condition de posséder une barque, car les bords marécageux sont difficiles à approcher : corégones, brochets, perches, tanches sont en abondance. Le lac s'étend sur 79 hectares et la profondeur moyenne est d'environ 10 mètres.

LACS DU GRAND ET PETIT MACLUS

On y accède facilement en voiture depuis le village du Frasnois, en suivant une petite route sur environ 1,5 km, à la première intersection prendre à droite. Un chemin longe le bord du lac ; à pied vous pourrez suivre le GR 59A, balisé blanc et rouge, effectuer le tour des lacs Maclus, Ilay et terminer par celui de Narlay avant de rejoindre votre véhicule. Compter environ deux bonnes heures, le circuit faisant une dizaine de kilomètres. Les passionnés de botanique seront comblés, ces lacs et leurs abords recèlent en effet une flore très riche avec des spécimens rares comme la gentiane pneumonanthe, protégée par la loi.

LAC DE NARLAY

La légende veut qu'une vieille femme, dont nul ne connaissait le nom et qui fréquentait les bords du lac de Narlay, donna à l'eau le pouvoir de blanchir le linge sans lessive et sans savon. Un autre conte traditionnel raconte que le village primitif de Narlay fut englouti à la suite de la colère divine, né du fait que les villageois refusèrent l'hospitalité à une mendiante. Une seule maison fut épargnée, celle d'un vieil homme qui avait fini par accueillir la pauvre femme. Le hameau de Narlay se reconstruisit autour de cette maison. A minuit, le soir de Noël, le coq du village englouti fait retentir son chant.

Un sentier d'une heure fait le tour du lac, après quoi vous pourrez vous rafraîchir ou casser une croûte chez Edith, un petit restaurant juste au bord de l'eau. La terrasse est reposante avec toute la verdure environnante, et le personnage d'Edith est vraiment sympathique.

LAC DU VERNOIS

A partir de Narlay, prendre la direction de Chevrotaine et continuer pendant environ 1,5 km. En été le lac est difficile à déceler, à gauche en contre-bas de la route, à cause de l'épaisse végétation. Il faut gagner l'autre extrémité, plus dégagée, au milieu des champs. Ce petit lac est un joyau pour ceux qui désirent communier avec la nature.

LAC DU FIOGET

Situé à quelques encablures du lac du Vernois, le Fioget est vraiment magnifique lorsque fleurissent les nénuphars. Le petit hameau du Fioget et les deux ou trois résidences secondaires qui bordent le lac le rendent un peu moins sauvage que le Vernois. Il n'en possède pas moins un charme certain. Pour y accèder depuis Narlay, emprunter à pied ou en VTT le chemin forestier du bois de Banc.

CHAUX-DU-DOMBIEF

Parc animalier Faune et Nature ✆ **03 84 60 10 00.** Découverte de la faune régionale dans un décor de nature sur le thème des 4 saisons.

■ MANGER, DORMIR

Le Chalet Conus. Route du Lac, Bonlieu ✆ **03 84 25 57 04.** Dans ce chalet en bois d'une surface relativement modeste, on sert les clients avec un grand sourire. Grand choix de vins mis en valeur par un classeur très pédagogique. Les très nombreuses illustrations et explications qu'on y trouve suscitent l'évocation d'un tour de France des vignobles. On peut y déguster des spécialités de terroir, telles que le poulet aux écrevisses ou les escargots aux morilles, sur réservation. Quelques attentions délicates et bienvenues.

Restaurant Le Relais de l'Eventail. Cascades du Hérisson ✆ **03 84 25 71 59.** *Ouvert du 1er avril au 30 septembre. Fermé mercredi. Menus 90 à 210 F. Carte 150 F.* Au pied de l'un des sites naturels et touristiques les plus visités du Jura, l'Eventail n'est pas, en saison, un havre de paix. Les Coca-frites ont davantage recette que la cuisine régionale et le caractère un peu rustique et intimiste de l'intérieur protège du brouhaha des acheteurs de souvenirs de l'échoppe voisine. Les plats proposés résument bien les grandes lignes de la cuisine traditionnelle jurassienne. Les gastronomes préfèreront l'endroit le soir, beaucoup plus calme et propice à la dégustation.

Au Bon Séjour. Au village, Saint-Maurice-Crillat ✆ **03 84 25 82 80.** *Hôtel logis de France : 7 chambres de 120 F à 200 F. Fermé le dimanche soir hors-saison. Menus : 60 à 100 F. Pas de carte.* Le cadre est fort sympathique, les tables sont ornées de fleurs et de nappes colorées, qui s'harmonisent avec le mobilier rustique. Un apéritif maison, crémant et crème de cassis (13 F), vous aidera à choisir votre menu. Le faux filet aux morilles est excellent. Les fromages de très bonne qualité précèdent la tarte maison. Un bon rapport qualité-prix et une ambiance familiale attendrissante.

Auberge du Hérisson. 5, route des Lacs d'Ilay, Chaux-du-Dombief ✆ **03 84 25 58 18.** *16 chambres de 150 F à 305 F. Petit déjeuner 39 F. Menus : 67 à 230 F. Carte : 180 F.* Le site est admirable, la maison (un joli chalet aux volets rouges) coquette et très bien tenue pour un séjour de tout repos. Agréables chambres. Bonne et roborative cuisine pour marcheurs et voyageurs, avec le menu du randonneur à moins de 100 F. Vaste carte aux spécialités conviviales (fondue comtoise). Pour se réveiller avec le chant des oiseaux.

Chambres et tables d'hôtes, fermes-auberges, gîtes

L'Alpage. Vers l'Alpage, Bonlieu ✆ **03 84 25 50 74.** *9 chambres de 200 F à 300 F. Fermeture du 15 novembre au 15 décembre et le lundi hors saison. Menus de 97 F à 180 F. Demi-pension à 285 F.* Assis sur un promontoire à quelques centaines de mètres du petit village de Bonlieu, L'Alpage domine le site du lac que l'on ne peut distinguer à cause de la végétation. Bon menu du terroir à 97 F. Plusieurs plats de poissons sont proposés à la carte. La spécialité de la maison est la salade de truite marinée au marc du Jura.

Gîte d'étape du Hérisson. Le Frasnois ✆ **03 84 25 57 27.** *Couchage : 60 F par personne, petit déjeuner : 22 F, repas : 82 F. Bar, glacier, crêperie, assiettes jurassiennes, grill.* Sur le chemin des randonnées équestres, VTT et autres, ce gîte offre une halte agréable, en pleine nature. Trois dortoirs sont à la disposition des randonneurs (1 de onze lits, 2 de quatre lits), ainsi que des douches, WC, 2 belles salles de restauration dont une avec cheminée, et pour leurs compagnons chevaux, des boxes avec de l'avoine.

Gîte N° 1189. Le Frasnois ✆ **03 84 24 57 70.** *De 1 600 à 1 900 F la semaine + charges, selon la saison.* Ce nouveau gîte a été aménagé dans une petite maison de plain-pied, comprenant une cuisine, un petit séjour avec cheminée, 1 chambre avec un grand lit, 1 chambre avec deux petits lits, salle de bains et WC.

Chambres d'hôtes Christine et Dominique Grillet. Bonlieu ✆ **03 84 25 59 12.** *Quatre chambres 210 F pour deux personnes petit déjeuner compris.* Maison de village rénovée, où l'on dispose de 4 chambres, toutes avec salle de bains et WC. Autour de la maison, à la disposition des hôtes, une petite cour fermée et un jardin d'agrément. A proximité : lac, équitation, pêche, tennis et restaurants.

Chambres d'hôtes Marie-Claude et Freddy Rigoulet. Rue Principale, Saint-Maurice-Crillat ✆ **03 84 25 21 02.** *Chambres 220 F pour deux + petit déjeuner, 65 F le repas du soir.* Dans cette maison de village avec jardin, deux chambres d'hôtes ont été rénovées pour le plaisir de tous. Ces chambres comprennent salle de bains, WC, un petit coin cuisine avec réfrigérateur et une chambre en mezzanine dont le grand lit est surélevé de deux marches.

Auberge des 5 Lacs. 66, route des Lacs, Le Frasnois ✆ **03 84 25 51 32.** *250 F pour deux personnes, 190 F/personne en demi-pension.* Quatre chambres tout confort ont été aménagées dans cette grosse bâtisse (1 chambre avec un grand lit, 1 chambre avec deux petits lits, 1 chambre avec un grand lit et un canapé, 1 chambre avec un grand lit et communiquant avec une petite chambre d'appoint). Un salon en mezzanine reçoit les hôtes pour un moment de détente lecture. Cour, jardin, terrasse, tout a été aménagé pour un séjour agréable et reposant.

Camping

Camping Sur Narlay. Le Frasnois ✆ **03 84 25 58 74.** *Ouvert du 15 mai au 15 septembre. 200 places sur 2,5 ha.* Près du lac : sanitaires, sanitaires handicapés, pêche, randonnée, activités nautiques, VTT, tennis, équitation.

■ LOISIRS

Equitation

Centre équestre du Marais. M. Bailly, Bonlieu ✆ **03 84 25 50 87/84 25 51 27.** Promenades, randonnées, stages initiation.

VTT

Location VTT. J. Goguillot - Le Frasnois ✆ **03 84 25 50 72**

CLAIRVAUX ET SON LAC

CLAIRVAUX

Sur les rives du grand lac bordé au nord par la petite cité de Clairvaux, on retrouve des témoignages de cités lacustres datant de la préhistoire. Destiné aux joies de la baignade et de la voile, ce lac est un lieu de villégiature réputé. L'histoire du peuplement du site de Clairvaux ressemble beaucoup à celle de Chalain. Et les premières traces de la présence de l'homme remontent au néolithique, environ 3 500 ans avant notre ère. En flânant dans les rues du petit bourg, on remarquera les quelques vestiges rescapés des nombreux incendies particulièrement destructeurs du XVIe, XVIIe et XVIIIe siècle. L'église de Saint-Nithier primitivement de style roman a subi maints remaniements. Aujourd'hui les stalles du XVe, ayant appartenu à l'abbaye de Baume-les-Messieurs, et les tableaux donnés par le général Dériot valorisent cette église qu'on ne manquera pas de visiter. Le couvent des Carmes ruiné par les flammes à deux reprises, mais rebâti devint en 1792 propriété privée. A voir la salle des fêtes une exposition internationale de landaus, de 1850 à nos jours (entrée 20 F).

Le village lui-mêm, paisible mais bien vivant, ne manque pas de charme pour y passer quelques heures comme pour y séjourner, en base de départ vers la montagne.

COGNA

Sur la place du village est installée une lyre géante issue de la déformation naturelle d'un sapin. Un monument en bois original qui allie la fantaisie de la nature au travail de l'homme.

THOIRIA

Fruitière 1900 ℘ *03 84 25 84 14. Ouvert en juillet-août. Démonstration tous les matins sauf le dimanche. Entrée libre.* Dans cette ancienne fromagerie, on peut assister le matin à la fabrication artisanale du comté comme en 1900, au feu de bois : le matériel d'époque est en parfait état de fonctionnement. Et si vous n'êtes pas matinaux, une vidéo présente les gestes du fromager d'antan, et une vitrine permet de découvrir l'ensemble de l'artisanat jurassien.

■ PRODUITS REGIONAUX

Etablissements Poupon. 6 rue des Artisans, ZI, route d'Orgelet, Pont-de-Poitte ℘ *03 84 48 31 39. Démonstration de 9h à 12h et de 13h30 à 19h sauf le dimanche.* Exposition-vente d'articles en corne, coutellerie et articles en peau.

Le Travail du cuir. Thoiria. Nicole et Michel Philippe créent leurs modèles en recherchant un équilibre entre l'esthétique, l'originalité et l'utilitaire. Expo-vente au pont de la Pyle, zone de Surchauffant du 1er mai au 30 septembre. Vous pourrez également admirer leur travail au Domaine de Chalain, L'atelier est ouvert du 1er mai au 15 septembre (℘ **03 84 25 25 16**).

■ MANGER, DORMIR

Hôtel-restaurant de l'Ain. Pont-de-Poitte ℘ *03 84 48 30 16. Fermé de la dernière semaine de décembre au 1er février. Hors saison fermé dimanche soir et lundi. 10 chambres de 200 F à 300 F. Menus 100 à 240 F.* 27 ans au service de la clientèle, cela indique bien que Michel Bailly, le chef, tient les fourneaux avec solidité. Au menu, beaucoup de poissons, des morilles, des volailles de Bresse, des écrevisses, servis avec amabilité et professionnalisme, dans un cadre typiquement jurassien. L'été, on bénéficie d'un service en terrasse surplombant la rivière de l'Ain. Situé au cœur d'un patrimoine touristique très important, l'hôtel est un lieu de repos très agréable après de longues balades.

Chambres et tables d'hôtes, fermes-auberges, gîtes

Chambres d'hôtes Jacqueline et Guy Devenat. Charezier ℘ *03 84 48 35 79. Chambres 170 F pour deux + petit déjeuner, 210 F pour trois personnes, 260 F pour quatre personnes, repas du soir 60 F.* Une chambre est installée dans la maison des propriétaires avec salle de bains et WC en dehors de la chambre ; 3 autres chambres avec salle de bains et WC sont installées dans une maison au fond du parc, mais celles-ci sont fermées du 1er octobre au 1er mai, car il n'y a pas de chauffage. Terrasse avec véranda. De nombreuses activités sont possibles aux alentours.

Gîte n° 1135 (3 épis). Mesnois ℘ *03 84 24 57 70.* Maison indépendante avec chauffage central comportant coin cuisine, séjour avec cheminée et télé couleur, 2 chambres (2 lits de deux personnes + 1 convertible deux personnes), salle de bains, grande terrasse avec salon de jardin. Vue magnifique sur la vallée de l'Ain. Lave-linge et lave-vaisselle. De nombreuses activités sont proposées à proximité : pêche, baignade, voile, forêt, équitation, tennis à 3 km maxi.

Camping

Camping Les Pêcheurs. Pont-de-Poitte, 9, chemin de la Plage ℘ *03 84 48 31 33. Ouvert toute l'année.* A proximité du lac de Vouglans (500 m), en bordure de rivière ce camping avec des emplacements d'environ 90 m2, offre tous les avantages d'un grand camping : sanitaires handicapés, laverie, activités nautiques, pêche, tennis, randonnée, VTT, équitation, escalade, canoë-kayak. Tous commerces au village.

Camping Le Moulin de la Fraite. Thoiria ✆ *03 84 25 80 21. Forfait 49 F pour deux personnes, eau chaude comprise. Buvette et petite restauration. Ouvert en dehors des périodes de gel.* Tout au bout de la route, ce camping retiré du monde est pourtant situé à 500 m du lac de Vouglans. Sur 5 hectares de végétation, seulement 80 emplacements de camping sont aménagés, ce qui laisse de la place pour les ébats des petits et des grands. Soirées barbecue organisées régulièrement. Un lieu idéal pour bien profiter de ces vacances et se refaire une santé.

Camping Fayolan. Clairvaux-les-Lacs ✆ *03 84 25 26 19. Ouvert de mai à septembre, chalets d'avril à novembre. Emplacements d'environ 100 m2. Location chalets de 1 200 F à 2 900 F la semaine suivant la saison et la superficie du chalet (6 places ou 4 places).* Situé à environ 800 m du centre de Clairvaux, le camping Fayolan offre tous les avantages d'un camping 3 étoiles. Situé au bord du lac, il possède en outre deux bassins aquatiques et un bassin pour les petits, bar avec salle disco, TV, cheminée et terrasse, un club pour les enfants de 4 à 12 ans, alimentation, laverie, sanitaire spécial bébé, cabines téléphoniques, services plats à emporter, glaces à rafraîchir. Pour les distractions en dehors de la baignade, on trouve sur place ou à proximité : VTT, équitation, activités aquatiques, espaces de jeux, parcours de santé, visites des sites et du patrimoine jurassien. Le soir, des animations très diverses sont organisées : jeux, spectacles, soirées dansantes...

■ LOISIRS

Activités nautiques

FC Navigation. Saut de la Saisse, Pont-de-Poitte ✆ *03 84 24 17 04. Ouvert tous les jours du 1er juin au 15 septembre de 9h à 19h.* Locations de bateaux à moteur avec ou sans permis, à l'heure, à la demi-journée, à la journée. Tarifs variant entre 200 F et 1000 F suivant la prestation.

Equitation

Centre équestre du Villaret. Mme Chevron, Clairvaux-les-Lacs ✆ 03 84 25 26 03. Promenades, stages, petite restauration, camping.

ORGELET ET SA REGION

ORGELET

Orgelet doit son nom au mont Orgier, au pied duquel elle se blottit. Malgré les incendies et les guerres, ce petit bourg a conservé un riche héritage du passé. Affranchie par le comte de Chalon en 1267, Orgelet fut une cité brillante et renommée, de jolis hôtels particuliers en témoignent. Au milieu du XVIe siècle elle était même un centre judiciaire important. Sur la place des Déportés on remarquera l'hôtel de ville qui surplombe les solides voûtes de l'ancienne halle aux grains. La façade est ornée d'un cadran solaire en fer forgé. Derrière ce bâtiment se trouvait la prison, et les cachots sont toujours présents derrière d'épaisses portes garnies de verrous. La Grande Rue permet l'accès à l'ancien monastère des bernardines, venues d'Annecy en 1652, remplacé aujourd'hui par le collège. Le cloître est visible derrière une baie vitrée accessible au public. Il ne faudra pas oublier la chapelle dont la belle entrée se trouve surélevée par une double rampe d'escaliers. La place aux Vins, la porte d'entrée au bourg de Merlia, l'ancien Hôtel Babey, sont les autres facettes du patrimoine d'Orgelet, ville natale du fameux Cadet Rousselle.

Eglise Notre-Dame. *Visite et commentaires gratuits* ✆ *03 84 25 48 25 (mairie).* Le pavement, unique par ses dimensions et la variétés de ses motifs, date du XIIIe, mais c'est au milieu du XVe siècle que l'église prit sa forme actuelle. Au cours des siècles, elle subit maints dommages, notamment pendant l'incendie d'Orgelet. Pendant la Révolution elle servit de Temple de la Raison et de l'Etre Suprême avant d'être transformée en magasin à fourrage. Une visite commentée s'impose pour comprendre l'évolution de ce magnifique édifice.

Ce site classé monument historique vient en effet d'être rénové. Ces travaux et l'éclairage sophistiqué ont su mettre en valeur son grand intérêt. Souvenir des fortifications, une meurtrière est visible sur la façade ouest. En été on peut profiter également des visites du clocher qui culmine à 55 mètres pour admirer les toits d'Orgelet. L'orgue de 1630 restauré en 1987 est l'un des plus anciens du département.

Deux destins exceptionnels

Hormis le fameux Cadet Rousselle, l'histoire d'Orgelet est liée à deux autres personnages aux destinées peu ordinaires. Le premier est Pierre Bouchard, né à Orgelet en 1771, il participera à l'expédition d'Egypte avec une vingtaine d'autres polytechniciens. Dans ce pays qui fascinait Bonaparte, il dirigea des travaux de fortification dans le Delta du Nil. Le 19 juillet 1799 il découvrit un bloc de granit noir portant des inscriptions en trois langues : grec, démotique et hiéroglyphes. C'était la pierre de Rosette qui permit à Champollion de comprendre et de déchiffrer la mystérieuse écriture égyptienne. La seconde aventure est plus anecdotique. Elle concerne un jeune étudiant italien qui passa à Orgelet pour rejoindre les armées de Napoléon, l'Italie étant alors sous l'influence de l'Empereur. Le dénommé Giovanni Maria Mastai-Ferreti fit une pause chez le cordonnier du 5 de la rue de la Tisserie pour acheter de nouvelles chaussures. Cet événement apparemment très banal aurait été vite oublié si le jeune italien n'était pas devenu plus tard le pape Pie IX ! Le saint-Père vanta longtemps les mérites de cet artisan aux pèlerins jurassiens qui lui rendirent visite à Rome.

AUGISEY

Les machines à nourrir et à courir le monde. Route de Beaufort ✆ 03 84 44 55 13. *Ouvert de 9h à 12h et de 14h à 19h. Tarifs 20 / 5 F.* Dans sa ferme transformée en musée, Marcel Yerly expose les maquettes en bois qu'il a patiemment réalisé. Sa spécialité est la reproduction d'anciennes machines agricoles à vapeur, des moissonneuses et des tracteurs. On peut admirer aussi des locomotives, des avions, des bateaux qu'il a construit pendant sa retraite dans un atelier dont les outils sont nés également de sa main. De nombreux tableaux qu'il a signés recouvrent les murs des pièces consacrées à cette exposition.

CRESSIA

On remarquera l'allure assez massive du château, datant du XVe siècle, qui domine le village de Cressia ; malgré son architecture un peu lourde, il mérite un coup d'œil.

LA TOUR-DU-MEIX

En 1822 le village de Saint-Christophe a été réuni à la Tour-du-Meix, où l'on a découvert de nombreux vestiges gallo-romains. La Tour-du-Meix était au IXe siècle propriété des moines de Saint-Claude et les chefs spirituels y séjournaient volontiers.

LE PONT DE LA PYLE

Pont de 351 m de long, 9 m de large et 74,45 m de haut dans sa partie centrale. Il relie les deux rives du lac de Vouglans et fut construit par EDF suite à l'édification du barrage de Vouglans. Il offre une superbe traversée du lac.

PRESILLY

Vestiges du château datant des XIe et XIVe siècles, où des spectacles sont organisés par l'Association des Baladins du Château et la commune. Autour du château, un sentier balisé invite à la découverte. Le site a été classé monument historique en 1955.

SAINT-LAURENT-LA-ROCHE

Ce village ne fait pas partie de la Petite Montagne mais il longe la route départementale 117 qui vient de Lons. Son belvédère, placé sous la bienveillance d'une statue imposante de la Vierge, vaut vraiment le détour. Il est situé à l'emplacement où jadis se dressait le château de Lacuzon, le défenseur de la Franche-Comté contre les Français. Ce site permet d'admirer pleinement la plaine de la Bresse ; en le quittant il faudra également visiter l'église du XIVe siècle, au clocher carré, qui abrite un décor mural peint, en partie conservé.

■ PRODUITS REGIONAUX

Coopérative fromagère Saint-Christophe. Largillay ✆ **03 84 48 30 62.** *Ouvert tous les matins.* Fabrication de comté, morbier, beurre, crème, vente au détail.

Etablissements Paris. Le Bourg, Largillay ✆ **03 84 48 30 64.** *Visite sur rendez-vous.* Tournerie et fabrication de jouets en bois.

■ MANGER, DORMIR

La Valouse. 12, rue Fosses, Orgelet ✆ **03 84 25 40 64.** *Fermé le dimanche soir et lundi hors saison. Chiens admis. 16 chambres tout confort de 215 F à 410 F. Menus de 75 F à 245 F + carte.* Situé en face de l'église d'Orgelet, l'hôtel-restaurant de la Valouse propose une cuisine soignée. En saison, une terrasse ombragée, mais en bordure de route, offre son agrément. Au menu les traditionnels croûtes aux morilles, coq au vin...

Restaurant du Surchauffant. Route d'Orgelet, La Tour-du-Meix ✆ **03 84 25 46 63.** *Ouvert d'avril à novembre. Menus : 65 à 140 F. Carte.* Depuis le restaurant, la vue sur le lac est superbe et, en été, la terrasse est prise d'assaut. La spécialité de la maison est le poisson : filet de perche, friture, truite... Une clientèle décontractée apprécie visiblement l'ambiance «bord de plage» de cet endroit populaire et bien placé.

Camping

Camping de Surchauffant. La Tour-du-Meix ✆ **03 84 25 41 08.** *Du 1er mai au 30 septembre. 200 places sur 2,5 ha.* Sur les rives du lac de Vouglans, il offre tous les services d'un 3 étoiles, ainsi qu'un éventail assez large d'activités.

■ SPORTS ET LOISIRS

Activités nautiques

Loisirs Nautic 39. La Tour-du-Meix ✆ **03 84 42 04 80.** Près du pont de la Pyle, location de bateaux pour voguer sur le lac...

Croisières

Jura Croisières Fluviales. La Tour-du-Meix ✆ **03 84 25 46 78.** *Ouvert d'avril à octobre de 9h30 à 22h. Promenades commentées d'environ 1h sur le lac de Vouglans. Croisière avec restauration suivant la saison et le nombre de personnes.* Lors de la promenade, vous pourrez admirer, entre autres, la Chartreuse de Vaucluse, chapelle qui faisait partie du monastère immergé en même temps que la vallée, lors de la construction du barrage, elle fut démontée et reconstruite sur les bords du lac. Il est préférable de réserver. La croisière est tranquille, agréable, au rythme de la plaisance fluviale, c'est à dire beaucoup moins rapide qu'un hors-bord ; mais on apprécie davantage le paysage...

Equitation

Ferme équestre de Rothonay. Rothonay ✆ **03 84 35 53 98.** *Ouvert d'avril à octobre, pendant les vacances scolaires et les week-ends.* Promenades à poney ou à cheval avec possibilité d'accueil en gîte d'étape.

VTT

Location VTT. L. Guicardot. Orgelet ✆ **03 84 25 45 97.**

MOIRANS ET SA REGION

MOIRANS-EN-MONTAGNE

2184 habitants. Altitude : 624 mètres. Des fouilles indiquent que l'homme était déjà présent sur le site de Moirans au néolithique, puis à l'époque gallo-romaine. Au Moyen Age, un château-fort fut construit et devint fief de l'abbaye de Condat (Saint-Claude). Les Français le détruisirent en 1637. Au XVe et XVIe siècles, Moirans était réputée pour ses ateliers de tisserands, que les guerres du XVIIe ruinèrent.

Aujourd'hui Moirans est devenue la capitale française du jouet et cette industrie régionale représente 30 % de la production française. L'entreprise Clairbois, très connue, implantée à Moirans vient d'être rachetée par la non moins célèbre Smoby de Lavans-les Saint-Claude, voisine de quelques kilomètres.

Musée du Jouet. 5, rue Murgin ✆ 03 84 42 38 64. *Ouvert 14h-18 h sauf le mardi ; juillet-août 10h-18h30 ; vacances scolaires 10h-12h et 14h-18h ; fermé en janvier.* Créé en 1989, le musée a vu ces dernières années sa fréquentation augmenter considérablement. Toutes les techniques de fabrication y sont présentées, des origines à nos jours. 5 000 jouets du Jura et d'Europe y sont exposés. Depuis 1991, un laboratoire national d'essai est installé à la Maison du Jouet. En plus des tests sur tous les produits qui doivent obéir aux normes françaises et normes européennes, il joue un rôle de conseiller auprès des entreprises. Visite agrémentée de films vidéo et diaporamas retraçant l'évolution du jouet depuis le début du XIXe siècle. Un musée unique en Europe.

Eglise Saint-Nicolas. Eglise du XVe siècle, le type même du style gothique flamboyant d'inspiration comtoise. Massif et imposant, cet édifice est l'un des symboles de l'ancienneté de la ville.

A proximité

Le regardoir. Panorama sur le lac de Vouglans situé à quelques minutes de Moirans.

Le mont Saint-Christophe. Au cœur de la forêt, très belle vue sur Moirans et le lac.

VOUGLANS - Une vallée engloutie

Pendant les années 60, c'était encore une vallée sinueuse et paisible au fond de laquelle les pêcheurs taquinaient la truite. Aujourd'hui, fermée par le barrage de Vouglans, c'est un lac sur lequel voguent les bateaux et filent les adeptes du ski nautique. On imagine aisément que cette transformation radicale n'est pas passée inaperçue dans le cœur des Jurassiens. L'inondation des quelques villages et hameaux a suscité de nombreuses réactions qui laissent des traces importantes dans la mémoire locale. Le traumatisme n'a pas été mince pour les 150 habitants dont les maisons rasées ont été englouties à tout jamais. Avant la mise en eau, les arbres ont été coupés, les souches brûlées, un véritable chambardement pour toutes ces personnes attachées aux terres héritées de leurs ancêtres !

L'importance des transformations n'a pas seulement surpris la population locale et tout le département a suivi avec curiosité l'évolution de ces travaux gigantesques. La surface bleue qui a fait place aux vertes prairies a même engendré des rumeurs... Un monument d'envergure a été abandonné aux bons soins des poissons : il s'agit du couvent qui abritait autrefois les frères chartreux dès le XIIe siècle.

Cependant, l'imposant portail en pierre de cet édifice est encore visible aujourd'hui car il a été déplacé et reconstruit à une centaine de mètres de son emplacement initial pour échapper à la destruction. Cet unique témoignage du passé est caché parmi les arbres dans les environs du village d'Onoz.

Visite du barrage. *Tous les jours en été, de 9h à 12h et de 14h à 17h. Visite gratuite. Rendez-vous à la centrale hydroélectrique de Cernon.* Par des escaliers métalliques souvent très raides, on peut accéder aux différentes galeries qui sillonnent la voûte de béton. Lors de ce périple, les techniciens initient les visiteurs aux multiples appareils dont la fonction est de contrôler l'état de santé de cet édifice.

Vous découvrirez les 5 puits de pendule par lesquels passent des câbles verticaux servant à vérifier le déplacement du barrage. 300 extensiomètres noyés dans la masse sont analysés par une impulsion électrique. Les tensions engendrées sont dévoilées par la fréquence qu'ils restituent, sur le même principe que les cordes d'un instrument de musique. Des pieds à coulisses placés à l'intersection des 29 blocs constituant la voûte mesurent l'évolution des interstices entre chaque partie. Systèmes de drainage, tubes d'injection du béton sont également au programme de cette visite insolite. Même en été, la température des lieux est assez fraîche ; il est prudent de penser à se revêtir d'un pull.

Encore quelques chiffres : la retenue créée par le barrage s'étend sur 35 km correspondant à une surface de 1 600 ha, pour un volume de 620 millions de mètres cubes d'eau. L'épaisseur à la base est de 30 m, l'épaisseur en crête de 6 m, la hauteur au-dessus des fondations de 125 m. 545 000 m3 de béton ont été utilisés. 3 km de galeries parcourent le barrage. La constuction a mobilisé 500 personnes de 1963 à 1967.

A proximité

Lac d'Onoz. D'une surface de 1,7 ha en 1986 et de 0,87 ha en 1993, le lac d'Onoz est le type même du lac en comblement. Petit à petit le minuscule lac s'envase, il deviendra marais, prairie et enfin forêt, c'est le processus inéluctable et naturel de l'atterrissement.

A Onoz prendre la route à droite jusqu'aux maisons de Chavia. Garer votre véhicule. Après une petite marche vous arriverez aux vestiges de l'ancienne chartreuse de Vaucluse, complètement isolée sur les rives du lac de Vouglans. Le reste de ce monument est englouti sous les eaux.

VILLARDS-D'HERIA

Site gallo-romain. Pont des Arches ✆ 03 84 47 12 13. *Ouvert juillet-août de 10h à 12h et de 14h à 18h ; hors saison sur rdv.* Site gallo-romain datant du Ier siècle, consacré au dieux Mars et Bellone. Cet ensemble de piscines alimenté directement par le lac d'Antre est dans un état de conservation étonnant, ainsi que le pont des Arches, à cheval sur l'Héria. La commune effectue actuellement des travaux de couverture du site pour assurer sa conservation et la visite durant toute l'année. Le site est intéressant, restituant la réelle importance de l'univers des thermes du début de notre ère.

LAC D'ANTRE

Les eaux de ce lac d'origine glaciaire mettent douze heures avant de jaillir sur le site gallo-romain de Villards-d'Héria, empruntant un chemin encore méconnu. Cette particularité hydrogéologique a sûrement donné naissance à de nombreux cultes païens dont l'existence est établie et qui rappellent ceux d'autres régions. Au XIXe siècle ce phénomène insolite fut détourné de sa pieuse vocation pour servir l'industrie naissante. Des vannes disposées au niveau du lac permettaient de réguler le débit de la résurgence. Le soir on ouvrait les vannes, l'eau arrivant au matin permettait de faire fonctionner les machines hydrauliques. En même temps que l'eau jaillissait à Villards-d'Héria, on coupait l'alimentation en amont jusqu'au soir.

Un point de vue unique dans un lieu inoubliable où la nature a encore tous ses droits. Si vous désirez prendre de la hauteur, grimpez au sommet de la roche d'Antre, le point de vue sur le lac et les monts du Jura en vaut la peine.

LAVANCIA

Une visite dans ce village au bord de l'Ain s'impose pour la découverte de sa petite église entièrement en bois. Elle a été installée là pour remplacer l'ancien édifice religieux qui avait été dévasté pendant la guerre. Cette église qui avait été exposée en 1951 à Lyon pour vanter les mérites de l'industrie du bois a la particularité d'être construite avec une douzaine d'essences françaises et exotiques.

SAINT-ROMAIN

Une très jolie chapelle des environs du XIIIe siècle sur un rocher dominant la Bienne.

■ MANGER, DORMIR

La Bergerie. Crenans 39260 Moirans-en-Montagne ✆ **03 84 42 00 50.** *Fermé lundi sauf pour groupes. 6 chambres à 215 F en demi-pension, petit déjeuner 30 F. Demi-pension 215 F. Menus de 65 à 170 F.* Une ferme du XVIIe siècle, fidèlement restaurée. Meubles régionaux, et accueil chaleureux de Francis et Hélène Baron, dans l'un des plus beaux coins du département. Des menus pour les petits creux ou les grandes faims de randonneurs, et des spécialités, avec la tarte au comté et aux noix, la terrine maison, le sauté de chevreau à l'arboisienne, la grillade à la jurassienne. Gîte d'étape, gîte rural (1 350/1 800 F + charges) et ferme équestre.

Camping Champ-Renard. Moirans-en-Montagne ✆ **03 84 42 34 98.** *Ouvert toute l'année. 100 places sur 3 hectares.* A proximité du lac, piscine, sanitaires handicapés, pêche, randonnée, VTT, bibliothèque, activités nautiques, minigolf.

■ LOISIRS

Activités nautiques

Base nautique Coyron. Secteur spécialisé et réservé à la pratique des sports nautiques motorisés sur le lac de Vouglans.

Base nautique Maisod. Base spécialisée voile, sur le lac de Vouglans.

Multi-activités

Ferme accueil La Bergerie. Crenans ✆ **03 84 42 00 50.** Pour des balades à cheval, une halte ou un séjour à la ferme. Egalement gîte, table et découverte du monde agricole. Voir ci-dessus.

ARINTHOD ET SA REGION

ARINTHOD

Au cœur d'Arinthod, autrefois fortifié, on sera surpris par la découverte des arcades qui rappellent celles de Lons-le-Saunier. Elles abritaient hier de nombreuses boutiques dont une majorité a désormais porte close. Pour ajouter au charme de cette place, une très belle fontaine fut construite en 1750. Elle se remarque par sa taille imposante. On notera évidemment aussi la présence de l'église dominée par un clocher-porche. Sur les hauteurs qui accueillaient le château, il reste une petite chapelle aux toits de lauze et au clocher-mur caractérisitique. Un peu oubliée parmi les herbes envahissantes, elle surplombe des jardins en escaliers entourés de murets. Un petit coin tranquille un peu à l'écart du temps qui mérite cette ascension.

A proximité

A quelques kilomètres en direction de Vogna, il ne faut pas manquer de se rendre au **cirque de la Pierre Enon**. Ce rocher monumental tombé des falaises a longtemps été pris pour un monument mégalithique. La raison de cette méprise provient du fait que sa forme ressemble à celle d'un menhir gigantesque maintenu en équilibre par le travail des hommes. La tradition orale laisse entendre que c'était un lieu de culte au temps des druides. Son emplacement incongru provoque toujours la surprise de ceux qui le découvrent pour la première fois. Il faudra par contre prendre sa voiture pour aller depuis Arinthod jusqu'au hameau de Boutavent, quelques kilomètres après Vescles. Après une marche à pied très raisonnable, on parviendra aux ruines du château d'Oliferne. La vue depuis ce pic rocheux est des plus saisissantes. Le regard descend d'un côté sur le lac de Vouglans et de l'autre sur l'extrémité du lac de Coiselet. La légende raconte que les trois filles du seigneur qui défendirent ce château contre l'assaillant furent mises dans un tonneau et roulèrent jusqu'à la vallée. Arrivées en bas, elles se transformèrent en pierre sur les escarpements en aval du village de Condes.

CONDES

Dans la descente approchant Thoirette, on peut traverser à gauche et prendre la petite route assez escarpée qui passe par le village de Coisia. Le panorama circulaire qui descend sur la plaine est tout simplement grandiose. Condes se trouve à quelques kilomètres de là. On y parvient en profitant de cette voie qui longe le lac de Coiselet entouré de monts aux pentes vertigineuses. Les pêcheurs l'apprécient, ainsi que les amateurs de baignades.

DRAMELAY

Avant d'arriver à Arinthod depuis Saint-Julien, on trouvera facilement le chemin qui indique la direction du château de Dramelay. Si l'on vient depuis Cressia, après les granges de Dessia on prendra un chemin sur la gauche (compter 3 km pour parvenir à la tour). Les ruines du donjon et de la chapelle font l'objet d'une importante restauration. Ce lieu important qui abritait Bernard de Dramelay, grand maître de l'ordre du Temple, offre un point de vue permettant de s'imprégner de l'identité et des caractéristiques particulières des paysages de la Petite Montagne. Si vous continuez un peu plus loin, vous parviendrez à la chapelle templière, trônant au milieu des ruines du village et des anciens puits. L'objectif des travaux (chantier estival) est la restauration de la tour de Dramelay : triage, taille des pierres et maçonnerie des murs. Contacter l'Adapemont © **03 84 85 47 91**.

Etant à Dramelay, il serait dommage de ne pas faire le détour jusqu'aux cascades de la Quinquenouille. Prenez la direction de la Boissière puis de Chatonnay. A 300 m dans la direction de Dramelay, laissez votre voiture et suivez un sentier balisé jaune et bleu. Vous vous reposerez au pied de la cascade, surmontée d'un petit pont datant du Moyen Age.

GIGNY

Ce village est chargé d'histoire et les hommes ont choisi cet emplacement depuis l'aube des temps, comme l'attestent les découvertes faites dans la grotte préhistorique située à quelques encablures de l'agglomération. Il faut gravir une petite rue en pente pour parvenir à une place très agréable ornée d'une fontaine.

Abbatiale de Gigny. ©. **03 84 85 45 90**. La fierté de Gigny est de se blottir sous l'ombre de son église, un des deux édifices majeurs de la Petite Montagne avec celle de Saint-Hymetière. Sous un dôme comtois à huit pans, ce monument religieux fait parcourir à son visiteur un bond dans le temps de plus de dix siècles. Fondé par le moine Bernon en 888, le monastère aboutira à la construction de ce joyau du premier art roman. Son fondateur créera ensuite avec des frères de Baume-les-Messieurs la prestigieuse abbaye de Cluny. L'église de Gigny sera associée au grand élan de chrétienté du Xe siècle. Un lieu réputé pour les amateurs d'architecture et d'histoire religieuse.

A partir du village, un chemin balisé vous conduira au belvédère du Fays ; depuis le sommet d'une falaise, vous découvrirez la vallée du Suran.

LAC DE COISELET

Ce lac créé par la retenue du barrage bénéficie d'un microclimat, car c'est le plus méridional des lacs du Jura. Entouré de hautes montagnes, ceinturé par les rivières la Bienne et l'Ain, c'est un site idéal pour la pratique des sports nautiques, de la baignade et de la pêche. Le matin, il fait bon se promener aux abords du lac fréquenté uniquement par quelques barques de pêcheurs. Les embruns qui traversent l'étroite vallée à quelques dizaines de mètres de la surface de l'eau offrent le sentiment à ceux qui en profitent de participer à des instants éphémères d'une grande douceur.

MARIGNA-SUR-VALOUSE

Le Château-fort Jacques de Broissia © **03 84 35 72 11**. *Ouvert toute l'année pour les extérieurs, sur rendez-vous pour les visites intérieures. Gratuit.* Château fort avec donjon à cinq côtés datant du XIIIe siècle et qui appartenait à Jean de Chalon. Le donjon mesure 24 m de haut, avec des murs de 4,60 m d'épaisseur à la base. La façade, les terrasses et les jardins sont de la fin du XVIIe.

SAINT-HYMETIERE

Sur la droite, à l'écart du village, on remarque immédiatement l'église. Elle était autrefois entourée de maisons, mais celles-ci ont disparu et l'édifice religieux se retrouve un peu bizarrement planté au milieu des champs. Avec celle de Gigny, l'église de Saint-Hymetière est une des deux pièces maîtresses de l'architecture religieuse de la Petite Montagne. Si elle est moins imposante que la précédente, elle illustre parfaitement l'époque romane avec une élégance discrète et une harmonie qui en font un monument à découvrir absolument. Ses toits couverts de pierres de lave qui descendent à hauteur d'homme, les multiples perspectives qu'elle offre à ses admirateurs méritent une visite approfondie de ses façades et de sa nef aux multiples influences méditerranéennes (arcatures lombardes, abside en cul-de-four). Il est conseillé de profiter de l'espace qui l'entoure pour l'admirer sous tous ses angles riches et variés. Pour continuer dans le domaine de l'art religieux, il faut également voir le calvaire très orné au centre du village.

En descendant la petite route qui borde le cimetière, on pourra se rendre aux abords de la Valouse. Cette vallée très sauvage et boisée permet un itinéraire vert au contact direct d'une nature préservée. Un sentier conduit à la Caborne du Bœuf, une fameuse entrée de grotte aux dimensions gigantesques.

SAINT-JULIEN-SUR-SURAN

Blotti sur une butte étroite comme pour se défendre des agressions autrefois courantes, Saint-Julien domine le Suran, cours d'eau dont les rives offrent de très agréables promenades. Outre ce cadre de verdure et de fraîcheur, le village est également réputé pour les vitraux flamboyants de son église. Datant du XVIe siècle, ils sont les plus beaux du département. On trouvera également à Saint-Julien la Maison de la Petite Montagne dans laquelle de nombreux renseignements touristiques sont à disposition des visiteurs. Elle accueille aussi le siège de l'Adapemont, association qui anime la vie de la région et édite chaque trimestre le magazine *L'écho de la Petite Montagne*. A lire pour tout connaître de l'activité culturelle, de l'histoire et de l'économie du sud du Jura (voir carnet d'adresses).

A proximité

Tout près de Saint-Julien, le village d'Andelot possède une petite chapelle et un château intéressants. Parmi toutes les opportunités de découvertes de nature et de paysages autour de Saint-Julien on pourra retenir la visite aux abords de la grotte de la Balme d'Epy. Pour y accéder, prendre à Villechantria la petite route à droite qui traverse le Suran et monte au village de la Balme d'Epy. A côté de la mairie, un chemin descend jusqu'à la grotte.

THOIRETTE

Depuis Condes, on préférera traverser le barrage qui ferme le lac pour changer de rive et passer à Coiselet pour un très court trajet dans l'Ain. Ce petit détour dans le département voisin permet de découvrir la silhouette élancée d'un très beau château au mince donjon.

Ce voyage à la découverte de la Petite Montagne se termine à Thoirette. Cette cité au pied de hautes montagnes aux dénivelés très prononcés abrite la modeste maison dans laquelle vit le jour Xavier Bichat, le fondateur de l'anatomie moderne.

■ MANGER, DORMIR

Chambres d'hôtes Le Château. Andelot-Morval ✆ *03 84 85 41 49. 450 F à 800 F pour deux personnes avec petit déjeuner. Repas suivant menu environ 125 F. Appartement complet et entièrement équipé pour 1200 F par jour.* Le château d'Andelot-Morval, qui appartient à la famille Belin depuis de nombreuses générations a accueilli pendant la guerre de 39-45 la compagnie «Liberté» de Pierre Semard, et de nombreux résistants. Le château fut construit par Humbert III de Coligny en 1206. Dominant le village et la vallée du Suran d'une centaine de mètres, il a été entièrement rénové. Les sols sont d'époque en pierre, mais pour notre confort, d'épais tapis ont été déroulés. A disposition tennis, VTT, billard, salon de lecture avec cheminée d'époque, fax, possibilité de randonnée pédestre et bien sûr un parc immense de 10 ha, avec sa chapelle et son cimetière.

Gîte N° 901 (3 épis), Mme Perret. Poisoux, Val d'Epy ✆ **03 84 24 57 70.** *1 300 à 1 800 F la semaine, 500 F week-end (2 nuits-2 jours).* Situé dans le sud Revermont, dans une ferme renovée, 2 chambres (six personnes), séjour-cuisine avec cheminée, salle de bains, WC, mitoyenne avec le logement des propriétaires. Cour fermée avec balançoire pour les enfants. En face, le gîte n° 1115, agréablement aménagé, avec 2 chambres (six personnes), salle de bains, 2 WC, un immense séjour-cuisine-salon avec cheminée, télé, terrasse avec salon de jardin, barbecue. Possibilité pour les deux gîtes de louer les draps, ils sont tous les deux équipés du chauffage central.

■ PRODUITS RÉGIONAUX

Etablissements Robert Marichy. Neglia-Arinthod ✆ **03 84 48 04 06.** Visite de la tournerie d'un ancien "Meilleur ouvrier de France", sur rendez-vous. Luminaires, souvenirs, ameublement.

Les pigeons de Françoise Badot. Veria ✆ **03 84 48 77 59.** Ouvert toute l'année. Elevage et vente de pigeons fermiers du Jura. Fabrication de terrines et gésiers confits, pigeonneaux au vin jaune et aux morilles.

■ SPORTS ET LOISIRS

Equitation

Centre équestre La Centauresse. Serge Brun, Villeneuve-les-Charnod ✆ **03 84 44 31 63.** *Ouvert de mai à septembre.* Promenade d'1h, 2h, demi-journée ou journée ou randonnée de plusieurs jours avec ou sans accompagnateur, repas et hébergement en gîte. La Centauresse propose aussi un gîte-étape d'environ 12 places.

Golf

Golf de Chatonnay ✆ **03 84 48 01 47.** Un parcours agréable en pleine nature, à proximité du terrain de camping.

VTT

Location VTT. M. Bouvard. Gigny ✆ **03 84 85 46 24.**

A vos plumes !

Nos adresses, comme nos itinéraires, ont été testés. Mais le monde du tourisme est en perpétuelle évolution. C'est pourquoi les guides du Petit Futé doivent être régulièrement réactualisés, condition de leur fiabilité et de votre fidélité. Nous nous y employons déjà : le guide que vous tenez entre les mains est l'ébauche de la prochaine édition.

Cependant, nous nous proposons de faire mieux : nous vous ouvrons largement nos pages afin que nos guides soient de plus en plus les vôtres. Non seulement évolutifs, mais interactifs. De voyageur à voyageur.

Comme vous le constaterez, le courrier des lecteurs tient déjà sa place dans nos éditions remises à jour. Il ne tient qu'à vous qu'elle soit toujours plus importante. Non seulement, c'est amusant, mais c'est instructif. Alors, à votre tour, faites-nous part de vos impressions, racontez-nous vos expériences.

Faites connaître aux autres lecteurs vos bons tuyaux ! Nous publierons votre courrier, signé. Envoyez-nous aussi vos photos : tous les documents retenus feront partie de la prochaine édition.

Pour l'aspect pratique, voyez le questionnaire des dernières pages de ce guide.

DOLE ET SA REGION

La région doloise est un pays de plaine où l'altitude est comprise entre 200 et 250 m. On distinguera dans notre présentation, la Bresse du Jura, qui s'étale surtout dans le département voisin de la Haute-Saône, et le val d'Amour.

La Bresse est bien présente dans l'ouest du Jura, approximativement entre le nord de Chaussin et Bletterans. De taille plus modeste que sa «sœur» la Grande Bresse qui a pour capitale Louhans, elle s'allonge sans heurts sur une surface qui fait tout de même 60 000 hectares. Elle participe avec ses atouts particuliers à la diversité du Jura en proposant une palette spécifique de paysages de bocage et d'étangs. Ces surfaces qui caressent souvent le bord des routes offrent une faune et une flore très riche. Ces étendues d'eau artificielles héritées du Moyen Age avaient été créées par les moines qui s'approvisionnaient en poissons pour se nourrir pendant le carême. Aujourd'hui de nombreux pisciculteurs vivent toujours de cette activité économique en vidant tout simplement ces étangs en automne par un système de vannes. La faible concentration urbaine et l'absence d'industrie imposante ont conservé la qualité de ces espaces naturels.

Les oiseaux migrateurs d'Europe aiment venir y faire des haltes pendant leur périple, au printemps et à l'automne, faisant la joie des ornithologues qui viennent les admirer, cachés dans des abris derrière les joncs. La lumière douce renvoyée par les miroirs formés par l'eau tranquille participe également à donner une atmosphère particulière à la Bresse du Jura. Elle est réputée également par sa gastronomie, le produit phare étant bien sûr le fameux poulet de Bresse dont les plumes entièrement blanches font ressortir la vivacité de sa crête rouge. La tradition agricole est encore très ancrée dans les habitudes de tous les jours comme en témoignent la richesse des marchés aux bestiaux et aux produits de la ferme. Parmi les foires réputées on retiendra celles de Bletterans à la mi-septembre. Le visiteur remarquera évidemment l'habitat typique de la Bresse constitué de maisons basses à un seul étage. Il n'est pas rare de découvrir leurs façades agrémentées de longues guirlandes de maïs en «pannouilles». Leur architecture mêle les poutres en bois et la pierre, évoquant quelques similitudes avec les constructions alsaciennes. La Bresse du Jura est enfin un paradis pour les randonneurs et les pratiquants du VTT qui aiment la richesse des paysages sans souffrir de l'effort de montées pénibles et de côtes abruptes.

Le val d'Amour s'étend tranquillement le long de la rivière de la Loue, il est bordé au nord par l'immense forêt de Chaux. C'est une région riche en campings et en plages pour des baignades très agréables en été. Le nom de cette région de plaine a peut-être été inspirée par la légende de la Dame Blanche. La scène se situe dans les temps reculés, une jeune damoiselle était alors éprise d'un beau damoiseau. Leur affaire eut été plus simple si la rivière de la Loue ne séparait les deux amants. Qu'à cela ne tienne, notre preux chevalier, bravant tous les périls de la rivière tumultueuse rejoignait chaque soir sur un frêle esquif sa mie qui prenait soin de le guider à l'aide d'une lampe. Mais une nuit, la lumière ne brilla pas. Privé de repère, l'embarcation se fracassa contre un rocher et son unique occupant fut emporté par les flots. La belle ne supporta pas ce chagrin et s'éteignit peu après son bien-aimé. La légende veut que le fantôme de la chatelaine vienne de temps en temps hanter son ancienne demeure.

Jusqu'au XIXe siècle, les hommes ont souffert des caprices de la Loue qui provoquait souvent des crues ravageuses. Ce n'est qu'avec les balbutiements de l'industrie que les habitants de ses berges entreprirent de la domestiquer pour actionner leur machines. L'énorme réservoir de bois que constituait la forêt de Chaux et l'énergie hydraulique inépuisable de la Loue enfin maîtrisée furent exploités par les petites entreprises artisanales telles que verrerie, tuilerie, forge, minoterie... Aujourd'hui quelques ruines d'ateliers, d'anciennes retenues d'eau, des canaux ici et là nous rappellent l'épopée de la Loue. Les artisans ont laissé la place à la culture des céréales, betterave, tournesol, soja, tabac dont les plantations se succèdent au fil des saisons en coloriant le paysage.

Carnet d'adresses

Accueil information. 6, place Grévy, Dole ✆ 03 84 72 11 22.

Jura Vert. Association pour la promotion du tourisme de la Bresse Jurasienne, de la vallée de la Loue, Dole et sa région. Place Grévy, Dole ✆ 03 84 82 33 01.

ADAVAL. Association pour le Développement du Val d'Amour. 59, Grande Rue, Chamblay ✆ 03 84 37 73 58.

Association Vivre en Bresse. Maison de la Bresse. Chaumergy ✆ 03 84 48 62 56.

Office du tourisme de Dole. 6, place Grevy. ✆ 03 84 82 49 27.

■ SPORTS

Pêche

Associations de pêche

- Domaine public (de Parcey à Cramans), comprend la Gaule du Bas Jura (cartes à l'épicerie Lebrun à Ounans, à l'hôtel du Centre à Mont-sous-Vaudrey, et à l'épicerie Gréa à La Loye) et la Gaule du val d'Amour (cartes au tabac Georgeon à Santans et camping des Trois Ours à Montbarrey).
- Domaine privé : la Truite champenoise, contacter M. Graby à Champagne-sur-Loue, la Truite du val d'Amour, au restaurant de Pontarlier ou au camping à Port-Lesney.

Chissey Loisirs. D'origine artificielle les étangs constituent d'importants viviers de tanches, carpes, gardons, perches. Jours de pêche : mercredi, samedi, dimanche et jours fériés. Carte au mois ou à la journée, réduction pour les enfants, accès tous publics. Renseignements à l'épicerie Petetin à Chissey-sur-Loue.

La Loue. Elle est classée rivière de première catégorie. On peut y pêcher la truite, l'ombre, le brochet dans les nombreuses «mortes». Le poisson de friture peuple abondamment le bord des berges, sous les saules (siffles, gardons, ablettes...). La rivière offre de très beaux parcours pour la pêche à la mouche (au fouet). Cartes de pêche délivrées par les sociétés locales. Possibilité de cartes à la journée pour les pêcheurs ayant acquitté les taxes piscicoles.

Randonnée

Plusieurs randonnées de 7 à 25 km vous permettront de découvrir la Bresse jurasienne. Originale, une randonnée en chariot baché, accompagné d'un garde forestier, vous est proposée par Jura Vert. *Topo-guide 38 randonnées dans le bon Jura* en vente en librairie et syndicats d'initiative.

- Tour du massif de la Serre. Circuit de 4-5 jours, qui borde la forêt de la Serre à la végétation particulière. Vous découvrirez les mystérieuses croix pattées.
- Le sentier du Guêpier. Prenez la direction d'Etrépigney, parcourez le sentier du Guêpier sur la piste des Bons Cousins Charbonniers et visitez l'oratoire Saint-Thibaut à la Bretonnière. Renseignements ✆ **03 84 82 33 01**.

VTT

Randonnées organisées en formule libre : sur plusieurs jours, en chambre d'hôtes en pension complète ou demi, avec transport des bagages. Jura-Vert.

Tous les circuits VTT du Jura en fiches contenant toutes les informations nécessaires à la préparation d'une sortie : difficultés, temps, dénivelé... Carte IGN 1/50 000 et 1/25 000. Se renseigner au CDT JURA (✆ **03 84 24 57 70**). *43 randonnées dans le Jura des collines* en vente dans les maisons de la presse, les bureaux de tabac et les épiceries au prix de 45 F.

Quelques balades

- Circuit Mantry-Brery : 10,5 km, 200 m de dénivelé.
- Circuit Chaumergy-les Deux-Fays : 21 km, 60 m de dénivelé.
- Tour de la plaine du val de Seille : 45 km, 205 m de dénivelé.
- Ounans-Chamblay circuit familial : 20 km, 100 m de dénivelé (durée 2h à 2h30).
- Ounans-Nevy : 34 km, 150 m de dénivelé (durée 4h-4h30).
- Pour les sportifs, piste balisée GR 59, praticable de la Vieille-Loye à Arc-et-Senans.

DOLE

26 586 habitants. Altitude 231 mètres.

Ville d'art et d'histoire. Dole possède un joli catalogue de célébrités, le plus connu étant évidemment Louis Pasteur, né tout près des bords de Saône et dont on visite la maison natale. Mais il y a aussi Marcel Aymé, qui fut élevé par ses grands-parents à Villers-Robert, près de Chaussin, à 15 km au sud et fit ses études à Dole. On trouve bien sûr une rue Marcel Aymé et un restaurant à l'enseigne du Passe-Muraille.

■ HISTOIRE

Capitale de la Comté jusqu'au XVIIe siècle, Dole est assise sur un promontoire juste au bord du Doubs. D'ailleurs, Dole nom celtique signifie : hauteur dominant un cours d'eau. L'origine de la cité remonterait au XIe siècle avec l'édification d'un château, qui s'avéra d'une grande importance stratégique. Au XIIe siècle on y installa un péage et le comte Raynaud III fit construire un pont de pierre pour passer le Doubs.

C'est le début d'une ère prospère stimulée notamment par une charte de franchise instituée par Alix de Mésanie. Dole s'enrichit considérablement au XVe et XVIe siècle, en 1386 le duc Philippe le Hardi crée un parlement et en 1422 la cité devient un pôle universitaire sous l'impulsion de Philippe le Bon. Tant de succès et de richesses attisent la convoitise des Français et des Autrichiens. La capitale cède sous les coups de boutoir de Louis XI et devient fief des Habsbourg par le traité de Senlis en 1493, Dole conservant malgré tout une certaine autonomie.

La période qui suivit fut imprégnée par le catholicisme et vit l'édification de nombreux couvents et autres lieux de culte. Au XVIIe siècle, la hargne belliqueuse de Louis XIV triompha finalement de la ville en 1668 après trois jours de siège. En 1678, le traité de Nimègue octroya définitivement la Comté à la France et Besançon en devint la capitale. Le destin de Dole n'en fut pas scellé pour autant. Au XVIIIe siècle la population augmenta occupant les faubourgs ; on vit de nouvelles places, des hôtels particuliers, des jardins...

Le XXe siècle et les débuts de l'industrialisation créèrent de nombreux emplois, Solvay en particulier dynamisant considérablement la région doloise. Depuis 1967, le centre de la cité doloise est placé sous haute protection afin de préserver l'un des plus beaux patrimoines régionaux... et nationaux. De nombreux crédits ont été alloués ces dernières années pour la réfection des façades dans les petites ruelles aux abords du canal des Tanneurs. L'endroit est fort joli et très évocateur de la vie d'autrefois. En été quelques bistrots à la manière des tavernes d'antan invitent à se rafraîchir.

Le bonheur est à Dole

On se demande si les habitants ont apprécié la farce. Dans l'imaginaire des cinéastes parisiens, les "petites villes de province" sont toujours caricaturées dans la finesse. C'est ainsi qu'Etienne Chatilliez situe une grande partie de l'action du *Bonheur est dans le pré* à Dole (prononcé évidemment Dôle par tous les acteurs présumés y vivre), pour représenter des bourgeois veules qui ne pensent qu'au blé et à la bouffe. Il pleut souvent, les restaus sont moches de chez Moche, les gens sont petits et mesquins : heureusement, nos héros trouvent le bonheur dans le Gers, où l'on ripaille au soleil de foies gras et de magrets. Tous les provinciaux, et ceux qui connaissent un peu la France hors son nombril, sauront affiner le trait dans le bon sens. Quant aux autres, est-il vraiment utile de les détromper ?

■ VISITE

La collégiale Notre Dame. Symbole de Dole et de la résistance catholique instituée par les Hasbourg, elle fut construite entre 1509 et 1588. Son clocher porche (75 m) servait de tour de guet. L'architecture gothique fait preuve d'une très grande sobriété, sans fioritures excessives. La période Renaissance et ses œuvres enluminées meublent harmonieusement la basilique. C'est la plus grande église de Franche-Comté.

La Sainte-Chapelle. Contrastant avec le style dépouillé de l'église, la Sainte-Chapelle est ornée de riches décorations. Elle fut construite en 1609 pour recevoir les hosties miraculeuses de Faverney, échappées de l'incendie de 1608. Les Dolois louèrent un culte fervent à la relique notamment en 1636 lors du siège par les troupes de Louis XIV.

L'orgue de Riepp. Réalisé entre 1750 et 1754 par Karl Joseph Riepp, cet orgue magnifique est l'un des seuls à avoir survécu aux vicissitudes des guerres. Classé Monument historique, il est encore en parfait état.

La maison de Louis Pasteur. 43 rue Pasteur © *03 84 72 20 61. Ouvert avril-octobre et vacances scolaires ; 10-12 h et 14-18 h ; 10-18h en juillet-août ; fermé le mardi. Tarifs 20 / 10 F.* C'est ici que le 27 décembre 1822, naquit Louis Pasteur. Son père Joseph y tenait un atelier de tanneur. La petite maison de pierre, assez traditionnelle, est reconvertie aujourd'hui en musée dans lequel on peut admirer de nombreux souvenirs de la vie du savant et une explication de ses nombreuses découvertes.

Louis Pasteur (1822-1895)

Il est très fréquent dans les villes et villages du Jura de trouver une rue Pasteur, ou une statue le représentant. Il est peu d'endroits où l'homme n'a laissé son empreinte. Dole, bien sûr, puisqu'il y est né le 27 décembre 1822. Lemuy, au bord de la forêt de la Joux d'où étaient originaires les Pasteur. Marnoz, petit village près de Salins, dont il a fréquenté l'école, et dont sa mère Jeanne-Etiennette Roqui était native. A Arbois, où son père installa sa tannerie au bord de la Cuisance, l'ancienne maison familiale est devenu un musée. Salins-les-Bains, où ayant gravi le Mont-Poupet (803 m), il fit ses premières expériences sur les générations spontanées (1860). Villers-Farlay, sur la route Dole-Mouchard où le hardi berger Jupille défendit ses camarades contre un chien enragé. Le garçon mordu, dut son seul salut au vaccin de Pasteur.

Musée des Beaux-Arts. 85, rue des Arènes © *03 84 72 27 72. Ouvert : tous les jours sauf le lundi 10h-12h et 14h- 18h ; fermé également le mardi en juillet-août. Entrée libre ; visite commentée (dimanche et jeudi, 16h) : 25 / 15 F.* Installé dans le pavillon des Officiers construit au XVIIIe siècle, le musée présente une exposition archéologique régionale et une galerie d'art comprenant de nombreux tableaux de peintres régionaux, comme Courbet, Pointelin, Machard et Brun. Deux salles au sous-sol sont consacrées aux découvertes archéologiques du département du Jura, du néolithique à l'époque mérovingienne. Depuis 1988 le musée recèle 200 œuvres de ces vingt dernières années, présentées en alternance au 4e étage.

■ BALADE

On parcourt le très beau centre ancien, à partir de la Basilique vers les bords de Saône, en parcourant les ruelles parallèles et transverses. On ne manquera pas, ainsi la belle maison natale de Pasteur, au n°43 de la rue qui porte le nom du chercheur.

Agréables, les bords du canal avec la promenade, le port. Dans un bateau est aménagé une pizzéria qui propose des pizzas au feu de bois. Sur la place des Halles, près de la basilique, le **café du Marché**, régulièrement animé.

Pour les ambiances un peu plus tardives, le **17th Avenue**, 31, Grande Rue : un bar-pub où les jeunes Dolois se transforment en habitués de Greenwich Village. Musique forte pour ne pas s'endormir et cocktails à foison. Une déco dans la même lignée pour passer des soirées en rêvant qu'on est dans une banale avenue new-yorkaise alors qu'on se trouve dans la plus ravissante des rues jurassienne.

Le café de la Navigation, 22, rue Pasteur: Un grand bar à la façade bleu qui reveille les traditionnelles pierres blanches de la ville. Pourtant c'est un endroit paisible qui permet la conversation, sans promiscuité, les tables sont éloignées et le service discret.

Le couscous **au Poivrier**, tout près d'un tex-mex, le **San Diego**, rue Arnay. les crêpes à **la Demi-lune**, à côté de la maison de Pasteur ou **au Prelot**. Rue Pasteur, **le Jean-Bart**, ses salades et plats du jour. Les gâteaux à la **pâtisserie Benetot**, rue de Besançon.

Cour Saint-Mauris. Place Grevy ✆ **03 84 72 11 22.** Il comprend un jardin public, créé au XVIIIe, et un jardin paysager réalisé en 1870. Il est aménagé en petits espaces, exploitant avec finesse le relief et les anciens remparts de la ville. Statue de Pasteur.

A proximité

A quelques kilomètres du centre-ville en prenant la nationale direction Dijon, on arrive sur le site de Notre-Dame-du-Mont-Roland. C'est encore aujourd'hui un lieu de pèlerinage, un des plus anciens de la région, car l'église abrite une Vierge miraculeuse. Depuis cette butte, le regard s'envole vers la Bourgogne à l'ouest et sur le massif du Jura au sud-est. A l'est et à portée de main l'immense forêt de Chaux.

A Saint-Aubin (8 km S)

Maison du Patrimoine rural jurassien. Rue Goulotte ✆ **03 84 70 00 00.** *Ouvert uniquement le dimanche après-midi. Tarifs : 10 F.* Ce musée offre un très vaste inventaire de machines agricoles de toutes époques. Il illustre les travaux des agriculteurs et les techniques depuis les temps passés où les bœufs étaient familiers du paysage rural. De nombreux outils, des charrues et des tracteurs montrent la course à la sophistication et au progrès qui a conduit peu à peu au modernisme actuel.

Ruralissimo. Cette fête est le rendez-vous des techniques anciennes des métiers de l'agriculture. On peut y admirer des attelages tirés par des bœufs, des charrues et des tracteurs du début du siècle et de nombreuses reconstitutions d'ateliers de métiers oubliés. Cette manifestation a lieu dans la seconde moité du mois d'août.

■ PRODUITS REGIONAUX

Le centre de Dole recèle nombre d'échoppes où les produits du terroir, chefs-d'œuvre de tradition et de savoir faire, méritent une attention particulière. Au détour d'une ruelle, un fromager vous explique les subtilités du comté ou du mont d'or, un autre vous vante sa charcuterie. Laissez parler les vieilles pierres est certes passionnant, mais entendre la voix de ceux qui les habitent est émouvant et plein d'enseignements.

Pour la culture, on fréquentera la **Librairie Jacques**, rue de Besançon.

Le Porcelet. 12, rue de Besançon ✆ **03 84 72 00 32.** *Charcuterie-traiteur.* La boutique, bien achalandée, vous invite à un voyage à travers tout le Jura, des spécialités de la Bresse à celle du Haut Pays, sucrées ou salées. Cet artisan qui emploie une quinzaine de personnes a reçu en 1995 un Mercure d'or, récompense nationale délivrée à seulement deux entreprises jurassiennes.

Au Terroir. 16, rue de Besançon ✆ **03 84 72 02 86.** *Epicerie fine.* Mme Toinard vend du vin d'Arbois, du miel du Jura, des fromages uniquement régionaux, mais aussi des escargots de Bourgogne en conserves difficiles à dénicher dans le commerce. Autre originalité, vous trouverez ici des pâtes aux noix, champignons, châtaigne ou myrtilles.

Benettot confiseur. 26, rue de Besançon ✆ **03 84 72 13 28.** Plusieurs spécialités sont à découvrir : le Pasteur (bonbon au chocolat feuilleté noisette), le galet de la Loue (amande entourée de chocolat), le flocon (génoise nappée d'une crème légère avec des framboises). Pour le midi, des pâtés, feuilletés ou tourtes à la viande.

La boutique de l'Authentique. 28, rue d'Arènes ✆ **03 84 72 02 56.** *Crèmerie fine.* "Laiterie moderne, crèmerie fine, livraison à domicile", indique la belle enseigne de bois qui date de 1922. C'est depuis cette date que la famille Morel s'est spécialisée dans la sélection et la vente des fromages d'alpages et fermiers. Simone Mazzocut et Daniel Morel traquent la qualité et l'authentique dans toute la France et vous proposent des produits haut de gamme. Le patron peut également vous concocter un plateau de fromages garni suivant la saison, pour emporter.

Fromagerie Papillon. 3, rue d'Enfer ✆ **03 84 72 24 29.** *Crèmerie, vente de fromages et produits fins.* Le magasin vous propose un vaste choix de fromages de France, avec une dominante en AOC et produits fermiers. Remarquez sa belle enseigne et profitez des conseils, toujours bien ajustés pour vous faire profiter des meilleurs moments pour la maturité des produits.

Carte du Jura en page 114

■ MANGER, DORMIR

Le Fiumana. Avenue Maréchal-de-Tassigny ✆ *03 84 82 72 91. Fermé dimanche soir et lundi midi. Menus : 76 à 220 F.* Le chef Joël Fiumana propose des menus typiques, avec notamment le filet de poulet à la doloise, le coq au vin jaune et aux morilles, les terrines maison. Cuisine très traditionnelle agrémentée d'une carte des vins conséquente. Possibilité de déjeuner en petit salon intime. Atmosphère feutrée et tranquille.

Le Grévy. Avenue Eisenhower ✆ *03 84 82 44 42. Fermé le samedi. Menus : 75 à 180 F et carte.* C'est dans un cadre classique agréable que M. et Mme Beauvais vous accueillent. Une cuisine traditionnelle faite essentiellement avec des produits du terroir. Quelques spécialités : truite au savagnin, salade clocharde (oreilles de porc confites), poêlée de ris et rognons de veau au vinaigre de framboises. En été, le service peut être assuré en terrasse.

Les Jardins Fleuris. RN 5 ✆ *03 84 71 04 84. Menus : 82 à 180 F et carte.* Véronique et François Piard sont les maîtres de ce restaurant au confort ouaté. A découvrir entre autres spécialités le mikado de langoustines et saint-jacques fondue de poireaux, la tarte Tatin de ris d'agneau au jus de morilles et morilles crémées. En dessert une excellente crème brûlée. Accueil sympa de Véronique Piard et ambiance soutenue.

Restaurant des Templiers. 35, Grande Rue ✆ *03 84 82 78 78. Fermé le dimanche soir et le lundi. Menus : 85 à 250 F.* Le menu à 85 F est parfait : méli-mélo de salade d'automne, pièce de bœuf à l'échalote et sauce au trousseau, œuf à la neige grand-mère et ses noisettes avec coulis vanille. Le service est très professionnel et irréprochable. C'est l'occasion pour un prix modique de manger dans un cadre exceptionnel, chef-d'œuvre d'architecture gothique en parfaite harmonie avec l'âme de la cité doloise. La carte des vins est exhaustive, le Jura très complètement représenté est à l'honneur, mais bien d'autres grands crus de Bourgogne ou de Bordeaux y figurent aussi.

Le Bec Fin. 67, rue Louis Pasteur ✆ *03 84 82 43 43. fermé lundi et mardi.* Une cuisine assez recherchée pour faire plaisir aux visiteurs et touristes du quartier ancien. A deux pas de la maison de Pasteur, on fréquente une ambiance mode et moderne pour goûter dans un joli cadre (une belle cave voûtée) des menus finalement bien composés pour les tarifs proposés. Formule à 105 F aménageable à 130 F vin compris. Quelques plats intéressants à la carte. Et les vins d'Arbois de la Fruitière Vinicole, à prix honnêtes (le Bethanie à 105 F). Une terrasse très tranquille dans la cour intérieure.

Au Grand Cerf. 6, rue d'Arney ✆ *03 84 72 11 68. Chambres de 140 à 200 F.* Sur une placette centrale et néanmoins très calme, un établissement d'un certain charme, fort accueillant. Une salle de restaurant en sous-sol pour une honnête cuisine de brasserie. On fait couler sans arrière-pensée le côtes-du-jura à 70 F seulement.

La Romanée. 11, rue des Vieilles Boucheries ✆ *03 84 79 19 05. Fermé le mercredi. Menus : 70 à 270 F.* Le cadre est des plus agréables. Les deux voûtes constituées de pierres apparentes abritant ce restaurant offrent la sensation d'un voyage dans le temps. Les menus sont tous bien conçus. Monsieur et Madame Franchini sont des adeptes du travail soigné et les assiettes sont joliment présentées. Les amateurs de desserts ne seront pas déçus : gâteau à l'ananas, tarte au citron et biscuit chocolat.

San Diego. 9, rue Arney ✆ *03 84 72 02 41. Menus : 48 à 110 F.* Comme son nom ne l'indique pas, ce restaurant n'est pas du tout spécialisé dans la cuisine du sud de l'Amérique. Décor mexicain certes, mais cuisine traditionnelle à la française. On conseillera aux gourmands dont le porte-monnaie est inversement proportionnel à la taille de l'estomac de commander les salades chaudes. Pour 42 F l'assiette est bien remplie.

Au Village. Brevans ✆ *03 84 72 56 40. Fermé du 1er au 15 mars, du 15 octobre au 30 octobre, entre Noël et jour de l'an. Douze chambres de 250 F à 300 F. Menus de 75 F à 165 F. Chien admis à l'hôtel.* A 50 m du canal, cet hôtel-restaurant est situé en pleine campagne. Des spécialités issues du terroir : coq au vin jaune et morilles, escalopes jurassiennes, escargots aux morilles et vin jaune, truite arboisienne. Le plateau de fromages est essentiellement franc-comtoise, les desserts sont principalement des desserts maison. Service en terrasse l'été.

Le Parcey. Parcey ✆ 03 84 71 00 57. *Ouvert d'avril à septembre. Fermé le mercredi et le dimanche soir sauf en juillet et août. Terrasse. Menus : 60 à 160 F.* Ancien manoir du XIXe siècle, entièrement rénové, situé sur la N 5, au bord de la Loue. Sylvie et Jean-Claude Reffay, Vincent, le chef-cuisinier, proposent des spécialités comtoises telles que le duo de saumon au savagnin, l'aiguillette de poulet au vin jaune et girolles, le morteau à la cancoillote. Etape à retenir, d'un bon rapport qualité/prix.

Hôtel de la Cloche. 2, place Jules Grévy ✆ 03 84 82 00 18. Un établissement traditionnel sur la place desservant la sortie nord de la ville, vers l'autoroute. Un service attentif et des tarifs corrects.

Chambres et tables d'hôtes, fermes-auberges

Chambres d'hôtes M. Daniel Picard. 3, rue du Puits, Gevry ✆ 03 84 71 05 93. Cette ancienne ferme du XVIIIe siècle abrite cinq chambres de 2/3 personnes avec salle de bains et WC particuliers, un grand salon avec cheminée et télé couleur, un grand parc ombragé avec salon de jardin, barbecue et tranquillité.

Chambres d'hôtes Michel et Françoise Meunier. 2, rue Fontaines, Châtenois ✆ 03 84 70 57 79. Une suite et une chambre tout confort aménagées dans une belle demeure du XIXe siècle. L'hôte dispose d'une très belle salle à manger avec cheminée, salle de musique avec piano, piscine, terrasse avec salon de jardin, parc arboré et cour. Un séjour agréable en perspective.

Camping

Camping Le Pasquier. 18, chemin Thévenot, Dole ✆ 03 84 72 02 61. *Ouvert du 15 mars au 15octobre. 2 ha, 120 places.* Camping accueillant et confortable au bord du Doubs et à 5 minutes du centre-ville. Possibilité pêche, tennis...

Camping Les Bords de Loue. Parcey ✆ 03 84 71 03 82. *Ouverture : du 2 avril au 15 septembre. 200 places.* Situé à 8 km de Dole. Oasis de verdure au bord de la Loue, avec plage, pêche et baignade. Bar, piscine, plats cuisinés, location mobil-homes, chalets, location canoës, vélos...

Camping Les Marronniers. Rochefort-sur-Nénon ✆ 03 84 70 50 37. *Ouverture du 1er avril au 31 octobre. 120 places.* Situé à 6 km de Dole. Terrain ombragé, ambiance familiale, épicerie, bar-restauration, location caravanes, vélos, pêche, piscine, animations.

Aire naturelle de camping. Belmont ✆ 03 84 71 74 59. *Ouvert du 15 avril au 30 octobre.* Espace naturel ombragé à proximité d'une rivière, situé à 12 km de Dole, disposant de WC, lavabos, branchements électriques.

■ LOISIRS

Culture

Librairie Jacques. 38, rue de Besançon ✆ 03 84 82 00 56. Dans la boutique de M. Bergeron, environ cent cinquante ouvrages traitent du Jura et de la Franche-Comté. L'éventail est large entre la plus ancienne publication, le Jura de Abel Hugo, Jules Verne et Adolphe Joanne édité en 1835, et le dernier-né. Vous y trouverer cartes, guides touristiques, livres historiques, romans, ouvrages publiés à compte d'auteur, permettant d'étancher votre soif de connaissance sur la belle Comté.

Sports

Croisières

Croisières, séjours Jura Vert. 6, place Grévy. Dole ✆ 03 84 82 33 01. Organisation de séjours «découverte» du nord Jura : val d'Amour, Bresse jurassienne, pays dolois. Stages sportifs, séjours découverte, stages artisanaux.

Golf

Golf du Val d'Amour. Chemin du Golf. Parcey ✆ 03 84 71 04 23. *Ouvert toute l'année.* Situé à proximité de Dole au bord de la Loue, ce golf de 9 trous (par 36) est accessible à tous : débutant ou golfeur confirmé. Des compétitions sont organisées toute l'année. Cours par professeur diplômé d'Etat et test de classement, proshop à disposition, bar-gril.

MASSIF DE LA SERRE ET ALENTOURS

Il faut aller dans le massif de la Serre, au nord de Dole, pour plusieurs bonnes raisons. Tout d'abord pour découvrir le très étonnant rocher de l'Ermitage. Il se situe au cœur de cette forêt dont le sol en granit est une relative exception à la géologie régionale dans laquelle prime le calcaire. Pour se rendre à ce monument naturel constitué d'anfractuosités creusées par l'érosion, le visiteur devra emprunter la très agréable route qui sillonne le massif de part en part du village d'**Amange** à celui de **Moissey**. Tournez à droite sur le chemin de la poste pour aboutir à un parking bien indiqué. Le sentier qui mène au rocher se parcourt en quelques minutes. Outre la surprise de cette grotte particulière, un arboretum très pédagogique entoure le site. Pour s'initier à la botanique, des pancartes dévoilent l'identité des plantes et des arbres d'une cinquante d'espèces différentes.

Hormis le plaisir d'une nature très présente, le massif de la Serre est digne d'intérêt pour les nombreux villages qui abritent des maisons très typiques. On notera également la présence de nombreuses fontaines et lavoirs, dont certains ont des architectures peu banales. Ce territoire est extrêmement riche en sources et ces points d'eau sont souvent attachés à des légendes qui vantent leurs vertus dans des domaines très variés.

A proximité

Au village d'**Ougney**, on apercevra depuis la nationale 459 une tour massive, seul vestige intact du château féodal démantelé par Richelieu. Il est amusant de noter que les habitants de ce village sont surnommés les «culs fouettés» en souvenir d'une fessée administrée sur les remparts à leurs courageux ancêtres qui résistèrent longtemps à leur assaillant, le sire de Craon.

Il sera agréable de se promener dans le village d'**Offlanges**, perché sur une butte surélevée qui accueille des vignes, une singularité dans cette partie du Jura puisqu'elles sont pour la plupart concentrées dans le Revermont.

L'autre particularité de cette région est un mystère : celui des fameuses **«croix pattées»**. Disséminées dans les villages, vous remarquerez leurs longues silhouettes facilement reconnaissables à la forme évasée de leur sommet et de leurs bras. Certaines abritent des niches qui accueillaient sans doute l'effigie de la Vierge. Ces croix pattées soulèvent de nombreuses interrogations chez les passionnés d'histoire ; aucune trace écrite ne permet de les situer avec exactitude et leur style n'évoque rien de comparable. Elles sont taillées dans de l'arkose, un granit courant dans la région.

Les incertitudes qu'elles engendrent font partie du charme de ces 39 croix que vous découvrirez au gré de vos promenades. Pour vous mettre sur la piste, sachez qu'il y en a 3 au village de Menotey, 4 à Serre-les-Moulières, 3 à Vriange, 7 à Offlanges... amusez-vous à chercher les autres, leurs tailles relativement imposantes facilitera vos recherches dans ce jeu de pistes original.

Montmirey-le-Château. Le château d'Aligny bâti à la fin du XVIIIe ne se visite hélas pas ; il recèle pourtant une magnifique bibliothèque.

Vitreux. Abbaye d'Acey ✆ 03 84 81 04 11. Cette abbaye cistercienne fut fondée au XIIe siècle. Le feu et la guerre la ravagèrent au XVIIe, la reconstruction entreprise dura jusqu'au XXe siècle. Seule l'église peut être visitée, toute l'année et tous les jours en dehors des offices. On remarquera particulièrement les vitraux contemporains.

LE PETIT FUTÉ VOYAGES

C'est une agence de voyages et surtout la combine pour obtenir, en plus des conseils les plus futés, billets, prestations et surtout les meilleures conditions sur presque toutes les compagnies et les agences que nous référençons. C'est pratique, pas cher et vite fait !

Appelez vite le 01 41 06 41 07

FORET DE CHAUX ET ALENTOURS

Les nuits de septembre, on peut entendre le brame des cerfs dans cette forêt qui est l'une des plus grandes de France. La forêt de Chaux s'étend sur 20 000 ha entre la Loue et le Doubs. C'est la 3e forêt de France par sa superficie. Elle est peuplée essentiellement de feuillus, en majorité des chênes (80 %), de hêtres (20 %).Si le roi des cervidés a su en faire ses terres d'élection, de nombreux autres animaux sauvages savent se réfugier dans son immensité.

Mais la plus grande particularité de cette forêt est d'avoir conservé un riche et étonnant patrimoine culturel, traces laissées par « le petit peuple de Chaux ». La matière première constituée par les millions d'arbres a été durant les siècles passés un fournisseur d'emplois de toutes sortes. Le bois servait à alimenter la saline d'Arc-et-Senans, les forges de Fraisans, la verrerie de la Vieille-Loye et à faire du charbon. Les hommes et les femmes qui ont vécu de cette richesse avaient un mode de vie très particulier et passaient parfois de longs mois dans la forêt.

L'Association des Villages de la Forêt de Chaux s'attache avec efficacité à conserver cet héritage original. On ne manquera pas de citer les baraques du 14, au village de la Vieille-Loye. De bois et de terre pétrie avec de l'herbe, elles étaient les habitations rustiques des bûcherons. A ne pas confondre avec le baccu reconstitué vers le village d'Etrepigney qui était un habitat provisoire pour éviter de longues distances quotidiennes. La forêt de Chaux a été surnommée « la forêt qui n'en finit pas » et après une dure journée de travail, il était préférable de ne pas marcher trop longtemps pour bénéficier d'un sommeil mérité. Non loin du village d'Our, il faut voir le dernier four en terre de Franche-Comté. En 1940, il servait encore à cuire le pain d'une famille vivant à proximité. A ne pas manquer également, les 7 colonnes de pierre dressées au début du XIXe siècle pour servir de points de repères et d'orientation aux utilisateurs des immenses chemins rectilignes.

On notera aussi la persistance d'une curieuse tradition religieuse : les chênes à Vierge. Le dernier a été béni il y a seulement 2 ans. Il se trouve facilement à proximité de la 2e colonne. Ces arbres vénérables abritant dans une petite niche une effigie de Marie sont le témoignage d'un culte ancien, antérieur au christianisme. On adorait la force des chênes et les premiers moines évangélisateurs ont détourné ces croyances au profit de leur religion. Cette forêt est également un espace des plus agréables pour se promener à pied, à cheval ou en VTT. Des endroits aménagés en aires de pique-nique permettent de bénéficier des saines ressources de cette forêt aux multiples agréments.

Le sentier du Guêpier

La forêt de Chaux offre un nombre incalculable de possibilités de promenades... avec le risque de se perdre. Heureusement le Petit Futé a sélectionné pour vous une balade qui allie détente, culture et enrichissement personnel. Notre choix s'est porté sur la découverte du sentier du Guêpier. Le « guêpier » était l'appellation péjorative donnée au monde extérieur par la confrérie des charbonniers, qui étaient les maîtres de la forêt.

Les promeneurs gareront leur voiture dans le village d'Etrepigney au nord de la forêt, pour commencer cette marche de 3,3 km, d'une durée moyenne de 1h15. Dix points principaux d'un grand intérêt sont disséminés régulièrement sur le trajet. Le sentier balisé débute aux abords d'un « baccu » reconstitué en 1986 par l'Association des Villages de la Forêt de Chaux. Cette petite habitation en bois était la demeure provisoire des bûcherons, elle illustre la condition fruste de ces rudes travailleurs. Après quelques centaines de mètres, on arrivera au pied d'un des fameux « chêne à Vierge » (voir plus haut).

Un peu plus loin, le troisième point remarquable est aussi un chêne, mais cette fois on se trouve devant un chêne à gui. Très rares, ils ne sont que cinq dans la forêt de Chaux. Ce parasite ne pousse que très rarement sur ces arbres et l'association des deux végétaux, l'un symbole de la force et l'autre de l'immortalité a longtemps fasciné les druides qui coupaient le gui pour préparer leurs potions.

Il faudra marcher un peu plus longtemps pour longer les abords du quatrième centre d'intérêt : une zone naturelle d'intérêt écologique. Les connaisseurs du domaine botanique apprécieront que l'on protège en cet endroit une espèce de fougère très rare. Cueillette interdite.

> ## Le cerf
>
> Seigneur de la forêt, le cerf élaphe (cervus elaphus) est l'animal le plus imposant du massif de la Chaux. Brun-roux en été et brun-gris en hiver, il vit habituellement en harde, seuls les vieux mâles sont solitaires. Les bois du mâle, souvent très impressionnants chez l'adulte, changent de taille et de forme suivant l'âge ; au cours d'une promenade en forêt de Chaux, on peut avoir l'énorme privilège d'en ramasser. L'animal doué pour la course est également excellent nageur, il se nourrit d'herbes variées, racines, champignons...
>
> La période du rut est très active, vers septembre-octobre on peut assister au brame et des visites nocturnes sont organisées par l'Office National des Forêts. Après l'accouplement la gestation dure 8 mois et la femelle donne naissance en principe à un seul faon. L'allaitement dure 3-4 mois, le jeune cerf sera autonome à 1 an et atteindra sa maturité sexuelle à 2-3 ans. Introduit en 1955, la population de cervus elaphus avoisine les 400 têtes et c'est l'une des plus renommées de France.

Le cinquième point est très accueillant, il s'agit de la fontaine de la Journaine au pied de laquelle on trouve un verre retourné sur un bâton pour permettre au passant de se désaltérer avec cette eau pure qui jaillit à 10 °. Un banc permet de se reposer, le chemin à suivre pour continuer se trouve juste derrière. Cependant, on peut aussi choisir de prendre la route empierrée qui est un raccourci vers le point de départ.

Par contre, si l'on continue le périple, on arrivera à notre sixième point, la motte de Chatellenie. Cette vaste élévation de terre supportait un château qui n'existe plus.

Le septième point est assez éloigné du précédent mais il en vaut la peine, c'est l'oratoire récemment construit en l'honneur de Saint-Thibaud, le patron des charbonniers. Il conserve une statue en noyer du saint et plusieurs symboles réservés aux initiés.

Le huitième point est également très particulier, c'est un chêne au tronc double. On dit qu'à cet endroit deux demoiselles furent foudroyées par un orage et que le chêne a poussé ainsi depuis leur mort cruelle. Une croix en bois leur est dédiée.

Le neuvième point permet la découverte d'un des derniers fours ayant servi à fabriquer le charbon de bois. Il date de la guerre 39-45.

Le dixième point date aussi du début des années quarante. Il est très étonnant. C'est un four en terre dans lequel on cuisait le pain. Très curieux. Vous êtes arrivé à la fin de ce sentier, non loin du village d'Our.

FRAISANS

Cette petite cité, très industrieuse par le passé, porte toujours les traces de son ancienne prospérité. De nombreuses cheminées de briques rouges s'érigent encore au milieu des bâtiments des forges. Les anciens sont fiers de dire qu'une partie des poutres de la tour Eiffel a été fabriquée ici. Les forges ont réalisé également les pièces métalliques du hall de la gare de Lyon et du pont Alexandre III. Un musée retrace l'histoire des forges de Fraisans, il est ouvert le samedi et le dimanche de 14h à 18h en été. D'autres vestiges plus anciens témoignent de l'importance militaire et stratégique du site. Avant que Louis XIV ne démembre cette terre en 1697, Fraisans était une seigneurie des comtes de Bourgogne. De nombreux châteaux furent édifiés sur la commune : le château de Pourcheresse (1715) dont le jardin avait été dessiné par Le Nôtre, est aujourd'hui converti en maison de retraite ; l'actuelle mairie a été installée dans le château de Caron (1825).

LA VIEILLE-LOYE

Ce petit village devint célèbre grâce à sa verrerie, où Napoléon III commandait ses bouteilles. La petite entreprise cessa son activité en 1931. Il n'en subsiste plus qu'une maison de maître XVIIIe, quelques ateliers du XIXe ornés d'une cheminée à tulipe.

Les baraques bûcheronnes du 14 ✆ 03 84 82 33 01. *Ouvert en juillet-août mardi, jeudi, samedi et dimanche de 14h à 18h ; sur rdv hors-saison.* Maisons de bûcherons et de charbonniers en cours de restauration. Elles sont bâties de bois et de terre.

VILLERS-FARLAY ET ENVIRONS

VILLERS-FARLAY

Patrie du berger Jupille, qui, mordu par un chien enragé, fut sauvé grâce à l'un des premiers vaccins mis au point par Pasteur. Le village rend hommage au savant à travers une fresque peinte sur la mairie.

L'Extraordinaire Labyrinthe du gentil Godjo ✆ **03 84 37 60 15.** Le monde bizarroïde et coloré du peintre Godjo ; téléphoner par avance pour s'assurer de l'ouverture.

Four du tuilier gallo-romain ✆ **03 84 37 72 72.** Ce site archéologique unique en France est inscrit à l'inventaire supplémentaire des monuments historiques. Visite libre : suivre le sentier de randonnée depuis la place du village, l'étang ou le pont de la Vouise.

BELVEDERE DE NOTRE-DAME-DE-LORETTE

Prendre la petite route qui monte en direction de Cramans. La petite chapelle pittoresque et bien conservée, avec une partie de son toit en lauzes, domine Port-Lesney. Le mieux est d'y accéder à pied, suivant le GR (balise rouge et blanche), en partant du pont.

A 800 mètres de là, le belvédère Edgar Faure (qui fut maire de Port-Lesney) offre une vue encore plus étendue.

Château de Germigney. Construit en 1725, composé d'un corps central et deux ailes, ce château possède un beau rez-de-chaussée du XVIIIe, transformé en hôtel dès 1860.

CHAMBLAY

Château de Clairvans. Cette étrange et remarquable construction ne manque pas d'attirer le regard depuis la RN 72. Le château fut construit en 1820 sur l'emplacement d'une ancienne construction médiévale. Quelques vestiges demeurent, notamment de la tour où fut emprisonnée la Belle Euriette, dont l'amant Loys, se faufilant secrètement la nuit, venait baiser la main à travers les barreaux. Au début du siècle un émir acheta la propriété et entreprit l'élevage d'escargots et de daims. Plus tard Peugeot se porta acquéreur du domaine.

Eglise Saint-Etienne. Elle fut bâtie au XVIIIe siècle à l'initiative de la marquise de Salives. Davantage que son architecture, c'est son intérieur qui retient l'attention : elle abrite en effet de remarquables toiles de Brenet, l'une représentant le martyre de Saint-Etienne, et de Suvée.

CHISSEY

Eglise Saint-Christophe ✆ **03 84 37 62 50 (pour une visite guidée).** *Ouverte 9h-20h en été, 9h-18h en hiver.* Dans cet ancien bourg médiéval autrefois fortifié, l'église Saint-Christophe, monument historique, date du XIIIe siècle. De style gothique, elle a subi de nombreuses modifications aux XVe et XVIIIe siècles. Le portail et les piliers qui soutiennent les quatre travées de la nef sont très décorés. Sur la corniche intérieure, des moulures représentant des têtes humaines, appelées «babouins», ont certainement été inspirées par les fous qui venaient en pèlerinage à Chissey. Saint-Christophe était le patron des traverseurs de la Loue et guérisseur des fous. A noter également une très rare statue de la Vierge et son enfant sortant de son ventre.

MONTBARREY

Parc sylvicole. Nouveau sur la D 11 entre Montbarrey et la Vieille-Loye, au lieu-dit «le hérisson», un circuit pédagogique de 600 m permet de découvrir au moyen de panneaux les différentes espèces d'arbres et leur utilisation. A proximité se trouve un parc animalier où l'on peut observer des cerfs de Chaux.

PORT-LESNEY

Ce petit village très joli, avec ses maisons de pierre, est coupé en deux par la Loue : d'un côté le bourg, de l'autre le port, autrefois destiné au flottage des bois. D'ici on expédiait les bois de marine jusqu'à Marseille, uniquement par voie d'eau. Le port fut complètement détruit par un incendie en 1767. Hormis son cadre agréable, Port-Lesney est réputé pour son feu d'artifice tiré au bord de l'eau pour la Fête nationale. Le village se trouve à proximité de la Saline Royale d'Arc-et-Senans, site majeur de la région.

LE DESCHAUX

Fabulys, le château des automates ✆ **03 84 71 50 48.** *Tous les jours à partir du 15 février jusqu'au 30 novembre de 10h à 12h et de 14h à 17h. Adultes 65 F, enfants 45 F.* A une dizaine de kilomètres de Dole, le château du Deschaux présente une extraordinaire collection de 400 automates, ainsi qu'une non moins impressionnante exposition de 1 500 moulins à café. Situé dans un parc à l'anglaise de 17 hectares du XIXe siècle, le château date du XIIIe siècle. Il fut profondément modifié au XVIIe et XVIIIe avant d'avoir son allure définitive. Dans plusieurs pièces de cette grande demeure, des automates miment des scènes de la vie quotidienne pendant la Révolution. Dans d'anciennes granges, le spectacle est destiné aux enfants, avec des personnages de contes : Blanche-Neige et les sept nains, la Belle au bois dormant... Dans les combles, les moulins à café, en bois, cuivre, faïence et provenant de tous horizons, forment une exposition unique au monde. Le plus célèbre étant sans doute celui que Napoléon Bonaparte emmenait dans ses campagnes et qui dissimulait un poignard.

Les radeliers

Avant l'arrivée du chemin de fer, on convoyait les troncs d'arbres d'une manière très originale. Les radeliers, puisqu'on les nommait ainsi, descendaient les rivières et plus particulièrement celle de la Loue sur d'immenses radeaux constitués du bois assemblé en une large plate-forme qui pouvait atteindre 30 mètres de longueur. Un homme à l'arrière agissait sur un gouvernail rudimentaire, secondé sur les côtés par des auxiliaires munis de perches. Ces convois peu maniables partaient lors des crues hivernales et il n'était pas rare qu'ils descendent ainsi jusqu'à Lyon.

C'était un métier non dénué de risque et il fallait des bras solides pour mener à bien ces embarcations sur lesquelles on ajoutait parfois d'autres marchandises. Arrivé à bon port, à plusieurs centaines de kilomètres des forêts dans lesquelles on avait coupé ce bois, on faisait le trajet du retour à pied.

MONT-SOUS-VAUDREY

Château de Jules Grévy. Demeure de l'ancien président de la République, il est composé d'un corps central et de deux ailes, entouré d'un joli parc arboré.

Eglise de l'Assomption. Réalisée par Besand, architecte dolois, cette construction à plan basilical se caractérise par un imposant péristyle à colonnes doriques et fronton ; vestibule d'entrée surmonté du clocher, voûte centrale en berceau portée par huit colonnes à chapiteaux ioniques.

MOUCHARD

C'est grâce à la SNCF que Mouchard tient aujourd'hui sa notoriété : cet arrêt TGV constitue la destination comtoise la plus rapidement atteinte par le train depuis Paris, et nombre de touristes l'utilisent pour visiter la région.

Des abords peu engageants (une vague cité ouvrière en arrivant d'Arbois) et un petit centre vivant, autour de la grosse pince à linge en bois sculpté qui sert d'emblème, près de l'église. On imagine avec difficulté la taille des draps que l'on pourrait y suspendre.

Maison du Bois et de la Forêt. Rue du Square Alixant ✆ **03 84 37 82 67.** Exposition sur l'évolution des enseignements du bois. Jolie route jusqu'à Salins-les-Bains, en suivant un ruisseau.

PAGNOZ

Château de Vaulgrenans. Sur une colline proche de Mouchard, il ne reste plus du château que quelques ruines. Cependant le site constitue le but d'une petite balade fort agréable. Le point de vue nous fait découvrir le mont Poupet, le mont Begon, la côte de Château, site supposé d'Alésia selon une thèse récente.

■ PRODUITS REGIONAUX

C. Guillaume. RN 5, Souvans ✆ **03 84 71 71 52.** *Ouvert dimanche et jours fériés.* Spécialités : comté, morbier, mont-d'or, beurre, crème fraîche, salaison de montagne, noix fumée de sanglier, saucisson au comté, gigue de cerf séchée, vin du Jura.

■ MANGER, DORMIR

Chalet Bel'Air. Route de Salins-les-Bains, Mouchard ✆ **03 84 37 80 34.** *Menus de 140 à 220 F.* Dans un chalet un peu moderne, l'adresse cossue du coin, qui fait les grands repas et les déjeuners d'affaires. La cuisine y est volontiers riche, avec des produits nobles adroitement présentés. Au menu à 140 F, tournedos grillé, rouelle de lapereau farci ou poisson du jour, avec le chariot de desserts et un quart d'arbois. Autres belles propositions à 180 F (lobe de foie d'oie en gelée à l'arbois jaune, escalope de sandre au savagnin, rouelle de laperau farcie embeurrée de chou vert jus de sauge) et 220 F à trois plats. Excellentes spécialités de grillades et rôtis, grands desserts classiques (soufflé glacé au marc d'arbois, vaulgrenant au kirsch et chocolat). Les chambres sont de très bon confort, bien équipées et bien entretenues.

Hôtel-restaurant de la Marine. Route de Fraisans, Ranchot ✆ **03 84 71 13 26.** *Menu : 72 F. Mini-carte : 40-130 F.* Dans la salle à manger coquettement arrangée, la vaste cheminée tente de diffuser une chaleur douillette. La carte des menus est succincte et une mini-carte propose des salades, des poissons, des grillades et un choix varié d'omelettes. L'été, le restaurant de la Marine est fréquenté par les pêcheurs qui viennent nombreux taquiner le goujon dans la Loue, située à deux pas.

Auberge Jurasienne. Mont-sous-Vaudrey ✆ **03 84 81 50 17.** *Menus : 77 à 133 F (à partir de deux personnes). Carte : 130 F.* Nappe rouge, sol et plafond en bois, bouquets secs, quelques colliers d'attelage, murs en pierre de taille. Le décor est planté. Dans un coin, le poêle ronronne et le moins qu'on puisse dire est qu'il ne fait pas froid. L'accueil sympathique et souriant de la patronne n'abaisse pas la température. Le coup de patte du chef est remarquable : rappelons que Yves Cattenoz est diplomé d'honneur de la Confrérie gastronomique de la Marmite d'or.

Auberge du Val d'Amour. Chissey-sur-Loue ✆ **03 84 37 61 40.** Dans une ancienne chaumière typique du val d'Amour, la cuisine traditionnelle se déguste par exemple avec un menu gastronomique et astronomique à 126 F, savoureux. Ne vous laissez pas intimider par l'humour du patron qui contribue également à rendre l'endroit charmant.

Les Trois Ours. Route de Parcey, Montbarrey ✆ **03 84 81 50 45.** *Menus : 61 à 115 F. Carte : 120 F.* Le restaurant se trouve à quelques pas seulement de la belle rivière de la Loue. La cuisine est simple. Une grande cheminée trône au milieu de la salle. Des petites cloisons en bois séparent les tables et instaurent un climat d'intimité. L'été un dîner en terrasse n'est pas sans charme.

Restaurant Pontarlier. 39600 Port-Lesney ✆ **03 84 37 83 27.** Les pêcheurs connaissent bien cette adresse des bords de rivière, à deux pas d'Arc-et-Senans. Les gourmands se reporteront au chapitre «Doubs» pour savoir ce que le chef leur réserve. La maison est bien accueillante en toutes saisons et le coin est un des plus agréables de la région, à la lisière des deux départements.

Faites-nous part de vos coups de cœur

Chambres et tables d'hôtes, fermes-auberges, gîtes

Gîte n°1126 (3 épis). Chamblay ✆ 03 84 24 57 70. Maison indépendante, située dans la vallée de la Loue, comprenant : 1 cuisine, 1 salon, 2 chambres (six personnes), salle d'eau, WC, cour et terrain avec barbecue et salon de jardin. A disposition : lave-linge, lave-vaisselle, téléphone, télé couleur. Nombreuses activités sur place ou aux environs.

Chambres d'hôtes du château de Salans. Salans ✆ 03 84 71 16 55. *380 F (1 personne), 450 F (2 personnes), 500 F (suite 2 personnes) et 580 F (suite 3 personnes) petit déjeuner compris.* Très belle demeure du XVIIIe siècle avec un parc à l'anglaise de 3 ha dont l'hôte dispose tout à loisirs. Quatre chambres et une suite tout confort, magnifiquement meublées d'époque. Grand salon.

Les Glycines 39600 Cramans ✆ 03 84 37 64 92. *Ouvert du 1er avril au 1er novembre. Hébergement en chalet de quatre personnes : cuisine tout équipée, sanitaires, coin repas, barbecue : 35 F/jour. Petit déjeuner 15 F. Repas 45 F.* Au départ du gîte : randonnée à pied, seul ou avec un âne bâté, cheval ou VTT sur des sentiers balisés GR. Baignade dans la Loue ou en piscine, canoë, visite guidée de la forêt de Chaux.

Camping

Camping La Plage Blanche. Rue de la Plage, Ounans ✆ 03 84 37 69 63. *Ouvert courant mars au 31 octobre. 184 places.* Situé à 20 km de Dole et au bord de la Loue. Emplacements ombragés, bar, plats cuisinés.

Camping Le Val d'Amour. Route de Salins-les-Bains, Ounans ✆ 03 84 37 61 89. *Ouvert du 15/6 au 15/9.* A 20 km de Dole, camping calme et ombragé. Bar, buvette, machine à laver, animaux admis, locations de caravanes et de bungalows.

Camping Les Glycines. Cramans ✆ 03 84 37 64 92. *Ouvert du 1er avril au 1er novembre.* Terrain ombragé, dans le val d'Amour, baignade et pêche à 1 km.

■ LOISIRS

Canoë-kayak

Canoë-kayak Adaval. Montbarrey ✆ 03 84 81 54 58. De Port-Lesney à Parcey, animation itinérante et découverte de la Loue : stages, week-ends, journées ou locations.

Canoë kayak base d'Ounans Val d'Amour. Ounans ✆ 03 84 37 72 04. Stages, descentes accompagnées sur la basse Loue. Ecole FFCK. Canyonning et spéléologie.

Canoë kayak Oxyplus. Port-Lesney ✆ 03 84 73 80 11.

Equitation

Equitation les Ecuries du Val d'Amour. Ounans ✆ 03 84 37 69 05. Balades, stages, manège.

Ferme pédagogique du Val d'Amour. Ounans ✆ 03 84 37 70 64. Equitation sur chevaux Mérens en stages et promenades. Pour les enfants, idée originale : stages de conducteur d'ânes et promenades.

LE SUD DE LA REGION DOLOISE

ARLAY

Le village d'Arlay a su préserver un charme authentique et un passé riche. La route sinueuse qui le traverse frôle les façades de nombreuses maisons fortes aux tours altières et aux toits pentus. Des découvertes récentes dans une grotte attestent d'une présence magdalénienne. Arlay a été un haut lieu de l'histoire de la Comté en devenant le fief des princes de Chalon.

Sur la butte élevée, les ruines imposantes laissent deviner la puissance de cette famille régnant au Moyen Age. En contrebas, un château plus récent lui a succédé dans la deuxième partie du XVIIIe siècle.

Jurafaune. Château d'Arlay ✆ **03 84 85 04 22.** *Ouvert du 15 juin au 15 septembre de 14h à 18h ; de Pâques à la Toussaint : mercredi, week-ends et jours fériés de 14h à 18h. Entrée : 10 F.* Construit au XVIIIe sur l'emplacement d'un ancien couvent, ce château est aussi le plus ancien domaine viticole du Jura. Une dégustation de vins du domaine est d'ailleurs proposée. Jurafaune permet de découvrir les rapaces. Une présentation en vol des oiseaux a lieu de 16h à 17h. Sur le parcours de la visite, illustré de panneaux pédagogiques, nous sommes amenés à découvrir, outre les rapaces, divers points de vue, une grotte, une chapelle, et quelques vestiges de la forteresse. A la fin de cette visite, à quelques mètres du portail, on n'oubliera pas la vaste glacière que l'on remplissait de blocs gelés pour conserver les denrées périssables. Le thème du parc, bien réjouissant, est le divertissement. On peut y découvrir un théâtre de verdure et l'emplacement d'un ancien jeu, le boulingrin. Ce sanctuaire vert dans lequel le soleil ne transperce pas toujours la densité du feuillage était un lieu propice à la distraction des hôtes de la première propriétaire, la comtesse de Lauragais. Le parc est logiquement complété par le Jardin des Jeux, fruits et légumes agencés pour évoquer différents jeux.

BERSAILLIN

Ce village est bâti sur une butte posée comme une taupinière et isolée au milieu d'un vaste champ. A voir le château XVe avec sa cour bordée d'arcades du style gothique.

LES DEUX-FAYS

La Maison des Etangs ✆ **03 84 48 62 49.** Découverte du milieu local bressan. Située dans le cadre d'une ancienne gare désaffectée (des wagons font d'ailleurs office de bureaux), la Maison des Etangs est le pôle d'information du tourisme en Bresse jurassienne. Accueil de groupes, organisations de balades touristiques, hébergement : c'est bien sûr l'adresse à connaître pour explorer au mieux les ressources de cette région prodigue et secrète.

RUFFEY-SUR-SEILLE

Ce village bressan ne manque pas de cachet et une promenade à pied vous fera découvrir des petits détails insolites. Le vieux pont de pierre à trois arches, interdit à la circulation, permet de traverser la Seille et de se rendre à l'église. Après en avoir effectué le tour, on rejoindra le bord de la rivière et l'ombre rafraîchissante de la superbe allée de platanes dont les branches se joignent les unes aux autres en une galerie de verdure. Traversons à nouveau la Seille par un pont beaucoup moins joli que le précédent. Nous passons devant la mairie, ancien château du général Lecourbe, élevé en 1810 sur l'emplacement du château de Ruffey qui fut détruit par les Français en 1627. Vous aurez remarqué les particularités des toits bressans, la couverture est faite de lauzes (pierres plates) et des escaliers en bordure de toit permettent d'accéder à la cheminée.

SELLIERES

Cette cité authentique nous invite à découvrir son passé historique, l'église sans clocher et le clocher sans église, la chapelle, le «château» des maîtres des anciennes forges, les bâtiments de logement des ouvriers. Fête de la pomme le 2e week-end d'octobre.

TOULOUSE-LE-CHATEAU

Construite sur une colline, cette cité d'origine médiévale offre une vue panoramique sur la Bresse, les monts de Bourgogne et le Revermont. L'église est à visiter pour ses statues des «Saints Trijumeaux», Seusippe, Eleusippe et Melasipe. A la belle saison, les Toulousiens participent au concours «village fleuris», rendant leur village encore plus attrayant pour le promeneur.

Carte du Jura en page 114

■ MANGER, DORMIR

Le Jura. 36, rue Amont, Bletterans ✆ 03 84 85 04 11. *Menus : 60 à 180 F. Carte : 120 F.* Les sauces délicieuses sont prétexte à abuser de la corbeille de pain. La cuisine est généreuse et l'étape fort agréable, face au champ de foire.

Le Chapeau Rouge. 8, rue Jean-Moulin, Sellières ✆ 03 84 85 50 20. *Menus : 62 à 100 F.* La vocation de cette maison authentique va davantage vers le local que vers le touristique. Dans une vaste pièce, de grandes tables de vingt personnes donnent une ambiance soutenue où les discussions vont bon train. Dans un renfoncement une petite salle au décor plus soignée, est destinée aux clients qui désirent manger à la carte. Il est préférable d'arriver vers 13h au déjeuner, pour éviter l'attente au moment du coup de feu.

Auberge du Val d'Orain. 34, rue Simone-Michel-Lévy, Chaussin ✆ 03 84 81 82 15. *Fermé vendredi soir et dimanche soir. Menus : 65 F, 85 F, 110 F et carte. 8 chambres.* Situé dans le village de Chaussin, cet hôtel-restaurant au demeurant classique, propose une bouillabaisse de poissons d'eau douce (la pochouse) à 75 F, ainsi que des raviolis de langoustines à la ciboulette (55 F) tout à fait sympathiques. Ambiance agréable. Possibilité de pêche dans un bief de moulin après le repas.

Hôtel-restaurant Chez Bach. Place de l'Ancienne Gare, Chaussin ✆ 03 84 81 30 38. *Fermé vendredi soir et dimanche soir. Menus de 120 F à 280 F. 20 chambres.* Christophe Vernay-Bach règne maintenant sur le "piano". Dans ce cadre raffiné, les spécialités ne sont pas vains mots, et le menu gastronomique laisse un souvenir inoubliable. Marianne Vernay assure un accueil exemplaire. Arrivage régulier de poissons de la marée.

Chambres et tables d'hôtes, fermes-auberges, gîtes

Gîte n°1061 (3 épis). Froideville ✆ 03 84 24 57 70. Gîte installé dans une grande maison de village, au cœur de la Bresse : grand séjour avec coin cuisine, salon, télé couleur et cheminée, trois chambres (1 lits deux personnes, 4 lits une personne et un lit convertible), deux WC, deux salles de bains, téléphone, lave-linge et lave-vaisselle, cour et jardin clos avec salon.

Chambres d'hôtes Jacqueline Monamy. Le Moulin, Villers-Robert ✆ 03 84 71 52 39. Dans cet ancien moulin restauré, trois chambres ont été aménagées, dont une très grande avec coin salon, cheminée, télé couleur. L'hôte dispose d'un parc arboré avec rivière, salon de jardin. Activités à moins de 10 km : tennis, golf, piscine, équitation et randonnées en forêt. Animaux non acceptés.

Camping

Camping Andrée Touplain. Aumont ✆ 03 84 37 50 74. *Ouvert de juin à septembre. Table d'hôtes.* Terrain ombragé avec rivière, abri couvert, WC, douche, lavabo, bacs, branchements électriques, étang, piscine.

■ PRODUITS REGIONAUX

Gaudes Taron Michel. Chaussin ✆ 03 84 81 81 06. Plat typique de la Bresse, les gaudes sont une farine de maïs dont la particularité est d'être torréfiée au feu de bois. Cela donne un goût très particulier à cette très ancienne recette. Les premières traces attestent son introduction au début du XVIIe siècle en Franche-Comté. Elles peuvent être consommées sous forme de soupe salée ou sucrée. On inclut également les gaudes dans la préparation de divers mets, qu'ils soient gâteaux, crêpes ou poissons. Le moulin de Michel Taron est le dernier spécialisé dans la fabrication des gaudes dans le Jura.

Cidrerie du domaine de Montvaudon. 44, Grande Rue, Sellières ✆ 03 84 85 51 06. *Dégustation-vente du lundi au samedi de 14h à 18h. Sur rendez-vous.* Quatorze variétés de pommes d'octobre à mai, et toute l'année du cidre, doux, brut, extra-brut, des jus de pommes, mais aussi, du miel, des confitures, etc.

Miellerie comtoise. Toulouse-le-Château ✆ 03 84 85 52 30. Six miels différents sont proposés par Michel Clerc, apiculteur professionnel. Mais dans ce petit magasin, on trouve aussi du pollen, de la gelée royale, de l'hydromel, des bonbons, du pain d'épice et des cosmétiques, le tout fabriqué artisanalement.

VIGNOBLE ET REVERMONT

C'est un axe diagonal dont les limites extrêmes sont les villes de Salins-les-Bains au nord et Saint-Amour au sud. C'est à partir de la cassure du Revermont que le Jura se décide brusquement à changer d'altitude. D'ailleurs, il n'est pas rare d'admirer sur ces crêtes le vol d'un planeur ou d'un parapente à la recherche d'une ascendance provoquée par les rebonds du vent sur ces reliefs qui dévient soudainement son souffle. C'est la transition parfois brutale entre les plaines de la Bresse ou de Dole et le Haut-Jura. Terre de côtes, de pentes rocheuses, de falaises, de reculées, le Revermont est la zone de prédilection du vignoble jurassien. L'inclinaison de son sol et ses qualités géologiques sont un asile pour les vignes qui capturent les rayons obliques du soleil sur des terrains souvent très rocheux.

Les routes qui le sillonnent offrent de multiples points de vue enchanteurs et traversent des villes et villages à l'architecture vigneronne. Les trottoirs ne manquent pas de trappes métalliques qui conduisent directement vers un cellier ou une cave voûtée. Il ne faut pas pour autant limiter le Revermont à sa seule identité viticole ; ses ressources géographiques, économiques et culturelles ont de tous temps été abondantes et variées. Cette contrée qui fait honneur aux vins accorde également une bonne place à l'eau salée dont les vertus thérapeutiques ont fait la renommée de Lons, la ville aux arcades, et de Salins-les-Bains. Le sel mettra aussi l'eau à la bouche des amateurs de comté, dont la capitale est Poligny ; une autre facette d'un Revermont au service des gourmets.

L'appétit olfactif sera assouvi par les nombreux sentiers de randonnées qui vont de prairies fleuries en sous-bois odorants. Les yeux seront également de la fête, impressionnés par la fierté de Château-Chalon hissé sur un promontoire, émerveillés par les belvédères qui longent la fantastique reculée de Baume-les-Messieurs ou surpris par les cavités souterraines de la grotte des Moidons. C'est certain, le Revermont a de multiples trésors à dévoiler…

Carnet d'adresses

Comité Départemental du Tourisme du Jura. 8, rue Louis Rousseau, Lons-le-Saunier ✆ 03 84 87 08 88 - Fax 03 84 24 88 70, Minitel. 3615 JURA.

Syndicat Intercommunal du Développement et de l'Aménagement du Premier Plateau. Le Fied ✆ 03 84 85 32 76.

SIDASUR. Syndicat Intercommunal du Sud Revermont. 46, Grande Rue, Cousance ✆ 03 84 48 96 67.

Maison du Tourisme. 1, rue Pasteur, Lons-le-Saunier ✆ 03 84 24 65 01.

Office du Tourisme d'Arbois. Rue de l'Hôtel-de-Ville ✆ 03 84 37 47 37.

Office du Tourisme de Poligny. Cour des Ursulines, Grande-Rue ✆ 03 84 37 24 21.

Office du Tourisme de Salins-les-Bains. Place des Alliés ✆ 03 84 73 01 34.

L'histoire du vin

Ce vignoble, le plus vieux de France (environ 5 000 ans), représente environ 1 % de la production française de vins fins. De Salins-les-Bains à Saint-Amour, en passant par de nombreuses villes et petits villages, tout n'est que vignoble. Bien des amateurs célèbres ont fait leur réputation, citons Pline le Jeune, Philippe le Bel, Rabelais, Brel... sans oublier Pasteur. Avec 20 000 hectares, le vignoble jurassien connut son apogée à la fin du XIXe siècle, mais le phylloxera, les guerres ou le gel l'affectèrent beaucoup.

Le vignoble est réparti en quatre appellations : Arbois (1ère AOC de France, 1936), Côtes du Jura, Château-Chalon et l'Etoile. Quatre Appellations d'Origine Contrôlée pour cinq cépages (chardonnay, savagnin, poulsard, trousseau et pinot noir), une superficie de 1 800 hectares, 500 viticulteurs et environ. 80 000 hectolitres de production. Quelques très bons millésimes : 79, 83, 86, 89, 90. la visite des caves est souvent un moment privilégié : vous trouverez des adresses au fil de ces pages et au chapitre «gastronomie».

La Confrérie des Nobles Vins du Jura et du Comté

Fondée en 1966, cette organisation compte 1 500 membres à travers le monde, qui s'efforcent de faire connaître et apprécier la haute valeur des vins et du comté jurassien. Ces officiers vêtus de longues robes rouge et or se réunissent une vingtaine de fois par an, ils participent aux salons et à de nombreuses manifestations.

■ SPORTS

Randonnée

Au milieu des vignes, dans les forêts, les circuits de randonnée Vignoble et Revermont contenteront tous les amateurs. Des circuits de petites randonnées de 3 à 25 km à pied ou à cheval sont proposés entre Lons-le-Saunier et Salins-les-Bains. Guides spécialisés dans les offices du tourisme.

VTT

Circuit des Vignes : 8,5 km, 80 m de dénivelé.
Circuit de Pupillin : 18 km, 500 m de dénivelé.
Circuit des Cinq Communes : 35 km, 440 m de dénivelé.

SALINS-LES-BAINS

Cette «petite cité comtoise de caractère» est blottie dans la vallée de la Furieuse, entre le mont Poupet, le mont Belin et le mont Saint-André. Sa longue histoire a été forgée autour du sel. Son site très vallonné, exceptionnel pour le regard du touriste, le fut également pour la stratégie militaire la plus antique. Autre intérêt pour le voyageur : Salins se trouve à une cinquantaine de kilomètres de Lons-le-Saunier, Dole, Besançon et Pontarlier.

■ VISITE

Les Salines. Place des Salines ✆ 03 84 73 01 34. *De Pâques à mi-septembre, visites à 9h, 10h, 11h, 14h30, 15h30, 16h30 et 17h30. Hors saison, visites à 10h30, 14h30 et 16h. Fermeture en décembre et janvier. Groupes sur rendez-vous. Durée des visites guidées : 1h.* Si l'utilisation du sel remonte aux temps celtiques, les salines datent du Xe siècle. «L'or blanc» a fait la richesse et la réputation de la ville. Au Moyen Age, elle employait 800 sauniers. Le procédé d'extraction du sel consistait à pomper l'eau salée et faire évaporer l'eau grâce aux chaudières ou poêlons. Cette opération très gourmande en énergie nécessitait un approvisionnement considérable en bois, seul combustible rentable mais devenu rare suite à une exploitation intensive.

La découverte de houille au XVIIe aux alentours de Salins suscita de faux espoirs et la mise en évidence de bancs de sel gemme au XIXe fut capitale. En inondant le puits, on obtenait une saumure beaucoup plus concentrée rendant ainsi plus de sel pour une même quantité d'eau évaporée.

La saumure est encore pompée aujourd'hui, à -248 mètres, pour l'établissement thermal de la ville. Les salines ont cessé leur activité en 1962. Classées monuments historiques, elles ont reçu le Grand Prix du Patrimoine en 1984. Il est vrai que le site est grandiose, avec ses proportions de cathédrale. Couvrez-vous pour la visite en été car la fraîcheur du sous-sol contraste nettement avec la température extérieure.

Musée Municipal Max Claudet. Place des Salines ✆ 03 84 73 01 34. Exposition classique, sur les Beaux-Arts, les arts décoratifs, mais aussi l'histoire de la région.

Faites-nous part de vos coups de coeur
Envoyez-nous vos bonnes adresses, elles seront utiles
aux futurs voyageurs. Voyez le questionnaire à la fin du guide.

Eglise Saint-Anatoile. Elle fut construite entre 1024 et 1031 par dévotion pour saint Anatoile, ermite écossais installé sur les pentes du Belin et protecteur de la ville. Laissée à l'abandon, elle n'est restaurée qu'au XIVe siècle. Jusqu'au XVIIe, elle subit plusieurs incendies et même la chute de rochers du Belin qui détruisent le chevet. Durant cette période de nombreuses chapelles sont érigées sur les flans de l'église. A la Révolution, le bâtiment désaffecté devient une armurerie. La flèche actuelle date de 1838, le portail en chêne de 1516 et les tapisseries de Bruges de la nef (3 rescapées des incendies) de 1501. C'est grâce à Prosper Mérimée que l'église fut classée et sauvée à la fin du XIXe siècle. Admirez les stalles représentant des scènes de la vie courante ou des allégories, la chaire du XVIe, le buffet d'orgue de 1737.

Le mont Poupet. 853 mètres d'altitude. En voiture prenons la route d'Ornans sur 4 km jusqu'à la Grange de l'Hôpital, 500 m avant le restaurant Fournier, engageons-nous dans un chemin sur la gauche, pour stationner et poursuivre à pied. Le sentier de «l'Âne» à l'ombre des chênes s'élève rapidement, quelques trouées dans les branches laissent apparaître Salins. Nous sommes sur l'adret, la végétation est maigre. Plus haut à l'abri d'un thalweg et au bénéfice d'un sol plus généreux, de gros foyards (hêtres) nous font une haie d'honneur. Des frênes centenaires protègent une source intarissable. Nous rejoignons et suivons sur 200 m la route goudronnée. Un panneau rend hommage à Louis Pasteur qui effectua en ce lieu ses expériences sur les générations spontanées. En quelques minutes une sente nous conduit à la croix de Poupet, où le paysage grandiose récompense nos efforts. Par temps très clair, on voit jusqu'au Mont-Blanc. On trouve au sommet un sympathique café-restaurant pour se requinquer.

Le fort Saint-André. 604 mètres d'altitude. Cette montagne a toujours constitué un point stratégique pour surveiller et défendre la vallée de la Furieuse. Des vestiges du IXe siècle attestent l'existence d'une fortification. En 1265 le duc de Bourgogne fit construire une tour et dès lors ce promontoire, mont Auréus jusqu'alors, est baptisé mont Saint-André en référence aux armoiries du Bourguignon. De 1638 à 1645 les Espagnols alors seigneurs des lieux consolidèrent leurs lignes défensives pour tenir tête aux Français. En 1674, Louis XIV fit miner la falaise et une partie des fortifications s'effondra ; la réfection fut confiée à Vauban. Enfin, le nid d'aigle fut désarmé en 1890 et servit pendant la Grande Guerre de lieu de repos aux soldats convalescents.

Le fort Belin. 585 mètres d'altitude. Accessible en voiture, en prenant la route de Pontarlier sur 5 km, puis en bifurquant à gauche direction Clucy. Le plus agréable est d'atteindre le fort à pied. Garez votre véhicule sur le parking près du restaurant de l'Ermitage. Prenez le chemin forestier qui passe devant le tennis couvert et continuez tout droit.

Nous évoluons dans la pinède des «coteaux» qui remplaça le vignoble salinois détruit par le phylloxera au XIXe. Nous passons devant le Bas-Belin, bastion avancé du fort. Le chemin se rétrécit en une petite sente escarpée et au bout d'un quart d'heure nous débouchons au milieu des fortifications. Le fort est assis sur un éperon rocheux assez étroit qui a dicté une construction particulière, faite de masses couvrantes utilisant la terre, la pierre et le fer. Le fort fut déserté militairement en 1870.

Faïenceries de Salins. 20, avenue Aristide-Briand ✆ **03 84 73 01 45.** *Magasin de vente et exposition, ouvert tous les jours de 10h à 12h et de 14h à 19h. Entrée libre.* Née en 1857 dans l'ancien couvent des Capucins, la faïencerie de Salins avait su préserver à travers les révolutions industrielles son attachement à l'artisanat d'art. Entre ses propres créations, classiques ou modernes, et celles fabriquées pour les bureaux de style les plus connus du monde de la décoration intérieure (Hechter, Lethu, Anastasia, Habitat), la faïencerie avait élevé sa production à un haut niveau de qualité technique et artistique. Malheureusement, depuis quelques années, la production de faïence a été déplacée dans une autre unité et la vaisselle que vous trouverez dans les nombreux magasins de la ville n'est plus fabriquée à Salins-les-Bains.

Eglise Saint-Maurice. Elle date au moins du XIe siècle et appartenait au chapitre de la cathédrale Saint-Jean de Besançon. Erigée en collégiale en 1198, elle fut totalement reconstruite au XIIIe siècle. Elle a subi de nombreuses modifications, dont l'amputation de son chœur à chevet plat en 1832. A découvrir, à l'intérieur, des vitraux qui représentent Salins et son système de défense et la statue du Saint-Patron dans l'habit des chevaliers de son ordre.

L'Hôpital. Fondé en 1431 par Jean de Montaigu, il fut détruit par un incendie en 1470. Grâce à des dons en provenance de la Comté et du duché de Bourgogne, il fut reconstruit. A partir de 1683 on implante de nouveaux bâtiments.

Lycée Victor-Considérant. Place Emile Zola. Cet ancien collège de jésuites fut construit au XVIIe siècle. Pillé en 1791 sous la Révolution, il est converti en prison, puis en caserne avant de devenir ce lycée, dont le nom rend hommage à un homme politique célèbre natif de Salins.

Eglise Notre Dame. Inspirée du style roman puis dotée d'un clocher gothique encore en place, elle fut reconstruite en style classique de 1703 à 1710.

Les thermes. Ils firent la renommée de Salins à la fin du XIXe. L'établissement est créé en 1858 à l'emplacement de la petite saline, sous l'action du docteur Germain, intéressé par les propriétés des eaux salées, et de Jean-Marie de Grimaldi administrateur des Salines de l'Est. Il fut démoli en 1930, et rebâti en 1935 ; on y soignait principalement les maladies de la femme et de l'enfant. Aujourd'hui la rhumatologie est devenu l'un des chevaux de bataille des thermes salinois.

■ BALADE EN VILLE

Salins est une station sympathique où le thermalisme s'accompagne d'un agrément naturel et touristique certain : autour de Salins, mais aussi en ville où la petite place et les environs de l'établissement thermal sont très plaisants. Seuls les immeubles bétonnés, sur la route de Mouchard, font un peu tristoune. De belles vues sur la ville en grimpant dans les collines alentours, en particulier par la route de Nans-Sainte-Anne et vers le fort.

On boit un verre et on mange un morceau au bar-restaurant chez Mireille, la pizza au Thermal. A proximité, Rapid' Marché vous permet de trouver des produits régionaux, du comté notamment. La meilleure étape est pour l'hôtel des Bains, sur la place des Alliés et de la Résistance, où se tient noblement Jean-Joseph Gustave Cler, tombé à Magenta en 1859, avec une terrasse et un accueillant bistrot dans le même immeuble, le P'tit Blanc.

On passe devant l'église à coupole Saint-Maurice qui abrite un mobilier intéressant (pietà, statue de Saint-Maurice en bois). L'autre église, Saint-Anatoile, est dominée par les deux constructions du Fort Belin, planté sur un piton (voir ci-dessus visite).

Les loisirs des flambeurs se porteront naturellement sur le casino, avec ses roulettes et machines à sous. L'établissement est évidemment le plus luxueux de la ville, mais sans ostentation. Même le videur s'avère, malgré sa carrure et sa mine imposant, plutôt aimable et serviable. Le restaurant du casino n'est pas réservé qu'aux joueurs, dans un cadre plaisant et dépaysant. Cuisine plutôt quelconque, mais qualité correcte.

Circuit pédestre

Nous démarrerons de la place des Salines où se situe l'Office du tourisme. Nous rejoignons la rue de la République artère principale de Salins et prenons à droite vers l'ancien théâtre de Salins (1832), aujourd'hui la bibliothèque municipale. Tournons à droite et arrêtons-nous auprès du pont qui donne accès à l'hôpital. Au pont suivant, nous sommes face au parc des Cordeliers. Toujours dans la rue de la République, nous remarquons en face de nous, au premier étage d'une ancienne maison magnifique, des fenêtres du XIIIe sièlce. Cet immeuble fut au XVIIe un couvent de carmélites. A droite et environ 150 mètres nous découvrons la fontaine aux Lions, et en face, la tour Oudin, vestige d'une ancienne fortification. Traversons la route et rebroussons chemin jusqu'aux escaliers Saint-Anatoile, qui conservent leur allure d'antan.

La perspective des escaliers conduit le regard vers l'imposant mont Belin. Au terme de cette courte montée nous débouchons sur la place de l'église Saint-Anatoile. Nous passons ensuite devant la fontaine Pourchet ; à gauche les escaliers d'Arçon redescendent vers le centre-ville, tout droit nous empruntons la rue des Clarisses, du nom de l'ordre religieux, un parmi les très nombreux qu'accueillit Salins.

Cette petite rue nous conduit à la place Emile-Zola. Descendons les escaliers qui bordent la place et prenons à droite la rue Charles Magnin, jusqu'à la place de l'église Notre-Dame. Nous gravissons la forte pente des Chambenoz au sommet de laquelle fut édifiée la tour Carrée, une des vingt-deux tours de la fortification salinoise de 1628. Dégringolant une côte similaire à celle que nous venons de monter, nous passons à côté de la tour Ronde qui appartenait au sire d'Andelot.

Tournons à gauche en direction de l'église Saint-Maurice dont on peut effectuer le tour.

Retrouvons la rue de la Liberté jusqu'aux arcades de la Visitation (couvent de visitandines du XVII-XVIIIe). Dans la ruelle montant sur la gauche, les porches très ouvragés traduisent la richesse des ordres religieux de l'époque ; au sommet à gauche on découvre le portail de la commanderie du Temple dont Jacques de Molay fut l'un des derniers grands maîtres. Nous passons sous les arcades et découvrons, sur notre gauche, la fontaine d'Arion (1577). Coupons à nouveau la rue de la République en direction de l'établissement thermal. Engouffrons-nous sous l'arche de l'hôtel de ville (début XVIIIe) et gagnons la place des Alliés où trône la statue du général Clerc, Salinois rendu célèbre à la bataille de Magenta en 1859, et la fontaine de la mère Truchot. Sous la mairie, se trouve l'entrée de la chapelle Notre-Dame Libératrice (XVIIe). Pour réaliser le descriptif de cette petite excursion, l'Office du tourisme nous a prêté gracieusement une cassette audio dont nous nous sommes largement inspirés. Vous pourrez vous la procurer également, des baladeurs sont également disponibles.

Balade verte

Parc des Cordeliers. En 1236 un couvent de franciscains, fort beau avec son église abbatiale, s'y installe, mais il sera détruit à la Révolution. Aujourd'hui le parc est un lieu de repos singulier, avec son kiosque à musique qui hélas a perdu sa vocation.

▊ PRODUITS REGIONAUX

Nombreux ateliers de poterie à la sortie de la ville sur la route de Mouchard (Ludovic, Claude Dangon, Faïencerie du Moulin, etc). Les meilleures affaires sont peut-être au magasin d'usine de la Faïencerie de Salins.

▊ MANGER, DORMIR

Bistrot le Petit Blanc. Parc des thermes ✆ 03 84 73 01 57. *Fermé mardi soir et mercredi. Menus : 69 F (à midi), 99 F. Carte : 150 F.* La salle voûtée avec de belles arcades de style gothiques confère à ce restaurant un cadre original. L'accueil est charmant et les enfants sont particulièrement gâtés. Le menu à 99 F est pantagruélique, véritable corne d'abondance. Le patron offre gracieusement à la fin du banquet un cigare. Très bonne note et rapport/qualité prix imbattable.

Hôtel-Restaurant des Bains. 1, place des Alliés ✆ 03 84 73 07 54. *Hors saison fermé dimanche soir et lundi. Menus : 100 F, 150 F, 190 F, 270 F. Carte : 70-156 F. 31 chambres de 240 F à 325 F.* Un établissement de bon niveau, bien tenu et modernisé au fil des ans. Les chambres sont confortables, l'accueil charmant. La brasserie-restaurant sert une cuisine traditionnelle sérieuse et bien faite. Deux menus intéressants à 100 et 150 F : truite au beurre blanc, brési des Monts de Salins dans le premier, ballotin de poulet au savagnin et morilles, cassolette d'escargots aux noisettes dans le second. En liaison directe avec les thermes, l'hôtel possède un centre de remise en forme tout à fait adapté aux curistes.

Les Deux Forts. Place du Vigneron ✆ 03 84 37 93 75. *17 chambres de 130 F à 280 F. Menus : 92 à 190 F. Carte : 100 F.* Bien placé sous le fort Belin, un peu en retrait de la route au fond d'une placette garni d'une fontaine et d'un vigneron sculpté, un hôtel attachant et d'un certain cachet. Le restaurant de ce Logis de France appartient à l'association des Tables Régionales. Cela indique la bonne couleur d'une cuisine où le produit de terroir est à l'honneur. Bons menus à 94 F et 120 F, avec la langue de porc confite aux lentilles du Puy et le poulet au comté ou menu du terroir à 120 F, jambon de montagne et entrecôte aux morilles. Chambres à petits prix (120 à 250 F).

Auberge du Comtois. Route de Champagnole, Pont-d'Héry ✆ 03 84 51 44 43. *Fermé mercredi. Menus : 68 à 118 F.* Cuisine régionale, familliale et conviviale avant tout. Dans ce cadre rustique, le cheval comtois, robuste animal de trait, est adulé et constitue le thème principal de la décoration. M. Pujol est éleveur émérite et passionné. Un menu du jour à 68 F tout à fait correct au bon rapport qualité/prix. En février-mars les amateurs de grenouilles seront comblés. M. et Mme Pujol proposent aussi un goûter à la ferme à toute heure de la journée et des week-ends initiation à l'attelage comtois, stage et promenade en calèche.

Le Relais de Pont d'Héry. Au bord de la D 467, Pont-d'Héry ✆ **03 84 73 06 54.** *Fermé le lundi soir. Terrasse avec piscine. Menus : 84 F et 139 F. Carte : 150 F.* La vaste salle à manger n'accueille qu'une vingtaine de personnes. Les tables largement espacées, l'éclairage diffus et les plantes vertes contribuent à créer une atmosphère intime où le client se sent tout de suite à l'aise. L'accueil et le service sont impeccables. L'endroit est encore plus attirant l'été avec sa terrasse aux abords très fleuris aménagés de plantes de rocailles et de massifs et sa piscine. La gastronomie régionale et les produits du terroir ont l'exclusivité. A signaler la vente au détail de vin d'Arbois.

■ LOISIRS

Casino

Casino de l'Abbaye. Salins-les-Bains ✆ **03 84 73 05 02.** *Tous les jours, de 11h à 3h30.* Les vendredis et samedis soir, la discothèque accueille les amateurs de danse de 22h à 4h. Installé dans l'ancienne demeure du directeur des salines, le casino permet à ceux qui croient en leur bonne étoile de jouer aux machines à sous ou à la roulette.

Parapente

Poupet Vol Libre. Saint-Thiébaud ✆ **03 84 73 09 71/ 03 84 37 88 71.** Toutes les joies du parapente et du deltaplane, de l'initiation au perfectionnement.

ARBOIS ET SA REGION

4 167 arboisiens. Ville vigneronne (capitale des vins du Jura) et historique.
Une belle ville, aux vins renommés. Maximilien d'Autriche et Barberousse y séjournèrent, Pichegru y naquit et Pasteur y vécut. Vous y découvrirez un riche patrimoine culturel, mais aussi gastronomique.

■ VISITE

Musée de la Vigne et du Vin. Château Pécauld, rue des Fossés ✆ **03 84 66 26 14.** *Visites de février à novembre de 10h à 12h et de 14h à 18h. Fermé le mardi.* Au détour de l'histoire château, presbytère, école, puis enfin musée, le château Pécault raconte aujourd'hui la grande saga du vignoble jurassien. En extérieur, présentation des cinq cépages jurassiens et des travaux de la vigne. Le château a été entièrement rénové et la charpente, unique, est classée monument historique. Les soirées dégustations sont organisées, les thèmes sont à chaque fois différents et s'efforcent de présenter les vins d'une région différente. Pour les dates et les inscriptions contacter le secrétariat.

Maison de Louis Pasteur. 83, rue de Courcelles ✆ **03 84 66 11 72.** *Visite guidée de 10h à 12h et de 14h à 18 h ; fermé le mardi et en décembre-janvier.* La maison, au bord de la Cuisance, est acquise par Jean-Joseph Pasteur en 1833. Louis Pasteur y passe son enfance (il est arrivé à Arbois à cinq ans, en 1827). En 1874, il y intalle un laboratoire de recherche, qu'il fait agrandir en 1880. C'est là, pendant de longs mois de vacances studieuses, qu'il procède chaque été à des expériences sur la fermentation et les maladies du raisin. Propriété de l'Académie des sciences, la maison est restée intacte, chaque objet demeure à sa place, comme si le savant habitait toujours les lieux. De multiples meubles et objets personnels font de cette visite un remarquable témoignage de l'intimité du savant jurassien.

Exposition Mille milliards de microbes. Hôtel de ville ✆ **03 84 66 07 45.** *Ouvert samedi-dimanche juin et septembre ; tlj sauf le mardi en juillet-août.* Après avoir voyagé à travers l'Europe, cette exposition s'est maintenant installée dans les caves de l'hôtel de ville d'Arbois. Vous pourrez découvrir le monde vu au travers d'un microscope (levures, champignons, microbes). Les applications des travaux de Pasteur dans notre vie de chaque jour sont mises en lumière : hygiène corporelle, salubrité publique, vaccination et bien sûr pasteurisation...

Musée Sarret de Grozon. 9, Grande-Rue ✆ **03 84 66 07 45.** *Ouverture week-ends de juin, lundi de Pentecôte, du 1er juillet au 15 septembre de 14h à 18h. Fermé le mardi. Tarifs 15 F.* Dans un hôtel particulier (XVe, remanié XIXe) cédé à la ville par la famille Sarret de Grozon ont été rassemblés des faïences, du mobilier, des porcelaines et des peintures, notamment de Pointelin, peintre arboisien.

Église Saint-Just. Construite au XIIe siècle, cette église romane a été modifiée en gothique au XIIIe. A voir pour le Biou, la salle de l'Horloge et la salle des Cloches. Le dôme, du haut de ses 64 m, offre un beau panorama sur la région ; il abrite un carillon et la plus grosse cloche du Jura (plus de 4 tonnes).

La Fête du biou

L'origine de cette fête au nom mystérieux remonterait aux Romains et ce rite païen célébrait Bacchus. On offrait au Dieu du vin les plus belles grappes de raisins avant de sacrifier un bouc. D'autres y voient une inspiration chrétienne, la «grappe de Canaan». A chacun de choisir sa version. Deux semaines avant la Saint-Just, patron d'Arbois, les vignerons sélectionnent de jolies grappes, avec lesquelles ils vont confectionner une grappe géante pesant une centaine de kilos : le biou. Le premier dimanche de septembre lors de la fête patronale, le biou défile dans les rues, porté par quatre gaillards jusqu'à l'église où le curé donne sa bénédiction.

Balade en ville

La ville s'enorgueillit donc de deux atouts majeurs qui participent à sa renommée : son vin et son grand homme. C'est sur les traces laissées par Pasteur que l'on commencera la découverte d'Arbois.

Au 83 rue de Courcelles, une maison recouverte de vigne vierge laisse découvrir au visiteur s'approchant de la porte une plaque émaillée au nom prestigieux : L. Pasteur. La balade au bord de la Cuisance permet d'admirer de belles façades et des maisons de vignerons et d'artisans. Après avoir profité de la vue agréable depuis le pont, on montera la rue de Courcelles pour trouver la promenade Pasteur. La place Notre-Dame permet d'admirer le clocher de cette collégiale qui a été transformée en salle des fêtes. Comme son nom l'indique, la rue du Vieux Château permet d'aboutir au très beau château Bontemps. A l'extrémité, à l'angle de la rue de l'Hôtel-de-Ville, on tournera à droite et il ne faudra pas manquer d'admirer les maisons qui s'avancent au-dessus de l'eau depuis le pont qui enjambe la rivière. Le regard sera également capté par les larges vitraux qui forment le chevet de l'église Saint-Just. Le quartier de Faramand vous emmène ensuite en plein univers typiquement vigneron. En direction du Champ de mars, la très solide tour Gloriette du XIIIe siècle culmine à plus de quinze mètres. Vous pouvez découvrir les remparts le long d'un circuit fléché avec les tours Chaffin, Vellefaux et Gloriette, les châteaux Pécauld et Bontemps.

On trouvera la Grande-Rue en face de la fruitière vinicole et il sera facile de se rendre au collège Pasteur où l'on verra dans la cour un cadran solaire dessiné par le savant. Le château Pécauld et sa tour pointue n'est pas loin, il abrite le musée de la Vigne et du vin. La visite se terminera par la place de la Liberté et sa large fontaine. Les nombreuses vitrines qui l'entourent ont pour vocation de rappeler au visiteur qu'il ne doit pas quitter Arbois sans acheter quelques bouteilles !

Autour d'Arbois

Pupillin. Le village brigue le titre de capitale mondiale du poulsard que les vignerons nomment ici ploussard avec une insistance sans faille. Ils affichent leurs différences par cette fière devise, héritée d'Alphonse Rousset, qui se moque gentiment de leur célèbre voisin en affirmant : «A Arbois, le nom, à Pupillin... le bon». Pour souligner cette affirmation, deux tonneaux aux entrées du village portent en exergue l'affirmation de Paul- Emile Victor : «Pupillin le bon, le très bon, le meilleur !» Ces compliments ne sont pas usurpés, le vin de Pupillin a de grandes qualités. En été, les viticulteurs organisent des soirées d'initiation à la dégustation pour mieux le faire connaître.

En prenant la direction de Mesnay on aboutira à la fameuse reculée des Planches. En continuant sur Champagnole on gravira la route qui accède sur les hauteurs au «Fer à cheval» dont le nom est évocateur de la forme de ce panorama. Non loin d'un restaurant à la terrasse réputée, un belvédère offre une vue saisissante. Par la même route on pourra rejoindre les grottes des Moidons.

Grottes et reculée des Planches © 03 84 66 07 93. *Tous les jours du 1er avril au 11 novembre, de 10h à 12h et de 14h à 17h (juillet et août de 9h30 à 18h). Hors saison se renseigner. Durée de la visite 1h. Température 12 °C.* La reculée des Planches, la plus haute du Jura (245 m de haut), abrite en son sein des grottes, où l'eau est le metteur en scène d'un spectacle toujours différent de phénomènes d'érosion uniques en Europe.

Forêt des Moidons. La découverte de nombreux tumuli prouve que la forêt abritait une population celte assez importante. En vous promenant dans la forêt des Moidons, vous aurez sûrement l'occasion de passer près d'un gros tas de cailloux, qui est en fait la tombe d'un ancêtre celte.

Grottes des Moidons © 03 84 51 74 94. *Ouvert tous les jours de Pâques à fin septembre, de 10h à 12h et de 14h à 17h (juillet et août de 9h à 18h). Durée de la visite 45 mn. Température 12 °C.* Situées sur la route Arbois-Montrond, au milieu de la forêt domaniale des Moidons, ces grottes furent découvertes en 1966. Une salle grandiose de 4 000 m2, récèle stalactites, stalagmites et autres concrétions, œuvre du temps, de l'eau et du calcaire. La visite commentée est agrémentée d'un son et lumière.

Escapade

D'Arbois à Doucier (48 km)

On quitte Arbois pour parvenir à Pupillin et se svins renommés (voir ci-dessus). On poursuit vers Buvilly, où l'on attrape la N83 pour rejoindre la belle cité de Poligny. Au croisement d'anciennes voies romaines, et aujourd'hui des axes Paris-Genève et Strasbourg-Lyon, s'étend la capitale du Comté. Balade dans sa forêt de 3 000 ha, l'une des plus grandes forêts communales de France. Dans Poligny, on trouvera la D68 qui mène à Plasne. On suit alors la direction du cirque de Ladoye (route de Château-Chalon). Arrivé sur la D5, on fait droite-gauche pour aller bénéficier du plus beau point de vue sur cette merveille de la nature.

On poursuit en passant à Blois-sur-Seille et, en rejoignant la D70, on prend à gauche vers Baume-les-Messieurs. Un endroit qui cumule les avantages et un site superbe, avec le cirque et le point de vue du belvédère sur toute la région. On monte à Granges (excursion au belvédère), puis on gagne Crançot.

On traverse la D471 pour aller à Vévy. La région, bien jolie, est aussi viticole, avec les côtes-du-jura, qu'on appréciera autant en rouge qu'en blanc. A Vévy, on prend à gauche la D39 pour gagner Châtillon-Saint-Laurent puis, par la D39, on poursuit jusqu'à Doucier. Excursion jusqu'au lac de Chalain (voir «la région des lacs»).

■ MANGER, DORMIR

Le Chantevigne. 1, route de Lyon © 03 84 66 12 09. *Fermé le dimanche soir et lundi toute la journée hors saison. Menu de base 86 F, plateau de fruits de mer 250 F + carte.* Une gargoulette royale à 180 F (lotte, gambas, dorade, encornets, moules, crevettes... cuits dans une amphore) et des plateaux de fruits de mer (200-300 F/personne sur commande) au cœur du Jura, ce n'est pas banal. Le patron breton est venu nous offrir un coin de sa région natale. Les produits arrivent chaque jour en direct du producteur et sont garantis de première fraîcheur : leur nature varie avec la saison et les conditions de pêche. La carte des vins est très étoffée.

La Cuisance. 62, place Faramand © 03 84 37 40 74. *Fermé le mardi soir et mercredi soir. Menus : 70 F et 100 F. Carte : 80 F.* Le restaurant surplombe la petite rivière de la Cuisance. Dans un décor sobre et sans fioritures, la salle de restaurant jouxte celle du bar. Les anciens tapent le carton, ça respire le terroir même à travers les volutes de fumée. L'accueil est chaleureux et le sourire sincère. La cuisine est très soignée. Au menu à 100 F : salade de crudités, croûte aux champignons, truite au vin jaune, fromage et dessert. Le vin d'Arbois peut être servi au pichet.

La Finette, Taverne d'Arbois. 22, avenue Pasteur ✆ **03 84 66 06 78.** *Ouvert tous les jours, de 9h à 24h.* Située à proximité de la maison de Louis Pasteur, la Finette avec sa façade en rondin de bois et ses rebords de fenêtres très fleuris, invite à se restaurer. Le cadre est très accueillant, avec une décoration inspiré des maisons vigneronnes. Le service, très rapide, est assuré par des hôtesses vêtues au couleurs d'Arbois, rouge et noire, l'ambiance authentique et hyper-chaleureuse. On se régale de brési comtois, de charcutailles et d'autres plats typiques en se désaltérant de gouleyants arbois au pichet et des vins d'Henri Maire, propriétaire du restaurant.

Jean-Paul Jeunet. 9, rue de l'Hôtel de ville 39600 Arbois ✆ **03 84 66 05 67.** *Chambres de 330 à 600. Repas 200/500 F.* On ne peut évidemment évoquer Arbois sans mentionner ce phare gastronomique, qui est tout simplement la première table de la région Franche-Comté pour la plupart des critiques gastronomiques. Après que son papa ait, durant des lustres assis la réputation de l'hôtel de Paris, Jean-Paul Jeunet s'est fait un prénom et un nom connu en France, mais aussi en Belgique ou en Suisse. Les chambres sont très confortables, dans un chaleureux décor bourgeois contemporain, et finalement pas très chères. Le plus grand plaisir reste néanmoins la table, avec de très bonnes adaptations du terroir et une petite tendance à privilégier le produit de luxe. C'est parfaitement réalisé et adroitement présenté ; le standing est celui d'une grande maison.

Hôtel restaurant de la Poste. 71 Grande Rue ✆ **03 84 66 13 22.** Chambres de 100 à 190F pour une nuitée en toute simplicité.

Hôtel des Messageries. 2 rue de Courcelles ✆ **03 84 66 15 45.** *Fermé le mercredi après midi hors saison. Fermeture annuelle décembre et janvier. 26 chambres de 180 à 310 F, petit déjeuner 32 F. Chiens acceptés. Logis de France.* Une maison plus que centenaire, centrale et bien agréable. Accueil charmant, décoration simple et rustique. Le calme et la beauté de la cité pour des promenades romantiques.

Hôtel des Cépages. Route de Dole ✆ **03 84 66 25 25.** *34 chambres de 280 F à 320 F.* Hôtel récent, situé en retrait de la N 83. Un petit déjeuner pantagruélique (45 F) : un buffet très copieux avec jambon, fromage, œufs, etc. Des chambres parfaites avec sas et climatisation pour une tranquillité complète, ainsi que minibar, télévision, accessibles par ascenseur. En sus, la gentillesse et le dynamisme de José Ortola.

Le Grapiot. Pupillin ✆ **03 84 66 23 25.** *Hors saison, fermé dimanche soir et le lundi. Menus 98 à 220 F. Carte : 180 F.* Dans cette ancienne maison vigneronne, fort bien rénovée, le cadre rustique avec ses pierre apparentes, sa grande cheminée, ses outils d'autrefois fait revivre la tradition. Les tables sont gaies et les verres surdimensionnés sont idéaux pour apprécier pleinement les arômes et les saveurs du cru. La cuisine, haute en couleurs, fait également honneur aux produits locaux, sous la spatule de Denis Béal. Cadre charmant, accueil agréable de Mme Béal.

Le Ronge Couenne. 5, route de Genève, Aumont ✆ **03 84 37 54 77.** Le ronge-couenne est un fromage (mont-d'or) grillé au four dans sa boîte et arrosé de côtes-du-jura avec pommes de terre et salade en accompagnement (55 F). Pour 70 F vous aurez en plus une bonne tranche de jambon de pays. La cuisine de Marie-Claude est sans grande prétention mais très correcte. C'est une belle petite étape de transit entre Poligny et Dole.

Hôtel Bourgeois-Bousson. Grande-Rue, Andelot ✆ **03 84 51 43 77.** *18 chambres de 130 F à 230 F. Fermeture annuelle du 15/11 au 15/12. Menus à 85 F, 95 F, 100 F, 120 F, menu du jour 65 F. Pas de carte.* Dans cette grande bâtisse comtoise aux murs épais, vous goûterez une cuisine traditionnelle et généreuse. Exemple, le menu à 95 F : en entrée, la croustade de champignons et morilles assouvira plus d'un gourmand. Comment se réfréner devant une telle abondance? Tant pis si vous ne parvenez pas à terminer le plat, pensez à la suite. Le jambon cuit à l'os est servi non moins copieusement. Le plateau de fromage est des plus complets : comté, morbier, mont-d'or, bleu, reblochon, chèvre, cancoillotte, fromage blanc... Vous dénicherez forcément votre bonheur dans le choix de desserts...

Auberge de la Mère Michelle. Les Planches ✆ **03 84 66 08 17.** Près des grottes des Planches, dans un site absolument superbe : un ancien moulin rénové, à l'écart du village et au pied d'une cascade. Les spécialités jurassiennes sont mises en valeur par le chef Pascal Mathieu et à la bonhomie de Rachelle et J.-C. Delavenne (les propriétaires). Vingt-deux chambres, une piscine et un calme serein.

La Poste. Grande-Rue, Montrond ✆ **03 84 51 71 24.** A quelques kilomètres des grottes des Moidons, le restaurant de la Poste offre un menu à 70 F (une boisson + café compris) d'un très bon rapport qualité/prix. La cuisine préparée par madame Bois est savoureuse et copieuse. L'ambiance est familiale et les nombreux habitués qui viennent déjeuner rendent l'endroit plein de vie. En saison le soir vous pourrez, selon la saison et la disponibilité, venir déguster les grenouilles fraîches.

Chambres et tables d'hôtes, fermes-auberges, gîtes

Chambres d'hôtes Michèle et Gilbert Péseux. La Ferté ✆ **03 84 37 51 83.** *Ouvert toute l'année. 170 F une personne, 200 F deux personnes, 240 F trois personnes, repas 65 F.* Dans un ancien moulin, deux chambres ont été aménagées au 1er étage avec salle de bains et WC, télé couleur. Les hôtes disposent d'une entrée indépendante, d'une salle de restauration au rez-de-chaussée, cour, terrasse couverte et terrain avec salon de jardin. Il est possible de pêcher dans la rivière qui jouxte le moulin (prêt de matériel).

Gîte rural n°495 (2 épis), M. Louis Jacquin. Ivory ✆ **03 84 73 07 15.** Situé entre Arbois et Salins-les-Bains dans un petit village, bien au calme. Appartement comportant une chambre, séjour-cuisine, salle de bains, terrain clos, chauffage électrique et machine à laver. Piscine, tennis, équitation, et deltaplane à 6 km. Cinq adultes : deux lits 2 places, un lit 1 place.

Camping

Camping les Vignes. Camping municipal ✆ **03 84 66 14 12.** *Ouvert du 1er avril au 30 septembre. Sanitaire handicapés.* Situé au pied des vignes, sur environ 3 ha, le camping offre 139 emplacements (environ 100 m2) séparés par des haies. Les campeurs ont un accès privilégié à la piscine, terrain de football, jeux extérieurs pour enfants, terrains de boules, ping-pong, épicerie en juillet et août.

Camping la Toupe. Camping municipal ✆ **03 84 44 61 41.** *Ouvert du 1er avril au 30 septembre.* Besoin d'un week-end d'évasion, le camping de la Toupe, 60 places sur 1,2 ha, est tout indiqué. Installé au bord d'une petite rivière, il offre la possibilité de poser sa tente ou sa caravane dans un endroit très vert et très calme au cœur de la reculée.

■ PRODUITS REGIONAUX

Domaine de la Pinte ✆ **03 84 66 06 47.** Des caves immenses, que tous les Arboisiens connaissent bien. Cette construction comprend également un bâtiment de vinification, un bâtiment de réception et un bâtiment logement pour la direction, le tout situé au milieu des vignobles au sud d'Arbois, le long de la route de Lons-le-Saunier. Ne pas manquer la visite des caves où vous pourrez découvrir le veillissement du vin jaune à l'intérieur d'un fût en chêne avec deux couvercles transparents. De nombreuses propositions vous permettront de ne pas partir les mains vides.

Désiré Petit et ses Fils. Pupillin ✆ **03 84 66 01 20.** Depuis plus de cinq générations, la famille Petit cultive ses vignes sur les coteaux de Pupillin. Deux caveaux de dégustation, l'un à l'entrée du village, avec stationnement nocturne camping-car (membre France-Passion), et l'autre dans le village, ouverts toute l'année. Un vignoble de 18 ha très varié, où on retrouve de l'arbois-pupillin (savagnin, chardonnay, ploussard, trousseau et pinot), de l'arbois (trousseau et chardonnay) et du côtes du jura (ploussard, trousseau, pinot et chardonnay). Des dépliants sont disponibles au caveau, pour vous aider dans vos achats, et vous présenter Pupillin et son histoire.

La Ferme de Rotsy. Chantal et Jean-Marie Carrey, Lemuy ✆ **03 84 51 42 82.** Située près d'Andelot-en-Montagne, la Ferme de Rotsy propose ses fromages de chèvre, ses pâtés, ses confitures et son miel. Vous pourrez visiter la chèvrerie et la fromagerie, acheter les produits de la ferme, et l'été (juillet-août de 10h à 22h), faire une pause gourmande en goûtant les spécialités de la maison.

Laine Angora. Rue Village du Bas, Andelot-en-Montagne ✆ **03 84 51 47 03.** Eleveur de chèvres angora, Sylvie Blugeot confectionne pulls, moufles, bonnets... en laine mohair, sélectionnée avec soin afin d'éliminer toute sensation ulcérative. Des articles de grande qualité qui vous soutiennent sous toutes les températures.

POLIGNY

4500 Polinois. Sur l'Orain.

La cité de Poligny est une des plus caractéristiques du Revermont, avec ses cloches, ses tours, ses vieux toits anciens. Ancienne ville séquane où se croisait des voies romaines, puis ville fortifiée, important centre religieux depuis le Moyen Age, rares sont les petites villes qui possèdent autant de témoignages du passé : nombreuses églises, pharmacie classée, vieilles faïences. Les remparts se visitent grâce à un circuit pédestre autour de la Sergenterie. Capitale du comté, elle a vu s'installer de nombreuses caves d'affinage, une école nationale d'industrie laitière et un musée du comté. A la réputation de son fromage, ajoutons celle des vins (Caveau des Jacobins, coopérative viticole).

VISITE

Maison du comté. Avenue de la Résistance ✆ **03 84 37 23 51.** *Ouvert pendant la période estivale, tous les jours, visites commentées (d'environ 1h) à 10h 11h, 14h, 15h15 et 16h30. Hors période, s'adresser à l'accueil.* Installé dans les locaux d'une ancienne fromagerie, le musée retrace l'évolution de la technique de fabrication du comté (cuves en cuivre, pèse-lait, presses, tranche-caillé, rondots, etc.).

Visite des caves d'affinage de comté. Poligny abrite cinq sociétés d'affinage. Des centaines de meules alignées attendent la maturité et votre visite. Liste disponible auprès de l'Office du tourisme.

Cloître des Ursulines. Rue des Ursulines. Ses très belles arcades et la galerie sont subtilement éclairées le soir. A voir absolument

Collégiale Saint-Hyppolyte. Le magnifique clocher décentré est flambant neuf. Le portail latéral est surmonté d'une belle pietà. Saint-Hippolyte est fière d'abriter un très riche statuaire de style bourguignon du XVe siècle et un orgue romantique.

Eglise Mouthier-Vieillard. Sous des dimensions presque carrées, on devine aisément les outrages qu'elle a subi à plusieurs reprises et qui l'ont nettement diminuée. A voir à l'intérieur une importante collection de statues en bois, un retable Renaissance et un gisant du XVIe.

BALADE EN VILLE

Agréable à toute heure, la petite cité est à voir de préférence aux heures d'animation commerciale, durant lesquels les vieilles pierres prennent un relief plus chaleureux.

Il sera judicieux de commencer la visite sur la place des Déportés, très agréable espace où il fait bon laisser filer les heures en profitant du soleil sur une des trois terrasses de café. Trois magasins spécialisés savent également rappeler le bon vivre et célèbrent le mariage du fromage et du vin du Jura. Non loin de la statue de Travot, Polinois général d'Empire, le lycée hôtelier offre un restaurant d'application renommé.

En quittant la place par la rue du Collège, on ne manquera pas de visiter le caveau des Jacobins, coopérative viticole dont la particularité est d'avoir installé ses foudres dans une ancienne église à voûte ogivale. Quelques mètres après le majestueux pressoir de bois qui annonce ces caves originales, se trouve la fontaine à la Sirène, de facture monumentale et classique.

En descendant la rue du Collège, on remarquera çà et là des niches qui ont abrité ou abritent encore de petites statues de la Vierge. En face de la bibliothèque, la fontaine aux Morts du XVIe siècle semble construite il y a peu grâce à la récente restauration dont elle a fait l'objet. A quelques mètres un peu en retrait, la collégiale Saint-Hippolyte impressionne par sa stature imposante.

On poursuivra la visite en prenant derrière l'édifice religieux la rue Sainte-Colette, agréable voie sinueuse qui aboutit à la tour de la Sergenterie, vestige des anciens remparts. Un peu plus bas se trouve le quartier de Charcigny. Cette «commune libre» évoque un petit village de vignerons et se termine par des chemins qui montent droit dans les vignes. Ils offrent des perspectives de promenades agréables au pied des falaises.

En remontant la Grande-Rue se succèdent de remarquables façades d'hôtels particuliers aux porches solides et souvent sculptés de très belle manière. On remarquera à droite la fontaine du Cheval marin et un peu après à gauche la chapelle de la Congrégation qui accueille des expositions artisanales temporaires. En face, un agréable square à l'ombre d'épais marronniers. L'hôtel de ville s'impose quelques dizaines de mètres plus haut avec son porche qui ouvre sur une cour intérieure.

Juste à côté, au 53, on remarquera un portail gothique ; cette façade très pure abrite un laboratoire d'analyses médicales. Prendre à droite la rue des Ursulines pour parvenir à l'entrée du magnifique cloître. En sortant par la même ouverture, on continuera la rue en direction du champ de foire qui se termine par un poids public transformé en cabine téléphonique. En traversant la route qui mène à Lons-le-Saunier, on atteint la très belle place de Mouthier Vieillard et sa jolie église. Malgré de nombreuses destructions, elle contribue largement au charme particulier de ce quartier un peu à l'écart de Poligny.

Autour de Poligny

La **croix du Dan** à laquelle on accède en prenant la route de Plasne offre un magnifique point de vue sur Poligny et la plaine qui conduit à Dole. Il faut également suivre la route de Champagnole pour admirer la **culée de Vaux** depuis le **belvédère des monts de Vaux**. De ce site, on profitera pleinement de ce paysage typique du Revermont au fond duquel se distinguent les très beaux toits de l'ancien séminaire. On pourra redescendre un peu pour prendre la voie qui conduit à Chamole et qui vient au pied du Trou de la Lune, étrange cavité naturelle creusée dans la falaise. Son accès est facilité par la présence d'une échelle et les rochers avoisinants sont un terrain d'exercice très prisé par les amateurs d'escalade.

En quittant Poligny en direction d'Arbois, en tournant à Buvilly, on profitera de la route du vignoble qui surplombe la plaine à gauche et laisse découvrir une très belle vue. Un sentier sur la droite indique les restes d'un petit monument gallo-romain, un fanum du IIe siècle.

Jeu de quilles typique

Sur les places publiques de la première moitié du Revermont, boules et quilles de bois se cognent sur un carré de ciment, le quiller. Ce jeu de quilles régional s'appelle le Vaut-deux. C'est le cri que lancent les joueurs pour exprimer le défi de ravir les points de l'équipe adverse en essayant de battre leur score. S'ils gagnent, ils empochent les points des autres, s'ils perdent, ils offrent un verre aux vainqueurs.

■ MANGER, DORMIR

La Vallée Heureuse. Route de Genève, RN 5, Poligny ✆ **03 84 37 12 13.** *Dix chambres de 350 F à 550 F. Fermeture mercredi et jeudi à midi hors saison. Sauna, piscine chauffée. Menus : 95 à 220 F. Carte 250 F-300 F.* Aménagement inattendu et très original pour cet ancien moulin du XVIIIe siècle. Ne vous attendez pas à découvrir un cadre rustique. Les tons pastel apportent lumière et douceur. Du piano s'évadent saveurs du terroir et arômes épicés. Jambon de montagne (menu à 135 F) fondant et excellent. Brochette d'agneau aux épices accompagnée d'une purée de carottes et d'aubergines, superbement présentée. Excellent fondant au chocolat en dessert, accompagné de son coulis de framboise. Profitez ensuite du parc de deux hectares, où court un ruisseau dans lequel vous pourrez pêcher la truite. Une piscine chauffée et trois terrasses panoramiques constituent de petits îlots au milieu de la verdure.

Le Chalet. 7, route de Genève, Poligny ✆ **03 84 37 13 28.** *Menus 55 F, 80 F et 120 F. Carte de spécialités.* Le Chalet est ouvert depuis juillet 1994 et M. Grappe propose quelques spécialités de la région, évidemment à base de fromage. On trouve aussi des salades à 26 F, un plateau de fromages régionaux (22 F) et des desserts de 18 F à 22 F. Le nougat glacé au miel de sapin est délicieux.

Hôtel restaurant Chez Monique. Lothain, Poligny ✆ **03 84 37 12 67.** Une cuisine familiale à prix doux, pour une halte gourmande "comme à la maison".

Restaurant la Sergenterie. 30 place des Déportés, Poligny ✆ **03 84 37 37 11.** Dans un cadre de tradition comtoise, une maison de pierres où l'on déguste une cuisine simple qui met en valeur les produits régionaux : pavé de saumon à l'anis de Pontarlier, gigotin de volaille au vin jaune. Un pari réussi.

Hôtel de Paris. 7, rue Travot, Poligny ✆ **03 84 37 13 87.** *Restaurant fermé lundi. Fermeture annuelle du 2 novembre au 2 février. 25 chambres de 200 à 310 F, petit déjeuner 35 F. Demi-pension 220/280 F. Menus 90/260 F. Carte 120 F.* L'adresse solide du centre-ville, une bonne maison familiale qui offre confort et naturel, avec ses pierres apparentes et ses boiseries. Dans les spécialités du chef André Biétry, renommées de longue date, le poulet "Gloire de Comté", le jambon aux morilles, la pochouse au vin jaune et les truites. Belle carte de vins locaux, avec notamment de superbes savagnins, et une grande variété de vins jaunes pour amateurs.

■ PRODUITS REGIONAUX

Fromagerie Arnaud. Av de la Gare, Poligny ✆ **03 84 37 14 23.** A l'entrée de Poligny cette fabrique de Comté rappelle tout de suite que l'on se trouve dans la capitale du fromage si fruité et savoureux. Donc ici, pas de gruyère de cantine sans goût mais du véritable comté fermier au lait cru et affiné en cave.

Le Triangle de Verre, Bruno Tosi. 20, av Wladimir Gagneur, Poligny ✆ **03 84 37 28 77.** *Ouvert toute l'année. Tarif : 10 F.* Rare et magique, un atelier de vitrailliste.

LONS-LE-SAUNIER ET SA REGION

LONS-LE-SAUNIER

Chef-lieu du Jura riche de 20 000 Lédoniens. Au cœur de la région viticole du Jura, Lons est une ville pittoresque et historique. Sa réputation nous vient aussi de ses thermes.

■ HISTOIRE

En 1083, le couvent des Bénédictins s'installe dans la ville suivi de celui des Cordeliers en 1250, qui étoffent le patrimoine architectural de la ville. Au XIVe siècle, l'activité saline naît et fait prospérer Lons. En 1790, Lons-le-Saunier devient le chef-lieu du département lui conférant une vocation administrative et judiciaire. Les thermes sont construits à la fin du XIXe siècle et amènent une population croissante de curistes et de vacanciers.

La ville a vu naître un grand nombre de célébrités : Rouget de Lisle, Bernard Clavel, Jean Amadou, Karl Zéro. Pour la petite histoire, encore un humoriste lié à la ville, Coluche, qui effectua son service militaire dans la caserne lédonienne.

■ VISITE

Musée des Beaux-Arts. Place Philibert de Châlon ✆ **03 84 47 29 16.** *Ouvert 10h-12 h et 14h-18 h ; samedi, dimanche et jours fériés 14h-17 h ; fermé le mardi. Gratuit le mercredi.* Beaucoup de sculptures et en particulier celles de l'artiste régional Jean-Joseph Perraud qui obtint le Grand Prix de Rome en 1847 ; également des tableaux (Breughel, Courbet).

Musée Rouget de Lisle. 24, rue du Commerce ✆ **03 84 47 29 16.** *Ouvert de juin à septembre ; 10h-12 h et 14h-18 h ; samedi, dimanche et jours fériés 14h-17 h ; fermé le mardi. Entrée libre.* Reconstitution de l'appartement où est né le musicien et évocation de son œuvre majeure, la Marseillaise.

Musée d'archéologie. 25, rue Richebourg ✆ **03 84 47 12 13.** *Ouvert 10h-12h et 14h-18 h ; samedi, dimanche et jours fériés 14h-17 h ; fermé le mardi. Gratuit le mercredi.* Le plus impressionnant, c'est la reconstitution du plus vieux dinosaure de France, un platéosaurus de l'ère jurassique ; à voir aussi la collection de fossiles et d'ossements et une très longue pirogue néolithique mise à jour sur les rives du lac de Chalain.

Métiers d'art et d'innovation. 17, rue Jules Bury © 03 84 35 87 00. Expositions fréquentes sur les arts régionaux.

Ancien hôpital. Place Perraud. *Rsgts à l'Office de tourisme.* Un ensemble très élégant du XVIIIe siècle, avec la cour d'honneur, la chapelle et surtout la très riche pharmacie composée de trois pièces. Une des plus belles collections de faïences de la région.

Eglise Saint-Désiré. Les fondations de cet édifice religieux en font le plus ancien de la ville (XIe siècle). La crypte qui abrite le sarcophage du Saint est très vaste, divisée en trois nefs et ajoute à l'intérêt de ce témoignage de l'art roman. Pietà du XVe siècle.

■ BALADE EN VILLE

On se retrouve place de la Liberté où le général Lecourbe est statufié, centre névralgique de l'animation et point de départ vers le vieux quartier.

Le quartier de la gare n'est pas très gai (on rejoint le centre par la rue Aristide Briand), mais on verra avec plaisir, à proximité, le site de l'église Saint-Désiré, entourée d'arbres, juste à côté de la préfecture.

Le quartier ancien se déguste sans précipitation : il est fort agréable mais peu étendu : on ne manquera pas la rue du Commerce, avec ses arcades, qui figure sur la plupart des cartes postales, ni la place de la Comédie (voir ci-dessous). On y trouve l'un des bons restaus de la ville, la Comédie. On poursuivra, à partir de la rue du Commerce, par les rues Traversière, Perrin, où l'on trouve des pizzas et kebabs à volonté et rue de Ronde, derrière le théâtre.

Circuit touristique

Nous commençons sur la place du 11 Novembre, encadrée par les façades du théâtre, de l'office du tourisme et du palais de justice. En se dirigeant vers la place de la Chevalerie, il est impossible de ne pas remarquer la statue du plus célèbre Lédonien, Rouget de Lisle (par Frédéric Bartholdi). Le carillon de l'horloge du théâtre entame chaque heure les notes qui invitent à chanter : Aux armes citoyens !

Retour **place du 11 Novembre**. Au pied du théâtre on empruntera la rue des Cordeliers pour atteindre l'entrée de l'église (XIIe), transformée depuis son origine monastique en raison d'un incendie (XVIIIe, portail XVe). Après la rue du Four, on accède à la très agréable **place de la Comédie**. Les façades des maisons colorées forment un ensemble vif et lumineux depuis sa rénovation. Au centre, un immense pressoir rappelle la vocation première de cette ancienne place vigneronne. On remarquera sur le linteau de certaines portes (notamment au 20 et 22) le symbole de la serpette des vignerons et dans le passage à droite à l'angle de la **rue de Balerne**, des cadrans solaires de conception originale et contemporaine. Ensuite, il sera simple de parvenir à la **rue du Puits Salé**. Elle abrite la source qui a été la raison d'être de la ville. Ce filet d'eau paraît modeste mais il est riche de sens et de symboles sur lesquels se sont construits la vie et l'histoire de la cité. A quelques dizaines de mètres, il ne faudra pas manquer de visiter le très intéressant musée archéologique.

A la sortie on pourra se rendre sur la **place Bichat** dont les arbres savent apporter une ombre douce et bénéfique en été. Les façades qui l'entourent forment un bel ensemble. On revient en arrière sur la place Perraud, se laissant attirer par les très belles grilles en fer forgé de l'ancien hôpital. A la fin de cette visite, on choisira de parvenir à l'hôtel de ville, bâti sur l'emplacement de l'ancien **château médiéval des princes de Chalon**. Il abrite le musée des Beaux-Arts.

Quelques mètres nous séparent de la plus belle rue de Lons, la **rue du Commerce**, communément appelée rue des Arcades. La particularité de ces arcades est de ne pas être identiques car elles étaient propriétés des boutiques sur lesquelles elles s'ouvraient. Leurs formes étaient donc soumises à la volonté de leurs différents propriétaires. Celle du n° 24 est fameuse car elle correspond à la maison natale de Rouget de Lisle. Cette rue pavé est complétée par la tour de l'Horloge, un ancien beffroi. Nous arrivons alors sur la place de la Liberté qui s'orne de la statue du général Lecourbe. En face on empruntera la rue Saint-Désiré, agréable et commerçante, pour parvenir après une petite ascension à l'église qui porte son nom. Non loin de là, on termine cette découverte de Lons par le bâtiment de la Préfecture.

Bars, brasseries, gourmandises

La Brasserie des Arcades possède une petite terrasse très agréable sous les arcades de la rue du Commerce : on y prend un café quand le soleil commence à poindre.

Grand Café de Strasbourg. 4, rue Jean Jaurès. Un endroit très avenant l'été en particulier pour sa terrasse, mais l'hiver on préférera, de l'autre côté du théâtre, le **Café du Théâtre, 2, rue Jean Jaurès**, où les jeunes de la cité se retrouvent tous les jours de la semaine et aux choix, jouent au flipper, boivent une bière ou un café. On peut aussi y manger des plats brasserie présentés et mis en valeur par un artiste reconverti en chef.

On peut aussi prendre un verre au **Cactus Café** ou au **Tiffany**, rue Rouget de Lisle, qui propose des plats brasserie.

On mange la pizza au **Romulus**, boulevard Thirel, à la **Lanterna**, rue du Commerce ou à la **pizzéria Saint-Grégoir**, rue Vallière, la plus animée de la ville. Les crêpes se prennent à **la Charlotte**, rue du Commerce. Pour manger vite fait, un self très prisé, l'**Atrium**, près du Conseil Général, avenue de la Marseillaise.

La Palmeraie. 5, rue du Commerce ✆ **03 84 24 28 36.** Pour manger ou emporter le meilleur couscous de Lons.

Diener. 16, rue Saint Desiré. La plus appétissante pâtisserie- chocolaterie de la ville fait aussi salon de thé. On y déguste toutes les spécialités régionales sucrées.

On achète sa charcuterie chez **Guy Millet**, 39, rue du Commerce.

Pour repartir avec les meilleurs crus (Arbois, côtes-du-jura...) de la région viticole, passer à **La Maison du Vigneron**, 23, rue du Commerce.

Balade verte, thermalisme

Parc de la Libération. Ce parc de 7 hectares, magnifiquement garni d'essences rares de toutes la planète, est voué à la tranquillité et à la rêverie, grâce aux allées bordées d'espaces verts, de parterres de fleurs, de courts de tennis, de jets d'eau jaillissants ou des surfaces plus calmes du grand et du petit étang.

Thermes Ledonia. Parc des Bains, BP 181, 39005 Lons-le-Saunier cedex ✆ **03 84 24 20 34.** Un angle du parc accueille l'établissement thermal. Pour des cures ou une détente préventive (remise en forme) ; les thermes de Lons sont spécialisés dans la rhumatologie et les troubles du développement de l'enfant.

■ ESCAPADES

Montaigu. La silhouette de ce village toise la ville de Lons. Pour y accéder, préférez l'ancienne départementale. Montaigu est très intéressant à plus d'un titre grâce à la maison familiale de Rouget de Lisle, à l'église Saint-Blaise (XIIIe siècle), aux maisons qui longent l'unique rue et aux celliers remarquables qui témoignent d'un très riche passé viticole. Ce village offre deux belvédères, le premier s'ouvre sur un panorama fantastique englobant toute la région lédonienne, le second dévoile les reliefs plus sauvages et tourmentés du Revermont en direction de Vernantois.

CHATEAU-CHALON

Un joli village fleuri et médiéval, qui jouit d'un site remarquable : vue admirable pour les amateurs de paysages et de couchers de soleil. Les vignes du cépage savagnin qui dévalent les pentes abruptes donnent le fameux vin jaune d'appellation contrôlée Château-Chalon, célèbre dans le monde entier pour ses bouteilles caractéristiques, les "clavelins" d'une contenance de 62 cl. Dans le même esprit que les vendanges tardives ou grains nobles, ces raisins longuement cajolés pour être au maximum de maturité donnent au Château-Chalon sa noblesse et sa valeur, et chaque bouteille se négocie généralement au-dessus de 150 F , et autour de 350-400 F en restaurant dans les environs immédiats. Le vin se déguste après un long mûrissement en barrique, et l'on boit ce nectar au moins sept ans après sa mise en bouteille (on buvait le 90 en 1997). Un week-end vers la fin avril se déroule la Saint-Vernier, organisé par une confrérie vinique.

Très jolie vue en belvédère sur tout le vignoble, Voiteur et environs.

Une promenade au fil des rues fera remarquer le toit de l'église en lauzes, les vestiges d'un château médiéval et de belles maisons fleuries devant lesquelles on peut paresser sur des bancs de pierre.

Quelques artisans non viticulteurs à fréquenter, un atelier du vitrail (Bruno Tosi, qui expose également à Poligny). Une galerie à voir, l'Agoldapie

On découvrira à côté de la galerie de l'Agoldapie, la demeure habitée durant plusieurs années par l'écrivain jurassien Bernard Clavel. Il situa l'action de son roman *l'Espagnol* dans ce village qui su le séduire et l'inspirer.

On mange un morceau à la Taverne du Roc, en face d'un viticulteur réputé, Macle ou aux Seize Quartiers, un peu plus genre.

Escapades

Cirque de la Doye. A 6 km de Château-Chalon, un site étonnant prétexte à balade pour un grand nombre de Lédoniens. Pour grignoter, on trouve un restaurant sur place et une auberge à la ferme tout près, à Fay-en-Montagne.

Voiteur. Juste à côté, à 10 km au Nord de Lons, Voiteur est un bourg viticole plein de quiétude. Etape à l'hôtel du Cerf. Vins à la Fruitière, courses au Maximarché.

FRONTENAY

Le château remonte au XIIe. De cette époque, seules les caves subsistent. Il fut reconstruit au XIVe pour surveiller les convois de sel. Régulièrement remanié (XVIIIe, XIXe), il est parfaitement conservé et est toujours habité. Concerts et expositions pendant la période estivale. L'intérieur du château ne se visite pas, seuls les cours et les parcs sont accessibles.

Une église, romane remaniée au XIVe siècle, est bâtie au milieu d'une forêt de chênes majestueux au pied du château.

L'ETOILE

L'Etoile possède une double renommée : les petites étoiles fossiles que l'on trouve dans la terre et qui lui ont donné son nom et son vin, connu et reconnu, depuis le XIIIe siècle. L'étoile est une appellation contrôlée pour les vins blancs, les vins jaunes, le vin de paille, les vins mousseux et côtes-du-jura pour les rouges et les rosés. Un grand nom du vignoble jurassien et l'une des quatre appellations officielles.

Escapades

Sur une butte proche de Lons, le beau **château du Pin**, classé Monument Historique et propriété privée. La visite concerne donc les extérieurs, mais aussi la cour intérieure et son donjon carré (XIIIe-XVe), à quatre tourelles pointues et toit pyramidal. Elle n'a lieu que durant l'été.

PASSENANS

Ses maisons vigneronnes en font un village particulier et tout à fait dans le style du Revermont. Le Rostaing, ruisseau local, actionnait les différents moulins de Passenans, par extension le quartier est devenu le quartier de Rostaing. Quelques très vieux arbres répandent une ombre bienfaitrice.

SAINT-LOTHAIN

L'église romane, XIe-XIIe siècle sur une crypte du IXe, est la plus ancienne du Jura, elle fut restaurée de 1980 à 1985. Dans la cour de l'école trône le buste de Charles Sauria, inventeur des allumettes chimiques en 1831, et natif du village. Lorsque l'on se promène dans le village, on aperçoit encore de nombreuses maisons anciennes (maison abbatiale du IXe), d'anciens lavoirs et de très belles fontaines (dont dix vous donnent encore une eau claire). Au cours de cette promenade, reposez-vous quelques instants à l'ombre du cèdre centenaire.

Lons-le-Saunier et environs - JURA ◀ 167

■ MANGER, DORMIR

Restaurants

Bistrot des Marronniers. 22, rue Vallières, Lons & 03 84 43 06 04. *Fermé le samedi à midi et le dimanche. Fermé en mars et septembre. Pas de menu, mais une carte prix moyen 100 F.* Patrice Roy, le tenancier depuis 8 ans, a su transformer cet ancien entrepôt en charmant bistrot des années 30 dont la vitrine principale disparaît sous les plantes vertes. Il nous offre une cuisine très variée (carpaccio, tripes, poisson, assiettes du Haut-Doubs, etc.), des vins en bouteille ou en pichet «bistrot», le tout servi avec professionnalisme et générosité.

Le Tamisier. 23, rue Tamisier, Lons ✆ 03 84 24 10 88. *Menu du jour 70 F. Carte 80 à 135 F.* Derrière les vitres teintées, la petite salle est recouverte de papiers peints dont les motifs évoquent les années folles et les affiches dessinées par Toulouse-Lautrec. Au menu à 100 F, on pourra choisir entre un feuilleté aux champignons, une salade comtoise ou une cassolette de moules aux amandes, avant le duo de poisson sauce américaine, l'escalope de volaille jurassienne ou l'émincé de bœuf sauce moutarde. Ce menu autorise le fromage et le dessert. Service efficace.

Relais des Trois Bornes. 11, place Perraud, Lons ✆ 03 84 47 26 75. *Fermé le mercredi soir et le dimanche. Menus 69 à 157 F. Carte. Terrasse en été.* Thierry Sancey nous mijote quelques petits plats traditionnels et légers, bien savoureux et copieusement servis. Les prix sont des plus raisonnables et le service, jeune et féminin, est impeccable. L'éclairage indirect, discret, rend l'endroit plaisant.

Les Seize Quartiers. Place de l'église, Château-Chalon ✆ 03 84 44 68 23. *Ouvert du 20 mars au 15 novembre. Fermé le mercredi. Menu 79 F. Carte de spécialités.* «Les Seize Quartiers» a pour origine l'ancienne abbaye de Château-Chalon qui ne recevaient que des femmes appartenant à de nobles familles. Une maison très soignée dans une déco étudiée : la cuisine est aussi faite pour charmer le voyageur et ces diverses attentions se révèlent assez plaisantes. Le menu à 98 F est assez anodin (salade villageoise, œufs brouillés, entrecôte). Un amusant menu "médiéval" à 130 F. Quelques spécialités régionales à la carte, la croûte aux morilles au château-châlon. La maison fait aussi salon-de-thé. Des portions généreuses, et un accueil sympathique de Maïa Cornuau.

Taverne du Roc. Rue Roche, Château-Chalon ✆ 03 84 85 24 17. Bien placé au cœur du village, cette taverne propose le cadre agréble d'un caveau jurassien et réserve une sympathique cuisine de bistrot régional. A 125 F, la terrine de foies de volaille, le poulet aux morilles et au château-chalon, la truite à la crème et au vin jaune. Autre formule à 160 F et trois plats. Ambiance chaleureuse, prix sans excès. Hormis le vin local (à 350 F), les autres vins du Jura sont justement facturés (de 80 à 100 F).

Auberge du cirque de la Doye. Rue du Chalet, Granges-la-Doye ✆ 03 84 85 31 33. Un établissement pimpant dans le style pavillon avec une mini-véranda. La vue est superbe et la cuisine ne manque pas d'intérêt. Un honnête menu à 110 F avec le jambon de montagne, la salade de gex, l'escalope aux morilles et au vin jaune, fromages et dessert. Formule trois plats à 130 F. On boit les vins de Marie-Claude Robelin et autres juras de 80 à 100 F.

La Fontaine. Montchauvrot-Mantry ✆ 03 84 85 50 02. *Fermeture de Noël au 1er février. Le dimanche soir et le lundi toute la journée hors saison. 20 chambres tout confort de 230 F à 300 F. Menus de 80 F à 250 F. Carte.* La gentillesse de M. Belpois, chef et propriétaire, associée à une prestation de très bonne qualité issue de la cuisine traditionnelle jurassienne, font de cet établissement une halte à recommander.

Hôtels

Nouvel Hôtel. 50, rue Lecourbe, Lons ✆ 03 84 47 20 67. Un immeuble remis à neuf et un hôtel également modernisé pour justifier l'appellation. Chambres coquettes et bien équipées, tarifs contenus.

Comfort Inn Primevère. 1055, bd de l'Europe, Lons ✆ 03 84 24 78 00. Un des bons hôtels du coin, supérieur dans son confort au standard de la chaîne. Chambres parfaitement équipées et insonorisées, petit déjeuner buffet très convenable.

Hôtel Terminus. 37, av Aristide Briand, Lons ✆ 03 84 24 41 83. Près de la gare, comme son nom l'indique. Pratique, correctement pourvu ; bon accueil.

Hostellerie des Monts-Jura. Pannessières ✆ 03 84 43 10 03. *Fermé le dimanche soir et le lundi. Menu de 90 F à 170 F et un menu dégustation à 250 F servi avec vin. Carte. 7 chambres de 175 F à 220 F.* A la sortie de Lons en direction de Champagnole, cette grosse bâtisse au cachet rustique est un ancien relais de diligence. Les spécialités du chef Régis Louis, foie gras, saumon, truite, magret, filet d'oie fumés maison sont fort réussies.

Hôtel du Cerf. Petite Rue, Voiteur ✆ 03 84 85 21 21. Un Logis de France gentiment rustique et classique où l'on aime séjourner, en base d'exploration du vignoble. Cuisine sobre et traditionnelle, salade franc-comtoise, andouillette, saucisse de Morteau à la cancoillotte chaude. Autre formule à 110 F. Vins locaux autour de 100 F.

L'Auberge du Rostaing. Passenans ✆ 03 84 85 23 70. *Menu végétarien 80 F, menu spécialité 110 F, menu gourmet 180 F. Neuf chambres classiques et confortables de 135 F à 250 F.* Auberge sans télévision mais avec une bibliothèque, qui doit son nom au Rostaing, rivière qui traverse le village. Une restauration de terroir agréable avec un singulier menu végétarien, qui propose un art de vivre hors des sentiers carnivores.

Domaine touristique du Revermont. Passenans ✆ 03 84 44 61 02. *Fermeture annuelle janvier et février. 28 chambres de 300 F à 390 F.* C'est un havre de paix, situé dans un cadre verdoyant, sur la route des vins. Depuis plus de 20 ans Marie-Claude et Michel Schmit marient accueil, plaisir, détente et menus gourmets. Et ils y réussissent fort bien. Après une journée découverte dans la campagne jurassienne, sportive (piscine, tennis, pêche) ou romantique à travers le domaine, découvrez les notes gourmandes : un menu à 430 F, exceptionnel avec des spécialités comme les profiteroles au fromage servies avec un verre de macvin, la jambonnette de poulet aux morilles et son verre de vin jaune, la gourmandise aux noisettes accompagnée de vin de paille.

Chambres et tables d'hôtes, fermes-auberges, gîtes

Chambres d'hôtes Andrée Roman. Fay-en-Montagne ✆ 03 84 85 30 79. *Toute l'année. 140 F par personne, 40 F par personne supplémentaire, repas 55 F/70 F.* Dans une charmante maison, au centre du village, trois chambres ont été aménagées au 1er étage. Un lit 2 personnes et un lit 1 personne dans chaque chambre, salle de bains et WC. De nombreuses activités sur place ou à proximité.

Gîte rural L'Etoile, M. et Mme Gerrier. Courlaoux ✆ 03 84 24 66 38. Gîte dans une partie d'une ancienne commanderie de templiers, meubles et tapisseries d'époque.

Gîte n°1149 (3 épis). Nilly ✆ 03 84 24 57 70. Gîte indépendant situé dans un petit village de la Bresse jurassienne, comportant : cuisine, 2 séjours avec salon, cheminée et télé couleur, 2 chambres (cinq couchages), salle de bains, lave-linge, cour, terrain, terrasse avec salon de jardin et barbecue. Activités sur place et environs : aviation, pêche, baignade, golf, tennis, promenades en forêt. Animaux non admis.

Gîte n°846 (3 épis). Quintigny ✆ 03 84 24 57 70. Gîte tout confort prévu pour 4/5 personnes (2 chambres : 1 lit deux personnes, 2 lits une personne, 1 lit enfant) dans une maison indépendante (rez-de-chaussée + un étage) au cœur du vignoble lédonien.

Gîte n°734 (3 épis). Saint-Didier ✆ 03 84 24 57 70. Maison mitoyenne, située dans un petit village aux environ de Lons, comprenant : 2 chambres (2 lits deux personnes, 1 lit une personne, 1 lit enfant), séjour coin cuisine, cheminée, 2 salles de bains. Côté pratique : lave-linge, télé couleur, chauffage central, lave-vaisselle, garage. Côté détente : cour et grand verger clos avec salon de jardin. Animaux non admis.

Camping

Camping La Marjorie. Boulevard de l'Europe, Lons ✆ 03 84 25 26 94. *Ouvert du 1er avril au 15 octobre. Location mobil-homes. Sanitaires handicapés.* Le camping de la Marjorie compte 203 places, ombragées pour la plupart. Sur place : alimentation, bar, machine à laver, cabine téléphonique, aire de jeux pour les enfants, terrain de boule, volley, minigolf, ping-pong, barbecue. A proximité : piscine (gratuite pour plus de 5 nuits), tennis, dancing, casino, centre commercial. Les animaux sont acceptés mais tenus en laisse. En juillet et août, le camping organise des animations.

Lons-le-Saunier et environs - JURA ◀ 169

Camping Le Petit Cheval Blanc, Brigitte et Jean-Louis Perrard. Fay-en-Montagne ✆ 03 84 85 32 07. *Ouvert du 1er mai au 15 octobre.* Camping en partie ombragé, avec douches, WC, lavabos, bacs, branchements électriques, salle commune, jeux d'enfants, etc. Animaux acceptés. Auberge à la ferme ou plats cuisinés, possibilité randonnées équestres, promenades en poneys et attelage.

■ PRODUITS REGIONAUX

Pomme de Pin. 7, rue Rouget-de-Lisle, Lons ✆ 03 84 47 09 26. Accueil chaleureux dans cette boutique spécialisée dans les articles et les jouets décoratifs en bois. Seule entorse au bois, de gros animaux en tissu sont proposés à la vente.

La Maison du Vigneron. 23, rue du Commerce, Lons ✆ 03 84 24 19 53. Pour repartir avec les meilleurs crus (arbois, côtes-du-jura...) de la région viticole.

Château de l'Etoile. Joseph Vandelle & fils. L'Etoile ✆ 03 84 47 33 07. Le «mont Musard», le fief des Vandelle acquis par Auguste en 1883, offre un terrain marneux convenant particulièrement à la vigne. A découvrir des vins très fruités, un vin jaune (dans les 142 F, suivant l'année) qui vous laisse un goût de noix, des vins blancs 35 F / 46 F, des vins rouges 31 F / 33 F, du vieux marc (90 F), du macvin (65 F), des mousseux (32 F). Le tout vous sera proposé en dégustation avec une brochure (sur l'histoire et les vins du château) et un tarif afin de faciliter votre choix pour vos achats. N'hésitez pas à faire le détour.

Fruitière Vinicole. Route de Baume-les-Messieurs, Voiteur ✆ 03 84 85 21 29. *8h30-12h et 14h-18h : dégustation et vente.* Créée en 1957, la Fruitière regroupe une soixantaine de vignerons. Elle élabore et commercialise un cinquième de l'AOC château-chalon. Premier producteur de la région de Château-Chalon, elle produit environ 3 000 hl par an. Possibilité d'acheter du vin en vrac à des prix intéressants.

Domaine Grand Frères. Route de Frontenay, Passenans ✆ 03 84 85 28 88. Caveau ouvert tous les jours pour dégustation, vente et visite des caves. Depuis 1976, le Domaine Grand entretient ses 20 ha pour le plus grand plaisir des amateurs. On y retrouve des blancs de 34 F à 80 F, des rouges de 30 F à 42 F, du vin jaune (148 F), du vin de paille (100 F), du macvin, du vieux marc, le tout élevé et conditionné dans la tradition. Production de crémant du Jura (39 F la bouteille).

Mireille et André Tissot. Montigny ✆ 03 84 66 08 27. Un domaine très jeune (30 ans) et pourtant très performant. M. et Mme Tissot ont obtenu de très nombreuses médailles pour leur production dans cette affaire familiale où leur fils Stéphane s'occupe plus particulièrement de la cave. Une production complète : vins rouges et rosés (poulsard, pinot, trousseau) de 38 F à 43 F suivant l'année et le cépage, des blancs (chardonnay, savagnin) 39 F/43 F, vin jaune 165 F, vin de paille 115 F, macvin 72 F, vieux marc égrappé 105 F, et du pétillant, les prix variant suivant le cépage et le millésime.

■ LOISIRS

Casino Rhumerie. 795, boulevard Europe, Lons ✆ 03 84 47 21 61. *Ouvert tous les jours, de 11h à l'aube.* Dans le quartier du Solvan, proche du centre-ville, des machines à sous comme à Las Vegas (dès 11h). Bar (cocktails maison chics et toniques) et Espace des Arts (œuvres d'artistes locaux). Le piano-bar «La Louisiane» ouvre ses portes en soirée les vendredis, samedis et veilles des jours fériés.

Le Babylone. Château de Domblans, rue de l'Eglise, Domblans ✆ 03 84 44 63 93. La plus grande discothèque de Bourgogne-Franche-Comté. Un décor unique : quatre salles, une rhumerie, trois disc-jockeys, trois pistes de danse. Venez danser sur l'eau, vous reposer sur la terrasse, au bord de la piscine, vous promener dans les jardins situés dans les douves du château.

Vol libre Lédonien. 4, place Perraud ✆ 03 84 24 33 80. Le plaisir de voler.

Golf du Val de Sorne ✆ 03 84 43 04 80. 18 trous par 72 de 6000 m, le parcours très diversifié n'est jamais ennuyeux, parmi les vignes et les pièces d'eau. Stages, cours.

BAUME-LES-MESSIEURS

Ce site admirable prend toute sa dimension lorsqu'on le découvre depuis les hauteurs qui surplombent les falaises à pic de cette étonnante reculée. Pour en profiter pleinement, on pourra se rendre par exemple à Crançot ou à Granges-sur-Baume et contempler ce paysage, un des plus beaux de France. Baume-les-Messieurs a longtemps été Baume-les-Moines. Une douzaine d'entre eux devinrent d'ailleurs les fondateurs de Cluny à l'aube du Xe siècle. De l'abbaye, on peut visiter seulement l'église et son magnifique retable, les autres bâtiments du cloître étant propriété privée.

A l'extérieur on remarquera les jardins à étages des moines puis on se dirigera au fond de la reculée pour atteindre les cascades derrière lesquelles se trouve l'entrée des grottes.

■ VISITE

L'Abbaye ✆ 03 84 44 61 41 **(Mairie).** *Ouverte toute l'année. Visite guidée du 1er juillet au 15 septembre de 10h30 à 12h30 et de 15h à 18h. Visites guidées 40 mn.* La première implantation religieuse remonte au VIe siècle, mais c'est à la fin du IXe que l'abbé Bernon, fondateur de Cluny, en fait une abbaye. Deux cours sont séparées par un passage voûté et permettent d'accéder aux façades de ce monastère dont il manque aujourd'hui de nombreux éléments. La cour du cloître a conservé sa fontaine et ce lieu fermé a vu récemment les caméras de Claude Lelouch lors du tournage du film *les Misérables*. L'église Saint-Pierre, romane, date des XIe et XIIe siècles ; elle renferme de nombreux tombeaux et un magnifique retable du XVIe siècle de l'école de Gand et des tableaux de l'école Van Loo. Musée lapidaire et exposition de tissus anciens.

Les Grottes. Renseignements : Chalet du guide, Voiteur ✆ 03 84 44 61 58. *Ouverture : fin mars à fin septembre de 9h à 18h. Visites guidées de 45 mn. Température constante de + 13 °, prévoir un lainage et de bonnes chaussures.* Agées de 30 millions d'années, ces grottes furent découvertes par Alfred Edouard Martel en 1910. Elles présentent des curiosités géologiques qui deviennent de véritables oeuvres d'art : de grandes salles ornées de stalagmites, des points d'eau souterrains... On y accède par un escalier métallique car l'ouverture est à une dizaine de mètres du sol. En période de pluie, l'eau jaillit et la passerelle permet de passer derrière une cascade.

Environ 1 500 mètres de galeries offrent la découverte de différentes salles aux très larges dimensions et les voûtes peuvent s'élever jusqu'à 80 mètres de hauteur. Un haut lieu touristique qui laisse un souvenir impérissable à ceux qui découvrent ce vaste site à la renommée très justifiée. L'une des salles est appelée «salle des fêtes» en raison de son acoustique exceptionnelle (il y fut même donné des concerts). Une visite rafraîchissante et passionnante.

■ MANGER, DORMIR

Chambre d'hôtes M. Ghislain Broulard. L'Abbaye, Baume-les-Messieurs ✆ 03 84 44 64 47. *Du 1er mai au 20 octobre. 250 F pour une personne ou un couple.* L'hôte dispose de deux grandes chambres, dont une suite, avec mobilier d'époque, tout confort et d'un grand salon avec billard, installés dans les anciens appartements de l'abbé avec cour et terrasse. Restaurant dans le village. Nombreuses distractions sur place.

Restaurant de l'Abbaye. Baume-les-Messieurs ✆ 03 84 44 63 44. A côté de l'abbaye de Baume, un restaurant classique avec ses standards comtois assez bien maitrisés.

■ PRODUITS REGIONAUX

Compagnie des Grands Vins du Jura. Route de Champagnole, Crancot ✆ 03 84 48 26 59. Négociant-éleveur, la Compagnie des Grands Vins du Jura vinifie des vins jurassiens sérieusement sélectionnés. On y retrouve un poulsard 1992 à 24 F la bouteille, un château-chalon 1985 à 170 F, de l'arbois, de l'étoile, et bien d'autres encore.

Fromagerie Poulet. Place Bascule, Granges-sur-Baume ✆ 03 84 48 28 32. *Ouvert du jeudi au lundi, sauf juillet-août, de 8h30 à 12h.* Fabrication et vente de comté, morbier, raclette, tomme, fromages blancs, beurre...

DE LONS A SAINT-AMOUR

REVIGNY (7 km S de Lons par N78)

On prendra le temps de découvrir les solides dalles de pierre verticales qui délimitent certains jardins. Les maisons collées les unes aux autres ont des toits parfois très étroits aux inclinaisons différentes qui ne se soucient aucunement d'une idéale harmonie des perspectives. La petite église possède un cachet et un charme auxquels on ne restera pas insensible, avec ses couvertures en laves et son porche très bas.

En quittant le village on se trouvera de plain-pied dans un exemple typique de ces paysages enchanteurs et si caractéristiques du Revermont formés par les reculées. Celle de Revigny mérite l'ascension sinueuse de sa route en lacets. Avant d'arriver au village de Publy, on tournera à gauche pour suivre les pancartes qui indiquent les belvédères. Le premier répond au curieux nom de belvédère de la Guillotine. Il permet de s'avancer très avant sur la roche qui domine à pic. De là, la vue est magnifique et on sera surpris de découvrir parmi les arbres les discrètes entrées de tunnels taillés dans les roches qui laissaient jadis passer le train.

Le deuxième belvédère se trouve un ou deux kilomètres plus loin lorsque la descente s'amorce sur Conliège. Une pancarte inclinée sur le talus (elle sera peut-être relevée lorsque vous lirez ces lignes) signale discrètement le belvédère des Tilleuls. Un sentier escarpé dans sa première partie conduit rapidement à une plate-forme d'où il sera très agréable de contempler la vue sur Lons et de goûter aux joies d'un pique-nique.

On prend D52E2 pour parvenir à Saint-Maur.

SAINT-MAUR

Petite église de caractère qui aurait bien besoin d'être rénovée, mais qui conserve encore de très beaux ornements (statues, fresques, etc.). Lors de la balade ne pas oublier le belvédère du Signal de la Croix Rochette et la table d'orientation.

On suit D153, puis D168 et D2 pour rejoindre Cressia, puis Rosay.

ROSAY

Le château. M. et Mme Duthion © 03 84 44 54 28. *Ouvert dimanches et jours fériés toute l'année, tous les jours du 1er juillet au 31 août de 14h à 18h. Groupes sur rendez-vous.* Perché à 485 m d'altitude sur un piton rocheux, c'est un château fortifié du XIIe siècle. Unique donjon, entièrement restauré et meublé en style ancien. L'ancienne salle des gardes a été aménagée afin d'accueillir des mariages (la calèche est prête à emmener les mariés), banquets et autres repas. Elle permet de recevoir environ 200 personnes.

A proximité, à **Gizia**, le belvédère de la Croix domine la vallée, la vue est magnifique. Très belle route jusqu'à Chevreaux.

CHEVREAUX

Vestiges d'un château qui dominait la plaine. Une restauration de la tour et du mur d'enceinte est en cours. On passe près de Cuiseaux pour gagner Montagna, par D51E.

MONTAGNA-LE-RECONDUIT

Situé entre l'Ain et la Saône-et-Loire, dans le creux d'un vallon, ce petit village est un havre de paix. La voie romaine, bien conservée, qui reliait Lyon à Lons-le-Saunier, conduit aujourd'hui à un belvédère qui, lorsque le temps le permet, nous emmène jusqu'à Mâcon. On peut y accéder en voiture, mais c'est se priver d'une jolie balade à travers bois qui regorge de découvertes et de beautés. Autre invitation à la promenade : la cascade accessible par un petit sentier.

On suit D3 (ou le GR 59 à pied) pour rejoindre l'Aubépin.

Le Petit Futé sur internet : info@petitfute.com

L'AUBEPIN

La montée est sportive, mais elle en vaut la peine. Le château est l'ancienne demeure des seigneurs de Saint-Amour, comtes de l'Aubépin. Une tour et la chapelle Saint-Garadoz (saint guérisseur) sont encore en bon état, la vue est splendide.

NANC-LES-SAINT-AMOUR

Petit village typique situé sur la corniche du Revermont. Au centre du village, sur la petite place où trônent de magnifiques arbres, on peut voir le château très bien conservé et habité, son église et son belvédère accessible par la forêt.
Par D185, on continue jusqu'à Saint-Jean-d'Etreux.

SAINT-JEAN-D'ETREUX

Une autre étape de la corniche du Revermont, circuit touristique offrant une vue magnifique sur la Bresse et le Maconnais. Ce village tout en longueur domine la plaine et affronte le vent. Son église au centre du village se voit de loin avec son clocher très pointu.
On remonte, par Nanc, jusqu'à Saint-Amour.

SAINT-AMOUR

Saint-Amour était l'ancienne ville gallo-romaine de Vincia. Une visite de la ville (guidée sur rendez-vous ✆ 03 84 48 76 69 et 03 84 48 74 77) nous permet de découvrir une cité accueillante, au passé chargé d'histoire. A voir le porche Sainte-Marie et le passage des Deux Portes, où a été posée une plaque en l'honneur du compositeur et flûtiste de renommée mondiale, Marcel Moyse, qui vit le jour à Saint-Amour en 1889. Des ruelles pittoresques, les fontaines et des bâtiments qui ne manquent pas d'intérêt. Lors de la visite ou après, ne pas oublier de goûter les Petits Cœurs de Saint-Amour et les Mamours.

L'église. Elle fut bâtie à partir de 585 sur les ruines d'un ancien temple romain, pour abriter les reliques de saint Amator, qui donna le nom à la ville. Elle recèle des œuvres importantes du XVIIIe siècle. Son immense clocher nous permet de découvrir un panorama remarquable.

La tour Guillaume. Bâtie au XVIe sur les restes des fortifications mais aussi de la maison de Guillaume de Saint-Amour (XIIIe), co-fondateur de la Sorbonne.

L'apothicairerie. La partie ancienne de l'hôpital abrite une superbe et vaste apothicairerie dont le mobilier est de style Empire. De très nombreux pots en faïence (XVIe et XVIIIe) complètent cette remarquable pharmacie des temps passés qui fonctionna jusqu'en 1942.

■ MANGER, DORMIR

Le Petit Vigneron. 21, rue Saint-Roch, Grusse ✆ 03 84 25 11 64. *Fermé le lundi soir et le mardi, et pendant les fêtes de fin d'année. Menus 59 à 162 F.* Charmant restaurant installé au cœur du village. Mme Guette, en cuisine, prépare quelques belles spécialités telles la salade de lapereau aux noisettes ou la poularde aux écrevisses. Une cuisine tout à fait correcte, bien servie et copieuse. La carte est renouvelée deux ou trois fois par an.

Golf du Val de Sorne. Vernantois ✆ 03 84 43 04 60. *Chambre de 450 F à 550 F. Menus de 95 F à 150 F, menu golfeur 70 F.* Cet ensemble indissociable du golf est moderne et fonctionnel ; il compte 36 chambres personnalisées, salle de gymnastique, piscine. Carte restauration rapide, sandwiches et menu spécial golfeur. Divers forfaits intéressants pour l'initiation et les stages golf.

Restaurant Fred et Martine. Rue de Bresse, Saint-Amour ✆ 03 84 48 71 95. Une cuisine délicate, qui mêle avec justesse simplicité et raffinement. De même, le cadre associe rustique et ambiance moderne, pour créer un endroit où l'on se sente bien.

La Maison du Revermont. Place de la Poste, Beaufort ✆ 03 84 25 12 82. *Fermé mercredi. Menus 65 à 165 F.* Situé en bordure de la RN 83, ce restaurant au style moderne nous invite à goûter ses spécialités jurassiennes comme que le jambon cuit au foin. L'hiver, à déguster entre amis ou en famille, une bonne fondue ou une raclette bien copieuse, le tout arrosé bien entendu de vins du Revermont.

Chambres et tables d'hôtes, fermes-auberges, gîtes

Gîte n° 1033 (2 épis). Château de Rosay, Rosay ✆ 03 84 44 54 28. Gîte aménagé dans la tour ouest du château comprenant 1 séjour avec coin-cuisine au rez-de-chaussée, 2 chambres à l'étage (1 lit deux personnes et 2 lits une personne), chauffage central, salle de bains, WC, télé couleur, terrasse au sommet de la tour, salon de jardin. Un second gîte, plus vaste (pour 8 personnes) est installé dans les dépendances.

Chambre d'hôtes du Château-Gréa. Bénédicte et Pierre De Boissieu. Rotalier ✆ 03 84 25 05 07. *360 F pour deux personnes avec petit déjeuner européen + 80 F par personne supplémentaire. Fermé une semaine à Noël.* Imposante maison familiale vigneronne du XVIIIe siècle au milieu d'un parc de 3 ha et des vignobles du sud Revermont. M. et Mme De Boissieu ont aménagé deux chambres (grand lit) tout confort, dont une attenante à une chambre d'enfants composées de deux lits superposés, un salon avec cheminée et terrasse, une cuisine tout équipée. Ici les enfants sont les bienvenus, ils peuvent courir en toute liberté et la place ne manque pas.

Chambres d'hôtes M. & Mme Ryon. Rue Lacuzon, Vernantois ✆ 03 84 47 17 28. Deux chambres + une chambre enfant à disposition dans cette ancienne maison de vigneron située dans un charmant petit village. Une chambre avec 1 grand lit, salle de bains, WC, pour 2 personnes, une chambre enfant (supplément environ 100 F) et une chambre avec 2 lits d'une personne, salle de bains et WC. Les hôtes disposent d'un salon avec une cheminée, canapé, fauteuils, piano et télévision, d'une pièce pour le petit déjeuner et d'une terrasse avec salon de jardin donnant sur un parc de 40 ares où coule un ruisseau. Galerie d'art, où l'on peut admirer et acquérir peintures, sculptures, broderies, mais aussi poèmes d'artistes connus et moins connus.

Ferme auberge La Grange Rouge. Anne-Marie et Henri Verjus. Geruge ✆ 03 84 47 00 44. *Quatre chambres de 220 F pour 2 personnes + petit déjeuner. Repas sur réservation 95 F, 70 F pour les pensionnaires.* Ferme entièrement rénovée perdue au milieu de la nature dans un cadre reposant. Quatre chambres sont aménagées avec salle de bains et WC. Un petit salon est toujours prêt à recevoir les hôtes pour un moment de détente, lecture ou TV. Cuisine traditionnelle tout à fait correcte à des prix très raisonnables.

Camping

Camping municipal de Saint-Amour ✆ 03 84 48 71 68. *Ouvert du 15 avril au 15 novembre. 70 places sur 1,1 ha.* A quelques pas du centre-ville et pourtant dans un cadre très calme, le camping de Saint-Amour offre de nombreuses activités : piscine, tennis, stade, un confort deux-étoiles : sanitaires handicapés, laverie.

■ ARTISANAT

Galerie du Revermont. Augea ✆ 03 84 48 91 92. *Toute l'année, les dimanches et jours fériés de 14h à 19h. En juillet et août de 15h à 19h tous les jours sauf le lundi. Gratuit.* Expo peintures, sculptures et artisanat d'art (bijoux, foulards, vitraux, poteries, lampes, masques, jouets en bois, tournerie) Une quarantaine d'artistes en permanence.

LE PETIT FUTÉ VOYAGES

C'est une agence de voyages et surtout la combine pour obtenir, en plus des conseils les plus futés, billets, prestations et surtout les meilleures conditions sur presque toutes les compagnies et les agences que nous référençons. C'est pratique, pas cher et vite fait !

Appelez vite le 01 41 06 41 07

HAUT-JURA

Le relief du Haut-Jura est contrasté, tantôt très escarpé et plissé, avec ses vallées encaissées que bordent des falaises abruptes, tantôt hospitalier, avec ses combes verdoyantes et ses monts arrondis. L'altitude modeste est comprise entre 800 et 1 600 m. C'est un pays d'élevage laitier où les vaches de race montbéliarde, la belle saison venue, sonnaillent et tintinnabulent dans les pâturages, même les moins accessibles.

Jusqu'au VIe siècle, le Haut-Jura ne présentait guère d'intérêt, avec ses forêts impénétrables et dépourvues de chemin d'accès. Quelques moines suisses et savoyards entreprirent de défricher une zone, qu'il nommèrent Condat (actuelle Saint-Claude). Aux XIIIe et XIVe siècles, les quelques pionniers qui s'y étaient risqués devinrent les serfs des moines pervertis, indignes successeurs de saint Romain et saint Lupicin. Au XVIe siècle, une véritable inquisition fut instaurée par Henri Boguet pour nettoyer le pays de ses croyances celtiques. Malgré la victoire de l'église et une adhésion incontestable des «montagnons» à la foi catholique, quelques histoires de sorcelleries circulent encore aujourd'hui. Cet esprit rebelle et atavique caractérise le Jurassien. Symbole de ce refus d'autorité : Claude Prost, né en 1607 à Longchaumois près de Morez. Cet indépendantiste ferrailla dur contre les soldats de Louis XIII, qui souhaitait le rattachement du Comté à la France. Son surnom devint Lacuzon, qui signifie en patois le souci, tant il est vrai qu'il en causa plus d'un à ses ennemis. Cette guerre qui dura trente ans décima la moitié de la population, bien aidée par la peste et autres catastrophes. La révolte fut matée. De Lacuzon ne subsistèrent que contes et légendes où le héros était doué de pouvoir surnaturels. En réalité le séparatiste défait dut s'exiler en Italie.

Au XIXe siècle, le Jura était connu dans toute l'Europe grâce aux grandvalliers. Ces gaillards, originaires du plateaux du Grandvaux (région de Saint-Laurent), transportaient avec leurs voitures à chevaux diverses marchandises confectionnées sur le Haut-Jura, surtout pendant l'hiver. Ces produits artisanaux de qualités s'exportaient fort bien. Ce savoir-faire s'est développé surtout au XVIIIe siècle. Les paysans exploités par les moines, ne pouvant vivre exclusivement de la terre, fabriquaient de petits objets en bois ou en corne, très ouvragés. Les résultats furent encourageants. Au cours des siècles, la fabrication de la pipe et la taille du diamant se développèrent.

Un jour d'hiver en 1902, on vit près du lac de Joux un Anglais se déplacer à l'aide de deux grandes planches fixées sous ses pieds. Nombre de Jurassiens accoururent, enthousiasmés, dont Félix Péclet maire des Rousses. Celui-ci comprit tout de suite l'intérêt de «la marche sur planches». C'était le début du ski sur le massif.

Carnet d'adresses

Ass. Dép. pour la Promotion du Ski Nordique. Lons-le-Saunier ✆ 03 84 24 19 64

Comité Régional de Ski du Jura. Morez ✆ 03 84 33 33 65

Maison du Haut-Jura. Lajoux ✆ 03 84 41 20 37

S.I. de Développement Touristique des Hautes Combes. Lajoux ✆ 03 84 41 24 10

Pays d'accueil Haute Joux. Maison des Annonciades, Nozeroy ✆ 03 84 51 19 80

Office de Tourisme des Trois Cantons. Saint-Claude ✆ 03 84 45 34 24

Parc Naturel Régional du Haut-Jura. Lajoux ✆ 03 84 34 12 30

Office de Tourisme de Champagnole ✆ 03 84 52 43 67

Office de Tourisme de Saint-Claude ✆ 03 84 41 42 62

Office de Tourisme des Rousses ✆ 03 84 60 02 55

Office de Tourisme de Morez ✆ 03 84 33 08 73

Le Petit Futé sur internet : info@petitfute.com

■ SPORTS

Randonnées
- Tour du Haut-Jura Sud : 90 km (4/6 jours)
- Tour de la Haute-Bienne : 95 km (5/6 jours)
- Tour de Nozeroy-Les Planches : 125 km (2/5jours).

1 000 km de sentiers sont balisés à travers le Haut-Jura. Le Parc naturel régional édite une carte de randonnée à pied et en VTT, mais il est conseillé également de s'équiper de la carte Didier-Richard Jura-sud au 1/50 000e, pour avoir une vision globale du massif. Renseignements au 03 84 41 20 37.

Les fiches *Avec nous en promenade* sont disponibles dans les offices du tourisme de Champagnole, Nozeroy, Les Planches-en-Montagne.

Ski alpin
Massifs des Rousses et de la Dole. *Tarifs journée : adulte 95 F sur les Rousses et 122 F sur la Dole. Gratuit pour les enfants de moins de 5 ans. Des navettes ski-bus relient les massifs des Jouvencelles, Serra et Noirmont, renseignements au 03 84 60 02 55.* Le domaine franco-suisse vous offre quarante remontées mécaniques. Un ski sans frontière entre les sapins. 43 km de pistes vertes, bleues, rouges et noires. Le téléski des Dappes vous montera sur la Dole à environ 1600 m.

Ski nordique
Tarifs des cartes redevance ski de fond (saison 95-96). Carte saison nationale adulte : 350 F, jeune 10-16 ans : 80 F ; carte saison massif du Jura (Ain, Doubs, Jura et Suisse romande) adulte : 250 F ; carte hebdomadaire valable sur le massif côté français, adulte : 130 F, jeune : 40 F.

Vous retrouverez en début d'ouvrage les généralités sur les sports dans la région et en particulier un encadré sur le ski en Franche-Comté rassemblant les informations sur les différentes stations.

Si le Jura est la première destination des fondeurs, c'est bien sûr pour les centaines de kilomètres de pistes à disposition, mais aussi pour la beauté des paysages et la qualité du séjour. Autant d'atouts qui peuvent également favoriser le ski alpin. A cet égard, on mesure facilement combien le Jura, à travers ses stations, ne ressemblent pas tout à fait aux Alpes.

Le Jura, numéro un du bouton

Une facette souvent méconnue de l'économie du Haut-Jura est celle de la fabrication du bouton. Vous ne saviez sans doute pas que cette région fournit à elle seule 80 % de la production française. Cette suprématie provient de la longue expérience en matière de tournerie des ateliers jurassiens, qui fabriquaient de tous temps des boutons en bois, en os ou en corne. L'adaptation aux matières synthétiques dans les années cinquante a été un virage brusque que les entreprises du Jura ont réussi à négocier avec brio, ce qui n'a pas été le cas d'autres départements concurrents comme l'Oise. Si le plastique a conquis les terrains de la grande production, le bois (buis ou hêtre) ou la corne ne sont pas abandonnés pour autant car certains fabricants de boutons comptent la haute couture comme clients fidèles. Malgré une concurrence de l'Italie et de l'Extrême-Orient, les boutons façonnés dans le Jura s'exportent dans toute l'Europe, les Etats-Unis, le Canada, le Japon ou l'Australie. Malgré ce succès, la production reste discrète car chaque entreprise garde jalousement ses secrets de fabrication.

Un bouton, cela peut paraître très simple mais de nombreuses opérations sont nécessaires à son élaboration. Les méthodes les plus courantes sont l'injection pour les matières synthétiques, l'emboutissage pour le cuir ou le métal, le tournage pour le bois ou la corne. Petits mais indispensables, apparus en Europe il y a 4 000 ans, les boutons ont encore leur place à défendre face aux plus modernes fermetures à glissière ou aux boutons-pressions des vestes en jean. Celui qui tient votre pantalon vient peut-être du Jura.

SAINT-CLAUDE ET SA REGION

13 000 habitants. Altitude : 480 mètres.

■ HISTOIRE

Ce territoire au confluent de la Bienne et du Tacon, et au pied du mont Bayard s'appelait autrefois Condat. C'est un moine, saint Romain, qui le premier vint s'y installer au Ve siècle. Il fut rejoint par saint Lupicin et ils fondèrent une communauté qui suscita beaucoup de vocations. Dans le plus grand respect des règles éditées par saint Benoît, ils partagèrent leur temps entre prières et travaux de défrichement, en s'accommodant du dénuement le plus complet et de la sérénité du lieu. C'est au XIIe siècle que Condat fut baptisé Saint-Claude. La suite est triste, les dons et les richesses attisèrent la cupidité. Du code monacal, ils ne se soucièrent bientôt plus. La volupté s'empara des moines perfides. Les ecclésiastiques s'érigèrent en despotes contre les habitants, le servage fut établi. Délits et procès se succédèrent, Voltaire prit le parti des Sanclaudiens en 1770 dans un procès intenté par l'avocat Cristin contre l'abbaye, mais les plaignants furent déboutés. Ce n'est qu'en 1789 que la Révolution abolit le servage.

La ville de Saint-Claude est renommée à travers toute la France, et hors frontière pour une spécialité très particulière : la fabrication des pipes depuis un siècle et demi (voir ci-dessous l'encadré consacré à la naissance de l'activité).

■ VISITE

La cathédrale Saint-Pierre. Construite de 1340 à 1726, elle a l'aspect d'une cathédrale forteresse. L'intérieur, de pur style gothique, contraste avec l'extérieur à l'apparence de château fort. Les stalles commencées en 1449 et terminées en 1465 par Jehan de Vitry furent partiellement détruites par un incendie en 1983. Ce chef-d'œuvre de la sculpture genevoise semblait irrémédiablement perdu. Grâce à l'opiniâtreté de quelques Sanclaudiens, le pari incroyable de les recréer s'est imposé peu à peu dans les esprits. Les nombreuses photos collectées ont permis de restituer une image précise de tous les détails de la partie manquante. Elles ont été confiées à un atelier de sculpteurs qui a retrouvé les gestes des artisans du XVe siècle. Après plusieurs années de travaux méticuleux, la copie fidèle des stalles détruites a été inaugurée à la fin de l'année 1995. Un événement dans l'histoire de l'art dont le coût de 5 millions de francs souligne, s'il était nécessaire, l'importance de ce joyau hérité du Moyen Age. Autre richesse, le retable du style Renaissance est un travail d'orfèvre dont on remarquera la richesse des détails.

L'Essart. ✆ **03 84 45 24 09.** Les pipes que fabrique Jean Masson ont la particularité de reproduire le visage de nombreuses célébrités. Ces bouffardes originales ont les traits de Brassens, Gainsbourg, Coluche, Lénine, Cyrano de Bergerac, Voltaire et de dizaines d'autres. Jean Masson travaille la bruyère dans sa boutique et il explique à ses visiteurs tous les détails de sa fabrication avec de nombreuses précisions.

Musée des Pipiers, diamantaires et lapidaires. 1, place Jacques-Faizant ✆ **03 84 45 17 00.** *Février, mars, avril, octobre : de 14h à 18h (sauf le dimanche). Mai-juin et septembre : 9h30 à 12h et 14h à 18h30. Juillet-août : de 9h30 à 18h30.* Installé depuis 1970, ce musée a été créé par la Confrérie des Maîtres Pipiers fondée en 1966. En 1986 eut lieu l'installation des diamantaires et des lapidaires aux côtés des pipiers. On peut y découvrir des collections de pipes en écume, porcelaine, terre, bruyère, du monde entier. Des films vidéo retracent l'histoire de la taille du diamant, des outils, des copies de diamants célèbres, et d'autres pierres sont présentées.

Musée de la Corne. 65, Grande-Rue, Cinquétral ✆ **03 84 45 54 45.** Pour découvrir l'artisanat de la taille des tuyaux de pipes en corne, spécialité de cette petite ville. Visite vivante... et odorante !

Faites-nous part de vos coups de cœur

A proximité

Les paysages grandioses sont légion autour de Saint-Claude. La meilleure façon de s'en rendre compte est d'emprunter la route de Septmoncel. Le Flumen, affluent du Tacon, a creusé des gorges profondes parsemées de cascades.

Le Chapeau de gendarme. Dans les lacets de Septmoncel, un parking permet de se garer devant ce fameux rocher aux plis remarquables évoquant fidèlement la coiffe qui a inspiré son nom.

La cascade de la queue de cheval. Prendre la direction Chaumont à proximité de la cathédrale. Pendant 2 km, la petite route serpente à flanc de colline, avant d'arriver au petit village de Chaumont. On laissera la voiture sur un parking à droite. Le reste de la balade se fait à pied (compter 2h aller/retour sans se presser). L'idéal est de prévoir un pique-nique, car le site de la cascade est charmant, et l'eau rafraîchissante en été. Le sentier démarre au dessus du village à droite en face de la buvette. On descend dans les champs en pente douce, l'itinéraire est bien balisé.

La pipe

La pipe n'est pas née à Saint-Claude, puisqu'elle possédait déjà des adeptes chez les Romains. Son apparition en France est beaucoup plus tardive, et elle fut importée en même temps que le tabac au XVIe siècle. La mode prit et le nombre des fumeurs augmenta ostensiblement. Excellents tourneurs sur bois, les Sanclaudiens flairèrent le filon. Les essences locales, buis, noyer, poirier, merisier étaient utilisées. Un problème non négligeable allait ternir l'image de la pipe jurassienne. En effet, comme celle-ci était réalisée totalement en bois, le foyer avait tendance à se consumer et à conférer au tabac un goût désagréable. La solution apparut en 1854, grâce à Daniel David. Celui-ci reçut d'un Corse le conseil d'utiliser la bruyère, incombustible. Véritable révolution triomphante, l'industrie de la pipe prenait son envol. La bruyère en provenance du midi, de Corse, de Sardaigne... approvisionnait les artisans locaux de plus en plus nombreux.

CINQUETRAL

Maison du Tourneur. *© 03 84 45 45 50. Ouvert du 1er juin au 31 août du mardi au vendredi de 14h30 à 19h, le samedi de 10h à 12h et de 14h30 à 19h. Pour les groupes sur rendez-vous. Fermé le dimanche.* Indissociable des clichés touristiques, la tournerie jurassienne n'en est pas moins une réalité économique qui n'a rien de folklorique. Sur os ou sur bois, elle a toujours existé. Les fouilles exhumant des fibules de l'âge du bronze attestent de l'ancienneté de cette activité. Dans le département du Jura, la notoriété de la tournerie date du XVIe siècle. Les pèlerins fort nombreux appréciaient les chapelets fabriqués par les tourneurs installés dans la région. Le développement de cet artisanat a profité de cette masse de clientèle pour engendrer un commerce parallèle d'objets profanes tels que les sifflets ou de petits jouets à destination des enfants des fidèles. La tournerie a d'abord été une activité en liaison avec l'agriculture. Les paysans venaient à leurs ateliers le soir, après les travaux de la ferme, et durant l'hiver. Les tours les plus simples étaient actionnés par un mouvement du pied sur une pédale.

Le bois étant une matière première peu onéreuse, la tournerie permettait des rentrées d'argent sans grand investissement. Peu à peu des petites entreprises se sont également constituées en utilisant souvent la force motrice de l'eau pour engendrer le mouvement d'outils plus importants. Ce fut l'apparition des moulins-tourneries construits le long des torrents. Les villages et les villes de la montagne se sont vite spécialisés dans des domaines différents. Là on faisait des robinets, ailleurs des pièces de jeux d'échecs ou des boules à repriser les bas. Toute cette production était parfois exportée très loin par les grandvalliers (voir plus haut). L'invention du plastique a sérieusement concurrencé la tournerie mais elle a su cependant résister au progrès ; près de 2 000 personnes vivent encore de cette industrie typique localisée en majorité dans le Haut-Jura.

LAJOUX

199 habitants. Altitude : 1 180 mètres. La commune des Lajoulands est le siège du Parc naturel régional du Haut-Jura.

Maison du Haut-Jura ✆ 03 84 34 12 30

Le Parc naturel régional du Haut-Jura. Quarante-six communes sont implantées dans le parc. Celui-ci encourage les pratiques culturales favorables à l'environnement ; il valorise les productions locales à travers la Maison des fromages du Haut-Jura ; il s'emploie à conserver les métiers spécifiques du Haut-Jura ; il s'investit dans la politique de développement touristique ; il aménage les sites d'intérêt touristique, balise des sentiers de randonnée, édite des cartes topographiques ; il élabore des plans de gestion visant à protéger des sites fragiles, ou des espèces menacées comme le tétras.

Le grenier fort de Lajoux. ✆ 03 84 34 12 30. *Du lundi au vendredi, de 8h30 à 12h30 et de 13h30 à 17h.* En se promenant dans le Haut-Jura, on peut remarquer çà et là des petites maisonnettes à l'allure massive et trapue. Point de fenêtre sur les parois recouvertes de tavaillons, l'unique ouverture est constituée d'une porte solide.

Le grenier-fort est un des éléments les plus typiques de l'habitat haut-jurassien. La vocation de ces petites forteresses était d'abriter les biens les plus précieux des habitants contre le vol et le feu. Il était construit à une dizaine de mètres des fermes et sous le souffle du vent dominant, pour échapper au retour du brasier, et sur une petite élévation de terre, pour éviter l'humidité. On abritait sous ces petits toits les réserves de nourriture et les céréales pour passer le long hiver, les papiers administratifs, des outils, les cloches des vaches ainsi que les plus beaux habits de la maisonnée. En cas de malheur, le grenier fort permettait de fonder un nouveau foyer grâce aux économies qu'il avait su soustraire à la catastrophe.

Massif des Hautes-Combes (Renseignements) ✆ **03 84 41 24 10.** La Pesse, Lajoux, le Manon, les Molunes, les Moussières et Bellecombe offrent 140 km de pistes, pour le plus grand plaisir des fondeurs.

LAMOURA

2 228 habitants. Altitude : 1 156 mètres. Village culte du ski de fond, puisque le départ de la Transjurassienne y est donné. Situé au bord de la forêt du Massacre et au pied du Crêt-Pela (1495 m), c'est le départ de nombreuses balades.

Maison du Lapidaire. ✆ 03 84 41 22 17. *Ouvert de noël à Pâques et en juillet-août, 14h30-18h.* Pour tout savoir sur le travail des pierres précieuses, une activité traditionnelle de la région. Plusieurs expositions, visite guidée et démonstration.

SEPTMONCEL

606 habitants. Altitude : 1 000 mètres.

C'est le village natal de Désiré Dalloz, homme de loi né il y a deux siècles. Après une carrière juridique remarquable, il fonde en 1824, avec son frère Armand, les éditions Dalloz qui éditeront le code civil français.

Autre célébrité locale, le bleu de Septmoncel est un fromage persillé à pâte molle, également appelé bleu du Haut-Jura ou bleu de Gex. Sa teinte vient d'une moisissure verdâtre. Lorsqu'il est de premier choix, il est onctueux avec un petit goût de noisette, héritage du terroir et de la flore du Haut-Jura. Au XVIe siècle, il était le fromage préféré de Charles-Quint.

Musée du Coulou. ✆ 03 84 41 64 39. *Tous les jours, de 10h à 12h et de 14h à 18h.* M. Chassot a transformé sa ferme en un temple dédié aux jouets anciens et aux différents métiers traditionnel du Haut-Jura. Les outils des lapidaires, des tourneurs et de bien d'autres corporations fourmillent jusque sous les toits de ce grenier rempli de découvertes et de surprises en tout genre. L'habitat rural d'autrefois n'est pas oublié ainsi que différents objets liés aux sports d'hiver du début du siècle. On trouve également les lanternes magiques, un orgue de Barbarie et les poupées anciennes.

LA FORET DU MASSACRE

Composée majoritairement d'épicéas (70 %), de sapins (10 %) et de hêtres (20 %) appelés foyards, la forêt du Massacre longe la Combe du Lac à une altitude moyenne d'environ 1 300 mètres. Le climat y est très difficile, des tempêtes ont à plusieurs reprises déraciné et fracassé des milliers de mètres-cubes de bois (18 000 m3 en 1946). Ces conditions extrêmes ralentissent considérablement la croissance des arbres, il faut 200 ans avant qu'un bois soit exploitable, alors qu'à 800 mètres d'altitude, 80 ans suffisent.

Jusqu'en 1535 ce massif forestier s'appelait forêt de la Frasse. A cette date fatidique, Genève alors assiégée par les Savoyards demanda le secours de Francois Ier. Une petite troupe commandée par le sire Veray fut alors dépêchée à la rescousse, gagna le pays de Gex par la Valserine et le col de la Faucille. Elle n'eut pas le temps d'atteindre Genève, stoppée par les Savoyards. Quelque peu courroucé par cet affront, le roi de France engagea 600 mercenaires italiens. Ce régiment tomba dans une embuscade au pied de la Faucille. L'empoignade fut très meurtrière, les rescapés se dispersèrent dans la forêt de la Frasse. Les Savoyards les poursuivirent dans ce dernier retranchement et les massacrèrent. La forêt de la Frasse fut rebaptisée forêt du Massacre.

Le grand tétras

Habitant discret des forêts du Haut-Jura, il est cependant plus fragile que ses voisins humains. Il demeure dans les forêts au-dessus de 1 000 mètres d'altitude. Très craintif, il préfère les endroits non fréquentés par l'homme. Il vole peu, sauf en cas de danger, compte tenu de ses mensurations imposantes (90 cm et un poids de 6 kg pour le mâle). Il passe la plupart de son temps au sol où il se nourrit de graines, insectes, jeunes pousses mais surtout d'aiguilles de conifères (pins et sapins). Les parades nuptiales qui ont lieu au printemps sont fort spectaculaires. Des chants très sonores accompagnent le rituel, et des combats violents éclatent. C'est durant cette période, où le tétras est moins farouche, que les spécialistes parviennent le mieux à l'observer. La femelle pond cinq à dix œufs dans un nid à même le sol, et les couve durant une trentaine de jours. Un plan de circulation est à l'étude dans le Parc naturel régional, pour préserver des sites sauvages indispensables au développement du grand tétras.

LA PESSE

245 habitants. Altitude : 1 000 mètres. Sur ce site privilégié pour le chien de traîneau, vous pourrez partir en balade accompagnée ou vous initier à la conduite d'attelage.

La Combe aux Bisons. ✆ **03 84 42 71 60.** En 1992, Cathy et Alain Rolandez créent un élevage de bisons (29 têtes) d'origine canadienne. Ils tiennent également une ferme-auberge où la viande de bison est bien sûr au menu (80 F ou 150 F sur réservation). La terrasse en bois bien située offre en été une belle sensation d'espace. D'autres spécialités locales peuvent être servies.

Extrapole, fabricant de traîneaux. ✆ **03 84 42 72 77.** Les Petits Futés de la compétition internationale du Canada ou de Norvège s'équipent auprès d'Extrapole. Cette société réunit deux artisans dont les traîneaux modernes n'ont rien à voir avec les traditionnels équipements en bois du Père Noël. Daniel Milina et Yann Allan utilisent des matériaux comme la fibre de carbone ou le kevlar pour obtenir des attelages articulés beaucoup plus performants dans les virages. Hormis la vente, ils organisent des expéditions pour éprouver des sensations dignes de Paul-Emile Victor.

Les Tipis du Chalet de la Trace. ✆ **03 84 41 27 27.** *Une nuit en tipi : 100 F du samedi matin au dimanche après-midi. Demi-pension : 150 F, pension complète : 190 F, demi-pension repas bison : 185 F. Week-end trappeur : 990 F, avec chiens de traîneaux.* Pitou vous invite à l'aventure dans le style trappeur du Grand Nord. Les fans de Davy Crockett pourront vivre une ou plusieurs nuits sous un vrai tipi. Randonnée en raquettes ou avec chiens de traîneaux.

LES MOUSSIERES

207 habitants. Altitude : 1 160 mètres.

Maison des Fromages. ✆ 03 84 41 62 32. *Ouvert 8-12h et 14h30-19h. Entrée libre.* Mieux qu'un musée, on assiste en direct depuis une galerie vitrée et surplombante à la fabrication du comté, du «bleu de Septmoncel», du vacherin ou du morbier.

Les fruitières à comté
Leur origine est relativement ancienne, puisqu'elles existaient déjà au XIIe siècle. Dans la Haute Chaîne, elles s'apparentaient à une entreprise privée où le fruitier, à la belle saison, louait vaches et pâtures et faisait fabriquer son fromage dans les «chalets». Ce mode d'exploitation a été remplacé par les coopératives. Le fromage appartient à la société, et le produit de la vente est partagé au prorata du litrage apporté par chacun.

Les sangliers
Ils ne sont plus guère à pratiquer cette activité qui consiste à lever les sangles. Les sangliers arpentent le massif à la recherche des plus belles pesses (épicéas), bien élancées et dépourvues de nœuds sur les vingts premiers mètres. Après que le bûcheron ait abattu et façonné le bois, ils interviennent. La première opération consiste à enlever le noir ou «Yar», partie superficielle de l'écorce, à l'aide d'une plâne ou d'une plumette. L'écorce charnue et bien rose apparaît alors, un agréable parfum d'épicéa flotte dans l'air. A l'aide de la «cuillère», outil tranchant de cinq centimètres de large, et dont la forme rappelle les anciennes pelles à feu, le «sanglier» prélève de longues lanières (de 65 à 120 cm), appelées sangles. Après un long temps de séchage ces sangles ceintureront le vacherin ou mont-d'or, fromage d'hiver, et lui conféreront un goût inimitable.

La Transjurassienne

Depuis 1979, chaque troisième dimanche de février, le massif du Jura célèbre le ski nordique. Les fondus du fond sont des milliers à se lancer sur la piste de 76 kilomètres qui sépare Lamoura de Mouthe. C'est Hervé Balland, Jurassien originaire de Morbier, qui jusqu'à maintenant a réalisé le meilleur temps : 3h05'57 (en 1991). La «Transju», retransmise dans le monde entier, compte pour la Wordloppet avec douze autres épreuves ; c'est la deuxième par ordre d'importance derrière la Vasaloppet, et c'est avant tout une grande fête populaire, où champions et skieurs du dimanche trouvent leur plaisir.

■ MANGER, DORMIR

Le Panoramic. 40, avenue de la Gare, Saint-Claude ✆ 03 84 45 69 76. *Menus : 83 F (semaine), 138 F, 170 F. Spécialité : poularde au vin jaune et morilles : 130 F.* Intérieur cossu et larges baies vitrées offrant une jolie vue de Saint-Claude. Le service est un peu long, car «aucun plat n'est préparé à l'avance, les produits de première fraîcheur sont cuisinés au fur et à mesure selon le choix du client», assure l'hôtesse.

Les Bois Rond. Route du Crêt de Chalam, La Pesse ✆ 03 84 42 70 12. Ambiance montagnarde dans ce chalet de bois ronds, style canadien. Les places sont chères devant la cheminée et mieux vaut réserver à l'avance. C'est le cadre qui convient le mieux après une journée de balade à travers les combes du Haut-Pays. Ne cherchez pas ici une approche de la fine gastronomie régionale. La carte, imprimée au dos d'une vieille carte postale relatant une scène de vie dans le Jura, propose des plats très simples. Soupe du jour (26 F), salade «bois ronds» (26 F), planchette de charcuterie (36 F). Rien de tel qu'une fondue pour rassasier un fondeur, nature (52 F) ou aux cèpes (66 F).

Hôtels

Jura Hôtel. 40, avenue de la Gare, Saint-Claude ✆ 03 84 45 24 04. *35 chambres 190 F à 310 F, petit déjeuner 35 F à 40 F. Chambres pour handicapés. Télévision, téléphone direct, parking fermé.* Intérieur coquet et confortable. Vue imprenable sur la cité de Saint-Claude. Accueil souriant.

La Haute Montagne. Lajoux ✆ **03 84 41 20 47.** *Fermé en octobre et novembre. Menus 82 à 151 F, en semaine menu à 67 F. 23 chambres de 160 F à 320 F.* Cet hôtel, ancienne usine de taille de rubis pour l'horlogeri, à la façade austère existe depuis 1922. Cuisine traditionnelle du Haut-Jura, classique et simple, bonne maison.

Auberge Chantemerle. La Vie Neuve, Septmoncel ✆ **03 84 41 60 09.** *Chambres de 120 F à 300 F. Menus du jour 60 F.* L'auberge Chantemerle est davantage une chambre-table d'hôtes qu'un hôtel-restaurant classique. Chaleur et convivialité sont au rendez-vous. Un établissement familial au cœur du Parc naturel du Haut Jura.

Au Retour de la Chasse. Villard-Saint-Sauveur ✆ **03 84 45 44 44.** *Fermé le dimanche soir et lundi hors saison. Fermé la semaine de Noël. 15 chambres tout confort de 300 F à 350 F. Menus de 85 à 320 F.* Une très jolie demeure de caractère abrite l'hôtel-restaurant. Un cadre très clair et très agréable, une cuisine gastronomique avec poularde au vin jaune et aux morilles, ris de veau aux morilles, filet de turbot au vin jaune. Le chef, Gérard Vuillermoz est intransigeant sur la qualité : il fait son marché lui-même, tandis qu'Annie accueille les voyageurs. A disposition une salle de gym.

Chambres et tables d'hôtes, fermes-auberges

Chambres d'hôtes Boréal (Annick et Rémi Portal). La Pesse ✆ **03 84 42 70 99.** Ancienne ferme de montagne rénovée agréablement, où les hôtes disposent à loisirs de 6 chambres, de plusieurs salle de bains, WC, salon, salle de musique et de lecture, terrasse, cour. Sur place et alentours : ski de fond, randonnées, équitation, golf, tennis.

Chambres d'hôtes La Michaille (Carmen et Jérôme Patin). Lajoux ✆ **04 50 41 32 45.** A 50 m de l'église, cette ancienne ferme rénovée comprend pour les hôtes : 5 chambres avec salle d'eau et WC, salon, télé, cheminée, terrain avec salon de jardin.

Chambres d'hôtes M et Mme Bondier. Lavans-les-Saint-Claude ✆ **03 84 42 23 73.** Agréable maison, située dans un village de montagne, à 10 km de Saint-Claude, les hôtes disposent de 2 chambres (deux personnes) avec salle de bains et WC, d'un salon avec télé couleur, cuisine équipée, terrasse et jardin. Activités sur place ou à quelques kilomètres : forêt, piscine, golf, pêche, etc.

Camping

Camping du Martinet. RD 290, Saint-Claude ✆ **03 84 45 00 40.** *Ouvert du 1er mai au 30 septembre. 133 places sur 3 hectares.* Tout le confort d'un camping deux-étoiles, de nombreuses activités sportives et de détente. A signaler, chaque été un concours de fumeurs de pipes est organisé au camping par le Pipe-Club sanclaudien.

Camping La Dalue. Bellecombe, Septmoncel ✆ **03 84 41 69 03.** *Camping à la ferme. Du 1er juin au 1er octobre.* Terrain ombragé, au cœur du massif du Haut Jura, avec douches, lavabos, branchements électriques.

■ PRODUITS REGIONAUX

Difficile de visiter Saint-Claude sans aller voir un pipier. Par exemple :

Gérard Lacroix. 8, rue Christin ✆ 03 84 45 04 64

Roger Vincent. 2, chemin du Marais ✆ 03 84 45 27 72

Jacky Craene. 13, faubourg Marcel ✆ 03 84 45 00 47

■ LOISIRS

Escalade

Club Alpin Français. Chassal et Larrivoire ✆ **03 84 45 39 45.** Deux écoles, à Porte-Sachet (près de Chassal) et à Bequet (près de Larrivoire) réservées aux initiés. Ceux-ci seront autonomes et devront avoir leur matériel.

Golf

Golf Club de Saint-Claude. Villard-Saint-Sauveur ✆ **03 84 41 05 14.** Parcours de 9 trous, putting green, bunker d'entraînement, chiping green, practice de 20 places.

MOREZ ET SA REGION

MOREZ

7209 Moréziens. Altitude : 800 mètres. Une petite ville, capitale lunetière, et un carrefour important en venant de Saint-Claude, les Rousses ou Lons-le-Saunier. Elle s'étire au long de la nationale et n'a de charme qu'en plein centre, au long de la rivière, une architecture contemporaine côtoyant quelques maisons jurassiennes.

■ HISTOIRE

Assise dans une cluse et arrosée par la Bienne, Morez s'étend sur environ 2 km. Jusqu'au XVIe siècle, l'endroit ne présentait aucun intérêt car trop encaissé et dépourvu de terrain plat. Combe Noire, comme on l'appelait, n'était que forêt. Un homme pourtant, connaissant les principes de l'énergie hydraulique et ses applications, fit une demande d'installation à l'abbaye de La Mouille, alors propriétaire du terrain. En 1532, Claude Girod construisit donc un moulin, un martinet et une clouterie. L'iniative étant concluante, d'autres entrepreneurs décidèrent de venir s'installer. L'un d'eux, Etienne Morel, fut particulièrement actif et la combe prit le nom de Combe de Morel, puis de Combe de Morez par déformation. La ville doit beaucoup à J.B. Dolard (notaire et ancêtre de Lamartine) qui la peupla, fit construire son église et obtint le passage de la route royale Paris-Genève par Morez au XVIIème siècle. L'industrie artisanale se développa considérablement et toutes sortes de métiers se côtoyèrent, scieurs de bois, taillandiers, cloutiers, forgerons... Le commerce eut été encore plus prospère si, au milieu du XVIIe siècle, les Suédois n'avaient pas ravagé la région. Les Moréziens se relevèrent bien vite et entreprirent la modernisation des voies de communication, la route vers la Suisse dans un premier temps, puis le train en 1900. Le XVIIIe siècle voit les débuts des activités qui rendirent célèbre la cité : la lunetterie, l'émaillerie et l'horlogerie. C'est cette dernière qui se développe d'abord, mais la lunetterie la supplantera au XIXe siècle.

Les lunettes existaient déjà au XIIIe siècle. Mais c'est à la fin du XVIIIe siècle, aux Arcets près de Morez, qu'un semi-cultivateur astucieux a l'idée de bricoler une monture à partir du fil de fer qu'il utilisait en clouterie. En 1820, il créa une petite entreprise à Morez. Depuis la lunetterie n'a cessé d'évoluer et de se moderniser. Morez reste encore aujourd'hui la capitale française de la lunette.

■ VISITE

Musée de la Lunetterie. Espace Lamartine, 5, rue Lamartine ✆ 03 84 33 39 30. *Ouvert mercredi-dimanche 15h-18h30.* 7Le musée retrace l'évolution de la lunetterie à Morez, depuis le petit atelier familial où fut fabriquée la première paire en 1796.

Musée François-Honoré Jourdain. Hôtel de ville ✆ 03 84 33 10 11 **(mairie).** *Ouvert juillet-août mercredi-dimanche 15h-18h30. Billet commun avec le musée de la Lunetterie.* Petite collection de peintures anciennes, dans une salle récemment rénovée.

Etablissements Lux. 12, rue Voltaire ✆ 03 84 33 13 34. *Visites guidées et gratuites tous les jours sauf samedi et dimanche, sur rendez-vous. Groupe maxi 15 personnes.* Célèbre usine de fabrication de lunettes.

Le musée de l'Histoire. ✆ 03 84 33 34 00. *Se renseigner pour les jours d'ouverture liés à l'emploi du temps des responsables.* Créé de toutes pièces par les frères Crotti, comédiens cascadeurs de la troupe des «Chevaliers de Franche-Comté», le musée de l'Histoire est dédié à l'art guerrier depuis l'aube des temps. Les armures, les canons et les instruments de torture qui foisonnent dans cet espace sont des copies d'objets d'époque, réalisées pour les besoins de spectacles en France et à l'étranger ou pour des tournages de films historiques. Une visite à mi-chemin entre le train fantôme et la petite boutique des horreurs.

Eglise Notre Dame. Construite au XVIIIe pour remplacer la vieille église, elle abrite un orgue de 1840, classé monument historique.

Balade, séjour

La place centrale est accueillante, avec son hôtel de ville et école aux formes classiques bien mis en valeur. On trouvera facilement le musée de la lunetterie dans l'Espace Lamartine, qui accueille également des spectacles.

On se donne rendez-vous le midi au bar-brasserie le Kiosque. Pour le séjour, on fait confiance à l'hôtel Europa.

A proximité

La route depuis Saint-Claude par les gorges de la Bienne est une des plus belles du département, entre forêts et montagne.

Autre jolie route au nord, la D18 qui suit l'Evalude, passe à Bellefontaine (taillerie de pierre, scieries) et change de département pour trouver le Doubs vers Mouthe.

Morez se trouve dans le pur pays montagneux du Jura, dans le Parc Naturel du Haut-Jura, entouré par la crête de la Joux, le mont Noir, le mont Risoux. C'est le bonheur des fondeurs et des promeneurs.

Les amateurs de fromages ne se priveront pas de visiter quelques fromageries et fruitières. Morbier n'est qu'à quelques kilomètres.

L'émail

Moins connue que l'industrie de la lunette, la fabrication de l'émail à Morez est une facette de l'artisanat local remis à l'honneur depuis quelques années. La tradition de l'émaillerie morézienne est arrivée de Suisse au milieu du XVIIIe siècle. Ce savoir-faire s'est ensuite développé dans de nombreux domaines. On pense tout de suite aux plaques de rues mais l'émail a permis également de réaliser de très belles plaques publicitaires et enseignes aujourd'hui très recherchées par les collectionneurs. Il ne faut pas oublier de mentionner aussi la fabrication des fameux supports de thermomètres de grande dimension que l'on trouvait sur les façades de nombreux magasins. Pour promouvoir à nouveau cette activité un peu oubliée, des Moréziens organisent en octobre des expositions pour illustrer toutes les possibilités créatrices de cette technique particulière.

BOIS D'AMONT

1 380 habitants. Altitude : 1 050 mètres. Bois d'Amont situé dans la vallée des Dappes, fut est reste encore le siège d'une polémique franco-suisse. Au XIIe siècle, l'empereur d'Allemagne Frédéric Ier Barberousse octroie la vallée simultanément à l'abbaye de Saint-Oyens-de-Joux et à celle de la chartreuse d'Oujon. Puis en 1606, Bernois et Bourguignons s'entendent dans un traité pour établir la frontière entre pays de Vaud et Comté sur la vallée des Dappes.

En 1802, Bonaparte s'approprie la vallée en échange du Frickal. Mais les Suisses la récupèrent en 1815 après la déchéance de Napoléon. En 1862, le traité des Dappes restitue définitivement la vallée aux Français. Les Suisses récupèrent une partie du Noirmont. Mais dans le hameau de la Cure, certaines maisons sont à cheval sur la frontière, sont-elles suisses ou françaises ? Les deux, mon capitaine !

Musée de la Boissellerie. Rue du Village ✆ **03 84 60 90 54.** *Du 20 décembre au 15 octobre, les mercredis, samedis et dimanches de 15h à 18h ; vacances scolaires, tous les jours de 14h à 18h ; du 14 juillet au 20 août, tous les jours de 10h à 12h et de 14h à 18h. Fermé le mardi.* La forêt qui couvre 60 % de la surface du Haut-Jura a depuis toujours fourni aux montagnards une matière première indispensable. L'épicéa d'excellente qualité sur le massif voisin du Risoux se prêtait très bien à maintes réalisations : tournerie, boîtes, ski, cabinets d'horloge, tavaillons. Au XIXe siècle l'essentiel des boîtes à pharmacie provenaient de Bois d'Amont. La présence de l'énergie électrique, avec la rivière de l'Orbe, a permis d'industrialiser le travail du bois. Dans le musée les machines mues par l'eau fonctionnent comme jadis. La visite est guidée et dure environ 50 minutes. Une maquette de scierie est animée par une roue hydraulique.

ETIVAL

Lac d'Etival. Petit lac fort agréable et encore peu fréquenté, l'eau est très propre et la température en été est souvent propice à la baignade. Des tables et même un petit plongeoir de fortune y sont installés.

FONCINE-LE-HAUT

86 habitants. Altitude : 906 mètres. Situé entre le mont Noir (1 234 m) et le Bayard, Foncine offre de jolis itinéraires pour la promenade. Par exemple, depuis le village prendre la direction de la source de la Saine : on débouchera dans un vaste cirque appelé ruz puis on suivra le balisage rouge et jaune qui mène sur Le Bulay à 1 140 m, d'où l'on apercevra le mont Blanc, si le temps le permet (compter 45 minutes aller/retour environ). Pour s'initier à la connaissance de la flore locale un petit sentier botanique a été créé sur le Bayard. Pour y accéder prendre la route qui monte au Bulay.

LONGCHAUMOIS

A une altitude allant de 450 à 1400 m, Longchaumois est une station de ski familiale : 3 pistes de ski alpin, 2 téléskis, une école de ski, 60 km de pistes de fond, tous niveaux et 1 piste éclairée. Egalement des possibilités de promenades en traineau à chiens.

Maison de la Flore. Rsgts Office de tourisme de Morez. *Ouvert juillet-août 10h-11h30 et 15h-18h ; fermé le vendredi.* Exposition saisonnière de plantes et fleurs de la région, de papillons et de travaux sur soie. A l'extérieur, arboretum et bornes aux oiseaux.

LES PLANCHES-EN-MONTAGNE

773 habitants. Altitude : 795 mètres.

Cascades du bief de la Ruine et gorges de Malvaux. Pour découvrir le cheminement excentrique de la Saine, l'idéal est d'emprunter à pied le GR (balise rouge et blanche) qui joint Foncine-le-Bas aux Planches-en-Montagne. Belle leçon sur l'action de l'eau dans un relief karstique.

Cascades et gorges de la Langouette. La Saine a creusé le calcaire et formé un canyon très spectaculaire de 4 mètres de large et 47 mètres de profondeur.

LES ROUSSES

3008 habitants. Altitude : 1 110 mètres. Félix Péclet, maire des Rousses au début du siècle, transmit son enthousiasme pour les «lattes» à toute la région. En plus d'être un loisir et d'attirer les touristes, le ski s'avéra surtout très utile aux autochtones pour leurs déplacements quotidiens.

Les Rousses, c'est la première et la plus connue des stations du Jura. Elle doit sa notoriété au petit nombre de stations jurassiennes certes, mais aussi au développement harmonieux du tourisme qui préserve la qualité de vie, ainsi que sa proximité pour les gens du Nord de la France.

Musée du Ski. Centre d'accueil du Grand Tétras ✆ **03 84 60 51 13.** Tout, tout, tout vous saurez tout sur le ski et les multiples inventions imaginées pour dompter la neige. Les habitants des Rousses sont fiers d'affirmer qu'ils sont les précurseurs de la pratique des sports d'hiver et ce musée reflète bien cet état d'esprit. Découvrez une étonnante collection : des centaines de paires de ski, des bobsleighs sans ou avec moteur pour remonter les pistes, des raquettes, célèbrent les techniques souvent abracadabrantes qui équipaient les sportifs d'hier. Le présent n'est toutefois pas oublié avec la récente évolution apportée par les différents modèles de surfs Oxbow et Hot, fabriqués aux Rousses par les établissements Grandchavin.

Lac des Rousses. Situé dans la vallée des Dappes, il permet la pratique de la planche à voile, du canoë, du pédalo et bien sûr de la baignade. Location de matériel (Optimist, canoë-kayak, planche à voile).

MORBIER

2 001 habitants. Altitude : 860 à 1 200 mètres. Fief de Hervé Balland, vice champion du Monde de ski nordique sur 50 km, vainqueur de la Transjurassienne en 1991 et 1996. Berceau du délicieux fromage, le morbier, mais aussi de l'horlogerie et spécialement l'horloge comtoise. Ce sont les frères Mayet, Genevois d'origine et fuyant l'oppression calviniste qui importèrent leur savoir-faire et leur passion du mouvement à balancier.

Le morbier

Né en 1890, c'est un fromage de lait de vache AOC à pâte non cuite. Sa pâte blanc-ivoire est séparée horizontalement par une couche de suie de bois qui empêchait autrefois le fromage de s'abîmer entre la traite du matin et celle du soir. Dans des caves qui avoisinent 12° avec un taux d'humidité d'environ 95%, les meules de morbier pesant entre 6 et 7 kg (retournées tous les deux jours) s'affinent pendant deux mois. Avec 100 litres de lait, on obtient 11 kg de morbier environ.

L'horloge comtoise

Apparues au XVIe siècle, ces horloges au mécanisme de bois et aux dimensions imposantes étaient l'apanage des lieux publics importants. De construction rudimentaire elles fonctionnaient grâce à un gros contrepoids. Sur les mêmes bases techniques, les frères Mayet fabriquèrent une horloge totalement en métal. La véritable révolution survint en 1657 avec le Hollandais Huyghens qui mit en application les découvertes de Galilée sur l'oscillation du pendule. L'horloge à balancier était née. Les Mayet adoptèrent aussitôt cette nouvelle technologie, et Morez devint rapidement le phare de l'horlogerie. Devant le succès de l'horloge «comtoise», tout un artisanat horloger se développa dans de nombreux villages du Haut-Jura. La «comtoise» orne encore le séjour de nombreuses maisons jurassiennes, tous les organes mécaniques sont placés à l'intérieur d'un meuble élancé et parfois très ouvragé appelé le cabinet. Les plus simples sont construits en sapin, bois du pays peu coûteux, d'autres plus richement travaillés sont en noyer ou merisier et constituent des objets d'art. Le cadran est situé dans la partie supérieure du meuble et apparaît derrière une vitre ; à mi-hauteur une petite fenêtre permet d'observer le mouvement du balancier. La sonnerie mélodieuse appartient au patrimoine, et tous les jurassiens se souviennent de ces quelques notes qui ont bercé leur enfance.

Les tavaillons

Autrefois, les façades des habitations exposées aux intempéries étaient bardées de fines tuiles de bois, appelées tavaillons. Ces planchettes, débitées dans de l'épicéa choisi soigneusement, mesuraient une trentaine de centimètres de long, une dizaine de large et un bon centimètre d'épaisseur. Ce travail occupait les journées d'hiver.

Puis les bardages en zinc sont apparus et se sont généralisés. Cette activité risquait bien d'être reléguée au musée des arts et traditions, si le bon sens et les instances locales n'avaient pas encouragé le tavaillon. Depuis une dizaine d'années la couverture traditionnelle est réhabilitée, plus esthétique, plus isolante et tout aussi durable que la tôle. A Chapelle-des-Bois (Doubs), André Bury est l'un des seuls à perpétuer ce savoir-faire ; pourtant le marché est porteur et la demande croissante l'a obligé à mécaniser sa production.

PREMANON

607 habitants. Altitude : 1120 mètres. On y trouve la seule patinoire du département.

Musée Européen de l'Exploration Polaire. Centre Paul-Emile Victor ✆ **03 84 60 70 78.** *Ouvert juillet-août 14h30-18h30.* Le musée fut créé en 1989 par Paul-Emile Victor et Pierre Marc, tous deux passionnés d'univers polaires. Vous pourrez découvrir, dans un décor reconstitué, personnages, animaux, matériel d'exploration. Au cours de la visite plusieurs thèmes sont abordés : la nature et la faune polaire ; les peuples du Grand-Nord ; l'histoire de la conquête des pôles et l'exploration polaire d'aujourd'hui.

Maison de la Faune. Les Jouvencelles ✆ **03 84 60 78 50.** *Ouvert tous les jours de 9h à 12h et de 13h30 à 19h ; fermé le mardi hors période scolaire.* André Bourgeois, depuis toujours passionné par la faune, a naturalisé pour l'exposition quelque 350 animaux. Découvrez l'histoire du Varnaveu, une drôle de bestiole avec un corps de blaireau, une tête de renard sans mâchoire inférieure, des oreilles de chèvre, une queue de veau, des pattes de mouton, une pince de crabe sur la tête.

Maison du Lapidaire. Mairie ✆ **03 84 41 22 17.** *Ouvert du lundi au vendredi de 14h30 à 18h.* Activités sur les arts et techniques de taille de pierres fines et précieuses. Cette activité traditionnelle est pratiquée aujourd'hui uniquement par une poignée d'artisans dans le Haut-Jura. Comme pour la tournerie qui occupait les longues soirées d'hiver, le paysan pouvait se transformer en lapidaire au XVIIIe siècle. Les siècles suivants ont vu apparaître des ateliers qui avaient la taille d'industries spécialisées. Après la guerre, la concurrence étrangère a fait disparaître presque totalement cette tradition et ce savoir-faire très particulier. Le lapidaire commence par travailler le «brut», qu'il jauge pour en tirer le meilleur parti. Il doit éviter le maximum de pertes et décide la forme qu'il donnera à la pierre en fonction de ses impuretés qui seront éliminées. Les outils principaux du lapidaire sont la scie à disque, le moulin en cuivre diamanté mais le plus important est son œil, sans oublier une solide expérience.

SAINT-LAURENT-EN-GRANDVAUX

1 781 habitants. Altitude : 906 m. Un bourg animé par le passage de la N5. Une base intéressante pour les balades : Les Rousses, Morbier, Morez, mais aussi les lacs, les cascades du Hérisson. Beaucoup de circuits de randonnées sont balisés et permettent de découvrir de superbes sites : belvédère des 4 lacs, lac de l'Abbaye, pic de l'Aigle. Le vélo ou le ski sera idéal pour se balader dans les jolies combes du côté de Prénovel les Piards. La place de la mairie surprend par ses façades colorées et son charme.

Situé sur le haut plateau, Saint-Laurent était le pays des grandvalliers. Lorsqu'ils avaient terminé les foins et les travaux estivaux, ils s'en allaient avec leurs chariots bondés, sur les routes de France et d'Europe, colporter leur marchandises fabriquées dans le Haut-Jura. C'est le train qui au début du siècle mit fin à l'âge d'or du Grandvaux.

Saint-Laurent est très connu pour son concours international de bûcherons, qui attire une grande foule de spectateurs le 15 août. Démonstrations d'écorçage, d'abattage et de sciage au programme de ce spectacle où la force doit être au service de la précision et de la rapidité. Les vieux métiers de la forêt sont mis à l'honneur grâce à de nombreuses démonstrations, abattage à la hache, débardage avec les chevaux...

Balade, séjour

Un bourg animé par le passage de la N5. Peu de curiosités patrimoniales, mais une base intéressante pour les balades : Les Rousses, Morbier, Morez, mais aussi les lacs, les cascades du Hérisson.

Une fromagerie à la sortie de la ville en venant de Morez, pour le comté et le morbier (fermé entre 12h et 16h). On mange la pizza au Coin d'Amont, près de l'hôtel de la Poste. On boit un verre au Kiosque : grand choix de bières, décoration simple mais confortable, musique entraînante.

Escapade sur la Dôle

Intrusion en Suisse : ne vous inquiétez pas, les douaniers vous laisseront tranquille. Vous êtes dans la vallée des Dappes et le tracé de la frontière défraie encore la chronique. Laissez votre véhicule sur le parking du téléski des Dappes. Le sentier grimpe à gauche du tire-fesses, on gagne la ferme du Reculet Dessous (à 1 200 m) puis le Reculet Dessus (1 482 m). On rejoint ensuite la crête, puis direction plein sud, à droite, pour gagner le sommet (1 681 m). Comptez 1h pour la montée. Les énormes ballons posés sur la Dôle sont des radars repérant les avions à plus de 300 kilomètres de distance pour le compte de l'aéroport de Genève. D'ici la vue est magnifique et la chaîne alpine avec le mont Blanc facilement reconnaissable, récompense de l'effort de la montée.

Autre intérêt, une harde importante de chamois a élu domicile dans ces pâturages d'altitude. Une bonne paire de jumelles rendra l'observation encore plus enrichissante. Après votre balade, faites donc un détour par la Cure, poste frontière des Rousses où vous pourrez acheter chocolats suisses, cigarettes, alcools, à prix détaxés.

■ MANGER, DORMIR

Hôtel Europa, restaurant la Paysanne. 125, rue de la République, Morez ✆ 03 84 33 12 08. Hôtel classique, restaurant de terroir. L'adresse touristique du lieu, qui, en plein centre, tire le chaland par la manche avec force panneaux incitatifs comme les réclames d'une charcuterie. Les tarifs sont par ailleurs fort modérés pour l'emplacement : de 100 à 235 F. La cuisine se montre régionaliste comme se doit et pas mal faite. Cassolette de tripes, fondue jurassienne au comté, entrecôte aux mousserons.

Auberge de la Combette. 15, chemin de la Combette, Morbier ✆ 03 84 33 27 23. *Menus : 87 à 132 F.* La cuisine proposée par Catherine et P'tit Michel fait chaud au cœur. Simple, mais efficace, dans un cadre très chaleureux ! Les spécialités montagnardes sont bien sûr présentes, avec fondue (72 F) et raclette (82 F). Grand choix d'entrées chaudes ou froides et de salades, dont la salade des fumés, avec magret, truite et cuisses de caille (55 F). La spécialité de la maison, le carré à la ficelle (échine), demande une minutieuse préparation. Vous pourrez observer le cuisinier pendre ses pièces d'échine de porc sur l'os dans la cheminée. Elles cuiront 6h d'affilée au-dessus du feu de bois, avant d'être accompagnées d'un gratin... Pensez à commander la veille (pour 4 personnes).

Maison Faivre-Lecoultre. Foncine-le-Haut ✆ 03 84 51 90 59. *Fermeture samedi et dimanche hors saison. Menus de 65 F à 130 F. Dix chambres de 170 F à 240 F. Sauna et piscine.* Etape idéale après une randonnée sur le Bulay ou une balade à skis sur le mont Noir. La chère est bonne et le cadre intime et sympathique. Le portrait de l'enfant du pays, Sylvain Guillaume (vice champion olympique de combiné à Albertville), figure en bonne place. Nous nous sommes régalés avec un magret de canard aux morilles (menu à 110 F) accompagné d'un rosé pupillin.

La Loge de Beauregard. Prémanon ✆ 03 84 60 77 14. *Six chambres confortables de 260 F (2 personnes) à 420 F (4 personnes) + dortoir 6 places (prévoir sac de couchage). Menus 75 à 140 F. Carte 42 à 80 F.* On se retrouve au milieu des pistes, en pleine nature, bercé l'été par le son des cloches des vaches. Un cadre très agréable pour un séjour dans ce chalet-auberge où l'on peut se restaurer en toute simplicité avec une cuisine authentique.

Hôtel de France. 323, rue Pasteur, Les Rousses ✆ 03 84 60 01 45. *33 chambres tout confort de 280 F à 520 F. Menus 145 F à 420 F.* Une cuisine, un accueil, un service, un cadre, une gentilesse, tout y est. Une partie des chambres donne sur un petit bois à l'arrière du bâtiment.

Le Gai Pinson. 1465, route Blanche, Les Rousses ✆ 03 84 60 02 15. *13 chambres de 210 F à 240 F. Menus 85 à 145 F. Carte : 150 F.* Situé au bord des pistes de ski de fond, le restaurant nous offre également une belle vue sur le massif de la Dôle et le massif des Tuffes, références du ski alpin jurassien. L'ambiance est familiale, la cuisine régionale. Au menu à 85 F : un bon point pour le «buffet à discrétion» proposé en entrée et présentant un grand choix de salades, crudités et charcuteries. Les classiques ont toujours leurs adeptes : mont-d'or au four (210 F pour 2 pers.), fondue (118 F), raclette (182 F).

Le Mont Saint-Jean. Route du Noirmont, Les Rousses ✆ 03 84 60 33 21. *Ouvert saison été, hiver. 7 chambres, bain WC, de 180 F à 260 F.* Dans un style rustique et champêtre, Mme Tinguely offre de grandes chambres complètement rénovées. Un dortoir de 12 places (prévoir sac de couchage), permet d'accueillir les randonneurs. Possibilité de stage golf et équitation pour groupe en saison.

Hostellerie du Moulin des Truites Bleues. Saint-Laurent ✆ 03 84 60 83 03. *Menus : 105 à 320 F. Carte : 250 F.* Le site est historique (ancien poste romain, moulin au Moyen Age) et magnifique. Le spectacle s'ajoute aux atouts déjà nombreux de l'architecture et de la décoration intérieure. Un service rapide avec salades (36 F), truite (56 F) ou entrecôte est proposé dans une jolie pièce. Les moins pressés prendront le temps de se restaurer devant la grande cheminée centrale d'une salle au style médiéval, avec ses grandes chaises et ses tentures nombreuses. En dessert, goûtez la spécialité de la maison : le grandvallier, qui est un feuilleté fourré aux fruits et servi avec un coulis de framboise, vraiment délicieux. Enfin, signalons que les clients peuvent pêcher sur les 800 mètres de parcours privé appartenant à l'hôtel.

Hôtel-restaurant de l'Abbaye. Grande Rivière, Saint-Laurent ✆ **03 84 60 11 15.** *Menus : 69 à 162 F. Carte à partir de 130 F. 23 chambres de 253 F à 323 F.* Restaurant panoramique au bord du lac de l'Abbaye, dans le beau paysage du Grandvaux. Un grand choix de poissons pêchés dans le lac. La carte des gibiers est elle aussi impressionnante. De la très bonne cuisine, très bien présentée. Les chambres tout confort donnent sur le lac de 100 ha. La pêche est gratuite pour les clients en pension.

Hôtel du Commerce. 2, rue de Genève, Saint-Laurent ✆ **03 84 60 11 41.** *Chambres de 150 à 320 F.* Pour dormir et se restaurer dans une demeure montagnarde prenant l'aspect d'un grand chalet. Intérieur douillet pour les fraîches soirées d'hiver. Cuisine de tradition : filet de bœuf aux morilles (155 F) ou truite aux amandes (68 F).

Hôtel de la Poste. Saint-Laurent-en-Granvaux ✆ **03 84 60 15 39.** Légèrement en retrait du centre, une adresse solide à prix modérés. Chambres au confort classique, table de bon niveau avec quelques plats régionaux et une recherche affirmée dans l'utilisation du terroir. Bons menus à 95 F et 108 F : champignons du Mont Noir, duo de poissons de rivière au savagnin, filet de canard sauce orange.

Arbez Franco-Suisse. Route de la Faucille, La Cure ✆ **03 84 60 02 20.** *Fermé du 15 au 30 novembre. 10 chambres de 250 F à 410 F. Menus 90 à 195 F et carte.* Etablissement unique en son genre : en effet, la frontière franco-suisse passe au milieu de l'hôtel. Deux types de restaurations : brasserie ou gastronomique.

La Chaumière. Le Bourg, Bellefontaine ✆ **03 84 33 00 16.** Un Logis de France dans un bel environnement à 6 km de Morez, dans la vallée au pied du mont Noir. La demi-pension est à 220 F, la cuisine simple et régionale : langue fumée jurassienne, entrecôte à la crème, poulet aux champignons. L'ambiance est purement locale et de nombreux employés agricoles du coin s'y donnent rendez-vous.

Gîtes

Gîte n° 540 (3 épis). Foncine-le-Haut ✆ **03 84 24 57 70.** Situé à quelques kilomètres des pistes de ski de descente, sur les pistes de ski de fond, cette maison comprend : cuisine, séjour, salon, une chambre (cinq personnes), grande terrasse avec salon de jardin et barbecue, lave-linge. Outre le ski, distractions sur place ou aux environs : tennis, pêche, forêt, rivière. Animaux admis.

Gîte n° 367 (3 épis). Rosset, Longchaumois ✆ **03 84 24 57 70.** Chalet planté au milieu de la nature comprenant : séjour avec coin cuisine, une chambre (cinq personnes draps fournis), mezzanine, salle de bains, lave-linge, grand balcon, terrain, salon de jardin. Loisirs sur place et aux environs : ski, golf, piscine, tennis. Animaux non admis.

Camping

Camping Le Val de Saine. Foncine-le-Haut ✆ **03 84 51 93 11.** Ouvert du 1er juillet au 30 septembre. 10 hectares, 57 places.

Camping le Champ de Mars. Saint-Laurent ✆ **03 84 60 19 30.** Ouvert du 1er janvier au 30 septembre. 2,8 hectares, 150 places.

Camping caravaneige de Baptaillard. Longchaumois ✆ **03 84 60 62 34.** *130 places sur 3 hectares.* Location vélos, laverie, tennis, équitation, minigolf, VTT, pêche.

La « montbéliarde »

Lors de vos pérégrinations jurassiennes, vous serez amenés à rencontrer de nombreux troupeaux de vaches. La race montbéliarde est de loin la plus répandue sur les plateaux du Jura, elle est facilement identifiable avec sa robe blanche ornée d'énormes taches brun-rouge. Depuis quelques années, les éleveurs coupent systématiquement les cornes de leurs bêtes pour des raisons pratiques, ce qui n'est hélas pas très esthétique. La montbéliarde est la seule race habilitée pour la production de lait destiné à la fabrication du comté. Ses atouts morphologiques, la qualité de son lait en font l'élite du groupe Pie-Rouge, rassemblant plusieurs autres races telle que la simmental suisse. Nous n'imaginerions pas le Haut-Jura sans pâturages, sans vaches et sans la musique de leur cloches.

■ SPORTS ET LOISIRS

Canyoning

Club des Sports - Les Rousses ✆ **03 84 60 35 14.** *Demi-journée découverte : 210 F, sortie journée : 300 F (âge 15 ans minimum).* Descentes des cascades, gorges et canyons du Haut-Jura.

Curling

Centre Julien Prost - Prémanon. Originaire d'Ecosse, et peu connu en France, ce sport ne compte dans le pays que quelques centaines de licenciés. Il est néanmoins très spectaculaire et pratiqué dans de nombreux pays nordiques.

Cycle et VTT

Chez Fofo. Prémanon ✆ **03 84 60 04 51.** Location, stages et randonnées accompagnées avec Michel Forestier dit Fofo, ex-champion du monde vétéran.

Autour des Rousses, 180 km de circuits balisés. Carte en vente 30 F à l'office du tourisme. Une demi-journée d'encadrement : 90 F par adulte. La GTJ-VTT reprend le tracé de la GTJ à skis et permet une rando de plusieurs jours. D'autre part l'office du tourisme met en vente des cartes détaillées et commentées pour permettre d'organiser vos sorties.

La Tram'Jurassienne. Foncine ✆ **03 84 52 43 67.** Le circuit reprend l'ancien tracé du tramway entre Foncine et Champagnole. Le parcours de 29 km n'est pas difficile, et le paysage est très pittoresque. Prévoir une lampe de poche pour la traversée des tunnels.

Golf

Le Mont Saint-Jean - Les Rousses ✆ **03 84 60 09 71.** *Ouvert tous les jours, de 7h30 à 20h du 1er mai au 1er novembre.* Parcours 18 trous, 6 170 m par 72. Practice 33 places dont 12 couvertes. Putting green. Compact d'entraînement 6 trous.

Le Rochat. Les Rousses ✆ **03 84 60 06 25.** *Ouvert tous les jours, de 8h à 20h du 15 avril au 15 décembre.* Parcours 18 trous, 5 388 m par 71. *Practice 18 places + 6 couvertes.* Pitching, putting green, bunker d'entaînement, location de matériel.

Patinage

Centre Julien Prost. Prémanon ✆ **03 84 60 77 39.** *Congés annuels du 16 septembre au 20 octobre. Tarifs : 38 / 30 F, location de patins comprise.* Patinoire couverte.

Ski

Massif des Rousses. Les Rousses, Bellefontaine, Prémanon, Lamoura, Bois-d'Amont, Longchaumois/La Mouille et Morbier totalisent 280 km de pistes.

Massif du Grandvaux ✆ **03 84 60 15 25.** 170 km de pistes damées dans la combe de l'abbaye bordée d'un côté par la forêt de Trémontagne et de l'autre par la forêt de la Joux Devant. Vous aurez le choix entre les communes de Prénovel les Piards, Grande-Rivière, Saint-Laurent, le Lac-des-Rouges-Truites, Saint-Pierre et Chaux-des-prés.

Massif Haute-Joux-Mont-Noir ✆ **03 84 51 93 11.** Cette zone comprend les communes de Longcochon, Mignovillard, Cerniebaud, Bief-du-Fourg, Foncine-le-Haut. 170 km de pistes sont tracées.

Vol libre

Le Rêve d'Icare. Ecole FFVL. Les Rousses ✆ **03 84 60 35 14.** Journée découverte le mercredi (300 F) : présentation du matériel, gonflage de voile sur pente école, petits vols. Vol biplace pédagogique, grand vol avec moniteur : 200 F à 300 F). Stage d'initiation (2000 F) : 5 jours pour devenir autonome et réaliser son premier grand vol.

Faites-nous part de vos coups de cœur

Envoyez-nous vos bonnes adresses, elles seront utiles aux futurs voyageurs. Voyez le questionnaire en fin du guide.

CHAMPAGNOLE ET SA REGION

CHAMPAGNOLE

10 076 habitants. Altitude : 545 mètres. C'est à Champagnole que vous apprendrez tout sur la GTJ, à l'**Espace Nordique Jurassien, BP 132** ✆ **03 84 52 58 10**

Champagnole est située dans la combe de l'Ain au pied du mont Rivel, dont le sommet était déjà habité à l'époque gallo-romaine. C'est au XIVe siècle qu'un embryon de cité commença à se développer. En 1320, Hugues Ier de Chalon affranchit les habitants. Champagnole, de plus en plus fréquentée, devint une porte vers la Suisse, si bien qu'on y installa un péage. La bourgade s'accrut malgré de nombreux incendies, dont celui de 1798, qui n'épargna pas une habitation. Champagnole s'industrialisa et se spécialisa dans la métallurgie. Le réseau routier s'améliora, et le train au début du XIXe fut d'une importance capitale.

Musée d'Archéologie. 26, rue Baronne ✆ **03 84 53 01 01 (Mairie).** *Ouvert juillet-août 14-18 h sauf mardi ; hors saison sur rdv.* Collections gallo-romaines sur les pèlerins du Mont-Rivel, costumes et mobilier mérovingiens, débuts du christianisme dans la région.

A proximité

Forêt de la Joux. C'est l'une des plus belles forêts résineuses de France. Située à une altitude comprise entre 600 et 900 m, elle s'étend sur 2659 ha. La «Joux» qui signifie «crête boisée» est exploitée en futaie régulière, le rendement y est exceptionnellement élevé et la taille et le volume des arbres sont très impressionnants.

Du Moyen Age jusqu'au XIXe, la forêt fournissait du combustible pour les salines de Salins-les-Bains. Au XVIIe siècle la qualité de ses bois était très réputée et la marine s'y approvisionnait pour la construction de ses navires. La petite route des Sapins qui va de Champagnole à Levier est jalonnée de nombreux belvédères et aires de pique-nique.

Cette superbe sapinière fait les belles promenades forestières des locaux. On pourra, à pied ou à VTT l'aborder par la forêt de Levier, soit par le bourg du même nom, soit par Villeneuve d'Amont. A moins de disposer d'une carte (type IGN) suffisamment détaillée, il est assez facile de se tromper de chemin, les indications en pleine forêt étant assez maigrelettes. Lorsque vous êtes sur la route des Sapins (Levier-Champagnole), c'est gagné. Il suffit de suivre les indications vers Champagnole (route forestière du Scay, voie romaine de Chalamont), passer au belvédère de la Roche pour le panorama. A la limite du département, le point de vue du belvédère des Chérards est très attractif.

En tournant le dos au belvédère, on grimpe une centaine de mètres (des marches ont été tracées) dans la forêt pour accéder au sapin Président, un ancêtre de 230 ans qui mesure 45 m de haut et 3,85 m de circonférence à 1,30 m du sol.

On pourra poursuivre la balade vers Champagnole en traversant la D107 pour rejoindre un agréable site de pique-nique (ils sont évidemment multiples dans toute la forêt) au carrefour du Sauget.

A gauche à ce carrefour en venant par le Nord, la D66, pour poursuivre sur des notes médiévales, conduit jusqu'à Nozeroy après avoir traversé D471.

BOURG-DE-SIROD

430 habitants. Altitude : 600 mètres. Les anciennes forges, intallées en 1734 au bord de l'Ain, employaient 400 personnes. Elle cessèrent toute activité en 1914.

Les Pertes de l'Ain. Le sentier est bien fléché depuis le village et ce site mérite largement une petite marche à pied d'une dizaine de minutes. Il faudra choisir de bonnes chaussures, les abords des Pertes de l'Ain sont parfois très pentus et glissants en période humides. La rivière disparaît dans une profonde crevasse et reparaît une centaine de mètres plus loin. On admirera les sculptures naturelles patiemment façonnées par le cours d'eau. On pourra également emprunter le chemin qui longe la rivière pour faire une très agréable promenade. Un petit pont permet de passer au-dessus de l'eau et de faire une boucle pour revenir au point de départ.

CONTE

48 habitants. Altitude 677 mètres.

Source de l'Ain. La résurgence apparaît dans un petit cirque rocheux. C'est un vaste entonnoir rempli plus ou moins d'eau suivant la saison. L'été le cours supérieur de la rivière est généralement à sec, l'Ain circule sous le sol, invisible aux regards, puis ressurgit plus loin.

MIEGES

On aperçoit ce petit village depuis les hauteurs de Nozeroy. Le clocher carré aux allures de tour attire le regard et une visite ne décevra pas les amateurs d'architecture. Même si certains vestiges ont disparu avec le temps, il se dégage une atmosphère particulière, peut-être apportée par la couleur de la pierre qui constitue les façades. Celles-ci comportent encore de nombreux détails que le promeneur prendra le temps de découvrir. L'église Saint-Germain est réputée à plus d'un titre, notamment pour son portail richement sculpté et la chapelle des Chalon qu'elle abrite le long du chœur. Un couvent a été construit un peu à l'écart du village : la légende dit que l'emplacement a été choisi à cause d'une statue de la Vierge trouvée là. Mièges était également un centre de pèlerinage important.

NOZEROY

427 habitants. Altitude : 830 mètres. Située sur une petite butte, cette cité médiévale fortifiée servait d'abri aux habitants du val de Mièges en cas d'attaque. Elle fut construite au XIIIe siècle par Jean de Chalon l'Antique, seigneur du lieu, dans le but de protéger la route du sel. Le château fut reconstruit au XVe siècle dans un style pré-Renaissance. Nozeroy était alors magnifique et prospère. Au XVIe siècle, malgré une population dynamique, sa collègiale, son couvent, son hôpital, Nozeroy ne parvint à enrayer son déclin. Le XVIIe, avec la conquête française, accéléra la décrépitude. N'étant plus entretenu, le château ne tarda pas à tomber en ruines, les habitants le transformèrent en carrière de pierre. Le coup fatal fut porté au bourg par l'incendie de 1815. Aujourd'hui, Nozeroy avec ses remparts et ses nombreux vestiges est une très belle petite cité à découvrir absolument. Un petit bijou médiéval (prononcez "nozeuroi" et non "nozé"), dont on admire la préservation et la tranquillité. Peu de démonstrations touristiques et une authenticité sans taches. La promenade est assez vite accomplie : une rue principale et quelques vieilles maisons de pierre, ambiance du siècle dernier et belles vues depuis le promontoire. L'essentiel des points d'intérêt se croise au cours d'une traversée. Quelques anachronismes surprenant, comme le distributeur de préservatifs, viennent rappeler le XXe siècle. Visite guidée : renseignements ✆ 03 84 51 19 15.

Couvent des Cordeliers. Datant de 1462, le couvent qui était à l'époque très important était habité par les moines franciscains.

Place des Annonciades. Emplacement de l'ancien couvent des Annonciades (1616).

Porte de l'Horloge. Elle demeure l'entrée principale du bourg, cette tour carrée d'une hauteur de 32 m est parfaitement conservée.

SYAM

236 habitants . Altitude : 565 mètres.

Villa Palladienne ✆ **03 84 51 61 25.** *Ouvert juillet, août et début septembre, vendredi-lundi 14-18h.* Les forges de Syam ayant fait la fortune du directeur, celui-ci s'offrit un fabuleux cadeau en faisant bâtir cette villa en 1818. Il ne choisit nullement de s'inspirer de l'habitat régional puisque cette demeure est copiée sur les villas dessinées par l'architecte italien Palladio. Le rez-de-chaussée est ouvert au public en été et permet de se baigner dans une atmosphère vénitienne. Une splendide rotonde est au centre de cette maison carrée qui dévoile des salons, une vaste salle de billard et des chambres de style Empire. Une architecture étonnante et dépaysante.

Musée des Forges. ✆ **03 84 51 61 00.** *Exposition permanente et film «Symphonie en lamineur». Ouvert mai-juin et septembre 10-18h ; sinon, sur rendez-vous.* Construite en 1813, les forges tiraient leur énergie de l'Ain. Dans un ancien logement ouvrier, le musée retrace l'histoire du site. Aujourd'hui une entreprise de 50 employés, sous-traitante de l'aérospatiale et de l'industrie automobile y reste implantée. Des machines à commandes numériques très modernes fonctionnent à proximité d'un laminoir du siècle dernier. C'est sans doute l'un des seuls outils de ce type et de cette époque en Europe.

VANNOZ

196 habitants. Altitude : 612 mètres. La maison de retraite des prêtres jouxte une chapelle contemporaine construite en 1994. On remarquera sur la façade une structure métallique aux multiples couleurs jouant avec les rayons du soleil.

■ MANGER, DORMIR

Le Big Ben. 2, avenue de la République, Champagnole ✆ **03 84 52 08 95.** *Ouvert uniquement le soir à partir de 19h30.* Le Big Ben est une des pizzerias les plus originales au monde. Tenue par un ancien chanteur de hard rock au look tout droit sorti d'une prestation scénique, cet endroit vaut le déplacement pour son décor très influencé par l'Angleterre et les Etats-Unis. Guitares électriques accrochées au-dessus du bar ou chaises fluorescentes avec le nom des stars du rock occupent les moindres recoins de ce lieu ou il y a vraiment à voir et à manger. Extrêmement insolite.

Le Pirate. 31, rue Baronne-Delort, Champagnole ✆ **03 84 52 51 46.** *Fermé le dimanche soir et mercredi midi hors saison. Menus : 70 à 130 F. Carte : 160 F. Spécialités de poissons de mer frais. Viande de charolais au feu de bois.* Le thème du Pirate, insolite dans le Jura, dépayse plaisamment. L'ambiance maritime, l'éclairage judicieux et la cuisine très bonne, sont de précieux atouts qui rendent l'endroit fréquenté. Service souriant et professionnel. Pour 130 F : terrine de foie gras au Macvin, filet de caille sauce forestière et tarte à l'ananas et raisins.

La Taverne de l'Epée. 2, rue du Pont de l'Epée, Champagnole ✆ **03 84 52 02 85.** *Fermé le lundi. Menus : 65 à 158 F. Carte : 50 F-95 F.* Située dans l'artère commerçante de la ville, la Taverne de l'Epée propose de goûter à une cuisine de tradition, concoctée par Eric Thibault dans un cadre rustique. Le gibier est à l'honneur et apporte une touche festive à une carte par ailleurs très fournie. A noter également la bonne place réservée aux poissons. Jura oblige, le comté et les morilles figurent ici où là. Excellent vin au verre. Un bon moment avant d'aller flâner sur les berges de l'Ain à deux pas.

Hôtel du Parc. 13, rue P.-Cretin, Champagnole ✆ **03 84 52 13 20.** *Fermé en novembre et le dimanche soir hors saison. Dix-huit chambres de style de 200 F à 300 F. Restaurant fermé le midi. Menus de 75 F à 170 F et carte.* Situé à proximité des bords de l'Ain, l'hôtel du Parc offre un séjour agréable et reposant. Josiane Cathenot nous prépare en cuisine ses spécialités, telles la terrine au vin jaune ou la truite de source également au vin jaune.

Le Bois Dormant. Route de Pontarlier, Champagnole ✆ **03 84 52 66 66.** *40 chambres tout confort de 270 F (simple) à 300 F (double). Menus : 88 à 240 F.* Le Bois Dormant est un îlot de verdure aux vertus relaxantes. L'architecture moderne des bâtiments est spacieuse et utilise harmonieusement le bois du pays. A l'ambiance feutrée et confortable de l'intérieur on pourra préférer en été l'environnement sylvestre de la terrasse. Les enfants pourront jouer dans les sous-bois, où des installations leur sont réservées. Côté cuisine, M. Sclafer élabore des mets où les valeurs sûres de la région (truite, vin jaune, morilles...) sont savoureusement mêlées. Plus modeste et économique, une carte brasserie séduira les plus pressés et les moins gourmands.

Grand hôtel Ripotot. 54, rue Maréchal-Foch, Champagnole ✆ **03 84 52 15 45.** *Fermé de la 2e semaine de novembre au 1er avril. 55 chambres de 150 F à 310 F. Menus 88 à 210 F et carte.* Depuis 1834, la famille Ripotot veille au bien-être de sa clientèle. L'hôtel situé en ville, mais les chambres sont très calmes et donnent sur un merveilleux parc. Dans le restaurant, nous pouvons savourer des spécialités : tournedos aux morilles, saumon frais aux poireaux, truite rose fumée, etc. Cuisine régionale très fine, accompagnée de merveilleux vins. Cave très fournie surtout en Jura et Bourgogne.

Taverne des Remparts, Champagnole ✆ **03 84 51 18 45.** *Fermé le mercredi soir hors saison. Menus : 60 à 125 F. Spécialités : fondue 50 F, raclette avec jambon 70 F, pierrade avec frites 100 F.* Le cadre du restaurant, situé à l'étage, est simple et sobre. Il est dommage que les vitres teintées en jaune soient opaques aux regards sur la cité. Le menu à 125 F, à base de produits du terroir, propose plusieurs choix. Le poulet de Nozeroy, spécialité du chef, est préparé avec une sauce au morbier. Il faut avoir préalablement parcouru plusieurs dizaines de kilomètres à skis ou en vélo pour venir à bout d'une telle abondance. Le plateau de fromages est très fourni en spécialités du pays, la cancoillotte est délicieuse. La glace vanille aux griottes et Macvin est idéale pour conclure. Une table honnête et bien placée.

Relais Médiéval. 35, Grande Rue, Nozeroy ✆ **03 84 51 16 81.** Une table accueillante au seuil du vieux quartier : on est toute de suite dans une ambiance de franche gourmandise avec un personnage dessiné qui semble sorti d'un album d'Astérix. La cuisine suit le mouvement, recherchée et bien présentée, un peu coûteuse cependant. Un correct menu à 110 F pour limiter la casse de tirelire. On acccompagne de côtes-du-jura ou de pupillin blanc, ou encore d'un pichet d'arbois à 45 F le demi.

Auberge des Gourmets. Le Vaudioux ✆ **03 84 51 60 60.** *Fermé la première semaine de juillet, hors saison le dimanche soir et le lundi. 7 chambres de 300 F (2 personnes) à 490 F (3-4 personnes). Menus 88 à 280 F. Carte : 88 F-248 F.* La salle à manger divisée en deux est très coquette, meublée en style Louis XIII. Le restaurant jouit localement d'une bonne réputation. La cuisine de monsieur Priard est très raffinée. Bon rapport qualité-prix des menus, notamment la formule à 88 F. A signaler un chariot de digestifs vraiment impressionnant.

Le Clavecin. Vers-en-Montagne ✆ **03 84 51 44 25.** *Fermeture dimanche soir et lundi soir. Menu de 58 F à 174 F. Carte à partir de 140 F. 7 chambres de 165 F à 230 F.* Le menu du terroir à 95 F est d'un bon rapport qualité/prix. Nous avons choisi un pâté de faisan en entrée, puis des filets de perche au savagnin. Le cadre est agréable, des agrandissements d'anciennes photos retracent des scènes de la vie d'antan sur le plateau jurassien.

Hôtel de France. Crotenay ✆ **03 84 51 20 12.** *Chambres meublées à partir de 300 F la semaine et 1 000 F le mois. Menus : 58 à 145 F.* Conseillé aux amateurs de calme, de pêche et surtout de jazz. Le patron nous fait partager ses passions : musique, aviation, voitures et bien d'autres, avec enthousiasme. Zouzou prépare en cuisine de bons petits plats traditionnels.

Hôtel-restaurant du Cerf. Pont-du-Navoy ✆ **03 84 51 20 87.** *Fermeture du 15 novembre au 15 février. 18 chambres de 120 F à 250 F. Menus de 75 F à 220 F.* L'établissement est idéal pour les pêcheurs, situé en bordure de l'Ain, pas très loin des lacs. Restauration traditionnelle : morilles, vin jaune, grenouilles au printemps. Pour les pêcheurs assidus, le propriétaire est l'un des créateurs de la chaîne des Relais Saint-Pierre.

Chambres et tables d'hôtes, fermes-auberges, gîtes

Chambres d'hôtes Anne-Marie et Maurice Vacelet. Petit Villard, Mignovillard ✆ **03 84 51 32 34.** A quelques kilomètres de Nozeroy, les hôtes disposent dans une ferme du Haut-Jura, de deux chambres (quatre adultes + deux enfants) avec salle de bains, WC, salle de séjour avec télé, cour, jardin et pré. Nombreuses activités sur place et aux environs.

Camping

Camping Ferme du Git. Montigny-sur-l'Ain ✆ **03 84 51 21 17.** *Du 15/05 au 15/09. 100 places sur 5 hectares.* Activités nautiques, randonnée, pêche, VTT... Possibilité de location de tentes, caravanes, vélos. Animaux acceptés. Tout est prévu pour un séjour confortable : sanitaires handicapés, laverie, aire de jeux, restauration...

Camping de Boyse . 20, rue Georges-Vallerey, Champagnole ✆ **03 84 52 00 32.** *Du 15 juin au 15 septembre. 240 emplacements sur 4 hectares. Sanitaires handicapés.* Proche du centre-ville et pourtant très calme car il est installé sur un coteau qui domine la rivière de l'Ain. A Champagnole, il n'y a pas de lac, mais le camping offre d'autres distractions : piscine dans l'enceinte du camp, aires de jeux pour enfants, tennis, sentiers pédestres au bord de la rivière, etc. Commerces, machines à laver le linge, télévision, agrémentent le séjour.

A cheval en Jura

Certes le département est un paradis pour les fondeurs, mais c'est aussi un terrain de prédilection pour les cavaliers qui trouvent des espaces et des structures propices à de très belles vacances équestres.

Le Comité départemental du tourisme propose de nombreuses formules et une documentation très complète sur la question (gîtes, vétérinaires, maréchaux-ferrants, selliers, pistes) et rassemble sous le label "Jura du Grand Huit" les possibilités de location de chevaux sans accompagnateurs. Parmi les multiples programmes proposés nous avons retenu les suivants :

En famille

Les ânes de bât

La Ferme du Berbois - Jean-Yves Comby 39370 La Pesse ✆ **03 84 42 72 30 ou 03 84 42 70 43.** Promenades et randonnées accompagnées. Possibilité d'hébergement à proximité de la ferme.

Ferme pédagogique du Val d'Amour - Alphonse Arbaud 39380 Ounans ✆ **03 84 37 70 64 ou 03 84 37 70 65.** Randonnées pédestres avec âne de bât. Hébergement en chambres d'hôte et dortoir sur place. Séjour à la ferme pour les 7 à 18 ans.

Les attelages

La Ferme du Berbois - Jean-Yves Comby 39370 La Pesse ✆ **03 84 42 72 30 ou 03 84 42 70 43.** Chariots accompagnés.

Auberge Loisirs du Sillet - Martial Henriet 39250 Longcochon ✆ **03 84 51 16 16.** Location de roulottes et calèches avec ou sans accompagnement. Promenades et randonnées. Classes vertes. Hébergement sur place.

La ferme des Muans - Jean-Luc Gouttefarde 39570 Trenal ✆ **03 84 35 35 40.** Chariots bâchés avec accompagnateurs. Egalement location de chevaux, poneys, ânes sans accompagnateurs. Fermé du 15/10 au 15/03.

Adultes

Randonnées accompagnées

La Ferme du Berbois - Jean-Yves Comby 39370 La Pesse ✆ **03 84 42 72 30 ou 03 84 42 70 43.** Voir plus haut.

L'Ecurie des Quatre Lacs - Martine et Didier Méjard 39130 Le Frasnois @ **03 84 25 50 20.** Randonnée itinérante. Ouvert toute l'année. Hébergement en gîtes équestres.

Séjours avec activités équestres

La Bergerie - Hélène et Francis Baron 39260 Crenans ✆ **03 84 42 00 50**

Enfants et adolescents

Stages équitation chevaux et poneys tous niveaux

La Jument Verte - Françoise et Alain Mortier 39570 Courlans ✆ **03 84 24 52 68.** Stages avec hébergement. Randonnées itinérantes.

Poney-club du quartier des Chênes - Anne-Marie Dole 39110 Andelot-en-Montagne ✆ **03 84 51 45 97.** Stages et randonnées itinérantes. Classes vertes. Hébergement sur place.

Poney-club du Rallye Jura - Thierry de Saint-Priest 39130 Doucier ✆ **03 84 25 71 30.** Stages, séjours, randonnées. Classes vertes. Hébergement sur place.

Randonnées 5 à 7 jours

Poney-club - Centre équestre des Hayers - William Roux et Thierry de Warren ✆ **03 84 51 22 31 et 03 84 51 27 22.** Initiation, perfectionnement. Centre de vacances multi-activités avec hébergement sur place.

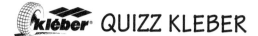 **QUIZZ KLEBER**

La Haute-Saône

1. Quelle Vésulienne fut une grande dame du cinéma français, incarnant notamment Marthe Richard ?

2. Quel personnage, portant le nom de son village, fut le dernier grand-maître des Templiers, supplicié sur le bûcher?

3. Quelle cité du nord du département est la capitale du kirsch ?

4. Dans quelle ville trouve-t-on la plus ancienne cristallerie de France ?

5. Quel architecte dessina la chapelle de Ronchamp ?

6. Quelle ville est réputée pour ses thermes, sa dentelle et son jambon ?

7. Combien d'étangs compte la région des étangs, d'après son nom ?

8. Quelle ville est au cœur de la région viticole de Haute-Saône ?

9. Quelle cité a pour emblème, lors de sa fête, le "petit Gugumus" ?

10. Quelle langue fédératrice a son musée à Gray ?

Réponses 1. Edwige Feuillère - 2. Jacques de Molay - 3. Fougerolles - 4. Passavant-la-Rochère - 5. Le Corbusier - 6. Luxeuil-les-Bains - 7. Mille - 8. Champlitte - 9. Gy - 10. L'esperanto

HAUTE-SAÔNE

HAUTE-SAONE

Ce département de 5 375 km2 pour 229 000 habitants, fut d'abord appelé l'Amont. Villes : Vesoul (préfecture) 19 000 habitants (32 000 avec le district), Gray, Luxeuil-les-Bains.

Comité départemental du tourisme. Rue des Bains 70000 Vesoul ✆ 03 84 75 43 66

Le slogan du tourisme départemental, «l'île verte» est particulièrement bien adapté à la Haute-Saône, dont la densité est la plus faible de la région (43 habitants/km2). La forêt est présente dans tous les recoins du territoire et les Vosges saônoises, avec leurs étangs et leurs collines boisées, constituent un inépuisable terrain de balades, avec 1 000 km de sentiers balisés et de nombreux gîtes pour faire étape. Les rivières - la Saône, navigable sur tout le département est en vedette pour la plaisance fuviale - et les lacs sont une autre source de plaisirs, le nautisme et la pêche, la baignade ou le canoë. Des villes à taille humaine, des villages charmant au patrimoine parfois étonnant : il y a là aussi quelque matière à découvrir.

Le Parc naturel régional des ballons des Vosges : avec ses 3 000 km2 répartis sur 200 communes de quatre départements (Vosges, Haut-Rhin, Haute-Saône, territoire de Belfort) et de trois régions (Franche-Comté, Lorraine, Alsace), il est l'un des plus grands de France, et aussi l'un des plus récemment labellisés (1989). Voir, bien sûr, la nature à l'état brut au ballon d'Alsace ou au plateau des Mille Etangs, et arpenter le Parc le long des 6 000 km de chemins balisés, parmi lesquels 7 sentiers de Grande Randonnée.

Offices de tourisme et syndicats d'initiative de Haute-Saône

Aillevillers 70800. Mairie ✆ 03 84 49 21 59

Bucey-les-Gy 70700. Mairie ✆ 03 84 32 82 78

Champlitte 70600. Mairie ✆ 03 84 67 64 10

Combeaufontaine 70120. Mairie ✆ 03 84 92 11 80

Dampierre-sur-Salon 70180. Place de l'Hôtel de ville ✆ 03 84 67 13 74

Faverney 70160. Mairie ✆ 03 84 91 30 71

Fougerolles 70220. 1, rue de la Gare ✆ 03 84 49 12 91

Gray 70100. Ile Sauzay ✆ 03 84 65 14 24

Gy 70700. 45, Grande rue ✆ 03 84 32 92 75

Jussey 70500. Mairie ✆ 03 84 92 21 42

Lure 70200. 35, rue Carnot ✆ 03 84 62 80 52

Luxeuil-les-bains 70300. 1, rue des Thermes ✆ 03 84 40 06 41

Marnay 70150. Mairie ✆ 03 84 31 74 42

Melisey 70270. Place de la gare ✆ 03 84 63 22 80

Pesmes 70140. Chemin des Tuileries ✆ 03 84 31 23 37

Rioz 70190. 97, bd Charles de Gaulle ✆ 03 84 91 84 98

La Roche-Morey 70120 ✆ 03 84 91 01 10 ou 03 84 91 00 59

Ronchamp 70250. 14, place du 14 juillet ✆ 03 84 63 50 82

Saint-Loup-sur-Semouse 70800. Mairie ✆ 03 84 49 06 22

Scey-sur-Saône 70360. Maire ✆ 03 84 68 86 99

Sornay 70150. Rue des Lumes ✆ 03 84 32 25 36

Vesoul 70000. Rue des bains ✆ 03 84 75 43 66

Villersexel 70110. 33, rue des Cités ✆. 03 84 20 59 59

Vitrey-sur-Mance 70500. Mairie ✆ 03 84 68 53 89 ou 03 84 68 54 06

LURE ET SA REGION

LURE

Office de tourisme. 35, rue Carnot 70200 Lure ✆ 03 84 62 80 52.

Une ville arrosée par l'Ognon, développée au fil des ans par le passage de la route nationale, mi-industrielle, mi-rurale. La voie ferrée, peu discrète, coupe la ville en deux, tandis que le trafic routier a aujourd'hui été dévié par le nord.

Détail d'importance : les habitants de Lure sont les Lurons et les Luronnes, ce qui leur fait quasi obligation d'être toujours joyeux.

On peut quitter la N19 pour faire le détour par cette petite ville sans pour autant y voir un impérieux motif d'arrêt. Elle est pourtant fort bien placée, dans une zone où les curiosités naturelles et patrimoniales sont légion : chapelle Le Corbusier à Ronchamp, village féodal d'Oricourt, ballons vosgiens et région des Mille Etangs.

On boit un verre à l'**Hacienda Café** ou au **Luthra Bar** près de l'église. On fait étape au Pont de l'Ognon.

Sur place, voir l'**église Saint-Martin** XVIIIe, assez sévère dans le style régional mâtiné d'un soupçon de baroque (le clocher par exemple), le **Jardin du quartier de la Font** et le **quartier du Chapitre** où l'on trouve les plus anciennes maisons de la ville (celle appelée "Le Chapitre" en particulier, austère et massive villa XVIIIe).

La statue de Christophe. Au-delà de l'œuvre artistique elle-même (sculptée par Mme Faure-Couty et inaugurée en 1979), c'est le personnage qui retient notre attention. Georges Colomb, né à Lure, de formation scientifique a écrit plusieurs ouvrages et créé, sous le pseudonyme de Christophe, quelques héros savoureux parmi lesquels on trouve le Sapeur Camember (qui ne s'écrit donc pas comme le fromage). Ce personnage possède sa statue, exemple assez rare d'un héros de roman représenté à la place de son créateur.

A proximité

Route agréable vers Mélisey et la région des étangs (voir "Luxeuil et sa région"). A partir de Saint-Germain (on peut boire un verre et manger un morceau au Café des Sports, à la sortie près de la station-service), la nature reprend ses droits et l'on peut commencer à baisser la vitre.

Sur la route de Villersexel, à noter un dolmen sur la commune d'Aillevans, et une enceinte féodale à Oricourt (voir Villersexel).

DANS LES ENVIRONS

RONCHAMP

La **chapelle dessinée par Le Corbusier**, perchée sur la colline est l'élément visuel que chaque voyageur recherche, avant l'hypermarché au bord de la N19. Construite entre 1951 et 1955 par l'architecte contemporain le plus fameux, elle présente une architecture singulière aux courbes douces.

Pourtant, avant d'être connu pour sa chapelle corbusière, Ronchamp était depuis le XVIIIe siècle une place minière réputée (le gisement fut découvert en 1750 grâce à des affleurements sur le site de l'Etançon) et très active à l'ère industrielle, puisqu'à son apogée, la mine produisait annuellement 200 000 tonnes de charbon, et l'on compta sur l'ensemble du site jusqu'à 1 500 mineurs. L'activité s'est éteinte définitivement en 1958 avec les six derniers puits, mais il en reste quelques vestiges, comme le puits Sainte-Marie.

Le bourg s'étire donc au long de la nationale. Dans une rue transversale, l'intérêt culturel le plus proche : l'office de tourisme, avec, à côté, une petite galerie-musée qui offre des expositions souvent intéressantes. Un peu plus loin, le **musée de la Mine**.

On pourra s'étonner, à propos de la célèbre chapelle, qu'elle ne soit pas mieux indiquée dans le village et qu'elle ne bénéficie pas d'une promotion touristique plus adaptée à sa notoriété. Ce manque d'empressement à "vendre" la perle corbusière est dû banalement à ce qu'on peut appeler une querelle de clocher : l'association religieuse qui gère le site de Notre-Dame-du-Haut n'entretient guère de relations avec les instances locales et les actions menées en faveur du développement touristique de la chapelle ne peuvent se faire qu'en accord avec cette association. Cela n'empêche pas le voyageur opiniâtre de trouver la chapelle (on finit bien par dénicher une pancarte qui signale "chapelle N-D du Haut") et d'admirer ce lieu, l'un des plus célèbres de France et le plus visité de Franche-Comté avec les Salines Royales.

Séjour

Etape à la **Pomme d'Or**, au centre et en bord de route, ou au calme, à la campagne, à l'hôtel **Le Rhien**.

On peut aussi faire étape, modestement et en toute tranquillité, aux **Acacias** © **03 84 20 60 47** (chambres à partir de 150 F), sur la route de la Chapelle.

On mange au Rhien, à la Pomme d'Or ou au **restaurant Marchal** © **03 84 20 64 86**, sur la route de Clairegoutte. Plus simplement, en casse-croûte, chez Bruno à la **San-Gria, rue du Plain** © **03 84 20 62 17.**

VISITE

La chapelle Notre-Dame-du-Haut © **03 84 20 65 13.** Visite tous les jours, du 15 mars au 1er novembre de 9h à 19h, du 1er novembre au 15 mars de 9h à 16h. Avant d'être le phare architectural contemporain que l'on sait, la chapelle était déjà un lieu actif de culte et de pèlerinage. Le Corbusier, en participant à sa reconstruction, a contribué à rendre le village mondialement connu. Cette silhouette blanche domine la vallée du Rahin, et si l'extérieur, sobre et audacieux avec son toit de tribune de stade et sa tour-cheminée vous séduit, l'intérieur vous épatera, par son originalité, ses fenêtres en tronc de pyramide et ses œuvres d'art (les vitraux, la porte, le mobilier).

Musée de la Mine. 33, place de la Mairie 70250 Ronchamp © **03 84 20 70 50 et 03 84 20 64 70.** De Pâques à la Toussaint de 14h à 18h sauf mardi (et 10h-12h, 14h-19h en juin, juillet, août). Le musée, qui présente par ailleurs une belle collection de lampes de mine, retrace les techniques et la vie quotidienne des mineurs au moyen de documents, outils et instruments. C'est une plongée dans un monde encore proche de nous et uen époque qui a marqué la région

On pourra d'autre part suivre le "**circuit historique des affleurements de l'Etançon des mines de charbon de Ronchamp**". L'association des amis du Musée de la Mine, en liaison avec la municipalité et l'Office National des Forêts, publie une brochure détaillée pour retrouver tous les points d'affleurement et vestiges de l'activité minière, qui faisait vivre la région au siècle dernier.

CHAMPAGNEY

Sur la N19, un bourg ancien entre Ronchamp et Belfort. On y verra quelques vieilles demeures, l'église et son carillon de trente-deux cloches, la mairie contemporaine, ainsi que le célèbre musée de la Négritude.

On vient à Champagney pour l'environnement des Vosges et des étangs (le circuit du même nom à proximité), et pour la grande base de loisirs nautiques très bien équipée (camping sur place).

La promenade autour des deux étangs contigus est bien agréable, la plus grande surface aquatique étant pourtant, entre la N19 et D16, le bassin de Champagney, dont les berges ne sont cependant pas vraiment aménagées.

Etape à l'**Hôtel du Commerce**, un Logis de France classique en bord de route.

Sur la route de Giromagny, un bar-grill à **Plancher-Bas**, presque à la frontière avec le Territoire de Belfort, **les Bouquottes**, en quittant la N19 pour une assez jolie départementale, D4.

Musée de la Négritude et des droits de l'homme. ✆ **03 84 23 25 45 ou 03 84 23 13 98.** *Ouvert tlj de 10h à 12h et de 14h à 18h, en juin, juillet, août, septembre sauf le mardi. Le reste de l'année sur RV.* Ce musée unique se trouve aujourd'hui dans de nouveaux locaux, inaugurés le 19 mars 1995 et son objet est d'actualité même si son instigation est ancienne : en 1789, parmi les cahiers de doléances ouverts après la Révolution, celui de cette petite commune porta une demande d'abolition de l'esclavage et la condamnation de la traite des Noirs, inscrite le 17 mars de l'année révolutionnaire.

Le musée fut créé en 1971 par un habitant du village, René Simonin, qui désirait souligner l'attachement historique de sa commune aux valeurs républicaines de liberté, d'égalité et de fraternité. De nombreux documents explicatifs et historiques retracent le long chemin jusqu'à l'abolition, mais touchent également à tous les problèmes liés au racisme et à l'exclusion, en toutes parties du globe. La partie la plus spectaculaire du musée consiste en une reconstitution d'un navire négrier, qui transportait les esclaves pour son voyage aller vers les îles, et revenait au pays chargé des marchandises exotiques payées avec la vente des esclaves contribuant à la production de ces mêmes marchandises.

HERICOURT

Un carrefour important des axes Luxeuil-Montbéliard et Belfort-Vesoul, qui constitue la deuxième agglomération du département pour la population.

L'**église luthérienne Saint-Christophe** est très ancienne puisque fondée dès le XIIe siècle, et dont le grand orgue fut inauguré en 1923 par Albert Schweitzer. C'est en 1563 qu'officia le premier pasteur, Jean Larcher, et l'église fut dédiée aux deux cultes protestant et catholique durant deux siècles, entre 1700 et 1887, année à partir de laquelle seul le culte réformé fut pratiqué. Plusieurs améliorations et restaurations récentes ont permis de maintenir l'édifice, classé depuis 1995 à l'inventaire supplémentaire, en excellent état. Sous l'un des vitraux contemporains, une porte latérale porte le blason des princes de Fürstenberg qui furent seigneurs d'Héricourt au début du XVIe siècle. Sur la façade nord de la sacristie, on trouvera, entre autres, la pierre tombale du receveur Jehan Poinsard, initiateur de la construction de la première chapelle de l'église (à gauche en entrant) et dont on voit les armoiries sur la clef de voûte.

Voir le **musée Minal** ✆ **03 84 46 10 88.** Arts décoratifs, ethnographie, histoire naturelle.

■ MANGER, DORMIR

Hôtel du Commerce. 4, avenue du Général Brosset 70290 Champagney ✆ **03 84 23 13 24 - Fax 03 84 23 24 33.** *Fermé le lundi. 24 chambres de 150 à 250 F. Menus de 65 à 250 F. Carte 120 F. CB.* Maison simple et rustique à proximité de la chapelle. Décor tout ce qu'il y a d'authentique, cuisine de tradition. Bons équipements (sauna).

A la Pomme d'Or. 34, rue Le Corbusier 70250 Ronchamp ✆ **03 84 20 62 12 - Fax 03 84 63 59 45.** Un Logis de France accueillant et sérieux, sur le passage routier, mais à l'intérieur calme et plaisant. Chambres contemporaines bien équipées, insonorisées (deux pour handicapés). Ascenseur, télévision, parking privé. Bar assez kitsch, salle de restau en bistrot néo-rustique. Confort classique, cuisine dans la même veine, assez coûteuse. Le menu à 150 F fait le tour de la question.

Hôtel-restaurant Carrer. Le Rhien 70250 Ronchamp ✆ **03 84 20 62 32.** *22 chambres à prix doux de 125 à 180 F.* Au calme, à proximité de la chapelle, une bonne étape pour qui recherche sérénité et confort. Un cadre agréable et élégant, une cuisine franc-comtoise adaptée à l'époque, joliment présentée, et des chambres rustiques bourgeoisement aménagées. Agréable jardin.

Eric Hôtel. 92, avenue de la République 70200 Lure ✆ **03 84 30 03 03.** *40 chambres de 210 à 250 F.* Un hôtel d'étape pratique, au confort deux-étoiles assez conventionnel.

Hôtel l'Aquarium. 8, rue de la 5e DB 70400 Héricourt ✆ **03 84 56 80 80.** *15 chambres de 190 à 260 F.* Un hôtel tranquille, assez bien équipé.

Camping

Camping Les Ballastières. 20, rue Paquis 70290 Champagney ✆ **03 84 23 11 22.** Dans un site aquatique, un camping bien aménagé, avec des emplacements ombragés.

■ LOISIRS

A Lure

Randonnées cyclistes. Le cyclo-club luron propose un grand nombre de circuits pour amateurs de vélo et de nature. Pas moins de 27 circuits de 40 à 100 km alternant les difficultés et les paysages superbes de la région entourant Lure. L'association organise chaque dimanche des sorties de groupe. Demandez le programme, ainsi qu'un dépliant sur les circuits, auprès de l'office de tourisme ou du cyclo-club : **M. Gueguen** ✆ 03 84 62 79 69.

Randonnées pédestres. Renseignez-vous à l'office de tourisme, qui vous proposera plusieurs circuits pour découvrir le coin, riche en étangs et en rivières. Des boucles d'une dizaine de km suivant les vallées de l'Ognon et du Rahin, par exemple, ou menant à la butte de Vouhenans et son point de vue sur les deux vallées.

A Ronchamp

Baignade et pêche sur le plan d'eau des Ballastières. Camping sur place.

Le troisième week-end de septembre a lieu **Rétrofolie**, manifestation d'envergure autour de la voiture ancienne, avec concours d'élégance et bourse d'échanges.

Un marché populaire se tient le premier mai.

VILLERSEXEL

Au cœur de la vallée de l'Ognon. Sur un axe important (D9), un gros bourg mi-rural, mi-industrieux qui possède une base nautique performante, un château, mais aussi un collège et un gymnase. La place de la fontaine avec le vieux lavoir est agréable, l'église et quelques vieilles bâtisses ont un caractère assez typique.

La ville est historiquement connue pour avoir été le théâtre d'une victoire française de la guerre contre les Prussiens, les 9 et 10 janvier 1871.

Elle possède de nombreux témoignages du passé, parmi lesquels des vestiges de fortifications. Ne pas manquer l'apothicairerie et sa superbe collection de porcelaines, à la maison de retraite de Grammont ; mais aussi la porte, le vieux bourg et l'église.

Le marché a lieu le premier et le troisième mercredi de chaque mois. La quinzaine commerciale a lieu début décembre, la Foire de Grammont le dernier samedi de février.

Château-musée de Grammont. 70110 Villersexel ✆ 03 84 20 51 53. *Ouvert tous les jours sauf lundi, de 14h30 à 18h.* Ce château néogothique du siècle dernier est un des plus beaux édifices de la région, avec un fronton décoré de deux colonnes à pierre alternées comme sur la saline royale d'Arc-et-Senans, une ressemblance que l'on retrouvera dans la ferme du château XVIIIe. Cette très vaste demeure vint remplacer le château précédent, grandiose construction qui comptait 365 fenêtres, et qui fut presque complètement détruite durant la guerre de 1870. Le mobilier du château a été entièrement reconstitué tel qu'il avait été conçu, et l'on admirera notamment les tapisseries des Gobelins, les boiseries et des tableaux de maître. La maison est ouverte à la visite : on y organise des congrès, des cérémonies.

Sur les fondations des anciens remparts et notamment d'un donjon détruit au XIIIe siècle (le château primitif) a été élevée une grosse tour ronde crénelée.

DANS LES ENVIRONS

Entre Villersexel et Rougemont, dans le Doubs, le beau domaine du **château de Bournel** allie le charme d'une hôtellerie de style aux plaisirs du golf (superbe parcours de 18 trous dans les vallons et les bois, practice, putting green).

MARAST

Une église (d'une ancienne abbaye du XIIe siècle) et son cloître XVIe (visite libre, renseignements ✆ 03 84 20 32 10), quelques belles pierres dans un village à découvrir.

ORICOURT (9 km NO par D80)

Immanquable, le château féodal d'Oricourt : parce que le site naturel est superbe et que ce château à tours carrées, fort élégant malgré sa vocation défensive, est l'un des plus beaux de la région. Le village semble d'ailleurs vivre tout encore à l'époque féodale et l'atmosphère y est tout à fait authentique.

Le château. 70110 Oricourt ✆ 03 84 78 74 35. *Visite tous les jours, toute l'année, accueil le dimanche après-midi, documentation sur place, visite guidée possible, visite pour groupes, En saison : mise en lumière et visite nocturne du château de 21h à minuit.* Le château fut édifié au XIIe siècle par le seigneur local, Gaucher, connétable de Bourgogne, et entouré d'une double enceinte fortifiée pour assurer sa défense, l'une autour de la ferme, l'autre autour de l'habitation, la mieux préservée. Il eut quelques propriétaires célèbres, parmi lesquels Nicolas Rolin, chancelier de Bourgogne et riche seigneur aux multiples habitations luxueuses. Visiter et admirer le logis seigneurial du XVe siècle et le colombier, le puits et les caves datant de la première construction.

ENTRE LAUZIN ET COLOMBINE

C'est en fait un triangle méconnu par ceux qui arpentent les larges routes, dont les sommets sont Vesoul, Lure et Villersexel, et les côtés N19, D486 et D9. Ce petit pays entre les deux vallées de la Colombine et du Lauzin a la douceur des paysages ruraux et des atouts patrimoniaux à faire valoir.

L'association BORPLACAL (rsgts en office de tourisme) vous invite à la découverte de ses châteaux, calvaires et églises, avec notamment un document approfondi sur le superbe château féodal d'Oricourt. Une brochure vous permet de parcourir l'étonnant circuit des fontaines qui montre la diversité, l'ingéniosité et le charme de ces constructions, fontaines et lavoirs à arcades, à colonnes, néoclassiques, monumentaux, etc. Noroy-le-Bourg possède quatre fontaines, Mollans trois, Pomoy en a deux, d'autres encore sont à voir à Calmoutier, Cerre-lès-Noroy, Borey, Oppenans.

■ MANGER, DORMIR

Hôtel du Commerce. 1, rue du 13 Septembre 70110 Villersexel ✆ 03 84 20 50 50. *Fermeture annuelle 1ere quinzaine de janvier, 2 et 3e semaines d'octobre. Fermé le dimanche soir. 17 chambres de 190 à 260 F. Petit déjeuner 35 F. Menus de 78 à 260 F. Carte à partir de 60 F.* De ces maison robustes comme on en fait plus, de ces "Hôtels du Commerce" qui jalonnaient nos voyages au temps où l'on ne connaissait pas les autoroutes. La même franchise, la même loyale tradition, et ces petits bonheurs simples quand le «chef Mougin» vous prépare l'escalope de saumon pochée à l'arboisienne ou le pintadeau en cocotte du sympathique menu à 78 F. De nombreuses autres formules intègrent le jambon à l'os, la truite fraîche poêlée, la cancoillotte. Une carte immense incluant l'essentiel de la tradition régionale, déclinée en une très vaste gamme de menus. Décor rustique, chambres coquettes et soignées, accueil très sympathique. La meilleure adresse du coin, dont le seul désagrément est la situation, dans le virage de la route principale qui souffre d'un passage important.

Hôtel de la Terrasse. 1, rue Quai Militaire 70110 Villersexel ✆ 03 84 20 52 11. *Chambres 220/280 F la double.* A la sortie vers Lure, une adresse de bon niveau, dans un environnement sans charme, ce qui n'empêche pas la terrasse ombragée d'avoir de l'agrément. La maison est bien tenue, très appréciée des VRP, les chambres sont avenantes, contemporaines "néo-style" et la cuisine, si elle reste fidèle à la tradition, s'adapte aux circonstances et à l'époque dans ses présentations : à 115 F, la truite forestière, le jambon de Luxeuil, le magret de canard aux griottines. Autres propositions à 145, 175 et 250 F et un bon menu du terroir à 120 F.

Restaurant Le Saint-Desle. 12, rue Monuments 70110 Esprels ✆ 03 84 20 51 95. *Ouvert le midi.* Sur la D9, à dix kilomètres de Villersexel en direction de Vesoul, une salle gentillette et une cuisine sincère de terroir : croûte aux morilles, volailles bien préparées, tartes maison.

Chambres d'hôtes, fermes-auberges

M. et Mme Philippe Peroz. Les Gros Chênes 70400 Frahier ✆ 03 84 27 31 40. 3 épis NN, 3 chambres pour 2 personnes dont 1 avec 2 lits 1 personne, mezzanine pour 3 enfants, salle à manger, salon avec cheminée, TV, terrasse avec salon de jardin, jeux de société et livres régionaux.

Ferme auberge La Forge d'Isidore. Colette et Daniel Robert, 10, Grande rue 70400 Villers-sur-Saulnot ✆ 03 84 27 43 94. Ouvert les week-ends et jours fériés sur réservation. Spécialité de poulet au comté, fondu, rösti, terrine maison. Emplacement chevaux pour les randonneurs équestres.

Le Rullet. 1d, Petit Magny 70110 Les Magny. Eliane Roussel et Claudine Dufay ✆ 03 84 63 47 06. Ouverte du jeudi au dimanche soir. Spécialités de porcelet à la broche, jambon braisé. Produits du pays dans un cadre plaisant, à 4 km S de Villersexel, en suivant D274.

Camping

Camping-caravaning du Chapeau Chinois. Rue Quai Militaire 70110 Villersexel. ✆ 03 84 63 40 60. En bordure de l'Ognon, 64 emplacements. Nombreux loisirs : pétanque, volley-ball, jeux pour enfants. Gîte d'étape, bungalows.

Camping d'Autrey-le-Vay. Le village 70110 Autrey-le-Vay ✆ 03 84 20 58 31. Ouvert du 15 avril au 15 octobre. A 4 km de Villersexel, un camping agréable au bord de l'Ognon, bien ombragé. Terrain de football, pêche en rivière première catégorie. Location de chalets (130/150 F par jour, 850/1000 F la semaine).

■ LOISIRS

Plein air et nautisme. 47, rue de la Forge 70110 Villersexel ✆ 03 84 20 30 87. Ouvert d'avril à octobre tous les jours de 9h à 12h et de 14h à 18h. De novembre à mars du lundi au vendredi mêmes horaires. Une base nautique très bien équipée qui offre une vaste gamme d'activités. On y trouve notamment l'Ecole Française de canoë - kayak, avec des moniteurs champions pour s'entraîner sur l'Ognon.

Parmi les autres sports à découvrir en stages, week-ends, vacances de groupes : escalade, VTT, tir à l'arc, équitation, boomerang, mini-golf, spéléo. Stages multi-sports.

Location de matériel : kayak monoplace ou biplace, canoë biplace (130 F et 180 F la journée, possibilité de louer à la demi-journée), location de VTT (50 F la demi-journée, 80 F la journée). La mise à disposition d'un moniteur coûte 200 F de supplément.

Hébergement possible en chambres de 2 à 4 lits.

On pêche sur l'étang de la Vergenne, des Magny, de Fallon (carte de pêche à la journée), de Mignavillers.

COUNTRY GUIDES DU PETIT FUTÉ

Açores/Madère/Cap Vert, Afrique du Sud, Allemagne, Amérique centrale*, Amsterdam, Argentine*, Asie centrale*, Australie, Autriche, Baléares, Bali/Java/Lombok*, Belgique, Bolivie, Botswana, Brésil, Californie, Cambodge, Canada, Canaries, Chine, Chypre, Corée*, Costa Rica, Crète, Cuba, Danemark, Egypte, Equateur, Espagne, Finlande, Floride, France, Ghana* Grande-Bretagne, Grèce, Guadeloupe, Guatemala*, Guinée*, Guyane, Himalaya, Hong-Kong, Hongrie*, Iles grecques, Inde*, Indonésie, Irlande, Islande/Groenland/Féroé, Israël*, Italie du Nord, Italie du Sud*, Jamaïque*, Japon*, Kenya*, Laos*, Liban, Lisbonne*, Londres, Louisiane, Madagascar, Malaisie, Maldives*, Mali*, Malte, Maroc*, Marrakech, Martinique, Maurice, Mexique, Moscou, Namibie, New York, Norvège, Nouvelle Calédonie*, Nouvelle Zélande, Pays Baltes*, Pérou*, Pologne*, Portugal, Prague, République Dominicaine, Réunion, Saint Petersbourg*, Sénégal*, Seychelles, Singapour, Slovénie*, Suède, Suisse*, Syrie, Tahiti*, Tanzanie, Thaïlande, Tunisie, Turquie, Venezuela*, Vienne, Viêt-nam, Zimbabwe

* Guides à paraître

Le Petit Futé, des guides drôlement débrouillards

PASSAVANT-LA-ROCHERE ET LE NORD

PASSAVANT-LA-ROCHERE

Verrerie-Cristallerie. Rue Verrerie 70210 Passavant-la-Rochère ✆ 03 84 78 61 00. *Démonstrations : du 24 mars au 25 juillet et du 26 août au 4 octobre : tous les jours sauf dimanche, jours fériés et le 15 septembre de 10h à 12h et de 14h30 à 17h ; du 26 juillet au 25 août inclus : les verriers sont en congés ; du 6 octobre au 31 octobre : de 14h30 à 18h exceptés les dimanches. Exposition-vente : du 22 mars au 5 octobre : du lundi au samedi de 10h à 12h et de 14h30 à 18h, du 6 au 31 octobre : de 14h30 à 17h30 Ecomusée et galerie d'art contemporain : même horaire que le magasin d'exposition-vente.*
C'est une des plus étonnantes visites de la région, qui consacre une activité touchant autant à l'art qu'à l'artisanat. La cristallerie de La Rochère, fondée en 1475, est la plus ancienne de France en activité. Depuis l'installation de Simon de Thusac, premier maître-verrier (acte enregistré et conservé à la Bibliothèque Nationale), une longue histoire s'est tracée ici, ponctuée de quelques bris de glace (la verrerie fut attaquée et détruite à plusieurs reprises au cours des deux siècles suivants). Depuis 1858 et le maître-verrier François-Xavier Fouillot, c'est la même famille qui gère l'entreprise.

On visite les ateliers, modernisés au fil du temps, mais le geste du souffleur, qui tourne avec une adresse extraordinaire son tube et façonne comme il veut son matériau, semble s'être transmis intact de maîtres en disciples. On peut également voir un film sur la fabrication et une exposition des œuvres. Au magasin, plus de mille modèles, de la verrerie classique aux créations artistiques, vases, lampes, bouteilles de parfums, formes contemporaines et originales ou plus traditionnelles. C'est l'un des sites les plus visités de la région, avec près de 100 000 visiteurs par an.

FOUGEROLLES

Cette petite ville de 4 000 habitants est la capitale française du kirsch.
Les 35 000 cerisiers des alentours, soit 9 cerisiers par habitant, constituent le fonds de commerce de la plus importante activité agricole du coin. On connaît le kirsch (que l'on appelle ici eau-de-cerise) de Fougerolles dans toute la France et au-delà.
La pizza à la Tour de Pizz. Les gourmets ne manqueront pas l'auberge du père Rota.

Les eaux-de-vie de Fougerolles

Si la qualité du kirsch justifie la grande réputation en la matière de cette cité du nord de la Haute-Saône, la campagne est en fait garnie de vergers, les fruits y sont récoltés en abondance et la plupart des distilleries locales proposent un catalogue complet d'alcools de fruit. L'eau-de-vie, contrairement aux idées reçues, s'accommode très bien d'un vieillissement en verre. Elle ne se colore pas comme dans un fût (comme l'eau-de-vie de cidre ou calvados, par exemple) mais s'améliore cependant, en évoluant au fil des ans, à condition d'avoir été convenablement conservée (au grenier par exemple où les amplitudes de températures sont considérées comme bénéfiques). Vous goûterez donc, avec modération, à ces merveilles translucides qui réchauffent le cœur, kirsch, mirabelle, quetsche, prunelle sauvage, alisier mais aussi églantine, gentiane, céleri ou encore houx, sureau et tant d'autres. Les liqueurs, plus suaves (les eaux-de-vie sont à 43°, les liqueurs de 20 à 35°) et les crèmes (moins de 20°) comptent également de nombreux partisans.

■ VISITE

La maison des eaux-de-vie. Ferme de Sarcenot, RN57 70220 Fougerolles ✆ 03 84 49 56 13. *Ouvert tous les jours de 10h à 12h et de 14h à 18h.* Dans une ancienne ferme comtoise, un musée au parfum d'alambic, qui évoque les traditions de fabrication et de distillation. Film sur l'élaboration du kirsch à Fougerolles, outils et instruments anciens, gravures, bouteilles, bonbonnes, etc. On déguste les produits de la distillerie Devoille.

Ecomusée du pays de la cerise. 1d Château, Le Petit Fahys 70220 Fougerolles ✆ **03 84 49 12 53 ou 03 84 49 52 50.** *Ouvert tous les jours (sauf mardi) de 14h à 17h du 1er au 30 septembre et du 15 avril au 30 juin et de 10h à 12h et de 14h à 18h tout le reste de l'année.* Les techniques et l'histoire des producteurs de cerise et des activités liées à cette culture : alambics, distillerie à vapeur de la fin du XIXe, verger-conservatoire des différentes variétés de cerises. Visite des ateliers de distillation, du musée présentant une vaste collection de foudres, d'alambics, d'outils et d'instruments. Projection de film.

Balade

Pour découvrir l'environnement et les métiers anciens dans le bois de Lancerand : le **sentier des Pierres Rouges**, proposé par la commune, avec le concours de diverses institutions, fait le tour du pays à travers ses spécificités : la cerise, la forêt, la pierre percée, la "forteresse du blaireau", les anciens charbonniers, la géologie, le "rupt", le rouissage du chanvre, la flore rupestre, le climat, la faune. Un circuit de 1,5 km (1h30).

Route agréable à travers la forêt de Raddon par la D18 qui rejoint Raddon sur la D6 et permet de poursuivre par la région des étangs. Noter à Raddon le toit de l'église, typiquement bourguignon avec ses tuiles peintes.

Escapade

De Fougerolles à Port-sur-Saône (45 km). Sortant de Fougerolles vers Luxeuil, on prend tout de suite une petite route à droite vers Fontaine-lès-Luxeuil. Dans Fontaine, à droite sur Hautevelle, dont on va voir l'église, puis à gauche sur Francalmont, avant de rejoindre la D28 vers Conflans. A la sortie de Conflans, on garde, à droite, la D28 vers Faverney, où l'on parvient par Mersuay, au bord de la Lanterne. On suit la direction Port-sur-Saône, mais on prend, après 3 km, la D51 vers Amoncourt, puis on rejoint la D20, en suivant la Saône jusqu'à Port.

FONTENOIS-LA-VILLE

Un important centre équestre, point de départ de circuits à cheval et en roulotte (voir «loisirs»). Voir l'église du XVIIIe siècle et, à proximité, la chapelle Saint-Georges.

SAINT-LOUP-SUR-SEMOUSE

Une halte agréable et fraîche avec cette mignonne Semouse qui, à une trentaine de kilomètres au Sud-Est, vient avec ses copines la Lanterne et la Superbe grossir la Saône entre Jussey et Port-sur-Saône.

L'intérêt touristique est principalement aquatique : rives de la Semouse (les quais ont été agréablement aménagés et sont exempts de circulation routière), étang communal, source du Planey (une résurgence étonnante en plein centre) mais l'économie locale est avant tout industrielle, et de longue renommée, principalement dans le domaine textile (chaussures, broderies, chapeau de paille) et artisanal : depuis plus de deux siècles, les ébénistes locaux ont acquis une renommée telle que Saint-Loup est baptisée "cité du meuble".

Pour la visite, on s'en tiendra à deux constructions de la fin du XVIIIe siècle : le **château Maillard** (1775) et l'**église paroissiale**, élevée au seuil de la Révolution, et encore debout.

On fait étape au Trianon, en bordure de Semouse. On mange la pizza au San Marco. A proximité, dans la banlieue, une bonne table à Corbenay, **le Chariot**.

Le marché se tient le lundi matin.

■ PRODUITS REGIONAUX

Distillerie Paul Devoille. 9, rue Moines Haut 70220 Fougerolles ✆ **03 84 49 10 66.** *Ouvert toute l'année du lundi au vendredi de 9h à 12h et de 14h à 18h. Visite guidée et dégustation de juin à septembre tous les jours à 15h30 et le mardi, d'octobre à mai, à 15h30.* Les arômes de kirsch et autres eaux-de-vie embaument la maison et c'est un plaisir un rien enivrant de visiter cette distillerie réputée, qui fonctionne depuis 1859. La tradition ne se perd pas, loin de là et cette dynamique entreprise propose à la vente un grand nombre de produits, eaux-de-vie, marcs, liqueurs, crèmes et apéritifs à base de fruits, ainsi que des fruits à l'eau-de-vie.

> ### La fabrication du kirsch
>
> On dit qu'elle remonte au XVIIIe siècle, lorsqu'un moine (les moines furent d'habiles distillateurs et vinificateurs, à l'origine de toutes les grandes découvertes en la matière) fit brûler des pulpes de cerises fermentées. le délicat et enivrant fumet qui s'en échappa lui donna l'idée de perfectionner le procédé de distillation pour mettre au point une désormais fameuse eau-de-vie : le kirsch. La récolte se fait selon un rituel traditionnel éprouvé, à l'aide du "pied de chèvre", une échelle à un seul montant, et recueillies dans les charmottes, de larges paniers d'osier.

Kirsch et terroir. Ferme Chassard, rte de Plombières 70220 Fougerolles ✆ **03 84 49 12 76.** Une distillerie traditionnelle qui propose son kirsch, dont une "Vieille Réserve" et 8 autres eaux-de-vie, des liqueurs et du miel (toutes fleurs, acacia, montagne), du munster fermier, de la cancoillotte, de la confiture et de la charcuterie.

Distillerie Peureux ✆ **03 84 49 11 33.** Pour le kirsch et les excellentes griottines.

■ MANGER, DORMIR

Au Père Rota. 8, Grande Rue 70220 Fougerolles ✆ **03 84 49 12 11.** Une maison bourgeoise de haute lignée au cœur de ce grand bourg paisible. Le menu du terroir à 168 F constitue une agréable approche : le gandeuillot fougerollais (andouille et pommes de terre), le délice de truite fario du Breuchin, le pied de cochon farci au ris de veau, le chèvre chaud de pays et le gratin de griottines sont des spécialités superbes qui donnent envie de revenir pour les autres propositions, à 160 F ou à 300 F pour les soirs de fête. Accueil et service de classe, ambiance feutrée, cave étendue incluant la région (champlitte).

Le Trianon. 13, place Jean Jaurès 70800 Saint-Loup sur Semouse ✆ **03 84 49 00 45.** La cuisine ne badine pas avec une tradition bien trempée dans la crème, le fromage et les sauces caloriques. Excellentes viandes et charcuteries, ambiance plaisante d'un Logis de France à l'ancienne où l'on profite d'un accueil tout en gentillesse. Les chambres sont agréables et correctement équipées.

Au Petit Chariot. 1, rue des Cannes (rte de Fougerolles) 70230 Corbenay ✆ **03 84 94 13 60.** Une bonne étape villageoise et régionale où le chef ne perd pas la main comtoise, avec des produits généreusement traités dans une cuisine résolument traditionnelle. Une dizaine de chambres pour faire étape.

Chambres d'hôtes, fermes-auberges

La Renaudine. Claudine et Pierre Thévenot, Dampierre-lès-Conflans 70800 Saint-Loup ✆ **03 84 49 82 34.** Dans un pavillon récent, entouré d'un jardin fleuri, des chambres au calme dans une ambiance familiale. Table d'hôte.

Ferme auberge La Pierre-du-Mouton. Anne et Jean Beluche, Les Maudruts 70280 Saint-Bresson ✆ **03 84 94 63 94.** *Ouvert les week-ends et jours fériés sur réservation.* Spécialités de terrine maison, poulets, lapins, pintades.

■ LOISIRS

Centre touristique. Fontenois-la-Ville. Réservations Loisirs Accueil, maison du Tourisme. Rue Bains 70000 Vesoul ✆ **03 84 75 43 66.** Une idée de séjour originale : la Haute-Saône en roulotte, à la semaine, ou en week-end de 2, 3, 4 ou 5 jours. Vous arrivez à Fontenois le samedi après-midi, accueillis à l'Auberge Paysanne. La roulotte est équipée d'un réfrigérateur, d'un évier, d'une table de cuisson, d'une table, de vaisselle et ustensiles de cuisine, de quatre ou cinq lits, d'un éclairage et d'un chauffage électrique. Après une initiation aux soins et à l'entretien du cheval, ainsi qu'à la conduite de l'attelage, vous êtes parés pour le grand voyage. Des gîtes-relais peuvent vous accueillir chaque soir pour vous permettre de bénéficier d'installations sanitaires complètes. Vous pouvez manger en tables d'hôtes sur réservation. La location semaine haute saison est de 5 000 F pour quatre personnes, 5 250 F pour cinq personnes, 2 000 F pour un week-end de trois jours.

LUXEUIL-LES-BAINS
ET LES VOSGES SAONOISES

LUXEUIL-LES-BAINS

Office du tourisme de Luxeuil-les-Bains. 1, rue des Thermes ✆ 03 84 40 06 41.

Cette ville de 11 000 Luxoviens, discrètement thermale possède un certain nombre d'atouts liés à sa position entre Vosges et Bourgogne, entre Alsace et Champagne.

C'est un endroit vivant qui montre encore un certain faste, où les monuments sont bien mis en valeur et où la jeunesse n'est pas absente. On appréciera donc cette alternance de modernité et de pierres anciennes, demeures médiévales, hôtels particuliers et villas thermales de la fin du siècle dernier. Nombre de bâtiments sont classés et visibles en centre ville.

La ville est connue dans tout le pays pour sa spécialité charcutière : le jambon cru, aussi célèbre en Franche-Comté que celui de Bayonne en Aquitaine.

Luxeuil est aussi réputée pour sa dentelle au point très particulier, vous pourrez en voir de beaux exemples au conservatoire de la dentelle (voir visite) et acheter à la mercerie Saint-Colomban, 24, rue V. Genoux.

La dentelle de Luxeuil

Dans le droit fil du point de Venise, le point de Luxeuil prend ses lettres de noblesse au XIXe siècle, lorsqu'en 1858, l'impératrice Eugénie arbore une ombrelle estampillée "Luxeuil". La mode est lancée et les dentellières de Luxeuil seront fort recherchées jusque dans la première moitié du XXe siècle. Le style est fin et floral : rose, iris, liseron ou encore chrysanthème donnent les motifs de cette broderie inimitable.

L'art de la dentelle luxovienne a bien sûr été transmis jusqu'à notre époque. En 1978, un conservatoire de la dentelle de Luxeuil-les-Bains, le Thiavaux (voir visite) s'est ouvert pour maintenir dans l'esprit et le savoir-faire ce précieux métier.

■ HISTOIRE

Les premières pierres de Luxovium remontent au Ier siècle, sous forme de fortifications romaines. Les Romains apprécient les sources chaudes et ses bienfaits, et l'on attribue à un certain Labienus, lieutenant de César, la fondation des thermes. Les figurines découvertes autour des thermes ont toutefois une origine et un âge incertains : qu'elles soient celtes ou gauloises, on peut cependant penser qu'il s'agit d'ex-voto dédiés aux divinités des sources. Au milieu du XIXe siècle, on a dégagé des stèles de la période romaine, plus d'une trentaine au total, certaines fort bien conservées.

En 590, Saint Colomban s'installe à Luxeuil pour relever les ruines du village anéanti par Attila, et commence la construction du monastère et de l'église Saint-Pierre. Il attire à Luxeuil de nombreux fidèles mais doit quitter la ville en 610.

Au XIIIe siècle la ville s'entoure de remparts : on construit le cloître, puis on rebâtit le monastère. Au XVIIIe apparaissent les nouveaux thermes.

Luxeuil ne sera pas épargnée par les guerres de conquêtes et de religion. L'un des épisodes les plus sanglants se situe lorsque Wolfgang de Deux-Ponts, duc de Bavière et protestant, investit le royaume pour venir soutenir les huguenots, et traverse la ville avec ses lansquenets pour la piller.

Le 20 avril 1916, l'escadrille Lafayette composée de volontaires américains accueille officiellement l'armée française à Luxeuil. Le 16 septembre 1944, la ville est délivrée par les 36e, 3e et 45e divisions américaines.

Luxeuil est la ville natale du peintre Jules Adler (1865-1952).

Le Petit Futé sur internet : info@petitfute.com

Les bains de Luxeuil

Les Romains ont appris à apprécier les sources luxoviennes, y construisant les premiers thermes. Les sources sont de deux types : chaudes (63°) d'origine volcanique, et froides (21°), faiblement alcalines, riches en magnésium, silicates et chloro-sulfates, légèrement fluorées et azotées. Elles ont une excellente influence sur la circulation et sont utilisées en phlébologie et en gynécologie. L'eau thermale utilisée pour les soins (voir "Thermalisme") est à 34°.

■ VISITE

Abbaye Saint-Colomban. *Visites guidées le 3e mardi de chaque mois, d'avril à septembre (avec inscriptions préalables), sur rendez-vous toute l'année pour les groupes, rsgts ✆ 03 84 40 13 38 ou 03 84 40 06 41.* Abbaye colombanienne puis bénédictine rebâtie au XVe, XVIIe et XVIIIe siècles. L'abbaye fondée par Saint-Colomban eut comme premiers abbés, après Saint-Colomban, Saint-Eustaise et Saint-Valbert (voir ermitage Saint-Valbert ci-dessous). C'est sous la direction de ce dernier que l'abbaye connut son plus intense rayonnement, et son développement s'accéléra fortement pour atteindre près d'un millier de moines et contrôler 55 autres abbayes. Jusqu'au Moyen Age, les pèlerins affluèrent pour s'imprégner de la foi de saint Colomban et Bossuet lui-même, l'aigle de Meaux, se rendit, près d'un millénaire après son compatriote Saint-Valbert, à l'abbaye Saint-Colomban.

A voir, la salle des princes XVIIIe, style Louis XV et la chapelle XIXe (voir ci-dessous).

Chapelle Saint-Colomban du XIXe siècle. La chapelle fut édifiée entre 1812 et 1854, et ses vitraux représentent les saints de la région (saint Desle, fondateur de Lure, saint Eustaise...). Dans le chœur, un maître-autel en chêne, un tableau monumental XIXe exposant Saint-Colomban venu fonder le monastère.

Sur la place, la statue de saint Colomban est une œuvre assez réussie de Claude Grange, datant de 1935.

Le cloître. Il fut reconstruit comme l'abbaye au XVe siècle et subit les affres de la Révolution, qui le défigura quelque peu, l'utilisant comme marché couvert. On pourra voir la maison Saint-Colomban qui possède, dans sa cour silencieuse, une statue du saint.

La Basilique Saint-Pierre. *Visite sur demande, renseignements ✆ 03 84 40 06 41.* Elle se situe à l'emplacement de la première chapelle Saint-Colomban et n'était autre que l'église abbatiale. Cette construction XIIIe, principalement gothique, arbore quelques allures romanes et a bénéficié d'une restauration minutieuse orchestrée par Viollet-le-Duc. On admirera le buffet d'orgues XVIIe, les stalles Renaissance. La chaire provient tout simplement de Notre-Dame de Paris.

Le conservatoire de la dentelle de Luxeuil-les-bains. Le Thiavaux, salle des moines (sous le cloître) 70300 Luxeuil ✆ 03 84 93 61 11. *Ouvert les mardis et vendredis de 14h à 17h30.* Initiation et perfectionnement à la technique de la dentelle et plus particulièrement du point luxovien. Stages, animation deux fois par semaine.

La tour des Echevins. Ancien hôtel de ville du XVe, cette tour abrite aujourd'hui le musée municipal. Outre ses fonctions administratives, elle servit longtemps de tour de guet. On peut grimper en haut de la tourelle par un bel escalier à vis pour s'offrir sur la ville le plus beau regard qui soit.

Musée de la Tour des échevins. 36, rue Victor Genoux ✆ 03 84 40 00 07. *Ouvert d'avril à octobre, tous les jours de 10h30 à 12h et de 15h à 18h sauf le mardi, ouvert les week-ends en hors saisons l'après-midi, sur demande pour groupes, renseignements ✆ 03 84 40 00 07 ou 03 84 40 06 41.* Peintures de Jules Adler, célèbre figure locale mais aussi des peintures du XIXe et XXe siècles et une collection d'archéologie gallo-romaine, en partie consacrée au culte de l'eau. On y trouve notamment sept des sculptures retrouvées lors des fouilles effectuées aux abords des thermes en 1865.

Maison du Bailli. La maison du bailli, ou hôtel Thiadot XVe, est une très belle demeure gothique de style flamboyant (admirer en particulier les fenêtres, la tour crénelée, le balcon) : elle abrite la bibliothèque municipale et le musée Maurice Beaumont.

Saint Colomban

Pas exactement un rigolo, mais une figure de la chrétienté européenne que ce moine, venu d'Irlande à la fin du VIe siècle pour répandre la bonne parole. D'une certaine beauté physique dans sa jeunesse et d'une force de caractère peu commune, il a inspiré quelques hagiographes, dont un certain Jonas qui a permis, en relatant sa vie et son œuvre quelques années après sa mort, de faire connaître son histoire au monde entier.

Il naît aux alentours de 540 et prononce ses vœux au monastère de Bangor, près de Belfast, qu'il quitte vers 570 pour aborder les rives bretonnes. Traversant notre actuel territoire, il vient s'entretenir avec le roi Sigisbert qui l'autorise à fonder son propre monastère. Il se pose à Annegray, près de Faucogney, où se trouve encore une chapelle commémorative, et fonde une première abbaye selon une règle très stricte prônant l'ascétisme et l'obéissance. Il s'installe ensuite sur les ruines d'une cité appelée Luxovium, et détruite par les Huns. Sa réputation grandit et les convertis sont de plus en plus nombreux, les moines affluant pour l'écouter.

En bisbille avec Thierry de Bourgogne et son acariâtre grand-mère, la tyrannique reine Brunehaut, la fameuse adversaire de Frédégonde (il refuse de baptiser, en l'absence du roi, les quatre fils bâtards de ce dernier), il se voit pourtant expulsé de Luxeuil en 610 (n'étant guère enclin à la diplomatie, il ira même jusqu'à qualifier de "chien" le seigneur bourguignon). Il prend la route vers Autun, mais laisse en chemin son compagnon, Saint-Desle, épuisé par la route, et qui fondera ainsi le monastère de Lure. Descendant la Loire jusqu'à Nantes, Colomban et ses compagnons s'apprêtent à regagner leurs terres irlandaises lorsqu'une violente tempête cloue au port le navire qui doit les emmener. Ils y voient un signe divin et se rendent à Soissons à la cour du roi de Neustrie Clotaire II, puis en Austrasie, à Metz chez le roi Théodebert, où Colomban retrouve Eustaise, son ancien compagnon. Il part alors en mission, évangéliser les peuples du Rhin, aborde l'actuelle frontière autrichienne au lac de Constance et s'installe un temps à Bregenz avant de poursuivre sa route sur Milan. C'est à Bobbio qu'il finira ses jours, malgré les demandes pressantes du roi de Neustrie, et l'intercession de Saint-Eustaise, pour le faire revenir à Luxeuil. Il meurt dans son monastère de Bobbio le 23 novembre 615.

Musée Maurice Baumont. Jusqu'au 15 mars – en juin et juillet – du 15 octobre au 15 novembre : ouvert tous les jours y compris samedi et dimanche de 9h à 12h et de 14h à 18h sur demande ✆ 03 84 40 46 60 ou 03 84 40 06 41.

Fonderie Liblin. Zone industrielle, Beauregard 70300 Luxeuil. La fonderie n'est pas une activité mineure à Luxeuil, oubliée sous la dentelle et la charcuterie. Les fondeurs luxoviens ont une longue réputation et de leurs ateliers sont sorties des pièces de grand prestige : monument aux morts de la Principauté de Monaco, bronzes d'art du parlement de Cuba... La fonderie se spécialise aujourd'hui dans les pièces ciselées, les bronzes d'ameublement et les luminaires. On visite le magasin d'usine.

A voir encore, les nombreuses maisons anciennes du centre ville : la maison espagnole, qui rappelle la mainmise de Charles Quint sur la région ; la maison du cardinal Jouffroy, abbé de Luxeuil et conseiller de Louis XI, qui y naquit en 1412. On remarquera, sur le très ancien balcon, les trois lapins, qui sont un symbole de vigueur et d'agilité ; la maison François Ier, qui n'a rien à voir avec le roi de France, mais, de la même époque Renaissance, doit son nom à François Ier de la Palud, autre abbé de Luxeuil ; l'hôtel Breton d'Amblans XVIIIe avec sa belle grille en fer forgé, l'hôtel Pusel XVIe de style Renaissance.

Balade en ville

Le quartier des thermes à l'écart du centre, avec son casino, a peut-être moins de prestige que Vichy ou Divonne-les-Bains, mais possède son cachet propre, avec un établissement thermal de belle allure, adroitement rénové. Pour les loisirs, profitez du casino et de l'espace Molière à côté, qui abrite le cinéma. Balade verte dans le parc entourant l'établissement.

La ville s'étire le long de la rue principale, portant le nom d'un ancien maire, Victor Genoux. Cette voie descend et monte en traversant la ville, l'essentiel se situant autour du creux et de la remontée vers Plombières.

Profiter de la balade au centre pour voir l'**hôtel de ville XVIe-XVIIe**, la **place Saint-Pierre**, la **bibliothèque municipale** dans la **maison du Bailli**. Au coin de la place de la République et de la rue Victor Genoux se trouve une autre belle maison à échauguette. La **tour des Echevins** (voir "visite") se trouve en face de la demeure du cardinal Jouffroy. Tout proche, le superbe ensemble abbaye et cloître, à côté de la **basilique Saint-Pierre**. Les bâtiments plus récents ne sont d'ailleurs pas inintéressants, comme le **collège Claude Maty**, sur la place du Général de Gaulle.

L'office de tourisme est au coin de l'avenue menant aux thermes. Juste à côté se tient une "Galerie des Arts".

Le bar le plus sympa de la ville est le **Français**, dans la rue principale, qui offre quelques places en terrasse aux beaux jours.

Parmi les circuits proposés par l'office de tourisme, le "**sentier des Gaulois**" visite l'histoire luxovienne depuis ses origines, puisque l'on part des thermes en suivant l'allée des Romains où s'ouvre par une représentation de près de huit mètres d'un ex voto d'origine celte, en remerciement des bienfaits des sources. Il rejoint le Morbief, suit la rue des Cannes, la rue des Lavoirs, passe sur les rives de l'étang de la Poche avant de revenir par la rue Sainte-Anne.

Séjour

On mange chinois et vietnamien au **Mandarin**, 4, rue Marquiset ✆ 03 84 40 00 68.

On prend la pizza (à emporter) à la **Tarentelle**, au **Carnot**, près de l'office de tourisme, ou au **Bailli**, place de la République, où l'on peut consommer sur place et qui présente parfois quelques animations nocturnes. Les crêpes à la **crêperie du Banney**, rue de l'étang de la Poche, avec terrasse et forêt proche.

Dans un cadre champêtre, sur les bords du lac des Sept chevaux, on peut aussi manger à la **pizzeria du Lac**, route de Breuches ✆ 03 84 40 27 93, qui jouit d'une belle terrasse.

Etape toute simple au **Beauséjour**, avenue des Thermes. Un peu plus chic au **Métropole**, qui est en fait une résidence hôtelière (pas de location à la nuit, sauf en dépannage) proposant des studios aux curistes ou au **Beau Site**, sans doute la meilleure adresse de la ville (voir ci-dessous).

Les fromages chez **Parin**, rue Jeanneney, avec la cancoillotte maison. On achète le vin aux **caves du Val d'Or**.

Les gâteaux chez **Ramel**, 29, rue Carnot : une bonne adresse avec notamment les "Luxoviens", délicieux petits biscuits avec des fruits confits et les "Griottines", petites cerises conservées dans un sirop léger au kirsch. A voir aussi, la **pâtisserie Bernard**, allée Maroselli et ses spécialités : le pavé thermal (chocolat praliné et ganache au kirsch), ou les bernardises, chocolats fourrés à l'orange.

On achète le jambon de Luxeuil et toute la charcuterie fumée chez Bernard, 27, rue J. Jeanneney ou à la **boucherie Cuney**, 3, rue H. Beaumont. Autre bonne adresse chez **Parisot**, la boucherie-charcuterie de la rue Victor-Genoux, au centre. Le kirsch aux **Caves d'Or**, rue Jeanneney.

Les grandes surfaces se trouvent à la sortie ouest de Luxeuil. A Breuches, à 3 km, **André Bazin**, rue de Sainte-Marie, propose ses salaisons, jambon de Luxeuil, saucisse de Morteau et autres plaisirs.

Le jambon de Luxeuil

Les Romains l'appréciaient déjà, comme toutes les charcuteries fumées séquanaises. Il doit sa notoriété et sa qualité à l'emplacement exceptionnel de Luxeuil (micro-climat, sources). Il est préparé par lente macération, puis frottage au sel sec, avant d'être fumé à la sciure de résineux et bois de cerisier. Le jambon de Luxeuil, qui ne parvient à maturité qu'au bout de six mois, porte le label "produit régional de Franche-Comté".

A proximité

Forêt du Banney, parc à gibier. Cette forêt domaniale fournit aux Luxoviens l'essentiel de leurs coins à pique-nique. Elle est traversée longitudinalement par la voie romaine, appellation abusive puisque cette "tranchée de Saint-Valbert" a été tracée en 1829. On peut aussi évoluer en pente plus douce en empruntant la route Napoléon, qui fut aménagée pour les voitures de la suite impériale lorsque Napoléon III allait prendre les eaux à Plombières. Au nord de la forêt, l'ermitage Saint-Valbert. Au sud, un parc à gibier aménagé par l'Office National des Forêts en 1973 rassemble des troupeaux de cervidés et de sangliers.

Au hasard des chemins, de nombreuses fontaines jalonnent un parcours complet pour sillonner la forêt : fontaine des Moines près du parc à gibier, fontaine l'Evêque pourvue de trois bassins en cascades, fontaine du Tonneau qui utilise un principe de captage des eaux issu des Romains, fontaine de la Vierge, fontaine des Baraques et fontaine des Bons Cousins, qui fait allusion aux "cousins charbonniers" qui se réunissaient là.

Ermitage Saint-Valbert (3 km N par N57 et D239) ✆ **03 84 49 54 97.** *Visite libre et gratuite toute l'année.* Saint Valbert, d'origine sicambre (comme Clovis), fut le troisième abbé de Luxeuil, après saint Colomban et saint Eustaise. Venu de Meaux, il prend la robe en 620 après avoir été destiné aux armes.

Arrivé au monastère de Luxeuil, il demande l'autorisation à l'abbé de se retirer dans une grotte de la forêt du Banney, comme l'avait fait avant lui Saint-Colomban. A la mort de Saint-Eustaise, il est nommé abbé et le restera jusqu'à sa mort autour de 665, assouplissant la stricte règle de saint Colomban pour se rapprocher de celle de saint Benoît. C'est l'un des plus longs "règnes" de l'histoire de Luxeuil. Saint Valbert retourna souvent dans la grotte où il avait connu la sérénité, devenue tout naturellement l'ermitage de Saint-Valbert. C'est là, dit-on, qu'il aurait reçu le don d'accomplir des miracles.

Sur place on a donc construit, au XVIe siècle une sorte de chapelle souterraine pour commémorer la grotte de Saint-Valbert, puis, un peu plus tard, en 1570, un oratoire. Au siècle suivant, l'endroit devient un peu plus accueillant avec une maison d'habitation, des jardins, des pièces d'eau.

La chapelle est reconstruite au XVIIIe siècle, mais vendue lors de la Révolution pour devenir un cabaret dansant. Elle est rachetée par l'Eglise en 1846, mais à nouveau saisie au moment de la séparation de l'Eglise et de l'Etat, puis rendue en 1941. Les vicissitudes du temps l'ayant durement attaquée, une restauration s'imposa, menée à partir de 1960.

A côté de la chapelle se trouve donc une grotte naturelle, à droite de l'entrée, dans laquelle est sculpté un Saint-Valbert en prière, à côté d'une fontaine. La pierre surmontant la grotte porte les armoiries du cardinal de Granvelle et celles de Dom de Queuve, qui restaura l'ermitage.

A l'intérieur de la chapelle, Saint-Valbert est représenté agenouillé, en bas-relief. Un petit musée religieux, situé à côté du calvaire XVIe, complète la visite.

Un jardin pentu accueille un bassin ovale, tandis que celui situé derrière la chapelle, mieux entretenu est pourvu d'un bassin rond. Plus loin, on parvient à la carrière ayant fourni les pierres de l'ermitage, criblée de grottes. La grotte de Saint-Valbert se trouve au centre, aménagée en chapelle depuis le XVIe siècle. On y trouve une pierre creusée en long, le "lit de Saint-Valbert" et l'autel où officiait le saint, rares et extraordinaires pièces datant du VIIe siècle.

Parc animalier. *De juin à septembre, sur demande et sur rendez-vous (visite guidée 2h), du 7 juillet au 1 septembre 1997 : découverte de la forêt et du parc animalier avec un guide forestier* ✆ **03 84 49 54 97.** Derrière l'ermitage, en direction de Fougerolles se situe un parc animalier, principalement peuplé de cervidés, que l'on peut observer en liberté : cerfs, chamois, chevreuils évoluent dans un domaine d'une soixantaine d'hectares. On peut les surprendre dans leurs évolutions quotidiennes grâce à un chemin périphérique de 5 km environ. Des visites gratuites sont organisées à l'intérieur du parc (samedi et dimanche à 15h).

Escapade

De Luxeuil à Faverney. Pas de problèmes pour trouver des balades proches : la vallée de la Semouse, au Nord-ouest vers Saint-Loup, le Parc régional au Nord-est, ou la route de Faverney pour retrouver la Lanterne et la Saône.

Cette D6 est bien agréable et rurale à partir de La Villedieu-en-Fontenette, où apparaissent les arbres et les fleurs, les vergers qui recouvrent entièrement les champs, pommiers et cerisiers en nombre, à faire pleurer Tchékhov, Ecquevilley et sa vieille église, Mersuay et ses maisons bourguignonnes coiffées de tuiles roses. On parvient à Faverney "bourg accueillant" comme indiqué sur la pancarte.

La région des étangs. A l'intérieur d'un triangle Fougerolles-Lure-Col des Croix s'inscrit l'une des régions d'étangs les plus fournies de France (on parle des "Mille Etangs"), qui concurrence sans problème la Brenne en Berry ou les étangs de Sologne. C'est un véritable paradis pour la chasse, la pêche et la promenade. L'automobiliste lui-même sera comblé de trouver, au détour des virages de ces routes sinueuses, ces étendues encadrées de verdure, de dimensions variées de la mare au lac, et dans une nature complètement tranquille et préservée. Les plus beaux coins sont autour de Faucogney (voir plus loin), à proximité des Vosges et dans le Parc Régional : un peu plus sauvages et boisés. Lorsque la lumière et le soleil sont de la partie, c'est un enchantement.

■ MANGER, DORMIR

Hôtel Hexagone. Avenue Labiénus 70300 Luxeuil-les-Bains ✆ 03 84 93 61 69. *Chambres de 200 à 360 F.* Dans une bâtisse moderne, un hôtel restaurant très bien pourvu en confort et équipements. A la cuisine, de nombreuses possibilités, formule gastronomique (au Labiénus, voir ci-dessous), pizzeria. 45 chambres contemporaines et fonctionnelles.

Hôtel de France. 6, rue George Clemenceau 70300 Luxeuil-les-Bains ✆ 03 84 40 13 90. *20 chambres de 180 à 290 F. Ouvert toute l'année. Fermé le dimanche soir hors saison.* Un accueillant hôtel classique doté d'un petit jardin fleuri. Restaurant sans surprise mais cuisine soignée.

Hôtel Beau Site. 18, rue Georges Moulimard 70300 Luxeuil-les-Bains ✆ 03 84 40 14 67. *Ouvert toute l'année. 33 chambres de 220 à 340 F. Petit déjeuner 40 F. Menus 85, 120 et 230 F. Carte 150 F. Jusqu'à 21h. CB.* Un hôtel thermal typique, beau Logis de France dans son ambiance et qui a su évoluer sans rompre avec la tradition. Chambres relativement spacieuses et de bon confort. Piscine, joli parc. Cuisine très correcte à fréquenter dès le menu à 120 F : terrine de lapereau aux pistaches, minute de saumon, entrecôte béarnaise. le menu régional prévoit le jambon de Luxeuil et ses griottes aigres, la truite aux amandes et la volaille franc-comtoise, dans salle rénovée agréable. Accueil engageant, service efficace.

Hôtel de Lorraine. 14, rue Jean Jaurès 70300 Luxeuil-les-Bains ✆ 03 84 93 70 24. *Chambres de 80 à 110F.* Pour une étape en toute simplicité.

Restaurant des Thermes. 4, avenue des Thermes 70300 Luxeuil-les-Bains ✆ 03 84 40 18 94. Deux belles salles qui accueillent autochtones, curistes et vacanciers avec des menus bien calibrés dans un classique de bon ton : terrine de lapin, filet de saumon à la crème de vinaigre de framboise, mousse au chocolat dans le menu gourmand à 135 F, le jambon de Luxeuil et le pied de cochon désossé figurant dans le menu du Terroir.

Le Labienus. Avenue Labienus 70300 Luxeuil-les-Bains ✆ 03 84 93 61 69. *Menus à 98, 185 et 245 F pour le menu dégustation.* Le restaurant de l'hôtel Hexagone est une véritable étape gastronomique. Un cadre raffiné pour une cuisine classique et gourmande avec le boudin de jambon de Luxeuil ou l'espadon meunière.

Auberge alsacienne. 1, rue Victor Genoux 70300 Luxeuil-les-Bains ✆ 03 84 40 03 42. *Fermé dimanche soir et lundi.* Cuisine alsacienne à déguster sur place ou à emporter ; spécialités de baeckeoffe, de coq au riesling, de spätzle. On mange correctement autour de 100 F.

Le Lion Vert. 16, rue Carnot 70300 Luxeuil-les-Bains ✆ 03 84 40 50 66. Au fond d'une petite cour intérieure, une aimable demeure particulière fleurie de lilas, au charme un peu désuet. Tarifs compétitifs (210 à 300 F la double) pour bénéficier de tranquillité et de gentillesse. Nos préférées sont celles avec balcon au premier étage.

Hôtel-restaurant de la Poste. 7, av. Clemenceau 70300 Saint-Sauveur ✆ 03 84 40 16 02. *Chambres de 100 à 220 F.* Etape classique pour voyageurs. Table honnête et correctement traditionnelle.

Chambres et tables d'hôtes, ferme-auberge, gîtes

Pierre et Marie-Rose Fleurot. 10, rue Massenet 70300 Luxeuil-les-Bains ℡ 03 84 40 18 60. *Une personne 160 F, deux personnes 200 F, petit déjeuner inclus.* Une chambre dans un quartier calme. Ambiance familiale garantie.

Camping

Camping municipal. Stade Maroselli 70300 Luxeuil-les-Bains ℡ 03 84 40 02 39. *Ouvert du 1er avril au 31 octobre.* Un camping de 100 places bien aménagé et ombragé, avec tennis, stade, aire de jeux pour enfants, près de la piscine et du centre équestre.

LOISIRS, SPORTS

Manifestations

Festivités Renaissance. Elles ont lieu chaque année, en juin, mobilisent toutes la ville et la transforment en cité médiévale : les rues sont redécorées, retrouvent leurs anciennes appellations et sont pavoisées, les façades garnies d'oriflammes et de bannières, les habitants costumés, des étals et échoppes viennent animer la cité, un bal fait entrer tout le monde dans la danse. Des saltimbanques, jongleurs et cracheurs de feu, des musiciens et des comédiens participent à la fête, au cours de laquelle on peut voir également des spectacles originaux et de haute tradition : fauconniers, archers, cavaliers. Les lieux historiques et les façades anciennes sont utilisés pour mieux recréer les métiers et l'ambiance d'il y a quatre siècles. La fête commence et se termine par un défilé, avant le bal. Outre les échoppes, de nombreuses expositions (apothicairerie, numismatique, patrimoine architectural) donnent le ton de l'époque.

Rencontres musicales. En juillet, elles réunissent des artistes de renommée mondiale, dans le cadre prestigieux de l'abbaye (quatrième édition en 1997 : concert-promenade, musique de chambre). Dans le cadre du festival fonctionne une académie avec de brillants professeurs : stages intensifs, stages séjours.

Les Gauch'nots et les Gauch'nottes. Caveau des gauch'nots et des gauch'nottes. Parking des Thermes 70300 Luxeuil. Renseignements ℡ 03 84 40 03 66. Très connu dans tout le pays luxovien, les gauch'nots forment une compagnie qui atteindra son demi-siècle d'ancienneté en l'an 2000 et qui anime la région par ses représentations folkloriques, animations et veillées qui évoquent et transmettent la tradition orale franc-comtoise : danse, chants, "racontottes du Pays Comtois" forment un programme d'autant plus savoureux qu'il est suivi de dégustation de produits locaux : jambon fumé et cancoillotte, que l'on accompagne du gauch'not, boisson spécialement préparée à l'occasion, à base de kirsch. Les gauch'nots participent à la plupart des grandes manifestations luxoviennes.

Casino, discothèque

Le Casino Paradise. 16, avenue des Thermes ℡ 03 84 93 90 90. 80 machines à sous, roulette, boule, black jack... Comme se doit, à proximité des thermes, pour faire une bonne cure de frissons.

La Belle Epoque. 1, avenue des Thermes ℡ 03 84 93 62 62. *Ouverte tous les mercredis, vendredis, samedis à partir de 21h30.* La discothèque de la ville. Musique très éclectique.

Thermalisme

Les thermes. Régie municipale 70300 Luxeuil ℡ 03 84 40 44 22. A l'emplacement des bains gallo-romains, il furent conçus par l'architecte J. Querret. Très bien modernisés, ils offrent aujourd'hui de multiples possibilités de soins et de séjours, avec tous les soins classiques : hydro-jet, massages, enveloppement d'algues. Forfaits "phlébotonic" pour les membres inférieurs, "plénitude" (post-natal, ménopause…), "acquavital" (vitalité, détente), "thermaforme" (remise en forme par drainage lymphatique et modelage corporel), "bien-être", par demi-journée. Autre formule possible avec le "Passeport Tonic", sur 5, 6 ou 10 jours, donnant accès à l'Espace Bien-Etre (piscine thermale, spa, hammam, salle de repos) et à l'Espace-Forme (salle de musculation) pour vous remettre complètement d'aplomb. En complément, espace esthétique, diététicienne.

Sports

Tennis-club luxovien. Rue Clemenceau 70300 Luxeuil ✆ **03 84 40 19 65.** Les courts se situent près du lac des Sept chevaux, dans la direction de Breuches. Le Club-house de la Potinière est le siège du TCL, près des thermes. Un court couvert est aménagé dans le hall Beauregard, derrière le casino, dans la direction du collège. On peut louer les courts à l'heure, à la semaine, à la quinzaine. Ecole, stages, abonnements annuels, compétitions.

Golf de Luxeuil-Bellevue. Lieu-dit Bellevue RN 57 - 70240 Genevrey ✆ **03 84 95 82 00.** Sur la route de Vesoul, un parcours verdoyant de 18 trous doté d'un practice. Location de matériel et leçons. Tarifs modérés (120 F le green fee en semaine, 170 F le week-end).

Equitation. Les Ecuries du lac. Route de Breuches ✆ 03 84 93 71 27

Tir à l'arc. Forêt du Banney ✆ 03 84 40 56 55

Piscine municipale. Rue des Sept Chevaux ✆ 03 84 40 12 52

Location VTT Ducroux. 10, rue de l'étang de la Poche 70300 Luxeuil ✆ 03 84 93 77 25

Pêche. Lac des Sept Chevaux 70300 Luxeuil ✆ 03 84 40 06 41

LES ETANGS ET LES VOSGES SAONOISES

BELFAHY

La frontière avec les Vosges et le Territoire de Belfort est proche : Belfahy est le village le plus élevé du département, à près de 900 m d'altitude et son environnement est superbe, véritable paradis pour marcheurs et randonneurs, à pied, à cheval ou en ski de fond.

On peut également pratiquer le ski alpin (1 téléski).

CHATEAU-LAMBERT

Tout au nord de la région, à la frontière avec les Vosges, au pied du col des Croix : un site superbe et un village pittoresque et plein de trésors.

L'église est datée de 1616 : elle fut élevée "aux frais du roi d'Espagne" et conserve de nombreuses parties anciennes. Le musée de la Montagne, dans la série des musées fondés par Albert Demard, restitue une ambiance et un passé paysan et montagnard savoureusement nostalgique.

A proximité, on passera à la Blanche Grange pour le panorama grandiose.

Musée de la Montagne. Château-Lambert 70440 Le Haut-du-Them, ✆ **03 84 20 43 09.** *Ouvert toute l'année (jusqu'à 18h en saison, 17h hors saison) sauf mardi et dimanche hors été.* Cette petite bergerie aménagée en musée montagnard restitue totalement in situ les conditions de vie des fermiers et bergers haut-saônois aux abords des Vosges. Le musée se trouve à la frontière du département, près du col des Croix (accès depuis Servance par la route du Thillot) et c'est une autre initiative d'Albert Demard, fondateur du fameux musée de Champlitte.

On y trouvera comme chez son cousin une évocation précise, par des objets et documents, des activités artisanales et sociales des habitants de cette région d'étangs et de forêts : la maison du paysan-mineur, l'atelier du charron, du forgeron, du tisserand, la scierie, le moulin et le pressoir XVIIe ; les métiers de la forêt, leveur d'écorce, bûcheron, sabotier, charbonnier, l'idéal pour se retremper dans l'ambiance des Grandes Gueules avec Bourvil et Ventura.

Maison de l'environnement des Vosges du Sud. 70440 Le Haut du Them ✆ **03 84 20 46 76.** Un véritable guide pour vous piloter dans la région. La maison de l'environnement propose des sorties nature originales et didactiques : les tourbières, les métiers de la forêt, la faune et la flore, les hautes vallées, les Mille Etangs, les ballons vosgiens, l'étang la nuit. En outre, elle organise des séjours pour étudiants, gère un centre de vacances pour les 8-12 ans, propose un hébergement labellisé Gîtes de France. Egalement au programme des "randonnées lamas", des circuits pédestres ou ski de fond.

FAUCOGNEY

Au centre de la plus forte concentration d'étangs, Faucogney peut passer pour la capitale de la région. Succédant à de banals pavillons et à des habitations des années 50, le petit centre est bien pittoresque avec quelques demeures anciennes qui apportent un cachet bien mérité dans ce superbe environnement. Elles prouvent d'ailleurs l'importance du lieu au Moyen Age, les sires de Faucogney, dominant le nord du département durant plusieurs siècles, furent les derniers à se rendre aux troupes royales de Louis XIV avant le traité de Nimègue qui rattachait la Franche-Comté à la France.

Le site fut occupé de longue date, puisque l'on découvrit un buste de Diane à proximité, sur la colline Saint-Martin. C'est le fameux Saint-Colomban, venu d'Irlande qui évangélise la région en fondant un monastère au VIe siècle sur le site d'Annegray, au sud.

Le village est si ravissant qu'il fut surnommé un temps Faucogney-la-Jolie (ce qui n'est toutefois pas toujours une référence, les habitants de Mantes-la-Jolie pourront vous le confirmer). Faucogney possède un autre titre : celui d'avoir été la dernière forteresse conservée à la Franche-Comté après l'annexion française en 1674. C'est le ministre Louvois qui la fit raser, et ses pierres furent utilisées par les habitants pour reconstruire leur village. Il subsiste cependant un grand nombre de vestiges anciens, comme l'église Saint-Georges, qui possède des parties datant du XIIe siècle. La fontaine de Jean Gruyer, originaire de Vesoul, est également remarquable.

A voir encore, par le circuit conseillé, le promontoire de l'ancien château, les vestiges de remparts, la Croix des Morts, la tour, la maison de l'Avocat Brogniet, la demeure du sculpteur Uzel, la maison d'audience de la princesse de Beaufremont, rue Marcel Maufray, celles du Bailli et de l'Armurier rue des Fossés.

Dans le bourg, l'ambiance est extrêmement calme, même au plus fort de la saison touristique. On mange un morceau au **restaurant de la Poste** (ne soyez pas effrayé par les aboiements du chien en entrant).

En arrivant dans le village depuis Melisey, remarquer la Vierge Dorée élevée sur une petite butte.

Superbe route de collines et d'étangs vers Servance : c'est la D286, l'une des plus jolies du département, permettant de rejoindre le site du Saut de l'Ognon par "La Mer". Une succession de points de vue enjôleurs sur les étangs, les prairies, les bois.

Balades

Pour les balades alentours, c'est l'embarras du choix, tant il y a d'étangs. Choisissez également votre moyen de locomotion (en vélo, c'est très bien). On pourra opter, à l'est, pour Beulotte-la-Guillaume et la cascade du Brigandoux, au nord, Breuches-la-Grande et Corravillers, presque frontalier avec les Vosges, et qui possède plusieurs maisons anciennes et une église XVIIe. On pourra pousser, à partir du col du Mont de Fourche et la route des Forts, jusqu'à la chapelle de Beauregard.

Au sud, près d'Ecromagny, l'étang du Pellevin est l'un des plus vaste des "Mille Etangs. Le village maintient ses traditions : vous pourrez peut-être voir le travail de ferrage des bœufs, spécialité locale. A Annegray, la chapelle et les vestiges d'un monastère fondé par Saint-Colomban.

A la sortie sud du village, en prenant la direction de La Mer et de Belfahy, voir l'église Saint-Martin, sans doute l'une des plus anciennes de la région (VIe siècle).

C'est ce cadre superbe qui accueille, en saison, des concerts classiques pour un festival de musique baroque qui utilise les édifices religieux du Pays des Mille Etangs (**Renseignements** ✆ **03 84 94 01 47**).

MELISEY

Syndicat d'initiative. Place de la gare ✆ 03 84 63 22 80

Le village se situe à l'orée de la région des étangs. On y trouve une église classée et une excellente table, la Bergeraine. Etape possible à l'hôtel du Soleil.

Voir l'église Saint-Pierre, dont les fouilles pratiquées à proximité ont révélé de très anciennes fondations et des sarcophages : on pense qu'elle fut fondée dès l'époque de Saint-Colomban. Monument classé, elle possède une partie romane du XIIe siècle.

Détente et divertissement à l'aire de loisirs de la Praille, qui permet de s'ébattre dans la nature prodigue avec les installations adéquates.

Le camping se trouve juste à côté du cimetière.

Balades

De Mélisey à Faucogney, on croise les premiers étangs dans une campagne plaisante où alternent les vergers, les hêtres, majoritaires, et les premiers sapins. Vous envierez les propriétaires de ces maisons posées sur le bord des étangs, si calmes, avec leurs terrasses sur l'eau.

On passera à **Ecromagny**, pour la vue sur la forêt, et dont l'église semble recouverte de plaques d'aluminium, comme dans les pays chauds pour renvoyer la lumière et la chaleur. Le clocher à bulbe est typique, deux grands paniers de bois sont posés de chaque côté du porche. A partir d'Ecromagny, les étangs se bousculent, le plus souvent dotés d'une hutte propice à l'observation ou à la chasse.

Sur la route de Servance, on ira voir les pêcheurs de l'étang de Rosbeck, près de Belonchamp, et le point de vue de "la Montagne" au-dessus de Ternuay.

A Fresse, où passe le Raddon, admirer l'église avec sa chaire et son calvaire classé.

PLANCHER-LES-MINES

Joli site et point de départ des plus belles excursions du coin (ballon de Servance, Mille Etangs, forêt de Saint-Antoine).

A remarquer, la statue de Jeanne d'Arc par le sculpteur franc-comtois Georges Oudot.

Au cours de vos promenades, vous rencontrerez sans doute des plaques et des stèles commémorant les événements tragiques de septembre 1944, les combats s'étant engagés entre les Allemands et environ un millier de résistants dans ces montagnes, qui constituaient le maquis de Haute-Planche, tandis qu'en représailles, les villageois furent durement atteints (le maire de Auxelles-Haut périt fusillé).

A proximité

La Planche des Belles Filles. Comment résister à un nom pareil ? A 1147 m d'altitude (accès par la D16 et la D16E), c'est l'attrait de l'altitude qui motivera le touriste, qui vient faire du ski en hiver (trois téléskis, cinq pistes, 50 km de pistes de ski de fond, état des pistes et enneigement ✆ **03 84 23 62 11**), de la rando pédestre et du VTT l'été dans la proche forêt de Saint-Antoine.

Un bar-restaurant porte le nom du massif (✆ **03 84 23 90 47**). Il concentre, dans un superbe paysage, l'animation locale avant et après les balades.

En été on pratique également le trottinerbe et le spectacle est aussi amusant (et beaucoup moins dangereux) que la pratique elle-même.

Le nom de Belles-Filles aurait pourtant une origine moins rose que ce qu'il suggère, puisque la légende raconte un fait divers tragique : des dizaines de filles du pays se seraient jetées dans l'étang (aujourd'hui «des Belles-Filles») pour échapper aux hordes suédoises qui envahirent le pays en 1633.

SERVANCE

Le bourg n'a pas d'autre intérêt que sa situation et les sites alentours : le saut de l'Ognon, où cette jolie rivière s'offre une petite fantaisie, les proches sommets vosgiens, avec le Ballon de Servance et le Ballon d'Alsace. Les balades sont donc pour ainsi dire toutes tracées : on peut utiliser la D133 jusqu'à Miellin. De là, il est préférable de laisser la voiture pour prendre la route forestière qui grimpe vers les Vosges ; on trouve alors, bien balisés : un chemin qui rejoint la très belle D16 (col des Croix - col du Ballon), un autre qui rejoint le GR 59 et permet de monter jusqu'au ballon de Servance ; de là, on peut poursuivre vers le ballon d'Alsace.

Autre belle excursion, toujours avec la D133, mais en laissant Miellin pour continuer sur Belfahy (attention, la route est vraiment très étroite et ne permet le croisement que difficilement, ce qui rend la rencontre avec un tracteur assez problématique). C'est la forêt vosgienne, sapins, fougères et petits chalets sylvestres. Avant Belfahy, on trouve un gîte au Miellenot.

De Belfahy - village de montagne agrémenté de quelques chalets rénovés - on trouve un chemin goudronné qui monte au col des Chevrières et rejoint Miellin. Un peu plus bas, on croise le GR 59 (voir ci-dessus). En redescendant de Belfahy par une jolie voie à flanc de coteau, on rejoint la D97 et la D16 à Plancher-les-Mines. On peut alors entrer dans le Territoire de Belfort par Giromagny, ou remonter la D16 qui suit un moment la vallée du Rahin, dessine les contours de la frontière entre Haute-Saône et Vosges, serpente le long des contreforts vosgiens pour s'approcher au plus près du ballon de Servance et rejoindre le col des Croix. On peut aussi, à partir du croisement avec la D97 (route de Fresse), laisser la voiture pour une jolie promenade pédestre par le chemin balisé (en face de la route de Belfahy) qui mène à Ronchamp.

A Servance, étape de grande détente, en pleine nature, au "Lodge" de Monthury. Autre possibilité dans le village, à l'hôtel-restaurant du Tourisme, qui fait aussi pizzeria. A connaître également, la boucherie-charcuterie, pour ses fumés en particulier.

■ MANGER, DORMIR

La Bergeraine. 27, rte des Vosges 70270 Melisey ✆ **03 84 20 82 52.** Patrick Delpierre pratique une cuisine de terroir relativement élaborée à prix avenants. Beau menu à 115 F avec la galantine de canard aux trompettes et sa gelée au jus de griottines ou les escargots en sauce au vin de Champlitte, l'escalope gratinée à la franc-comtoise ou la truite farcie au jambon cru de Luxeuil en beurre persillé. Autre formule à 145 F plus riche et moins régionale. De bons desserts utilisant les ressources locales, en particulier les griottes et kirsch de Fougerolles (fondant chocolat griottines). Salle jolie et accueillante, service impeccable.

Les marchés de Haute-Saône

Amance le 3e mardi de chaque mois, place du général Fernand

Champagney le dernier jeudi de chaque mois place Charles de Gaulle

Champlitte le premier mercredi de chaque mois place de la Gargouille

Dampierre-sur-Salon le vendredi après-midi place du Bosquet

Faucogney et la Mer les 1er et 3e jeudis de chaque mois place du Champ de Foire

Gray les mardi et vendredi matin place de l'Hôtel de Ville

Héricourt les mercredi matin et samedi après-midi place Brossolette

Jussey le mardi matin rue de l'Hôtel de Ville et place du Champ de Foire

Loulans-les-Forges le 2e mardi après-midi de chaque mois

Lure le mardi matin Esplanade Charles de Gaulle

Luxeuil-les-Bains le samedi matin places de la mairie, de la République, du 8 mai

Marnay le 1er lundi matin de chaque mois, place de l'hôtel de ville

Mélisey le mercredi matin place du Champ de Foire

Montbozon le 2e mardi de chaque mois place Verdun

Pesmes le 1er mardi de chaque mois grande rue et esplanade

Plancher-les-Mines le vendredi matin place de la mairie

Port-sur-Saône le mardi matin place du 14 juillet

Saint-Loup-sur-Semouse le lundi matin le long de la Semouse, place Léon Jacquet et place Jean Jaurès

Saint-Sauveur le dimanche matin avenue Clémenceau

Scey-sur-Saône le 2e lundi matin de chaque mois place de la mairie

Vesoul les jeudi et samedi matin (marché aux fleurs) halles et place Pierre Renet

Villersexel les 1er et 3e mercredi matin de chaque mois place de la mairie

Hôtel du Soleil. 1, pl. Gare 70270 Mélisey ✆ 03 84 20 83 79. En dépannage, une maison modeste des années 50 qui propose des chambres assez rudimentaires, mais correctes et une cuisine dans le même style. C'est une bonne base pour rayonner dans la région des mille étangs.

Lodge du Monthury. Monthury 70440 Servance ✆ 03 84 20 48 55. L'accès n'est pas vraiment simple, au bout d'une route tortueuse et pentue, après six ou sept km d'efforts à partir de Servance (à gauche en sortant de Servance vers le col des Croix, par D263 : les pancartes sont nombreuses, il convient cependant de ne pas en rater une car on a vite fait de se perdre), mais des petits paradis comme celui-là méritent quelques sacrifices. Le site, la vue sur les sapins et les prés sont déjà un peu magiques, mais le bonheur est aussi à l'intérieur de ce chalet vosgien authentiquement aménagé, avec sa grosse cheminée, son mobilier vosgien, les trophées de chasse et l'horloge comtoise, et un accueil tout en gentillesse et chaleur. Les chambres sont sobres et coquettes (comptez 350 F la double, petit déjeuner inclus - on est en formule gîte et non en hôtellerie), et le repas est très réconfortant. Peu de choix, mais de bons produits arrangés avec sincérité, croûte aux champignons, joue de porc superbement préparée et tarte à la rhubarbe dans un menu à 110 F qui ne demande rien à personne. On boit le vin départemental, en l'occurrence le Charcenne de Guillaume.

Chambres et tables d'hôtes, fermes-auberge, gîtes

La Source du Tampa. Route des Forts 70310 La Rosière ✆ 03 84 94 40 40. *Menus à partir de 50 F. Menu régional à 100 F. Hébergement pour individuels 80 F la nuitée.* Dans la forêt vosgienne, un centre de séjour qui propose des repas étape, un hébergement pour les groupes et un espace pour séminaires, stages. Des séjours thématiques sont également organisés : stages de communication, classes découverte.

Auberge des Sources. Michel Sontot. 70440 Château-Lambert ✆ 03 84 20 49 10. Spécialités : gratin de munster avec saucisse fumée, coq au vin, tête de veau vinaigrette, croûte forestière.

Mme Colette Duchanois. Es-Vouhey 70310 Esmoulières ✆ 03 84 49 35 59. *5 chambres. Une personne 225 F, deux personnes 250 F, petit déjeuner inclus.* Sérénité et détente au programme dans un joli coin. 3 épis NN et 5 chambres d'hôtes. Capacité d'accueil 10 personnes dans une maison indépendante avec salle à manger, coin salon, bibliothèque, terrasse. Dîner possible pour les hôtes sur réservation. Accueil de chevaux au pré. Label Panda : sentier de découverte.

M et Mme Caritey Jean. Les Perrayes 70270 Ternuay, tél. 03 84 20 42 28. *3 épis NN. 5 chambres.* Dans la maison du propriétaire avec salle d'eau WC attenants et privatifs. Salle à manger et salon communs, terrasse et salon de jardin, revues et jeux de sociétés.

Camping

Camping La Pierre. Route de Melay 70270 Mélisey ✆ 03 84 63 23 08

Aire naturelle de camping. 19 Rte des Vosges 70270 Melisey ✆ 03 84 20 00 90

La pêche en Haute-Saône

Comme on ne peut pas dire que les rivières manquent, on comprend aisément que le département soit un petit paradis halieutique. Les rivières, outre leurs noms gazouillants ou imagés, sont de véritables poissonneries.

On pêche, en première catégorie, sur le Montlerupt, la Lanterne, le Breuchin, la Semouse, la Baignotte, le Batard, la Colombine, la Méline, la Romaine, l'Ognon, le Rognon, la Linotte, la Quenoche, le bief de Marloz, le Malgérard, le Buthiers, la Tounole, la Vauvenise, le ruisseau d'Anthon, les Ecoulottes, la Morthe et en deuxième catégorie sur la Saône, une autre partie de la Lanterne (du pont de Mersuay à la Saône), le Coney et le canal de l'Est. Les salmonidés sont majoritairement dans les rivières de première catégorie, les cyprinidés dans celles de seconde catégorie. Au hasard de vos lancers, vous ramènerez perches et hotus, barbeaux et chevaines, grémilles et brèmes, vairons et chabots, et bien sûr goujons, truites, brochets, sandres et saumons.

LA VALLEE DE LA SAONE

La campagne est jolie autour de la vallée, dans une région vraiment rurale durant toute la traversée du département. C'est l'occasion d'un tourisme fluvial très agréable, avec des haltes reposantes. Un peu plus d'animation autour de Scey-sur-Saône et Port-sur-Saône. La seule ville d'importance traversée est Gray, où l'étape est quasi-indispensable (voir "Gray et sa région").

On peut parcourir la vallée en bateau - la meilleure formule - mais aussi en vélo, à pied ou même en automobile. Si le paysage se montre un peu répétitif - champs, vergers - on ne se lasse pas de la douceur de la région, de son terroir, de sa tranquillité France profonde qui conduit à la vraie sérénité, un rythme différent, l'absence de souci.

AROZ

Son étrange pierre percée attire tout le canton et fournit un original lieu de pique-nique : cette mégalithe, datant du néolithique, présente en effet un orifice d'un ovale très régulier. A défaut d'y faire passer un ballon de rugby, une légende veut que l'on change de sexe si l'on s'aventure à passer sept fois à travers le trou.

Le village a d'autres curiosités, avec une église du XVIe siècle en partie gothique et sa tour de la Dîme dont on peut deviner l'ancien usage.

On peut faire étape dans le village, chez **Mme Yvette François**, qui propose des **chambres d'hôtes** ✆ **03 84 78 86 19.**

BOUGEY

L'église, les vestiges d'un château XVIe, ses fontaines et ses calvaires. On achète le miel chez l'apiculteur, M. Boulanger.

Château de Bougey ✆ **03 84 68 04 01 ou 01 42 09 77 02.** Château des XVe et XVIe siècles, ouvert tous les jours y compris jours fériés, visites gratuites et guidées.

COMBEAUFONTAINE

Un village carrefour, posé sans grâce sur sa nationale bruyante en raison des nombreux camions, avec église et commerces s'égrenant au long de la route.

Voir l'église XVIIe et la stèle témoin de 1740.

Parmi les motifs d'arrêt, une bonne étape hôtelière et restauratrice, le Balcon.

CONFLANDEY

Au nord de Port-sur-Saône, une autre halte nautique sur la Saône, au confluent de la Saône et de la Lanterne, et qui possède un superbe château. Au point de vue économique, Conflandey est fière de son entreprise de dimension internationale : sa tréfilerie exporte ses produits dans 62 pays. Tout autour du village, les étangs réunissent près de 300 ha de plans d'eau.

CORRE

C'est à partir de cette cité tranquille que la Saône devient navigable et c'est aussi à Corre que la rejoignent le Coney et le canal de l'Est.

Un bourg très ancien, déjà occupé au temps des Romains. Les résultats des fouilles entreprises sur le site sont déposés au musée de Vesoul et attestent d'une occupation fort ancienne.

Corre est un port de plaisance très actif où la société Locaboat Plaisance a installé une base ✆ **03 84 92 59 66.**

Etape à l'hôtel-restaurant du Centre, près du port de plaisance.

A proximité, belle balade en suivant le Coney, passant notamment à Selles, qui accueille également le Canal de l'Est (un joli pont de pierre sur le Coney, et un pont tournant classé sur le Canal).

FAVERNEY

Cité deux fois millénaire, aujourd'hui un village d'éleveurs (Haras nationaux), paisiblement allongé au bord de la Lanterne. On y trouve une ancienne abbaye dont l'église abbatiale, avec ses deux clochers des XIIe et XVIIIe siècles, fut élevée au rang de basilique.

Une bonne table, **la Goulotte**. On boit un verre au bar **le Crocodile**.

De Faverney, on rejoint la Saône à Port d'Atelier.

A **Amance** (6 km NO par D434), de belles maisons anciennes, dont la Maison Bûcheron XVIe. Voir aussi, au nord d'Amance, le joli site de Saint-Rémy avec son château.

Au sud, voir les petits villages pittoresques de **Breurey** et **Fleurey**, avec leurs lavoirs (celui de Breurey est superbe). L'église de Fleurey est à voir, en particulier pour son mobilier et ses tableaux. Au site du Chaumont, près de Breurey, une accueillante ferme-auberge (voir plus loin).

FERRIERES-LES-SCEY

Une très belle fontaine en arc de cercle XIXe. Le château XVIe-XVIIe est une demeure privée et ne se visite pas.

GEVIGNEY-MERCEY

L'église et son beau mobilier : une pietà XVIe, des statues XVI et XVIIe. Voir aussi l'ancien château, les calvaires. Pizzeria sur place.

JONVELLE

Un site très ancien où l'on a relevé les traces d'une occupation romaine : les vestiges font aujourd'hui l'objet d'un musée. Le village possède en outre une très belle église.

Musée archéologique et agricole ✆ 03 84 92 54 37. Ouvert du 1er avril au 1er juillet et du 15 septembre au 1er novembre, les dimanches et jours fériés, de 14h à 18h, du 1er juillet au 15 septembre tous les jours de 14h à 18h.

JUSSEY

Office de tourisme. Mairie 70500 Jussey ✆ 03 84 92 21 42

A voir en s'écartant légèrement des bords de Saône, pour son église Saint-Pierre dont les orgues sont classées, et ses fontaines XVIIIe. On y trouve également une Vierge de piété XVIIe abritée par un large tilleul du même âge et un ancien relais de poste devenu prieuré Saint-Thiébaud.

On peut manger un morceau au **restaurant de la Gare** ✆ 03 84 92 24 28 et faire étape à l'**Aigle Noir** ✆ 03 84 68 10 04 ou à l'**hôtel Christina** ✆ 03 84 68 16 22.

A proximité, à Cherlieu, au Sud (accès par la D46 et Montigny-lès-Cherlieu), les belles ruines d'une ancienne abbaye. Un peu plus loin, en poursuivant l'agréable D46, une remarquable chapelle Saint-Hubert XVe et une église gothique remaniée au cours des siècles (XIV-XV-XVIIIe).

Au nord, par la D3, détente à la piscine de Blondefontaine, toujours animée en saison.

MELIN

De nombreuses vieilles pierres dans ce pittoresque village : l'ancien château seigneurial, une maison-forte datant du XVIe siècle, remaniée au XVIIe. L'église date du XVIIIe siècle, mais on trouve un calvaire de 1623. Ne pas manquer la fontaine, illuminée le soir.

Vallée de la Saône - HAUTE-SAONE ◀ 221

LA NEUVELLE-LES-LA CHARITE (21 km SO de Vesoul par D13 et D3)

Des vieilles pierres émouvantes : ce sont les ruines de l'abbaye cistercienne qui fut élevée au XIIe siècle. La propriété est privée, mais cela n'empêche pas d'en apercevoir les contours. On trouve également un château privé XIXe. La Marianne du village est l'œuvre de Paul Belmondo.

NOIDANS-LE-FERROUX

Les Jardins de l'Etang. Noidans-le-Ferroux ✆ 03 84 78 86 89 ou 03 84 78 86 16.
On s'étonnera, en pleine campagne, de la structure contemporaine des Jardins de l'Etang, une superbe réalisation pour congrès et séminaires. Des bâtiments quasi-futuristes qui peuvent accueillir jusqu'à 200 personnes. Une salle de 210 m2, un bar, dans le vaste parc de 18 ha des Jardins de l'Etang, qui propose un swingolf de 18 trous, une piscine à deux bassins, des courts de tennis et un étang de pêche, un parcours VTT balisé, et 6 bungalows de vacances tout équipés.

A proximité, Fresnes Saint-Mamès a sa supérette **Coccinelle** et sa boulangerie **Le Petit Mitron**, mais on y trouve aussi une discothèque et un plan d'eau aménagé.

Parc de loisirs. 70130 Fresnes St Mamès ✆ 03 84 78 04 48 ou 03 84 78 43 80. *Ouvert du 1er mai au 30 septembre, tous les jours de 9h à 20h.* Complexe de loisirs au bord du lac proposant : mini-golf, jeux d'échecs géants, jeux de quilles, barques et pédalos, jeux divers pour enfants, tennis de table, terrain de pétanque, terrain de tir à l'arc, parcours de santé, mur d'escalade, deux courts de tennis découverts, volley-ball.

PONTCEY

Joli site sur le Durgeon avec un pont de pierre qui fait de belles cartes postales. Voir aussi l'église XVIIe et le calvaire de même époque.

PORT-SUR-SAONE

Un centre important sur la N19, qui a su développer ses loisirs en fonction de sa situation riveraine. Camping, base de loisirs, activités sportives et plaisance (port).
L'essentiel de l'animation se trouve, en venant de l'Ouest, après le passage de la Saône. Etape très simple à la Pomme d'Or. La meilleure halte pour les voyageurs. A proximité, Vauchoux et son château, aménagé en restaurant.
Voir à proximité le Parc aux Daims, auquel on accède par une belle allée ombragée et romantique appelée "l'allée des soupirs".

Escapade

Port-sur-Saône - Gray (48 km). On sort de Port par la D56 vers Ferrières, puis on rejoint Scey-sur-Saône. Dans Scey, on prend d'abord la direction Combeaufontaine, pour emprunter à gauche la D23 vers le joli village de Rupt-sur-Saône. On continue sur Fédry puis en prenant la direction Soing, tout de suite à droite vers Vanne. A Vanne, vous attend la route de Soing, puis tout de suite la route de Ray-sur-Saône, avec point de vue, église et château réunis dans un même charme. On passe la Saône pour gagner Vellexon. C'est déjà un peu la Bourgogne, avec ces belles maisons typiques. On suit la D13, un morceau de la D5 à gauche, et de nouveau la D13 vers Motey-sur-Saône, puis Beaujeu. De Beaujeu, on peut prendre la D2 qui passe à Rigny avant d'arriver à Gray.

QUEUTREY

80 habitants.
Seigneurie au XVIe siècle partagée en deux maisons, réunies par Gérard de Queutrey au XVIIe, vendues au XVIIIe et démembrées au XIXe, époque à laquelle l'essor du village vint de la fabrique de spiritueux.
Voir la chapelle Sainte-Reine dont la construction débuta au XVe, l'ermitage XVIIe, le lavoir sur pilastres et la fontaine sous pavillon tous deux XIXe siècle.

RAY-SUR-SAONE

Le village qui se dresse sur un promontoire au-dessus de la Saône remonterait à l'Antiquité. Davantage que la rivière, c'est le château qui retient l'attention. Malheureusement, il s'agit d'une demeure privée, et l'on n'en visite que les jardins, aux beaux arbres centenaires. A la belle saison y est programmé un son et lumière qui met en valeur ses nobles et puissantes formes et ses tours crénelées au-dessus de la Saône. C'est à cette seule occasion que la porte s'ouvre, permettant d'en découvrir le riche intérieur. De l'esplanade du château, vue sur la plaine et la vallée.

Ce château, longtemps la plus importante forteresse de Franche-Comté, et dont la première construction remonte au Xe siècle, dominant la Saône, fut reconstruit en 1700 : l'actuel édifice est de style Louis XIV, en fer à cheval, sans ornementation.

Voir aussi l'église Saint-Pancras du XIIIe, le calvaire Sainte-Anne et la mise au tombeau du Christ, datant tous les deux du XVIe siècle, ainsi qu'un beau lavoir du XIXe siècle.

Balade en ville

On boit un verre, et éventuellement, en cas de fringale, on grignote un petit morceau **chez Yvette**. On peut aussi pousser jusqu'à l'église, pas vraiment altière, mais pas vilaine, avec ses tours. Quelques maisons anciennes dans une ambiance très calme.

Une zone aménagée sur les bords de Saône, à l'entrée de Ray en venant de Vellexon, permet de casser la croûte à l'ombre. On peut aussi y trouver un charmant coin pique-nique sous les arbres à côté du calvaire, ou au niveau du parking du château, en évitant bien sûr les jours de spectacles ou les fêtes nationales.

A Grandecourt (6 km N), une **chapelle romane** dotée d'une superbe crypte XIIe ouverte toute l'année, tous les jours de 8h à 19h, visite guidée sur demande ✆ 03 84 92 00 47.

A Fresne-Saint-Mamès (7 km S), une base de loisirs, les **Acacias**, avec un étang pour canoter et faire du pédalo.

Jolie route D256 puis D291 jusqu'à **Soing**, charmant village de bord de Saône, en passant par **Charenteney**.

RUPT-SUR-SAONE

Le château ✆ 03 84 92 70 41. *Ouvert du 1er avril au 30 septembre samedi, dimanche et jours fériés de 10h à 12h et de 14h à 18h.* Le fier donjon du château XIIe s'élève au-dessus du village et de la rivière comme un fût de cheminée. L'ensemble a été remarquablement restauré et conservé en état.

A voir également, l'église XVIIIe. A la sortie du tunnel fluvial, à l'écluse n°8, vous trouverez un producteur de vin de Champlitte.

SCEY-SUR-SAONE

La rivière y est particulièrement jolie, d'autant que le village possède un charme en accord avec le site. Une belle église dont les plus anciennes parties sont gothiques.

Il manque un peu d'animation commerciale, mais les plaisanciers trouveront un port fort bien aménagé. Quant aux voyageurs affamés, ils trouveront un restaurant de bon goût et de grand charme donnant sur la rivière, la Tour. A proximité, un des bras de la rivière offre une promenade sous les arbres bien plaisante. Quelques commerces à la sortie vers Port-sur-Saône.

Les plaisanciers verront de plus à Scey une lumière et une nature particulièrement en forme et emprunteront, en curiosité, le canal souterrain de Saint-Albin, au sud, qui permet de "couper" en joignant les deux branches d'une boucle de la Saône, du village de Chassey-lès-Scey à Rupt-sur-Saône. Plus qu'un raccourci, c'est une expérience (les habitués de la plaisance fluviale vous confirmeront que le passage d'un tunnel est toujours délicat et un peu impressionnant).

On boit un verre au café du Centre, ou au tabac-presse, en terrasse, dans la rue principale. A voir dans le bourg, quelques belles villas, dont l'une a été aménagée en musée du Costume de l'Antiquité à nos jours. Dans la rue principale, remarquer la maison espagnole, belle et vieille bâtisse fleurie, avec sa tour pointue.

Vallée de la Saône - HAUTE-SAONE ◄ 223

Musée de l'Histoire du costume ✆ 03 84 68 81 77. *Ouvert du 15 avril au 15 octobre, tous les week-ends et jours fériés et sur demande ; ouvert du 1er juillet au 31 août, tous les jours sauf le mardi.* Dans une belle maison, d'intéressantes collections.
Voir également, au centre du village l'église du XVIIIe siècle.
A proximité, à Saint-Albin, voir les anciennes écuries du château de Bauffremont, le calvaire Saint-Anne datant du XVIIe siècle et le canal souterrain.

SEMMADON

L'église XIIIe-XVIIIe a conservé quelques éléments remarquables, comme les boiseries du sanctuaire, provenant de la construction primitive. Voir encore le banc d'œuvre classé XVIIIe, la chapelle néogothique 1854, les calvaires, la superbe fontaine circulaire (1846) et la statue de Saint-Valère (1947). La commune compte trois étangs de pêche.

VY-LES-RUPT

A quelques kilomètres au sud de Rupt, une belle église XVIIIe avec un superbe retable. Voir aussi la fontaine.

■ MANGER, DORMIR

La Goulotte. 4, pl. du Général de Gaulle 70160 Faverney ✆ 03 84 91 34 44. Une table très accueillante sur la place : la maison est joliment restaurée dans une ancienne caserne XVIIIe et le chef-patron très sympa. La cuisine est tout à fait dans le ton juste, du régionalisme sans racolage, de la tradition bien adaptée, des saveurs variées - et même méditerranéennes à l'occasion - et des prix chétifs. Au menu terroir à 100 F, la salade de jambon de Luxeuil, la truite, l'entrecôte à la franc-comtoise, la cancoillotte chaude, la tarte aux pommes flambées au kirsch. Sensiblement le même jeu pour 20 F de plus (croûte aux champignons, ris d'agneau à l'ancienne, sauté de biche en saison) ou à 150 F (escargots à la saucisse de Montbéliard). Un endroit chaleureux et charmant pour une halte rassérénante. Des soirées à thèmes sont organisées périodiquement.

Hôtel du Balcon. RN 19 70120 Combeaufontaine ✆ 03 84 92 11 13. *Fermé dimanche soir et lundi. 17 chambres de 200 à 380 F. Petit déjeuner 40 F. Menus de 145 à 380 F. Carte 300 F. Jusqu'à 21h. CB.* Une belle maison de caractère qui allie son décor raffiné, rénové bourgeoisement, à la rusticité de poutres apparentes. Au menu à 145 F, la saucisse de Montbéliard aux lentilles, la terrine de volaille au porto, le poulet au vin jaune et morilles. La créativité du chef s'exprime aux étages supérieurs : ragoût d'escargots aux herbes sauvages, saint-jacques rôties au beurre épicé et pois gourmands, canard à la lie de vin et aux navets confits, rosace d'agneau au thym. Chambres d'un bon confort traditionnel.

Auberge Comtoise. Rue Grande 70120 Combeaufontaine ✆ 03 84 92 12 87. A la sortie de la ville vers Vesoul, chez Nathalie et Roland Parals. C'est une table sans prétention, mais de bon niveau et de fréquentation agréable, dans une salle lumineuse et contemporaine. Pratique et pas bien cher pour un arrêt bien programmé.

Hôtel de la Gare. Pl. de la Gare 70500 Jussey ✆ 03 84 92 24 28. Une étape de tradition et de confort. une cuisine sérieuse et appliquée à prix serrés. Accueil très aimable.

Le Moulin Rouge. Rte du Moulin Rouge 70170 Conflandey ✆ 03 84 78 10 27. Une bonne et agréable maison au bord de l'eau. Cuisine personnelle, dans une veine traditionnelle, menus équilibrés d'un bon rendement. Terrasse panoramique.

Restaurant de la Tour. 8, rue de l'Enfer 70360 Scey-sur-Saône ✆ 03 84 68 81 24. *Fermé lundi, mardi et mercredi midi. Fermeture annuelle de la Toussaint à Pâques. Menus 98, 155, 195 et 255 F. Carte 180/200 F. Jusqu'à 21h30. Chiens acceptés.* Posée sur la Saône, une très belle maison dont la noble histoire remonte au XVIIe siècle, abrite un restaurant de grand charme. Au fond d'une charmante petite cour, cette demeure attrayante et champêtre propose une cuisine de belle qualité, avec par exemple le menu à 155 F : profiteroles d'escargots crémés parfumés au marc de Jura, compote de lapin au coriandre et aux herbes, fromages franc-comtois et fondant au chocolat. Le service est impeccable et discret.

Chambres et tables d'hôtes, fermes-auberges

La Ludore. Garret Anne-Françoise, rue de Baulay Gésincourt 70500 Aboncourt-Gésincourt ✆ **03 84 68 71 28.** *Ouvert le week-end et jours fériés et en semaine pour les groupes dix personnes minimum. Fermeture annuelle janvier, février. Menus 65, 85 F.* Sur réservation uniquement. Près de la Saône, au-dessus de Port-sur-Saône, une ancienne ferme restaurée, où l'on apprécie une cuisine familiale et naturelle : salade paysanne, poulet à la crème, tarte maison aux fruits de saison.

M. Raymond Viennot, Gîte de France Chambres d'hôtes. Rue de l'Ecole 70120 Melin ✆ **03 84 92 12 50.** Calme et gentillesse dans un agréable environnement.

Ferme auberge Le Chaumont. M et Mme Collardey, 1d, Chaumont 70160 Val-Saint-Eloi ✆ **03 84 68 91 55.** *Ouvert les week-ends et jours fériés sur réservation et en semaine pour groupes.* Spécialités : poulet aux lardons, gigot, lapin, poulet au riz. Emplacements chevaux pour les randonneurs équestres.

Camping

La Saône Jolie. 1, rue du Gal reverdy 70360 Scey-sur-Saône et Saint Albin ✆ **03 84 68 85 07.** Ouvert du 15 mai au 15 septembre.

Camping. Parc de la Maladière 70170 Port sur Saône ✆ **03 84 91 51 32 ou 03 84 91 51 32.** Un site agréable, un camping très bien équipé, avec une piscine à deux bassins, dont l'un desservi par un grand toboggan qui fait la joie des petits.

■ PRODUITS REGIONAUX

Philippot René. Lieu-dit La Grange 70210 Polaincourt, ✆ **03 84 92 80 46.** Produits bio, fromage de chèvre, de vache yaourts.

Lennuid-Messey Jean François. 70210 La Basse Vaivre ✆. **03 84 92 94 29.** Fruits rouges, confitures, jus de fruits.

Jamey Christian. 70500 Villars le Pautel ✆ **03 84 92 58 09.** Fromage de chèvre.

Coopérative laitière. 70500 Jonvelle ✆ **03 84 92 51 21.** Emmental grand cru.

■ LOISIRS

Port-sur Saône

Port de Plaisance. Port-sur-Saône ✆ **03 84 91 59 33.** Les plaisanciers y trouvent une base bien équipée : ravitaillement, carburant, eau, électricité, rampe de mise à l'eau.

Loisir Nautic. Port de Plaisance 70170 Port-sur-Saône ✆ **03 84 91 59 33.** Pour partir en croisière sur la Saône avec de confortables house-boats.

Complexe de loisirs. Ile de la Maladière. On accède à la base en sortant vers Vesoul : le chemin est indiqué, à droite, pour revenir vers le port de plaisance et le camping.

La base est très complète, avec parcours de promenades, parc animalier, parcours santé, parcours VTT, tennis, aires de pique-nique, etc…Et puis la plage et tous les loisirs nautiques. Capitainerie du port pour les plaisanciers, Maison de la Saône.

Les écuries du Chanois. Avenue de Ferrières 70170 Port-sur-Saône ✆ **03 84 91 51 84.** Poney-club de 3 à 10 ans (et double poney ou cheval au-delà). Initiation et perfectionnement, stages pendant les vacances scolaires. Formule découverte pour les scolaires. Accueil des centres aérés au château de Scey-sur-Saône.

Scey sur Saône

Le port de plaisance n'est pas si aisé à trouver : il faut sortir complètement du village après avoir traversé la rivière, parcourir environ 2 km sur la D3 en direction sud vers Gray ; le port est juste à droite, aménagé sur un bras de la Saône.

Rive de France. Port de plaisance 70360 Scey-sur-Saône ✆ **03 84 92 74 03.** Rive de France propose des locations de bateaux sans permis clairs, calmes et bien équipés (chauffage, cuisine, salle de bain et belles cabines).

Les étapes au long de la Saône navigable, d'amont en aval

Selles : eau potable, poubelles.
La Basse Vaivre : poubelles.
Demangevelle : eau potable, poubelles, sanitaires, électricité.
Corre : location de bateaux, appontement, dépannage ; équipements à quai : eau potable, poubelles, sanitaires, électricité ; dans le village : carburant.
Ormoy : eau potable, poubelles.
Betaucourt : eau potable, poubelles.
Cendrecourt : eau potable, poubelles.
Jussey : halte nautique, appontement, rampe à bateaux ; équipements à quai : eau potable, poubelles, sanitaires, électricité ; dans le village : carburant.
Montureux : eau potable, poubelles.
Baulay : halte nautique, appontement ; dans le village, eau potable, poubelles.
Port d'Atelier : carburant, eau potable, poubelles.
Conflandey : halte nautique, appontement ; équipements à quai : eau potable, poubelles.
Chaux les Port : eau potable, poubelles.
Port sur Saône : port de plaisance, location de bateaux, subdivision service navigation, appontement, rampe à bateaux, dépannage, gîte fluvial ; équipements à quai : carburant, eau potable, poubelles, sanitaires, électricité.
Vauchoux : eau potable, poubelles.
Chemilly : halte nautique, appontement.
Ferrière les Scey : eau potable, poubelles.
Scey sur Saône : port de plaisance, location de bateaux, appontement, rampe à bateaux, dépannage ; équipements à quai : carburant, eau potable, poubelles, sanitaires, électricité ; dans le village : carburant.
Traves : halte nautique ; dans le village : carburant, eau potable, poubelles, sanitaires, électricité.
Rupt sur Saône : eau potable, poubelles.
Soing : halte nautique, appontement ; équipements à quai : poubelles ; dans le village, eau potable, électricité.
Charentenay : halte nautique, appontement, rampe à bateaux ; équipements à quai : carburant, eau potable, poubelles, sanitaires, électricité,
Ray sur Saône : halte nautique, appontement ; dans le village : carburant, eau potable, poubelles, sanitaires,
Seveux : port de plaisance, rampe à bateaux ; dans le village : carburant, eau potable, poubelles, sanitaires, électricité,
Savoyeux : port de plaisance, location de bateaux, appontement, dépannage, gîte fluvial ; équipements à quai : carburant, eau potable, poubelles, sanitaires, électricité.
Mercey sur Saône : eau potable.
Dampierre sur Salon : carburant.
Autet : eau potable, poubelles.
Beaujeu : eau potable, poubelles.
Rigny : poubelles, sanitaires, électricité.
Gray / Arc les Gray : port de plaisance, location de bateaux, subdivision service navigation, appontement, rampe à bateaux, dépannage, gîte fluvial ; équipements à quai : carburant, eau potable, poubelles, sanitaires, électricité.
Mantoche : halte nautique, appontement ; équipements à quai : eau potable, poubelles, sanitaires : carburant, eau potable.
Apremont : eau potable, poubelles.
Essertenne et Cecey : eau potable, poubelles.
Broye les Pesmes : halte nautique, dépannage.

Carte de la Haute-Saône en page 196

CHAMPLITTE ET SA REGION

CHAMPLITTE

Office de tourisme. Mairie 70600 Champlitte ✆ 03 84 67 64 10

Les Chanitois habitent une agréable petite cité viticole, proche de la Champagne, et plus exactement de la Haute-Marne, au sud de Langres dont les racines sont profondes (monnaies romaines du IIIe siècle). Elle montre aujourd'hui des traces de toutes les époques, petites rues pavées, maisons vigneronnes, château XVIe et XVIIIe qui abrite le musée départemental Albert Demard, le grand bonhomme de la ville. On lui doit une défense active du patrimoine, une relance de l'activité viticole et une véritable et nouvelle notoriété pour Champlitte, promue presque grâce à lui - et à ses atouts patrimoniaux - une des villes culturelles les plus importantes du département. Les souvenirs médiévaux sont dans le quartier ancien, bordé par le Salon.

Voir le **couvent des Augustins**, la **tour des Annonciades** et les trois musées : musée départemental d'Histoire et de folklore, musée de la Vigne et des pressoirs, Musée 1900 des arts et techniques. Les environs sont très plaisants. Vignes, prés et forêts, vallée du Salon procurent de jolies balades au promeneur.

Le vin produit sur son territoire a trouvé ces dernières années un nouvel essor. Utilisant des cépages «voisins" (chardonnay, gamay, pinot), il possède bien des qualités, à commencer par son prix. A découvrir par exemple le chardonnay non filtré mis au point par certains viticulteurs. On fête, comme en Bourgogne, la Saint-Vincent, patron des vignerons, le 22 janvier.

■ VISITE

Musée départemental Albert Demard. Château de Champlitte ✆ 03 84 67 82 00. *Ouvert toute l'année (jusqu'à 18h en saison, 17h hors saison) sauf mardi et dimanche hors été.* Dans le très beau cadre du château (on ne peut pas le rater, sur l'axe principal, dominant le vieux Champlitte), le musée est l'un des plus intéressants du département sur les arts et traditions populaires. On y a recréé, dans l'atmosphère d'époque, toute la vie quotidienne rurale du XIXe siècle, dans ses aspects les plus divers ; quarante salles pour présenter un village entier avec ses artisans : boulanger, fromager, fermier, mais aussi les métiers ambulants ("v'là l'rémouleur", l'étameur et même le contrebandier d'alcool et d'allumettes) et toute l'activité sociale et culturelle : pharmacie, école, médecin, hospice, café. Enfin est rappelé ici un des épisodes marquants du département au XIXe siècle : l'exode de nombreux Haut-Saônois vers le Mexique.

Château. On le visite surtout pour son musée (voir ci-dessus), mais son allure extérieure mériterait de toute façon l'arrêt. A la suite du succès du musée, on a d'ailleurs aménagé plusieurs salles pour agrémenter la visite socio-culturelle par un complément historique.

Musée de la Vigne et des pressoirs. 70600 Champlitte ✆ 03 84 67 82 00. *Ouvert toute l'année jusqu'à 18h en saison, 17h hors saison, sauf mardi et dimanche hors été.* Champlitte étant quasiment la capitale viticole du département, il est juste qu'on ait rassemblé là quelques vieux pressoirs pour évoquer l'activité et donner envie au visiteur de mieux connaître la production actuelle. La motivation est d'ailleurs plus symbolique encore puisque c'est Albert Demard lui-même, après une baisse progressive de cette activité qui menaçait de s'éteindre, qui relança cet aspect indispensable du patrimoine local. Les pièces présentées sont d'origine franc-comtoises, mais aussi bourguignonnes et champenoises, du XVII au XXe siècle. Deux ateliers sont également reconstitués : celui du tonnelier et celui du ferronnier. On déguste sur place, dans un caveau voûté, quelques bons crus de Champlitte.

Musée 1900 des arts et techniques, rue des Lavières 70600 Champlitte ℡ 03 84 67 62 90. *Ouvert toute l'année (jusqu'à 18h en saison, 17h hors saison) sauf mardi et dimanche hors été.* Une nouveauté culturelle à Champlitte et encore une réalisation due à la famille Demard, puisque c'est Jean-Christophe Demard qui a rassemblé ces objets et véhicules début de siècle pour prolonger les diverses expositions des autres musées. Vous trouverez donc, comme au musée du château un village reconstitué en deux rues, avec ses échoppes d'artisans (savetier, boulanger, charron, cordonnier, forgeron, chaudronnier), mais aussi les "nouveaux" métiers de ce début de siècle après l'invention du moteur à explosion : machine à vapeur, garage avec voitures anciennes, véhicules hippomobiles.

A proximité

La montagne de la Roche. Au départ de Champlitte, jolie route, en passant par Champlitte-la-Ville, vers **Pierrecourt**, agréable village fleuri où l'on peut chiner (une boutique d'antiquités-brocante sur la route de Larret). On pourra poursuivre la promenade vers **Argilières** - belle église à toit de tuiles vernissées en bleu et noir - avec une courte incursion dans la campagne haut-marnaise par la D125 pour rejoindre, dans le département de Haute-Saône, le charmant village perché, à l'écart de la route, dominant la vallée de la Rigotte, de **Bourguignon-les-Morey**, avec en arrière-plan la Montagne de la Roche, but de la balade. Le village se traverse par des ruelles étroites : on passe par l'église, on apprécie le panorama et la quiétude du site.

On reprend alors la D17 pour rejoindre **Charmes-Saint-Valbert** puis Molay, dans de beaux paysages rustiques. **Molay** est minuscule mais a une très grande histoire : Jacques de Molay fut le dernier grand-maître des Templiers et périt sur le bûcher après avoir été condamné par les juges de Philippe le Bel, en 1315. La légende raconte que c'est lui qui, au milieu des flammes, maudit le roi de France et ses descendants, qui allaient en effet tous périr brutalement. L'épisode est relaté avec une grande force romanesque dans l'œuvre justement nommée *Les Rois Maudits* de Maurice Druon.

On quitte alors la **Rigotte** pour revenir, après avoir croisé la D1, vers Morey, posé sous la montagne de la Roche, que l'on pourra escalader par la route, en sortant vers Suaucourt, à droite, et en suivant le chemin de la base de loisirs.

Cette base est installée sur la crête de la **montagne de la Roche**, sorte d'arête élevée et saillante plantée entre deux vallées, celle de la Rigotte et celle de la Bonde. Sur la route, on notera l'intéressante église (joli clocher) du hameau de **Saint-Julien**. Depuis la crête, le panorama à 360° sur les plaines autour des deux vallées est saisissant, le regard portant à des dizaines de km. Le plus extraordinaire dans ce dépaysement profond est que vous n'apercevez qu'une très vaste nature, sans construction et sans fil électrique, en bref le point de vue idéal pour un film médiéval.

On pourra revenir sur Morey, le village méritant une courte pause pour ses nombreuses vieilles demeures et son abbaye.

Morey. Syndicat d'initiative. M. Jean Garny, Rte Cintrey Morey 70120 La Roche Morey ℡ 03 84 91 01 10. Au village, un monastère fondé en 1657 et un monument commémorant la guerre de 1870. Voir également les maisons espagnoles, souvenirs de l'appartenance de la région à l'Empire.

Une pizzeria-grill, **l'Arc-en-Ciel**, rassemble l'animation aux moments cruciaux.

Près de Charmes-Saint-Valbert, où l'on verra une ancienne fontaine à balancier, des fouilles ont permis de mettre à jour un ancien camp romain.

La commune de La Roche-Morey ne compte pas moins de 21 calvaires, dont certains remontent au XVIIe siècle.

Le massif de la Roche (voir plus haut) ménage de nombreux points de vue, dont celui du "Pain de Beurre" au-dessus de la vallée de la Rigotte. Un peu plus loin, sur la même crête, la tour Weck, élevée en 1878 au-dessus d'un monticule de pierre est une autre curiosité offrant un panorama de choix.

Abbaye de la Roche-Morey. *Ouverte du 1er mai au 5 septembre de 14h à 19h, visites pour les groupes sur demande, renseignements* ℡ 03 84 91 01 30. Le bâtiment a encore assez belle allure et l'on ne se privera pas d'y jeter un œil, comme à l'aumonerie de Longeville voisine, une bâtisse imposante et gracieuse datant du XVIIe siècle.

DAMPIERRE-SUR-SALON

1227 habitants. Chef lieu de canton.

Office de tourisme. 70180 Dampierre-sur-Salon ✆ 03 84 67 13 74.

On verrait un temple bouddhiste que l'étonnement ne serait pas plus grand : au milieu de cette très calme campagne de Haute-Saône, après des kilomètres de villages "France profonde", on se retrouve nez à nez avec une tour de la Défense, un immeuble verre et acier de huit étages posé dans les champs : il s'agit tout simplement de l'hôtel de la Tour, construit sans doute pour accueillir les clients et cadres de l'importante unité de construction métallique de cette industrieuse petite ville. Qu'importe, cela fait quand même un choc. Au pied de la tour, un centre commercial complète le télescopage des époques avec les vieilles maisons classiques de ce bourg paisible, bordé par le Salon couvert de nénuphars.

Le site est occupé depuis au moins l'époque post-romaine, puisqu'on a découvert, à moins d'un kilomètre, des vestiges burgondes, sarcophages de pierre aujourd'hui au musée d'archéologie de Besançon. Le village se développe à l'époque médiévale autour de la rivière.

C'est la métallurgie qui sera à la base de la prospérité de Dampierre au XIXe siècle, mais cette active petite ville a, contrairement à bien d'autres, su adapter ses activités à l'époque contemporaine. S'il subsiste encore un moulin et un haut-fourneau pour témoigner de l'économie du siècle dernier, c'est plus de 800 emplois (ce qui est considérable pour un bourg de 1200 habitants), dont 500 dans le secteur industriel, qui sont aujourd'hui procurés par les entreprises dampierroise, le secteur tertiaire et les emplois de service représentant le domaine le plus actif ; ce qui n'empêche pas son agriculture (la région est majoritairement rurale), avec ses 1310 ha cultivables, et son élevage (bœufs, porcs et même bisons) d'être très performants.

Parmi les Dampierrois célèbres, Baron François Martin, qui fut député et maire de Gray, et dont le fils donne son nom à l'un des plus beaux musées du département, Claude-Pierre Dornier qui fut l'un des maîtres de forges et député sous la Convention, et Maurice Boukay, dont le vrai nom était Charles Couyba (il s'était traficoté un anagramme), qui fut ministre de la IIIe République, directeur de l'école des Arts Décoratifs en pleine période de gloire du genre et poète à ses heures. Maurice Boukay administra Dampierre durant 14 années. On verra donc la "maison Couyba" rue Champ Martin, et sa maison natale, aujourd'hui hôtel du Soleil d'Or, sur la place. Il figure en statue, depuis 1934 (l'inauguration de cette œuvre due à Nicklausse eut lieu en présence d'Edouard Herriot, président du Conseil) à la lisière du jardin du Bosquet.

La fête locale a lieu le deuxième week-end de septembre. Le marché se tient chaque vendredi après-midi.

■ VISITE

La maison Couyba. Elle porte le nom de l'ancien maire et ministre qui l'occupa. Cette belle et vaste demeure de 17 pièces, située près du Bosquet, date de la Révolution. Une partie des bâtiments annexes est occupée par la bibliothèque municipale. Un projet prévoit l'aménagement d'une école d'art (musique, peinture…).

L'église. Assez typique du style régional, elle fut construite juste avant la Révolution et a subi quelques restaurations. On s'attardera à l'intérieur pour quelques tableaux et une tapisserie contemporaine de la Vierge.

La chapelle Sainte-Catherine. Ou ce qu'il en reste : ces ruines, situées dans un jardin privé, sont en tout cas celles du plus ancien édifice du village.

Balade en ville

Entre les deux bras du Salon, se trouve la maison de retraite qui fut l'ancienne propriété des maîtres de forges Dornier, léguée à la commune en 1870 par Alfred Dornier qui donne tout naturellement son nom à la rue qui la borde.

La **tour Saint-Pierre Fourier** XVIe se trouve rue Jean Mourey, juste avant le pont à droite en venant du centre.

Un peu plus loin, en remontant vers la place Martin, on trouve la tour Maguet XVIe, dont la construction est attribuée aux chevaliers de Saint-Jean. La tour possède un des cinq cadrans solaires encore visibles dans la commune (un autre se trouve rue Sainte-Catherine, à l'un des angles de l'école, et encore un autre sur **la tour Contet**, également XVIe, rue Louis Dornier). L'école de garçons est installée dans une demeure très ancienne (XVIe) qui conserve son allure primitive et, à l'intérieur une cheminée décorée de deux médaillons représentant Charles Quint et son épouse.

Balade en ville

On flâne dans le parc municipal, appelé le Bosquet, où l'on trouvera, outre la statue de Maurice Boukay, une jolie fontaine et un "monument de la République".

La promenade la plus agréable est pour les bords du Salon, par le chemin piétonnier qui longe la rivière d'un bras à l'autre (accès à partir de la rue Alfred Dornier), ou par la jolie rue Sous Salon, qui mène à la passerelle permettant de rejoindre ce chemin. De l'autre côté, le long de l'autre bras, on découvrira des vestiges des remparts médiévaux.

PREIGNEY

Pour l'environnement naturel d'abord, avec la forêt de Cherlieu au nord, le bois de Montigny et les ruines de l'ancienne **abbaye de Cherlieu** fondée par Saint-Bernard en 1127. Au sud, l'étang de la Sorlière : on pêche, on fait du pédalo.

SEVEUX - SAVOYEUX

Deux villages qui se font face de chaque côté de la Saône, et une base importante pour la plaisance fluviale.

Une curiosité pour les plaisanciers : un tunnel de 643 m, passage toujours délicat et excitant à la fois.

VAITE

Sur l'axe Combeaufontaine-Gray, un bourg attachant, avec une jolie "maison commune" et un petit bar-restau, la Marmite.

■ MANGER, DORMIR

Le Donjon. 46, rue de la République 70600 Champlitte ✆ 03 84 67 66 95. *Fermé le vendredi. 12 chambres de 150 à 230 F. Petit déjeuner 30 F. Menus de 68 à 200 F. Carte 45 à 110 F. CB.* Ancienne maison vigneronne bien arrangée et modernisée. Chambres contemporaines de bon confort, restaurant plaisant dans un décor de caves voûtées. La cuisine joue la carte régionale travaillée mode avec par exemple, dans un astucieux menu à 100 F, parfaitement bien composé, le feuilleté d'escargot au pinot noir, l'escalope de veau franc-comtoise et la tarte à la rhubarbe.

Hôtel Henri IV. 15, rue du Bourg 70600 Champlitte ✆ 03 84 67 66 81. *10 chambres* Dans la partie ancienne de la ville, sous le château, une maison elle aussi de tradition, qui ne cherche pas à épater, mais à rassurer. Et c'est bien réussi, dans l'hôtellerie – chambres de style, meublées d'ancien, dont l'une possède un très beau baldaquin – comme au restaurant, de belle et noble allure, avec une salle voûtée. La cuisine est classique, régionale et fort soignée, les présentations et préparations de bon niveau.

Café-restaurant chez Jeanne. Rte Champlitte la Ville 70600 Pierrecourt ✆ 03 84 67 62 73. Dans une rue qui descend de l'église vers Champlitte-la-Ville, une sorte de maison particulière, avec une ambiance de pension de famille typiquement locale. C'est tranquille, accueillant et chaleureux. La cuisine est toute simple, une bouchée de pain pour une bouchée de pain.

L'Arc-en-Ciel. Rte Betoncourt Morey 70120 La Roche Morey ✆ 03 84 91 03 78. Plat du jour (bœuf braisé, colin à la crème) et pizza dans ce petit café-restau où l'ambiance chaleureuse prime.

Hôtel de la Tour. 5, rue Alfred Dormier 70180 Dampierre-sur-Salon ✆ 03 84 67 00 65. *Chambres de 250 à 525 F.* Passé l'étonnement premier (voir plus haut), on apprécie le confort fonctionnel du bâtiment. L'hôtel de la Tour a tout ce qu'il faut pour contenter les professionnels de la route et les hommes d'affaires. L'accueil est aussi efficace que la prestation générale, et vous ne trouverez guère d'équivalent de ce calibre dans la campagne saônoise.

■ PRODUITS REGIONAUX

Les coteaux de Champlitte 70600 Champlitte ✆ 03 84 67 65 09. Pour goûter le célèbre vin chanitois. A l'entrée de la ville en venant de Langres, vers Fayl-Billot.

Henriot Pascal. 5 rue des Capucins 70600 Champlitte ✆ 03 84 67 68 85. Viticulteur.

Jeallard Dominique. Les Essarts 70600 Fouvent le Haut ✆ 03 84 31 32 30. Fromage de chèvre.

Clerc-Boichut Daniel. Route de Bétoncourt les Ménétriers 70120 Morey ✆ 03 84 91 01 99. Apiculteur bio.

Grillot Roger. Route de Purgerot 70160 Port d'atelier ✆ 03 84 91 16 27. Apiculteur.

Richardot Denis. 70500 Gevigney et Mercey ✆ 03 84 92 20 13. Apiculteur.

Garret J.P. Grande rue 70500 Aboncourt Gesincourt ✆ 03 84 68 71 51. Fromage de chèvre fermier.

Coopérative laitière. 70120 Lavigney ✆ 03 84 92 12 59. Emmental grand cru.

■ LOISIRS

Parc de loisirs de la Roche Morey "Le Point de vue". Grande rue Morey 70120 La Roche Morey ✆ 03 84 91 03 33 ou 03 84 91 02 14. *Ouvert tous les jours en saison, le week-end hors saison (avril, mai, septembre, octobre).* Le parc est installé sur une colline au panorama grandiose. Il propose : mini-golf, buggy tout terrain, bateaux tamponneurs, petit train western, divers jeux d'enfants, manèges tournants. Un bar-restaurant sur place, diverses animations régulières.

Saône Plaisance. BP 5 70130 Savoyeux ✆ 03 84 67 00 88. Base à Savoyeux, sur la Petite Saône. Bateaux : Columbia, Espade, Linssen (voir ci-dessous).

■ ESCAPADE FLUVIALE

Port-sur-Saône-Savoyeux. *38 km, 7 écluses, 5 portes de garde ; 7h environ. Nombreuses dérivations sur le parcours, qui réduisent la distance de près de moitié.* Vous quittez Port, au port de plaisance (✆ 03 84 91 59 33) bien équipé (eau, électricité, sanitaires, téléphones, mise à l'eau, station service fluviale). Après la dérivation de **Scey**, vous trouvez son port de plaisance à 1 km. Nouvelle dérivation à **Saint Albin** ; surveillez le feu, 300 m à droite avant l'écluse, qui indique que l'accès au tunnel de Saint Albin (680 m) est libre (circulation alternée). Sorti du tunnel, il vous reste 1 km de dérivation pour arriver à l'écluse de **Rupt**. Arrivé sur la dérivation de Charentenay, vous pouvez ne pas la prendre, pour arriver au relais nautique du village (eau potable, sanitaires, poubelles, téléphones). De même, renoncer à la dérivation de Ferrières les Ray vous permet de rejoindre le beau village de **Ray-sur-Saône** et son château. La dernière dérivation est celle de Savoyeux. Port de plaisance à droite, 800 m après les portes de garde. Village à 700 m (Seveux) ou 2 km (Savoyeux). Equipement : eau potable, électricité, sanitaires, poubelles, station service fluviale, grue et atelier.

Location

Saône Plaisance. BP 5 - 70130 Savoyeux ✆ 03 84 67 00 88.

Rive de France. Port de plaisance 70360 Scey-sur-Saône ✆ 03 84 92 74 03

Loisir Nautic de France. Port de Plaisance 70170 Port-sur-Saône ✆ 03 84 91 59 33

… Vesoul - HAUTE-SAONE ◄ 231

VESOUL ET SA REGION

VESOUL

Office de Tourisme, Syndicat d'initiative de Vesoul et ses environs. Maison du Tourisme. Rue des Bains 70000 Vesoul ✆ 03 84 75 43 66 - Fax 03 84 76 54 31. Service télématique d'information 3615 ITOUR.
32 000 Vésuliens. Vesoul est préfecture de la Haute-Saône.
Peu de restes du passé et une architecture post-deuxième guerre mondiale dominante. On y trouve cependant matière à intérêt culturel et patrimonial, comme le musée Georges Garret, dans l'ancien couvent des Ursulines, consacré à l'archéologie et à la peinture, le Palais de Justice et les nombreux beaux hôtels particuliers.
Vesoul est aussi faite pour les loisirs, avec son lac de 90 ha, sa grande base de loisirs et base nautique, avec camping, auberge de jeunesse, parcours santé, stages, etc. C'est aussi une ville industrielle, où Peugeot complète son implantation dans la région Franche-Comté, constituant la plus importante entreprise de la ville.
Vesoul, patrie du peintre Jean-Léon Gérôme, a été chantée par Jacques Brel qui l'a rendu célèbre, même si l'évocation avait une résonance un brin péjorative.

■ HISTOIRE

Le château élevé sur la Motte (butte haute de 378 m) a été construit au Xe siècle et fortifié au XIIIe siècle. Le commerce et l'artisanat prospèrent et en 1333, Vesoul obtient le statut de capitale de Baillage d'Amont. Au XVe siècle, après de nombreuses guerres et épidémies, la ville ravagée devient espagnole et de riches citadins commencent à la reconstruire. En 1595, une nouvelle guerre détruit le château. A la fin du XVIIe siècle, alors que quatre couvents sont élevés dans la ville, Vesoul redevient française. Elle s'étend rapidement et le commerce y est florissant. L'industrialisation du XIXe siècle la concerne cependant moyennement, et il faut attendre notre siècle pourtant attendre les années 50 pour que l'industrialisation prenne son importance actuelle.

■ VISITE

La Motte. C'est la petite colline qui surplombe Vesoul. Après une ascension assez rapide mais néanmoins sportive, le panorama est intéressant : à l'ouest, le plateau de Langres ; au sud le Jura ; à l'est les Vosges. Une belle table d'orientation en bronze de Francis Panaget (1979) et une jolie chapelle construite en 1857 dédiée à la Vierge Marie.
Le jardin anglais. Au cœur du centre ville, une balade verte : la roseraie, la pergola, la promenade entre les pierres et les pièces d'eau.
Musée George Garret. 1, rue des Ursulines ✆ 03 84 76 51 54. *Ouvert tous les jours sauf les mardis de 14h à 18h.* Dans l'ancien couvent des Ursulines datant du XVIIe siècle, le musée présente une collection de belle composition. De l'époque gallo-romaine au XIXe siècle, quasiment toutes les périodes artistiques sont représentées ici. Voir en particulier les œuvres de Jean-Léon Gérôme (1824-1904), grand peintre académique.
Palais de Justice. Place du palais. L'ancien hôtel du présidial, bâti en 1771, est l'un des monuments marquants de la ville. Sur la place, il est bien entouré, avec la maison Barberousse XVe (au n° 3), remarquable par son arcade en anse de panier et son cadran solaire. Au coin de la rue Gevrey, la maison Petremant XVIIIe porte les initiales de son bâtisseur sur la grille de son balcon, au-dessus du Café Français.

Index général à la fin de ce guide

Eglise Saint-Georges. *Ouverte l'après-midi, du lundi au samedi, en juillet-août, et certaines matinées. Informations touristiques, visites guidées de l'église mercredi à 15 h, musique et lumière certains après-midis, animation au 15 août.* Sur une construction ancienne, l'édifice actuel date de 1745. Plus intéressante pour son patrimoine artistique qu'architectural, elle abrite de très belles orgues de Rabini 1776 et une statuaire de qualité (pietà, tombeau XVIe en pierre polychrome).

Balade en ville

On entamera presque naturellement la balade dans la vieille ville par la **rue d'Alsace-Lorraine**, la plus typique et la plus charmante : de beaux immeubles et maisons XVIe et XVIIIe, l'ancien quartier juif et la maison natale de Jean-Léon Gérôme. Peu de commerces, mais du haut niveau. Une excellente pâtisserie, une bonne boulangerie, une librairie de qualité...

Par la **rue Salengro**, on rencontre l'hôtel Thomassin, de la fin du XVe siècle dont certaines parties ont conservé leur allure originale comme la tour et les communs, aux toits de tuiles vernissées. En tournant à droite rue Beauchamp, on passe devant le collège Gérôme, qui était un ancien collège de jésuites, pour parvenir sur une place : à gauche se trouve l'ancienne école normale. Vous pourrez revenir par les jardins sur le musée, dans l'ancien couvent des Ursulines.

D'autres rues contiennent des témoignages du passé, hôtels particuliers, éléments gothiques ou Renaissance : rue de Mailly, rue du Châtelet, rue Baron Bouvier, autour de la très animée **place du Grand Puits**. Vous êtes alors au rendez-vous du Tout-Vesoul, près du palais de Justice et de l'église Saint-Georges. Les commerces sont principalement groupés dans le rectangle rue Genoux, rue Leblond, place du Grand Puits, rue Gevrey et rue Alsace-Lorraine.

Place de l'église, au coin avec la rue Gevrey, au n° 2, remarquer la belle maison Baressols (XIIIe-XVIe).

Agréables flâneries dans les petites rues à l'intérieur de ce rectangle : **rue des Boucheries** notamment, on verra deux beaux hôtels particuliers dont l'hôtel Simon Renard XVIe remanié XVIIIe, qui porte le nom d'un ambassadeur de Charles Quint.

Achats, séjour

Des produits de qualité et toute la charcuterie régionale (jambon de Luxeuil, saucisse de Morteau et de Montbéliard).chez **Morey**, un boucher-charcutier rue Alsace-Lorraine. On achète les fromages régionaux à la Bergerie, chez **P.L. Stievenard**, dans la même rue : comté fruité, morbier grand cru, mont d'or...

Tous les vins de la région (Arbois, Château-Chalon, côtes du Jura...) et d'autres chez **Jean-Pierre Tissot**, 8, rue du Moulin des Prés ✆ 03 84 75 05 66.

Librairie comtoise. 11, rue Alsace-Lorraine ✆ 03 84 76 56 80. Un endroit tout à la gloire de la région, des livres et grimoires, mais aussi des gravures anciennes, des photographies, dans une ambiance un brin léthargique. On peut cependant largement y trouver son bonheur de collectionneur.

On lit la Presse de Vesoul, le grand hebdomadaire de la région vésulienne.

Les spectacles au théâtre Edwige Feuillère, place Renet. Le cinéma au Club, rue Jules Ferry pour voir la production commerciale du moment.

■ MANGER, DORMIR

Cafés, brasseries, pizzerias

Café National. Rue de l'Aigle Noir 70000 Vesoul. Assez prisé des jeunes : mobilier contemporain, mais un beau comptoir année 50.

Le Pub Privilège. Rue Gevrey 70000 Vesoul. L'endroit des chaudes soirées vésuliennes avec le karaoké.

Le Café Français. Place du Palais 70000 Vesoul ✆ 03 84 76 05 40. Pour les conducteurs de grosses cylindrées et les buveurs de bière. Un des rendez-vous coutumiers des jeunes Vésuliens.

Au Fin Palais. Place du Grand Pont 70000 Vesoul. Plats brasserie à prix équilibrés.

Brasserie Le Globe. 5, rue du Cdt Girardot 70000 Vesoul ✆ **03 84 75 05 77.** A l'angle Girardot-Gérôme, la brasserie vésulienne par excellence avec l'entrecôte-frites.
La pizza chez Lino à **la Caverne**, 16 place de l'église ✆ 03 84 76 07 72 ou à la **Licorne**, place du Grand Puits ; les plats chinois au **Mékong**, le couscous au **Délice de Vesoul**, 50, rue Morel (couscous à emporter). Les crêpes chez **Crêp'Ursul**, 8, rue des Ursulines.

Restaurants

Le Caveau du Grand Puits. 3, place du Grand Puits 70000 Vesoul ✆ **03 84 76 66 12.** Cuisine traditionnelle soignée, une des préférées des Vésuliens. Un bon rapport qualité/prix pour une cuisine qui dépasse le niveau d'une simple brasserie.

Le Pic-Assiette. 23, rue des Tanneurs 70000 Vesoul ✆ **03 84 76 21 64.** Carpaccio, pierrade : le Pic-Assiette est un des endroits à la mode, où l'on vient manger simplement en cherchant en premier lieu la convivialité.

Restaurant du Breuil. 6, rue du Breuil 70000 Vesoul ✆ **03 84 76 18 55.** Grillades et poissons : c'est une tradition bien appliquée que l'on rencontre ici, dans un cadre agréable. On mange plutôt bien autour de 150 F.

Aux Vendanges de Bourgogne. 49, boulevard Charles de Gaule 70000 Vesoul ✆ **03 84 75 81 21.** Pour se sustenter sans émotion superflue, mais dans la bonne mesure et dans une ambiance de sincère tradition, sauces bien classiques et produits régionaux, apprêtés avec conscience et savoir-faire. N'hésitez pas devant la mousseline de brochet Nantua, le saumon à l'oseille ou le poulet aux morilles : ce ne sont que bonnes calories, servies avec gentillesse et sans façons. On accompagne de Champlitte.

Hôtels

Hôtel Ibis. Le Grand Misselot, rocade ouest 70000 Vesoul ✆ **03 84 76 00 00.** Un maillon de la chaîne bien adapté à la demande régionale, près de la voie rapide. Chambres fonctionnelles, prix dans la fourchette basse, environnement tristounet.

Hôtel du Lion. 4, place de la République 70000 Vesoul ✆ **03 84 76 54 44.** *Fermeture annuelle 2 semaines en août et une semaine fin décembre. 18 chambres de 225 à 280 F. Petit déjeuner 30 F. CB.* Un hôtel confortable aux chambres très correctement équipées (téléphone direct, TV, sèche-cheveux). Accueil engageant.

Eurotel. 2 imp. Bel Air 70000 Frotey-les-Vesoul ✆ **03 84 75 49 49.** *20 chambres de 280 à 320F.* Un établissement bien équipé, accueil pro et tarifs bien calibrés. Une table très correcte, le Saint-Jacques, pour faire l'étape complète.

Auberge de jeunesse District. Av. Rives du lac 70000 Vaivre et Montoille ✆ **03 84 76 48 55.** Bien placée près du camping et du lac, elle offre 18 chalets confortables avec quatre places chacun. La bonne formule pour séjourner pas cher dans un cadre agréable.

Camping

Camping. Av. Rives du lac 70000 Vaivre et Montoille ✆ **03 84 76 22 86.** *Ouvert du 01/03 au 31/10.* Sur les bords du lac, un espace très bien aménagé, avec des activités sportives en nombre, en particulier nautiques. Ping-pong, tir à l'arc, tennis, basket, voile, pêche (pêche à la carpe de nuit entre juin et octobre).

■ EXCURSIONS

La promenade préférée des Vésuliens le week-end est évidemment pour le lac de Vaivre et ses multiples animations ; le promeneur a pourtant bien d'autres directions à explorer :
Balade verte vers le **sabot de Frotey**, qui désigne un rocher étrangement façonné en forme de sabot sur un plateau boisé dominant la ville à l'Est (sortie Epinal - Belfort, Frotey-lès-Vesoul). A proximité, terrain d'aviation et circuit de moto-cross.

Le Frais Puits. Il conduit à l'un des plus longs réseaux souterrains d'Europe, avec un bassin d'alimentation de 100 km2. On accède à ce puits naturel en empruntant la route de Villersexel. Il se trouve sur une route à droite, entre Quincey et Neurey-lès-La Demie.

Le plateau de Cita. Un site préhistorique et un thème de balade agréable. Accès par la route de Besançon.

Grotte de Solborde. A 3 km sud par la route de Besançon. On y accède par un sentier qui propose une première curiosité : un ensemble pierreux surnommé le "rocher des 12 apôtres". Le chemin est bien balisé jusqu'à la grotte d'où coule la rivière la Méline. La grotte est réputée miraculeuse depuis la découverte d'une statue de la Vierge en 1663.

■ LOISIRS, SPORTS

Discothèques
A proximité du lac de Vaivre, la discothèque **Manouchka** et le **Club 30**, ou encore **le Dôme**, à Noidans-lès-Vesoul.

Loisirs sportifs
Base de loisirs de Vaivre. Au bord du lac de Vaivre, à l'ouest de la ville : balades vertes, planche à voile, volley, badminton. On trouve également sur place diverses animations, une pizzeria-bar-glacier, un camping, une auberge de jeunesse et un centre de remise en forme, Odyssée. On y accède par la D13, route de Vaivre.

Randonnée. Les randonneurs pourront emprunter le "chemin vert", route de Villersexel. 21 km à pied ou à vélo.

Base de Voile. 70000 Vaivre et Montoille ✆ 03 84 76 50 80. Voile, planche à voile : initiation, stages. Prêt de matériel à la journée. Promenades sur le lac en bateaux collectifs. Ecole de sport et compétition. Moniteurs diplômés.

L'Oasis. Pusey 70000 Vesoul ✆ 03 84 75 61 00. Bowling, billard, minigolf.

Piscine couverte. Noidans-lès-Vesoul ✆ 03 84 76 18 81.

DANS LES ENVIRONS

CALMOUTIER (10 km E par N19 et D195)

Bordé par la Colombine, un beau village et une église très intéressante, qui fut collégiale, et dont les parties les plus anciennes datent du XVe siècle. Voir la chaire de bois sculpté, les statues des apôtres en bois peint.
Dans le village, on croisera également le lavoir ancien avec sa galerie d'arcades. Du château détruit subsiste un portail et certaines dépendances restaurées.

BAIGNES (11 km SO par D13)

Les anciennes forges de Baignes, qui furent créées au XVIe siècle, comptent parmi les perles du patrimoine industriel haut-saônois. Datant du XVIIIe siècle, les bâtiments sont superbes, dans le style des réalisations de CN Ledoux. A son apogée, on comptait 120 ouvriers qui produisaient fer et fonte à destination de Lyon ou Paris.

ROSEY (20 km S par D13 et D8)

Le musée Morice Lipsi rassemble des œuvres de ce sculpteur contemporain, ainsi que des peintures. Il n'est ouvert que sur rendez-vous et certains jours de l'année : le 1er mai et les dimanches suivants de 14 h à 18 h. Renseignements ✆ 03 84 75 43 66. A voir encore, l'église XVIIIe et, de l'extérieur, un château XVIIe qui ne se visite pas.

VALLEROIS-LE-BOIS (15 km E)

Château de Vallerois-le-Bois ✆ 03 80 50 13 50 (M Borsotti) ou 03 84 78 37 16 **(château).** *Parc ouvert toute l'année, visite intérieure du château du 1er juillet au 31 août : tous les jours de 9h à 19h, de mars à novembre-ouvert les samedis de 15h à 19h et les dimanches de 9h à 19h, pour groupes sur rendez-vous toute l'année.* Un bâtiment construit du XIIe au XVIIIe siècle avec un remarquable donjon du XIIe. Diverses animations, notamment dans le cadre des journées du patrimoine.

GRAY ET SA REGION

GY

Un joli village, dont on sent le caractère ancien et un passé historique important qui ne le limite pas à un simple bourg de campagne. Il n'y a pour cela qu'à contempler le bel hôtel de ville (1848) néoclassique à colonnades, version franc-comtoise du Parthénon.

Cet ancien pays de vignes possède une partie haute ancienne, vers le château, très pittoresque avec ses ruelles encore intactes et ses maisons anciennes, jouxtant quelques bâtiments assez maladroitement rénovés. On laissera donc la voiture en bas pour profiter pleinement d'une enrichissante promenade.

Le château. *De Pâques à la Toussaint : tous les week-ends et jours fériés, du 1er juillet au 15 septembre : tous les jours sauf le mardi, visites guidées, renseignements au 03 84 32 92 41.* Le château XVIe-XVIIIe, ancienne propriété des archevêques de Besançon, édifié dans un style flamand, possède, entre ses ailes plus récentes, une partie classée. On y accède par la rue Chrysologue, au sommet de la partie haute. La première construction date du XIIe siècle et le premier évêque qui en fit sa résidence fut Guillaume de la Tour. Le château connut de nombreux sièges et destructions au cours des siècles, pour prendre sa forme définitive au XVIIIe siècle.

C'est donc bien l'actuel corps central, avec sa tour, qui est le plus remarquable. Il fut reconstruit entre 1498 et 1501 par le prévôt de Bruges François de Busleiden, élevé au grade de chancelier de Pays-Bas et administrateur de Franche-Comté, en poste à Besançon en cette fin de XVe siècle pour représenter le roi d'Espagne. C'est le cardinal Cléradius de Choiseul-Beaupré, aumônier du roi de Pologne, qui acheva la construction au milieu du XVIIIe siècle, par l'adjonction des nouvelles ailes. Ses armes figurent au-dessus du portail d'honneur. Le château est aujourd'hui une propriété privée.

Avant de parvenir au château, on passe devant un manoir plus récent, demeure privée assez élégante. A voir également l'église Saint-Symphorien, dont la majeure partie date de 1770 sur une construction plus ancienne : là aussi on admirera le néoclassique des colonnes ioniques, ainsi que quelques peintures notables de Chazal. A proximité, le presbytère n'a rien perdu de son charme.

La partie haute est reliée à la partie "moderne" par des escaliers. Voir en bas, outre l'hôtel de ville, les halles et la fontaine-lavoir, dans la Grande Rue.

Pour tout savoir sur la région, les balades et les traditions, mais aussi les produits locaux, rendez-vous à la Maison du pays Gylois, en sortant vers Gray. La fête locale, dont l'emblème est le petit Gugumus, a lieu en avril.

Etape à l'hôtel Pinocchio (le rapport avec le personnage de Collodi paraît assez lointain).

La Maison du pays gylois. 15, Grande Rue 70700 Gy ✆ **03 84 32 93 93.** *Ouvert du mardi au vendredi de 9h à 11h30, et de 14h à 16h30.* Un lieu de rencontre et une mine d'informations pour visiter la ville et ses alentours. De nombreuses initiatives pour promouvoir le canton, et la participation aux manifestation gyloises. L'Association du développement et de l'animation du pays gylois publie son journal, la Pie.

A proximité

Balade à pied, au sud du village, en passant par le cimetière et en grimpant jusqu'au bien nommé sommet de Bellevue, à 367 m d'altitude pour un panorama ouvert à 360°.

BUCEY-LES-GY (3 km)

Un village très prospère au XVIIIe siècle grâce à l'exploitation du bois, de la pierre et de l'argile.

Voir le clocher porche du XVIIIe de l'église et la mairie lavoir du Ier Empire.

Visiter la maroquinerie artisanale, les cuirs de M. Ney.

Carte de la Haute-Saône en page 196

AUTOREILLE (8 km S par D12 et D225)

Un village typique par ses maisons et fermes. On y trouve un parc aquatique Acorus ✆ **03 84 32 90 00** qui offre une visite rafraîchissante et indispensable pour tous ceux qui veulent aménager leur jardin avec des pièces d'eau : une pépinière aquatique de plus de 200 espèces.

CHARCENNE (6 km S par D12 et D29)

C'est la famille Guillaume, viticulteurs depuis 1732, qui a relancé le vignoble sur la commune, une tradition viticole établie depuis des siècles. Jusqu'à la fin du XIXe siècle, le vin de la région était apprécié et réputé et pas moins de 400 ha sur Gy et Charcenne étaient plantés de vignes. Le phylloxéra, la guerre et les déboires des années 30 entraînèrent la disparition progressive de la viticulture.

Pépinières Guillaume, vin de pays. 70700 Charcenne ✆ **03 84 32 80 55.** En 22 ha, pas un de plus, Henri Guillaume, aidé de ses fils Xavier et Pierre-Marie s'est taillé une bonne réputation, dans son département, puis dans la région toute entière. C'est grâce à son activité de pépiniériste que l'entreprise familiale en est venue à travailler la vigne. Près d'un siècle de pratique, des clients dans toute l'Europe qui le place au quatrième rang continental, il n'en fallait pas plus pour se lancer dans un nouveau challenge, aujourd'hui à peu près gagné : le vin est apprécié partout où il est goûté, et, avec son appellation "vin de pays", jouit d'un excellent rapport qualité/prix. Les cépages sont bourguignons : chardonnay pour les blancs, pinot noir pour les rouges, ce qui n'empêche pas une certaine typicité.

A fréquenter également à Charcenne, un fameux producteur de fromages, **Milleret**, qui propose des produits souples et crémeux : charcenay, gylois, roucoulons, leffonds, ...

Et comme en d'autres coins du département, de très beaux lavoirs et fontaines, en particulier à Oiselay (lavoir à colonnade et chapiteaux doriques), à **Vantoux** et **Longevelle** (lavoir 1854 à chevet arrondi), à **Montboillon** (fontaine-lavoir 1838), à **Vellefrey-Vellefrange** (deux fontaines-lavoirs), à **Bucey-lès-Gy** (voir ci-dessus), à **Etrelles** (lavoir 1830).

CHOYE (3 km 0 par D474)

Son château féodal fut reconstruit entre 1767 et 1772 pour devenir une plaisante demeure d'habitation.

CUGNEY (10 km SO par D474 et D22)

Château-Musée du XIXe siècle ✆ **03 84 32 83 79.** *Ouvert tous les jours, toute l'année de 14h à 19h.* Exposition de vélos, motos, autos (60 pièces), mais aussi exposition de peintures du maître des lieux, Bernard Houzet.(8 salles).

FRASNE-LE-CHATEAU (11 km NE par D474)

Pour son église-halle XVIIIe et son mobilier. Un tableau remarquable, une Adoration des Mages fin XVIe. La fontaine 1833 dessinée par Well est intéressante, avec son abreuvoir, lavoir et puisoir.

Tour du XIIe - poterne du XIVe, galerie Renaissance. renseignements ✆ **03 84 22 84 47.** *Ouvert du 1er au 10 juillet et du 1er au 30 septembre de 10h à 12h et de 14h à 18h.* Un édifice intéressant qui témoigne du passé lointain du village.

VILLEFRANCON

Château de Villefrancon ✆ **03 84 32 83 46.** A 7 kilomètres à l'ouest de Gy, un château XVIIIe avec un ravissant jardin qui entoure le bâtiment. Le jardin est ouvert à la visite tous les jours de début juillet à mi-août de 15h à 19h.

Gray - HAUTE-SAONE ◀ 237

■ MANGER, DORMIR

Hôtel Pinocchio. Rue Beauregard 70700 Gy ✆ **03 84 32 95 95.** *14 ch dont 2 suites de 280 à 370 F et 1200 F pour une suite. Restaurant : menus de 65 à 280 F.* Une façade pimpante, un établissement contemporain bien tenu et très accueillant, c'est presque une surprise de trouver Pinocchio aussi fringant dans un village si paisible. Chambres bien arrangées, confortables et lumineuses, équipements séminaires qui permet brainstorming et détente dans un lieu propice. 12 chambres, 2 appartements avec cuisine, deux suites. Piscine, tennis.

Charlemagne. Grande Rue 70700 Gy ✆ **03 84 32 82 92.** La belle table régionale du bourg, qui cultive surtout une tradition bien léchée : escargots de Bourgogne, canard à l'orange, noix d'entrecôte au roquefort, pavé de sandre au savagnin dans la formule "détente" à 120 F. Bon petit menu à moins de 100 F, spécialité de pintade aux morilles, de tartiflette au roucoulons et de cassoulet.

GRAY

Office du Tourisme. Pavillon du Tourisme, Ile Sauzay ✆ 03 84 65 14 24
Les habitants de Gray sont les Graylois.

Une ville complète dans ses attributions touristiques : un site (la Saône) avec des berges aménagées, une plage, une vieille ville avec de nombreuses demeures anciennes, des quartiers pittoresques aux façades gothiques. Des terrasses accueillantes dans la partie basse, une structure hôtelière bien fournie, avec du haut de gamme châtelain et une hôtellerie traditionnelle de bon niveau. Tout ce qu'il faut, donc pour le séjour et pour rayonner aux alentours : vallée de la Saône, proximité de bourgs pittoresques (Champlitte, Pesmes), etc. Gray est classée station verte de vacances et peut procurer en effet des plaisirs de toutes les couleurs.

Au chapitre culturel, il est essentiel de voir le musée Baron Martin, installé dans une belle demeure XVIe, avec des peintures et sculptures remarquables XVIe-XIXe, et la chapelle des Carmélites. Voir aussi le Musée national de l'espéranto, avec plus de 5 000 ouvrages, et un intéressant cadran solaire dans le parc.

L'esplanade où se trouve un char de la dernière guerre, place Boischut, casse un peu le charme général.

■ HISTOIRE

Le passé de la ville remonte au moins à l'époque celte : la position avantageuse de cette butte dominant la Saône ne devait pas passer très longtemps inaperçue et elle fut vraisemblablement occupée à partir du VIe siècle. Une légende raconte même que Clovis s'y fiança, mais aucun document ne permet d'en corroborer l'idée. La première trace sûre de construction date du XIe siècle avec l'édification du premier château-fort par les comtes de l'Empire germanique qui durent maintes fois résister aux assauts adverses. Les troupes de Louis XI, au plus fort de la bagarre avec les Bourguignons, le brûlèrent, puis le rasèrent (1477-1479). C'est à la suite de cette défaite que les Habsbourg, en l'occurrence Maximilien, octroya quelques libertés et franchises aux habitants. Les Habsbourg restèrent maîtres de la place jusqu'au XVIIe siècle. Durant les guerres menées par Louis XIV et qui devaient aboutir à l'annexion de la province au traité de Nimègue en 1678, la ville fut prise en 1674 et les fortifications établies au cours des siècles par les Habsbourg (Charles Quint notamment qui la défendit si bien qu'elle ne fut jamais attaquée durant son règne) furent détruites sur ordre de Vauban.

Le développement de l'activité fluviale date du XVIIIe siècle. La paix étant revenue, on songe davantage à des activités commerciales et de transit. La rivière est un moyen idéal et la position de Gray en fait rapidement un port important et une plaque tournante. Le vin, les céréales, le fer transitent par la ville pour rejoindre Lyon ou Paris. De puissants marchands et courtiers s'établissent alors, embellissant la ville de demeures somptueuses. Les quais sont aménagés au XIXe siècle, ainsi que l'écluse.

Au début du XXe siècle, le port de Gray accueillait un très grand nombre de bateaux de toutes tailles. Symbole de prospérité, les Grands Moulins brûlèrent en 1921.

Le chemin de fer et les autres moyens de communication, le transport routier, notamment, allaient faire évoluer progressivement la vocation industrielle du port vers le loisir et le tourisme. Gray est aujourd'hui une base fluviale connue et appréciée, sa situation offrant une base propice aux explorations en amont (vers Scey et Port-sur-Saône) ou en aval (vers Auxonne et Saint-Jean-de-Losne, grande place de la batellerie). Parmi les célébrités locales, Saint-Pierre Fourier, religieux originaire de Mattaincourt qui, pourchassé pendant la guerre de Dix Ans (1636-1645), se réfugia et mourut à Gray en 1640. Son cœur se trouve dans la basilique.

■■ VISITE

Le château et le musée Baron Martin ✆ 03 84 64 83 46. *Du 1er avril au 30 septembre : tous les jours sauf le mardi, de 9h30 à 12h et de 13h30 à 18h ; du 1er octobre au 31 mars : tous les jours de 14h à 17h sauf le mardi ; fermé 1er janvier, 1er mai, 1er novembre et 25 décembre.* De la construction primitive subsiste une tour en assez bon état, la Tour du Paravis. Mais le château actuel est beaucoup plus récent puisqu'il fut commandé par Louis XVIII, qui n'était alors que le comte de Provence.

On y a établi le musée de la ville, l'un des plus riches du département, qui rassemble en 24 salles sur trois niveaux un grand nombre de collections dans un cadre privilégié, au mobilier et au décor authentiques. L'argument est avant tout artistique : peintures et sculptures principalement, avec des œuvres du XIVe au XXe siècles, porcelaines et étains, miniatures. Une partie est consacrée à l'histoire locale et l'archéologie (poterie antique). Parmi les pièces rares, un ensemble unique de Pierre-Paul Prud'hon.

Basilique Notre-Dame. Ce bel édifice eut une histoire mouvementée puisque sa construction, débutant en 1481, fut stoppée après de multiples vicissitudes cinquante ans plus tard. L'achèvement ne fut effectif qu'au XIXe siècle, et on dota la basilique pour l'occasion d'un superbe porche néogothique qui se démarque notablement de l'architecture de base.

L'intérieur mérite une visite approfondie, pour sa pureté architecturale, avec sa nef voûtée à croisée d'ogives, comme pour la richesse du décor et du mobilier. Il a, en outre, bénéficié récemment d'une restauration très bien conduite. On verra en particulier des peintures intéressantes : Sainte-Thérèse d'Avila par Ludovico Mazanti (XVIIIe), une Annonciation XVIIIe (Montesanto) et une fresque représentant Sainte-Reine et Sainte-Sire. Parmi les statues, un Christ au Tombeau avec son retable en bois sculpté XVIe (Lulier), une statue de Saint-Roch en bois polychrome (XVIIe), la statuette miraculeuse de Notre-Dame de Gray (XVIIe). On verra aussi la chaire sculptée classée (1612), qui fait face à un Christ en bois XVIe, le baptistère en marbre, les stalles en bois sculpté XVIe et les vitraux.

La pièce maîtresse de la basilique est un arbre de Jessé monumental, au fond du chœur, derrière le maître-autel.

On admirera également l'orgue de 1728 de Valentin, transformé en 1758 par Riepp puis en 1834 par Callinet. Il est classé depuis 1973 et s'est trouvé à la base de la vaste restauration entreprise.

Ne pas manquer l'exploration des chapelles : celle consacrée à saint-Pierre Fourier et son reliquaire XVIIIe, la chapelle du Sacré-Cœur (XIXe) due, comme la précédente à Grandgirard, qui façonna également le tombeau de la chapelle Sainte-Philomène.

Hôtel de Ville. Il a la fière allure des hospices bourguignons comme celui de Nicolas Rolin à Beaune. Sa galerie d'arcades Renaissance (la construction date de 1568), aux colonnes de marbre de Sampan se retrouve photographiée sous toutes les coutures, comme le célèbre toit de tuiles vernissées à glaçure de plomb, pour promouvoir l'intérêt culturel de la cité. Il date de 1568 et constitue, avec le château-musée, le joyau du Vieux Gray.

Musée national de l'Esperanto ✆ 03 84 65 11 73. *Ouvert les mercredi et samedi de 15h à 18h, sur demande, rsgts* ✆ *03 84 65 11 73 ou 03 84 67 06 80.* Ce musée, unique en France, se consacre à cette langue d'amitié et de fraternité, vieux rêve babélien qui donne à tous les hommes de la planète un langage commun. A l'aide de divers documents, on découvre la genèse, le développement et l'application actuelle de cette généreuse idée. Aujourd'hui malheureusement, une langue universelle, qui s'appelle l'anglais, a supplanté l'esperanto.

Museum d'histoire naturelle. Place de la Sous-préfecture ✆ **03 84 65 06 15.** Des collections présentent la faune et la flore locale, présentées dans les locaux d'une ancienne école. Expositions temporaires dans les communs du château en saison.

Chapelle des Carmélites. *Ouvert de Pâques au 10 septembre, les samedis, dimanches et fêtes de 17h à 19h et sur rendez-vous, entrée gratuite, renseignements* ✆ **03 84 64 83 46** ou **03 84 65 08 24.** Cette chapelle a été aménagée en musée d'art religieux, présentant dans un cadre idéal des objets et œuvres de toutes les époques depuis le haut Moyen-Age.

Parmi les nombreuses vieilles pierres du quartier ancien, on note :

La Tour Saint Pierre Fourier XVIe ✆ **03 84 65 14 24.** Elle servit de refuge à Saint-Pierre Fourier et possède un bel escalier de bois pivotant.

L'ancien collège des Jésuites. Devenu le lycée Cournot, il date des débuts de la période française, puisqu'il fut construit sous Louis XIV. Son apparence actuelle date des remaniements du XIXe siècle, mais il garde quelques souvenirs précieux de la première construction. Voir également, de la même époque et dans la même rue (Grande Rue), la très belle pharmacie.

L'ancien présidial. La maison de justice du XVIIIe siècle abrite maintenant une boucherie-charcuterie où vous pourrez faire vos emplettes.

Balade en ville

On essaiera de stationner à proximité de la place Charles de Gaulle, où se trouve la "Maison Commune", au cœur de la vieille ville. C'est un lieu charmant, avec les arcades de la mairie et la basilique en perspective.

On choisira alors de s'orienter vers la rivière, et l'animation commerciale, ou de l'autre côté vers les vieux quartiers calmes. Vers la rue des Ursules par exemple, puis rue du Marché, en suivant au gré de l'envie les chemins de traverse.

Les crêpes et les pizzas à la Grignotière, rue Victor Hugo, près du restaurant de la Prévôté. Une partie rénovée tout près de la rue du Marché, l'Ilot de la Petite Fontaine.

On boit un verre au Saloon, un pub accueillant qui propose également des sandwichs et des croques, avec une terrasse devant la fontaine et le karaoké certains soirs. Près des bords de Saône, les terrasses se remplissent aux beaux jours, celle du Krystal, notamment, sans doute le plus animé de la place.

A proximité

Château de Saint-Loup. 70100 Saint-Loup Nantouard ✆ **03 84 32 75 69.** *Ouvert de juin à septembre inclus de 14h à 18h et d'octobre à mai inclus sur rendez-vous le dimanche, visites guidées pour groupes, sur demande (groupes de 12 à 15 personnes par visite), parc libre à la visite toute la journée.* Sur les bases d'une construction XIIIe siècle, ce bel ensemble remanié aux XVIII et XIXe siècle dans un style néogothique a de l'allure et un certain mystère. Propriété de la famille De Menthon, il est depuis peu ouvert au public et on visitera avec intérêt son intérieur aux belles boiseries. Quelques belles pièces de mobilier et des tableaux d'époque. On admirera également le parc qui offre un environnement gracieux à cette noble demeure. On en profitera même pour y faire quelques pas et quelques exercices de méditation.

Accès depuis Gray par la route de Vesoul : on tourne à gauche après Velesmes vers Saint-Loup Nantouard. Le château se trouve deux kilomètres plus loin, vers Sauvigney-lès-Gray.

Arc lès Gray. Parc Lamugnière ✆ **03 84 65 11 33.** *Visite gratuite.* Un joli parc fin XIXe, avec un jardin d'hiver, d'anciennes serres de collection et un mécanisme d'éolienne.

Mantoche *(7 km SO par D70).* Sur les bords de Saône, une halte agréable, ancien port fluvial d'importance, qui connut quelques rendez-vous avec l'histoire (Henri IV y passa la Saône avec Sully, notamment).

On verra le château XV-XVIIIe, embelli par les seigneurs de Champlitte, l'église XVIIIe qui possède un intérieur intéressant (une Vierge à l'Enfant notamment) et la fontaine XIXe sur laquelle trônait Napoléon III, que l'on déboulonna après le désastre sedanais pour le remplacer par un lion davantage représentatif du courage régional.

On casse la graine joliment aux Deux Virages ✆ **03 84 67 46 96.**

■ MANGER, DORMIR

Le Fer à cheval. 9, av. Carnot 70100 Gray ✆ **03 84 65 32 55.** *Chambres de 180 à 245 F.* Un Logis de France classique, bourgeoisement meublé et de bon confort en bordure de Saône. Equipements corrects pour des prix sans excès.

Le Bellevue. 1, av. Carnot 70100 Gray ✆ **03 84 65 47 76.** *15 chambres de 140 à 245 F.* Un Logis de France bien tenu par M. et Mme Paluzzano, et bien situé sur les bords de Saône. Chambres au style classique, correctement pourvues, table de tradition, bon service, précis en restant détendu.

Relais de la Prévôté. 6, rue du Marché 70100 Gray ✆ **03 84 65 10 08.** Le cadre a un cachet médiéval réussi et donne envie au touriste de passer un moment de gourmandise. La cuisine est un peu moins pittoresque, mais honnête et bien faite ; on s'en tiendra à une prudente tradition pour conserver toute satisfaction : jambon persillé maison, crépinette de truite aux lentilles, andouillette à la moutarde, poulet au vinaigre dans un bon menu à 133 F. Autre formules à 95 F et 145 F (jambon chaud sauce trompettes, millefeuille de joue de bœuf au safran).

Château de Rigny. Relais du Silence, Rigny 70100 Gray ✆ **03 84 65 25 01.** *Fermeture annuelle du 6 au 30 janvier. 24 chambres de 380 à 700 F. Chiens acceptés (uniquement à l'hôtel). Piscine, tennis. Menus 120 (à midi, boissons comprises), 190, 320 F. Carte 400 F.* Beau château XVIIe-XVIIIe siècle, entouré d'un parc de 5 ha et embelli d'une rivière et d'un étang. A des prix imbattables pour cette catégorie, tous les agréments d'une décoration raffinée (magnifique hall d'entrée), d'un service souriant, et d'une cuisine de bonne facture. En dehors du parfait menu du terroir au déjeuner, on trouvera, par exemple, pour 190 F et avec satisfaction, le saumon fumé et sa rillette d'olives noires, le croustillant de lapin au jus de carotte et la pêche pochée. VTT à disposition.

Château de Nantilly. 70100 Nantilly ✆ **03 84 67 78 00.** *Chambres de 400 à 800 F.* Luxe châtelain dans la campagne à cinq kilomètres à l'Ouest de Gray (accès par D2). Du raffinement dans chaque chambre qui n'exclut ni le bien-être, ni la décontraction, d'excellents équipements de détente (sauna, jacuzzi, piscine, tennis) à des tarifs qui n'ont, à ce niveau, rien d'effrayants. Le restaurant travaille la tradition avec recherche.

Chambres d'hôtes, fermes-auberges

La Source de l'Ermitage. Guy Jacquin 70100 Velesmes ✆ **03 84 32 75 45.** *Ouvert le week-end sur réservation.* Sur la route de Gray à Vesoul, près du château de Saint-Loup, un endroit simple et sympathique. Produits de la ferme, spécialités maison. Emplacement chevaux pour les randonneurs.

Camping

Camping municipal Longue Rive. Route de la plage ✆ **03 84 64 90 44 (ou 03 84 64 81 92 hors saison).** A proximité du centre nautique et de la plage, sur les bords de la rivière, un établissement très bien équipé pour le confort et les loisirs, verdure et ombrage en sus. 120 emplacements, branchements électriques, épicerie, bar, restaurant. Pour la détente, animations régulières, locations de vélos et, tout près, la plage, le mini-golf et les loisirs nautiques.

■ LOISIRS

Gray est une ville très active au chapitre culturel et de nombreuses manifestations sont organisées, notamment par les services culturels et sportifs de la ville.
Consulter Gray Loisirs Communication, service animation, place de l'Hôtel de Ville ✆ **03 84 64 81 92**, qui édite chaque mois un calendrier des manifestations (disponible auprès de l'Office de Tourisme).

Balade verte. Les promenades-détente sont préférentiellement liées à l'eau (Ile Sauzay, rives de la Saône), mais les méditatifs goûteront le charme du parc du musée Baron Martin, les ludiques celui de la Maison pour Tous, rue Moïse Lévy et les boulistes la place des Tilleuls.

Le Port. 1800 m de quais : vous pouvez être sûr d'amarrer votre house-boat où bon vous semble, les mariniers professionnels étant sensiblement moins nombreux que dans le passé. Les équipement sont très complets, la halte fluviale se trouvant en amont de l'écluse : gaz, fuel, eau, électricité, douche et téléphone.

Connoisseur Cruisers. Ile Sauzay 70100 Gray ✆ **03 84 64 95 20 - Fax 03 84 65 26 54.** Pas besoin de tourner le chapeau dans tous les sens : Connoisseur, tous les connaisseurs vous le diront, c'est le haut de gamme en matière de tourisme fluvial. Superbes bateaux, parfaitement équipés, qui transforment vraiment le voyage en agrément et non en galère. Les prix sont dans la norme (de 4 500 à 17 000 F selon la saison et le modèle) pour des bateaux intelligemment conçus et remarquablement aménagés. Depuis Gray, de nombreuses possibilités selon la durée de location, en aval ou en amont de la Saône, vers la Bourgogne ou la Lorraine.

Centre nautique ✆ **03 84 65 02 45.** Gray est une ville d'eau et son centre nautique est à la hauteur de la réputation : bassin de 25 m, pataugeoire et deuxième bassin aux formes courbes, desservi par un toboggan géant de 43 m.

Sur le plan d'eau, en amont de la plage, on peut pratiquer la plupart des sports nautiques, la plaisance, le ski nautique, et sur la Saône le canoë, l'aviron, etc.

Aéro-club de Gray ✆ **03 84 65 00 84.** Vols d'initiation, baptêmes, stages, formation aux brevets. Egalement, au même numéro, le Centre haut-saônois de vol à voile pour découvrir le ciel en planeur, une base ULM (formation, initiation, baptêmes) et un club d'aéromodélisme.

Randonnées pédestres. Les prétextes ne manquent pas alentour : en particulier dans la forêt des Hauts Bois avec son parcours santé, ses parcours de cross, ses chemins balisés, ses coins pique-nique.

Randonnées cyclistes et pédestres organisées régulièrement : une par mois, cycliste (dimanche ou tout le week-end suivant circuit) et une par mois également, pédestre, le samedi après-midi. Egalement des sorties ski.

Renseignements à l'office de tourisme. Ile Sauzay, ✆. 03 84 95 14 24

Centre équestre. Route de Noiron 70100 Gray ✆ **03 84 65 42 28.** Initiation, balades en forêt, excursions.

PESMES ET ALENTOURS

Syndicat d'initiative. Chemin des Tuileries 70140 Pesmes ✆ 03 84 31 23 37

Deux pôles d'attraction : les bords de l'Ognon, absolument charmants, et le vieux village, avec de fort nombreuses maisons anciennes en densité, qui permettent de faire un circuit-promenade intéressant à chaque instant. Pesmes est classé parmi les "plus beaux villages de France".

■ HISTOIRE

Les étymologistes et historiens qui s'y sont essayé se sont cassé les dents sur l'origine du nom, qui semble unique sur notre territoire. "Palme", contraction de "pech" et "mont" sont les étymologies couramment avancées. Une autre théorie serait d'origine latine, Pesmes dérivant de pessimum, "très mauvais" dans le sens de méchant. Cette explication est corroborée par une légende locale selon laquelle un gentil chevalier aurait tué un géant très cruel ("pesmes") pour gagner la main de la fille du roi de Bourgogne.

Si l'on n'a guère de documents mentionnant le village avant le XIe siècle, on sait de façon certaine que le site fut occupé à l'époque romaine (restes d'une villa).

Il est en outre à peu près établi que le bourg fut bâti, sinon fortifié, avant les premières mentions d'une forteresse, par une seigneurie déjà puissante et bien organisée. Les nombreuses attaques successives au cours du premier millénaire (Burgondes, fondateurs de la Bourgogne, Normands, Hongrois, Arabes) ont sans doute après leur passage laissé peu de traces des installations primitives. La position de la ville et son épanouissement laisse cependant penser à une fort longue histoire.

La main qui figure sur les armoiries de Pesmes tend une passerelle avec la légende : on dit que le chevalier victorieux du géant qui terrorisait le bourg apporta en gage de sa victoire les mains coupées de son adversaire. Ces armoiries n'apparaissent cependant qu'au XVe siècle.

L'histoire de Pesmes est liée à celle de ses seigneurs et de son château, passant de mains en mains, par alliance, conquêtes, guerres ou Révolution. On peut sans doute penser que si autant de belles et vieilles demeures ont été construites et préservées, c'est qu'une certaine prospérité, due sans doute à la puissance de la seigneurie autant qu'au dynamisme des marchands et bourgeois de Pesmes, a régné tout bien que mal depuis le Moyen Age. Une certaine part de chance a également poussé le destin de Pesmes dans le bon sens, lui permettant d'échapper, malgré de pénibles épidémies de peste, aux désastres ruineux.

C'est ainsi que, quinze ans avant la prise définitive de la ville par les troupes françaises, le roi d'Espagne donne l'occasion au seigneur de Pesmes d'ériger un haut fourneau à l'emplacement d'un ancien moulin détruit par un incendie. Les forges de Pesmes vont ainsi soutenir avantageusement, aux côtés de l'activité tuilière, l'économie locale durant deux siècles.

■ VISITE

L'office de tourisme vous fournira un plan de visite des principaux monuments. Il organise également des visites guidées. Il peut être également agréable de musarder au hasard des ruelles, l'essentiel étant concentré entre la porte Saint-Hilaire au nord, route de Gray et la rivière.

Le château. *Extérieurs du château, grande salle des gardes XIVe et XVe siècles, visite les mois de juillet-août et septembre : les dimanche, lundi, mardi, mercredi et jeudi de 10h à 12h et de 15h à 18h , possibilité de visites guidées, rsgts ✆ 03 84 31 21 92 ou 01 42 72 18 41.* La date de la construction n'est pas connue précisément, d'autant que l'on suppose qu'à cet emplacement, plusieurs édifications se sont succédé. Les vestiges plus anciens que l'on trouve actuellement datent sans doute du Xe siècle, la première mention des Sires de Pesmes, descendants de comtes de Bourgogne, datant du XIe siècle. En revanche, on sait que ce château possédait un donjon puissant et un très vaste corps de bâtiment, le tout entouré de fortifications et de fossés, renforcé au cours des siècles.

C'est au cours de la Guerre de Cent Ans que la ville entière sera fortifiée, les remparts rejoignant ceux du château. La tristement célèbre bande des Ecorcheurs prendra la ville en 1362, qui sera alors attaquée pour qu'on puisse les en déloger. 50 ans plus tard, une charte du Seigneur de Pesmes concède une franchise aux habitants qui peuvent à nouveau l'occuper et la défendre. Le XVIe siècle est assez florissant, les seigneurs de Pesmes et leurs épouses, en particulier Françoise de la Baume, travaillant à l'embellissement de la cité et du château. Henri IV y prend ses aises et séjourne une dizaine de jours en 1595, la ville s'étant gracieusement donnée à lui sans effusion de sang. La guerre de Dix ans (1636-1645) puis les attaques décisives des troupes de Louis XIV finiront par détruire les défenses de la ville, bien mise à mal jusqu'au traité de Nimègue qui apaise enfin la région. Le château reçoit sa forme définitive au XVIIIe siècle, en particulier les pavillons d'entrée, dont l'un est aujourd'hui l'hôtel de l'Aigle d'Or et l'autre l'école. A la Révolution, le château sera malheureusement définitivement détruit. Il ne reste que quelques éléments pour témoigner de son ancienne splendeur.

La Maison Royale. *De Pâques au 15 juin et du 1er au 30 septembre, week-end et jours fériés de 15h à 18h ; du 16 juin au 31 août : tous les jours, sauf le mardi de 15h à 18h ; pour les groupes, sur demande, rsgts ✆ 03 84 31 23 23.* On suppose qu'elle servit, à l'époque de sa construction finXVIIe siècle, de perception pour recueillir la dîme, impôt royal qui justifie l'appellation de cette maison. Les diverses denrées correspondant à cet impôt ("un dixième" prélevé sur la production) y étaient vraisemblablement entreposées.

L'édifice actuel est le fruit d'une reconstruction du XVIIIe siècle. Il est inscrit à l'inventaire supplémentaire des Monuments Historiques. Cette très belle demeure a été aménagée en centre historique. Sur place, expositions temporaires, chambres d'hôtes stylées et salles à louer pour réceptions.

L'Ancien Prieuré. Tout près de la Maison Royale, c'est une des plus anciennes constructions de la ville : il fut fondé au milieu du XIIe siècle par les bénédictins grâce à l'intervention du seigneur de Pesmes, Guillaume Ier. Les vestiges du bâtiment correspondent à l'habitation du prieur. On y verra également des fragments d'une fresque légèrement postérieure (début XIIIe).

L'église Saint-Hilaire. *Visite toute l'année, rsgts © 03 84 31 23 37.* L'église, classée monument historique, dont le clocher fut remanié en style comtois en 1774, possède un riche intérieur avec ses retables, l'un, en bois doré, sur le maître-autel, l'autre, en marbre rose, dans la chapelle d'Andelot. On y verra également une statue de la Vierge, exemple de l'art religieux bourguignon et des peintures signées d'artistes locaux, dont Jacob Prévost au XVIe siècle.

Chapelle Saint Roch. Rue des Châteaux. Cet ancien édifice religieux est une curiosité puisqu'il fut bâti sous la révolution et dédié à saint Roch, patron des pestiférés. Il succéda à une ancienne chapelle construite dans le quartier des Baraques, du nom des cabanes érigées à la hâte pour abriter les malades. On y trouvait, également pour eux, le "cimetière des Baraques" que l'on repère grâce à la Croix de Saint-Roch, toujours debout, et classée, près du couvent des Capucins. La chapelle reçut une éphémère consécration en 1790 puisqu'à la fin de la même année elle fut réquisitionnée par la commune et transformée progressivement en salle de spectacle (on l'appelle également "l'ancienne comédie") puis en école.

Hôtel de Châteaurouillaud © 03 84 31 21 41. *Du 1er mai au 1er juillet : les dimanches et jours fériés, de 15h à 18h ; du 1er juillet au 31 octobre : tous les jours sauf le mardi de 15h à 18h ; pour groupes sur demande, renseignements.* Cette noble demeure composée de deux bâtiments en L conserve certaines parties de la construction du XIVe siècle. Son histoire est liée de fort près à l'histoire de Pesmes, de sa seigneurie et ses seigneurs, et aux familles de Montrambert, sans doute les bâtisseurs du château, puis par alliances successives de Dammartin, de Rigney et de Châteaurouillaud. C'est l'un des Châteaurouillaud, Guyon, qui agrandit la maison au milieu du XVIe siècle. Sa belle-fille, de la puissante famille d'Andelot (les Andelot et les Châteaurouillaud réunis, voilà une belle affiche) hérite à la mort de son mari Antoine, tué au combat, de la fortune familiale et donc de la maison. Le domaine revient ensuite par vente aux seigneurs de Pesmes. La Révolution met un terme aux successions courtoises : le propriétaire, qui a participé à la fuite du roi, s'est lui même enfui chez les Alliés. Qu'importe ! on attrape son père, marquis de Choiseul-Stainville, que l'on guillotine proprement avant de vendre la maison des Châteaurouillaud. Le domaine devient alors une exploitation agricole et l'hôtel tombe en décrépitude. Il sera par la suite racheté par la commune avant d'être restauré et inscrit à l'inventaire supplémentaire des Monuments Historiques.

Balade en ville

Le circuit touristique passe par la **rue du Donjon** près des quais, les escaliers de la Roche qui grimpent vers la **rue des Châteaux** ainsi nommée parce qu'elle dessert les plus belles demeures de Pesmes, les hôtels Mairot, Grignet et Chateaurouillaud. On trouve alors les vestiges de la porte Loigerot avant d'emprunter la rue Sainte-Catherine qui mène à l'église. Au coin de la place de l'église, on verra la maison Granvelle, au beau portail portant la date de construction, 1575. L'édifice actuel est postérieur à un incendie qui détruisit la demeure en 1773.

On suit alors la **Grande Rue** qui était la voie principale du Pesmes médiéval. Elle est bordée de demeures anciennes qui étaient autant d'échoppes, de maisons de marchands, d'hôtels particuliers. On verra en particulier l'ancienne mairie qui remplissait également des fonctions juridiques. C'est dans cette rue que fut planté l'arbre de la liberté en 1794.

Agréable, la **place centrale des Promenades** arborée de platanes. On boit un verre en terrasse au café des Promenades ou au Centre. Etape à l'**Aigle d'Or**, sur la place centrale, ou à l'**Hôtel de France**. Un peu plus loin, juste de l'autre côté du pont, un restaurant aux allures gentiment modernes, le Jardin Gourmand. Etape nature à quelques kilomètres, près d'Aubigney dans un moulin aménagé, **le Vieux Moulin**.

On ira chiner chez **Jacques Girardot**, rue des Tanneurs, près du pont © **03 84 31 20 23** qui propose des meubles, des tableaux et bibelots de qualité. On achète les vins de Haute-Saône et du Jura au **Caveau Pesmois**, rue Saint-Hilaire © **03 84 31 27 99**.

Balade verte

Promenade sur les berges, donc, mais les gens du coin vont surtout pique-niquer sur l'**île de la Sauvageonne**, enlacée par la rivière. Elle se situe pratiquement au niveau de l'Hôtel de France.

Barques sur l'Ognon à la découverte de Pesmes, se renseigner à l'Office du tourisme. ✆ **03 84 31 23 37**.

Vous trouverez à l'Office de tourisme plusieurs propositions de promenades autour de Pesmes, l'environnement pierre et rivière se prêtant tout à fait à la marche à pied. En particulier la **Boucle des Louvières**, qui vous mène, après avoir pris la route de Malans (D181), par un petit chemin à travers champs puis bois jusqu'au point de vue du Chanoy, à 277 m d'altitude. On redescend ensuite par les bois du Gâtis pour rejoindre Chaumercenne.

Au nord de la ville, sur la route de Gray on verra l'ancien couvent des Capucins XVIIe qui fut fondé aux moment des grandes épidémies pour permettre aux religieux d'être plus proches des malades afin de les assister. L'église du couvent a été détruite à la révolution.

A proximité

Le château des Forges. *Ouvert du 15 juillet au 30 août de 14h30 à 18h30 tous les jours sauf le lundi, visites pour groupes sur demande, renseignements* ✆ *03 84 31 22 38*. En sortant de Pesmes en direction de Broye, on trouve l'ancien quartier des forges qui furent construites dans la deuxième moitié du XVIIe siècle. Très vite l'activité s'avère florissante et les ouvrages de fer fabriqués à Pesmes se taillent une solide réputation, participant notamment à la construction de la fonderie royale du Creusot. Malgré la Révolution et le changement de propriétaire (les forges sont devenues bien national et vendues), la prospérité demeure et le château du maître des forges, dont la première construction date du XVIIe siècle est rénové et agrandi par un architecte local pour Catherine Rochet, veuve du précédent propriétaire et nouvelle patronne des forges. Le château se présente comme un bâtiment assez classique en U, avec un corps principal à fronton triangulaire, schéma repris pour les bâtiments de la cour. Sur l'arrière, le jardin est embelli d'une orangerie bordée par l'Ognon qui dessine une île avec le canal. Le château est classé depuis 1992. On le visite en été.

Broye-lès-Pesmes (8 km O). Sur les bords de l'Ognon, à quelques kilomètres de sa jonction avec la Saône, Broye est une place de détente et d'histoire. Loisirs nautiques et fluviaux, halte fluviale au Port Saint-Pierre.

Un site anciennement occupé par les Romains : Broye fut l'une des possessions des chevaliers de Saint-Jean de Jérusalem sur le territoire de Pesmes (avec Aubigney et Montseugny). Voir également l'église XVIIIe avec son mobilier et statuaire intéressants, dont un crucifix XIVe.

On mange un morceau, dans un site agréable, au restaurant du Pont de Gina et Denis ✆ **03 84 31 60 61**.

Chaumercenne (5 km NE). A 5 km, ce beau village ancien peut être l'objet d'une promenade pédestre superbe au départ de Pesmes (voir plus haut). Il possède un riche patrimoine, avec une belle église paroissiale de la Nativité de Notre-Dame XVIe et son cadre-porche XVIIe, un château XVIIe-XVIIIe à deux tours carrées et plusieurs demeures anciennes, notamment sur la route de Valay, une maison XVIe où l'on remarquera dans l'angle une statuette représentant l'évêque et une ferme dont les bâtiments datent des XVI et XVIIe siècle, le plus ancien étant le plus éloigné de la route. L'ensemble est complété par un pigeonnier à base carrée.

Au carrefour entre les routes de Pesmes et Valay, une croix XVIIe comporte, dans une niche une Vierge de Pitié.

Montagney (8 km E). Un village viticole, dont l'activité fut florissante jusqu'au milieu du XIXe siècle. De cette période bénie subsistent de nombreuses maisons vigneronnes dont on envie, au plus fort de l'été, les frais caveaux. C'est un endroit plein de charme, à la lisière du département et dont l'environnement est ravissant (route de Sornay, balade vers l'Ognon par le GR, route de Chaumercenne).

Valay (9 km NE). Valay fut une importante place métallurgique au XIXe siècle, grâce à la richesse de son sol qui permettait d'extraire, au plus fort de l'industrie locale, de quoi produire 40 000 tonnes de fonte par an. On peut encore voir les forges, celle du Grand Valay et celles installées sur les vestiges de l'ancien château qui n'a conservé que des restes de tours.

Le bâtiment le plus important du lieu rassemble mairie, école et poste dans l'ancienne maison seigneuriale XVIIe. L'église n'est pas incontournable : reconstruite au XIXe siècle dans une veine néoclassique un peu pesant.

Etape très sympathique et simple au Vieux Relais.

■ MANGER, DORMIR

Les Jardins Gourmands. Route de Dole 70140 Pesmes ℗ **03 84 31 20 20.** Un aspect un peu fatigué, mais une table et une situation plaisantes, les spécialités comtoises à l'honneur pour le plaisir touristique : grenouilles, poissons de rivières, fritures et croûtes aux champignons ou aux morilles. Le service est agréable, les tarifs plutôt mesurés.

Hôtel de France. Rue Vanoise 70140 Pesmes ℗**. 03 84 31 20 05.** *10 chambres de 200 à 250 F.* C'est la bonne adresse pour séjourner. De la tradition, mais aussi du soin et du professionnalisme. Les chambres sont coquettement classiques, la table se tient bien, avec une authentique et sincère cuisine locale. On fait la lecture tranquillement, au coin de la cheminée et l'on prend très agréablement, les matins d'été, le petit déjeuner au jardin, en bordure d'Ognon.

L'Aigle d'Or. Place de l'Aigle d'Or 70140 Pesmes ℗ **03 84 31 21 09.** *Ouvert toute l'année. 10 chambres à 130 F. Petit déjeuner 20 F. Menus de 45 à 100 F. Carte 120 F.* Au centre du vieux Pesmes et à proximité des remparts, l'Aigle d'Or est la halte indiquée pour se trouver dans l'ambiance coutumière. Là où Napoléon venait roucouler avec une jolie fiancée lors de ses années de garnison à Auxonne, vous apprécierez une tradition savamment entretenue. A table, ne manquez bien sûr, ni la saucisse de Morteau, ni la cancoillotte. Tarifs très doux dans une grande simplicité.

Auberge du Vieux-Moulin. 70140 Aubigney ℗ **03 84 31 61 61.** *Ouvert toute l'année. 7 chambres de 300 à 370 F. Petit déjeuner 45 F. Menus de 100 à 200 F. Carte 200 F. CB.* L'accès est aisé et bien indiqué. Sur la route de Pesmes à Gray, on oblique à gauche vers Aubigney. Après deux km on trouve cet ancien moulin, dont la plus belle vue est sur l'arrière, en regardant la maison de face. Du charme, certes, mais un petit quelque chose de gênant, comme un manque de générosité pour une prestation avant tout commercial. Chambres minuscules aux salles de bain-placards, table correcte, rapport qualité/prix moyen. A 140 F, un feuilleté à la tomate, le poulet aux écrevisses et la glace vanille aux raisins macérés dans du marc de Bourgogne. Autres menus à 190 et 250 F. Pourrait-on espérer des croissants au petit déjeuner à la place des biscottes?

Chambres d'hôtes, fermes-auberges

M. Bonnefoy. 70140 Sauvigney-lès-Pesmes ℗ **03 84 31 21 01.** A 2 km au nord de Pesmes sur la route de Gray, un pavillon récent et fleuri où l'on est accueilli en famille, dans un environnement de tranquillité.

Ferme auberge La Marronière. Danièle et Pierre Fassenet 70150 Bonboillon ℗ **03 84 31 52 10.** *Ouvert tous les jours sauf le lundi, sur réservation pour particulier et groupes.* Près de Valay. Spécialités de poulet au comté, viandes, charlottes. Emplacement chevaux pour randonneurs équestres.

Camping

Camping de Pesmes La Colombière. Route de Dole ℗ **03 84 31 22 27 et mairie** ℗ **03 84 31 20 15.** Il est installé sur les bords de l'Ognon, au pied de l'ancien château.

■ LOISIRS

Base nautique de Pesmes ℗**. 03 84 31 28 21.** On y loue kayak et canoë, à l'heure, à la demi-journée ou à la journée. Egalement des VTT.

RIOZ ET LE SUD

FILAIN

Château de Filain ✆ 03 84 78 30 66. Maison forte et château des XV et XVIe siècles présentant une belle façade franc-comtoise et à l'intérieur une remarquable cheminée Renaissance. Le jardin à la française est en cours de restauration, très fleuri, bordé d'une rivière et animé des ébats des oiseaux. On y trouve une belle roseraie. On peut louer certaines salles pour des réceptions, des séminaires.

FONDREMAND (7 km NO par D5)

Dans la vallée de la Romaine, une cité historique qui reçut au XIe siècle une forteresse commandée par les Ducs de Bourgogne. Cette vallée fut longtemps propice au développement d'activités liées à l'eau, tanneries, scieries, moulins, alimentées par la rivière. Le bourg a pu ainsi vivre dans la prospérité plusieurs siècles et en hériter un patrimoine architectural important.

Château-Musée ✆ 03 84 78 23 05. Ce donjon rectangulaire a été fort bien préservé et fait encore l'orgueil des habitants : ses façades sont orientées selon les quatre points cardinaux et chapeautées d'un toit à quatre pentes. L'ouvrage est manifestement défensif : pratiquement pas de fenêtres, mais des ouvertures disséminées au hasard des étages comme des meurtrières. Au troisième étage est installé le musée d'Art et traditions populaires. Le donjon est flanqué d'une tourelle à laquelle on accède par une entrée séparée et un escalier à vis XVIe.

A proximité, un logis XVe-XVIe dont ne subsiste qu'une aile contenant une vaste cuisine d'époque, le reste du bâtiment datant de la reconstruction au XVIIIe siècle. Le parc du château abrite également un bâtiment fin gothique nommé **Château Gaillard**.

A voir également, dans l'enceinte fortifiée primitive, l'**église romane** classée (belle rosace sur la façade) comportant certains éléments gothiques et une chapelle XVe. L'intérieur est intéressant, avec sa statuaire et les tombeaux de la famille d'un seigneur bourguignon, Claude Maublanc et sa femme Catherine d'Anvers.

On termine la balade dans ce beau village médiéval par les maisons "espagnoles", les vieux pignons et linteaux gravés d'inscriptions très anciennes, les tourelles à colombiers, l'une des plus anciennes demeures étant l'hôtel des Monnaies XVe. Enfin le moulin a été restauré : la roue tourne à nouveau.

Le plan d'eau à côté du château (on verra le beau lavoir de 1584) sert de cadre à diverses manifestations, dont un spectacle historique son et lumière au 14 juillet.

Durant la période estivale, une exposition artisanale et artistique anime le village, qui sert également de cadre à des rencontres folkloriques internationales.

RIOZ

Au centre du "pays riolais", tout en forêts et vallons heureux, Rioz est un bourg paisible qui s'anime en saison autour de son lac : camping, activités nautiques, feu d'artifice sur le lac pour le 14 juillet.

Jolie route vallonnée à travers la forêt de Sorans pour parvenir à Montarlot-lès-Rioz, puis Cordonnet, où vous trouverez l'un des plus vieux tilleuls de Franche-Comté.

A proximité

Boult (8 km SO par D15). En suivant la Buthiers jusqu'à Sorans, on poursuit jusqu'à ce beau petit village dont l'église contient de superbes orgues signées Callinet. On ne peut manquer, au centre du bourg, la remarquable fontaine-lavoir.

Buthiers (10 km S par N57). Le château et la réserve naturelle.

Cirey-lès-Bellevaux (6 km E par D209). L'actuelle église de l'ancienne abbaye XIIe.

Maizières (10 km N par D5 et D33). Son église, restaurée en 1714, est classée.

Sorans (4 km S). Voir la maison forte, qui se présente comme un corps de ferme fortifié de très belle tenue. C'est un véritable fort, avec une tour de défense, des fossés emplis d'eau, mais aussi une ferme avec un moulin et une "garenne" pour s'approvisionner en bois de chauffage. C'est un site à la fois pittoresque et typique de ces "sous-châteaux" construits à partir du XIIIe siècle par la petite noblesse. Les murs sont épais (2,20 m par endroits), garnis d'archères canonnières. La maison possède un colombier et une chapelle, au premier étage du logis, qui possède encore des fresques XVe. La première "maison" aurait été construite en bois par Gérard de Sorans au milieu du XIIIe siècle, la pierre n'apparaissant qu'avec Jean de Semoutiers au XVe siècle, puis Etienne de Lambrey qui la renforce pour prévenir les attaques des Ligueurs au siècle suivant. Ce n'est qu'après le traité d'annexion de Nimègue que la vocation militaire s'affaiblira au profit d'un confort accru. La maison est transformée en exploitation rurale en activité jusqu'à nos jours, ce qui permettra de maintenir le logis en état.

Voray-sur-l'Ognon (10 km S par N57) Aux confins sud du département, un site touristique animé au bord de l'Ognon. Nombreuses activités sportives et de détente.

VALLEE DE L'OGNON

L'Ognon, qui prend sa source dans les Vosges, sert de frontière entre les départements du Doubs et de la Haute-Saône. C'est une vallée verte et sauvage entrecoupée par des villages. On pourra commencer la balade en pays doubiste pour quelques villages attractifs notamment Moncley et son beau château pour arriver en Haute-Saône et suivre la rivière jusqu'aux confins de la région, au ballon des Vosges. Quelques étapes importantes à Villersexel, Lure ou Rougemont.

MARNAY

1212 habitants. Au sud du département, entre Pesmes et Etuz, mais également à une vingtaine de kilomètres seulement de Besançon, Marnay est le sympathique chef-lieu d'un canton qui compte dix-huit communes.

Cette région rurale, après s'être dépeuplée dans la première moitié du siècle, reprend de saines couleurs démographiques : sa population augmente régulièrement depuis trente ans. Le canton de Marnay compte près de 5 000 habitants.

C'est l'Ognon qui arrose le bourg, ce qui indique suffisamment que les pêcheurs se sentent à l'aise dans le coin (il borde la moitié des communes du canton).

Le village est accueillant et fleuri. Sa création est due historiquement à la présence d'un promontoire que l'Ognon contourne et qui fut choisi au Moyen Age pour recevoir une forteresse. Il n'en reste que quelques ruines, mais le village s'est développé là, au pied du château et en bordure de rivière. Sous la domination de l'Empire, on construisit de luxueuses habitations dont certaines sont encore debout, comme l'Hôtel de Santans qui abrite aujourd'hui l'hôtel de ville. A son apogée, le pays de Marnay, possession de la famille de Gorrevod fut élevé au rang de marquisat.

Outre l'hôtel de ville, on verra également l'église Saint-Symphorien, la tour carrée et quelques vieilles pierres. On fait étape à l'hôtel du Commerce ou à l'hôtel de Paris.

■ MANGER, DORMIR

Le Logis Comtois. 111, rue du Général Charles de Gaulle 70190 Rioz ✆ 03 84 91 83 83. La meilleure adresse du Pays Riolais.

Hôtel du Commerce. 64 Grande-Rue, Marnay ✆ 03 84 31 74 88. *16 chambres de 120 à 180 F.* Un hôtel d'étape avec un restaurant classique (menu 60, 95 F).

Ferme-Auberge

Ferme auberge l'Aieule. M. et Mme Py, les Monnins 70230 Filain ✆ 03 84 78 31 07. *Ouvert le soir, les jeudis, vendredis et samedis, dimanche midi sur réservation tous les jours pour les groupes, fermé le lundi.* Spécialité de poulet à la crème, pintade au Champlitte. Emplacement chevaux pour les randonneurs.

Camping

Camping de Marnay ✆ **03 84 31 73 16 ou 03 84 31 74 42 (mairie).** Un camping deux étoiles ouvert en saison (de mai à septembre) bien équipé avec des jeux pour enfants (toboggan, manèges) et des possibilités sportives diverses (volley, ping-pong, boules).

■ LOISIRS

Randonnées pédestres

200 km de sentiers balisés. Chaque circuit comporte une fiche descriptive.

Location VTT

Cycles Cornu. Voray-sur-l'Ognon ✆ 03 81 56 91 39

Maison Familiale. Rioz ✆ 03 84 91 81 94

Café du Pont. Cirey lès Bellevaux ✆ 03 84 91 82 31

Base ULM

Hameau de Rochefort. Chaux-la-Lotière. Ouvert chaque week-end.

Equitation

Ranch de Chateu. M. Burgerey, Cirey-lès-Bellevaux ✆ 03 84 91 87 36. Circuits à partir d'une heure pour cavaliers tous niveaux.

Mini-golf

Maison Familiale. Rioz ✆ 03 84 91 81 94

Baignade

A Rioz : au lac, près du camping

A Fondremand : source de la Romaine. Prêt de radeaux.

Sur l'Ognon : la baignade est possible mais non surveillée en certains endroits.

Canoë-kayak

Café du Pont. Cirey lès Bellevaux ✆ 03 84 91 82 31. Location

Ecole Française de canoë - kayak la Voraysienne. Voray-sur- l'Ognon ✆ 03 81 56 89 29. Initiation, perfectionnement, randonnée touristique, stages. Location simple. Encadrement par moniteurs diplômés.

Pêche

On pêche en 2e catégorie sur l'Ognon, en 1re catégorie sur le ruisseau de Malgérard, la Quenoche et la Buthiers. Egalement sur le lac de Rioz.

Visite et goûters à la Ferme.

Patricia et Christian Bernard. Ferme d'Ageot, 70500 Jonvelle ✆ 03 84 92 51 21

F. et J. Rohart. Rue du Champ de l'Ecu, 70000 Chazelot ✆ 03 84 78 29 45

P. et B. Jeannin. Ferme de Bellevue. 70110 Courchaton ✆. 03 84 20 25 11

M. E. et G. Roussel. rue Bonnaventure, 70000 Noroy le Bourg ✆ 03 84 78 72 29

Claudine Pelleteret. 70110 Oricourt ✆ 03 84 78 77 44

P. et J-L. Cautenet. Ferme du Charmont. 70000 Dampvalley ✆ 03 84 78 72 52

Michèle et Bernard Ligey. Rue Haute, 70000 Noroy le Bourg ✆ 03 84 78 72 65

Laurent Rivet. 70700 Vantoux et Longevelle ✆ 03 84 32 91 61

Agnès et Yves Vancon. les Hanguelles, 70280 St Bresson ✆ 03 84 94 44 18

Elisabeth et Daniel Gavoille. Les Guidons, 70270 Melisey ✆ 03 84 63 20 43

B. et B. Oudot. 214, bd Blanzey, 70220 Fougerolles ✆ 03 84 49 12 76

 QUIZZ KLEBER

Le Territoire de Belfort

1. Quel ancien maire de Belfort est ministre de l'Intérieur en 1998 ?

2. Quel sommet se partage entre quatre départements, dont le Territoire de Belfort ?

3. Quel célèbre festival de rock a lieu à Belfort chaque été ?

4. Comment s'appelle la grande base de loisirs proche de Belfort ?

5. Quel village abrite une célèbre forge-musée ?

6. Quelle célèbre marque d'horloges et de machines à écrire était installée à Beaucourt ?

7. Quel maréchal de France a son tilleul à Fontaine ?

8. Dans quelle cité trouve-t-on la maison des Cariatides ?

9. Quel saint résista à la tentation du diable et donne son nom à un village au sud du département ?

10. Quel nom porte la galette aux framboises, spécialité des pâtissiers du territoire ?

Réponses 1. Jean-Pierre Chevènement - 2. Le ballon d'Alsace - 3. les Eurockéennes - 4. Le Malsaucy - 5. Etueffont - 6. Japy - 7. Turenne - 8. Delle 9. Saint Dizier - 10. Le Belflore

TERRITOIRE DE BELFORT

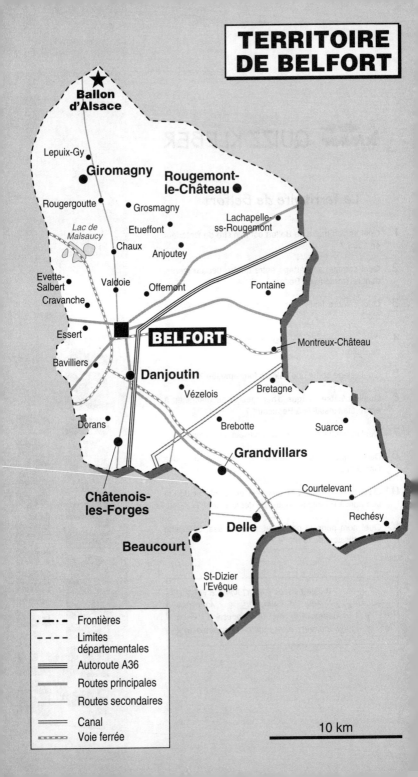

TERRITOIRE DE BELFORT

Le Territoire de Belfort est le plus petit département de France. Ville : Belfort (préfecture) 50 000 habitants (77 000 avec agglomération).

Ce jeune département fut créé à la suite du fameux siège héroïque de Belfort en 1871. Malgré l'annexion de l'Alsace à l'Allemagne, cette partie du département du Haut-Rhin fut conservée à la France sous le nom de "Territoire de Belfort" et reçut le statut de département après la Première Guerre Mondiale en 1922.

Il occupe 609 km2 pour 134 000 habitants, soit une densité de 220 ha/km2 (contre 100 en moyenne nationale), ce qui ne l'empêche pas de posséder un patrimoine naturel remarquable, avec une partie du Parc Naturel Régional des Ballons des Vosges (dont le Ballon d'Alsace), la réserve du Malsaucy et le Sundgau belfortain, au sud, contre la frontière suisse.

Offices de tourisme et centrales de réservations

Belfort et Territoire de Belfort. 2bis, rue Clemenceau 90000 Belfort ✆ 03 84 55 90 90 - Fax 03 84 55 90 99.

Delle 90100. Halle des Cinq Fontaines ✆ 03 84 36 03 06

Giromagny 90200. Parc du paradis des Loups ✆ 03 84 29 09 00

Loisirs-Accueil Haute-Saône et Territoire de Belfort. Maison du Tourisme. 6, rue des Bains, BP 117 - 70002 Vesoul cedex ✆ 03 84 75 43 66 - Fax 03 84 76 54 31

Gîtes de France Territoire de Belfort. 2bis, rue Clemenceau ✆ 03 84 21 27 95

Distances

Belfort se trouve à 500 km de Paris, 350 de Lyon, 140 de Strasbourg, 80 de Bâle et 400 de Milan.

Liaisons

Belfort est desservie par la route, sur l'axe Stuttgart-Lyon A 36 et par avion, à 40 mn de l' "Euroairport" Mulhouse-Bâle-Fribourg. Par l'autoroute, continue, il faut compter environ 4h pour relier Paris à Belfort.

Transports

La CTRB, Compagnie des Transports de la Région de Belfort, assure la liaison de la préfecture avec pratiquement tous les villages du Territoire. Ci-dessous les lignes et les terminus correspondants.

Les lignes 1 à 5 desservent entièrement Belfort et son agglomération. Ligne 6 : Roppe. Ligne 15 : Autrechêne. Ligne 17 : Evette-Salbert. Ligne 29 : Sochaux-Montbéliard. Ligne 30 : Beaucourt. Ligne 31 : Delle. Ligne 32 : Rechesy. Ligne 33 : Fontaine (par Foussemagne). Ligne 34 : La Chapelle-sous-Rougemont. Ligne 35 : Rougemont-le-Château. Ligne 36 : Anjoutey. Ligne 37 : Malvaux par Giromagny. Ligne 38 : Auxelles-Haut. Ligne 40 : Echenans

Emploi

Malgré les épisodes négatifs comme celui de Bull ou de Gigastorage, le Territoire de Belfort est celui, des quatre départements francs-comtois, qui a créé le plus d'emplois depuis 1990, avec une progression de 3,5 % contre 0,5 % pour le Doubs. Dans le Jura et la Haute-Saône, le solde est négatif, puisque l'offre d'emploi a diminué respectivement de 0,5 % et de 2,2 %.

La presse économique ne manque pas de souligner à l'occasion le fort potentiel de Belfort, siège de GEC Alsthom, située à dix kilomètres de la plus grosse usine de France en nombre de salariés : Peugeot-Sochaux. Peugeot est d'ailleurs le second employeur dans le Territoire de Belfort. Le taux de chômage en Territoire de Belfort est de 10,9 % (12,1 % au niveau national).

Le Petit Futé sur internet : info@petitfute.com

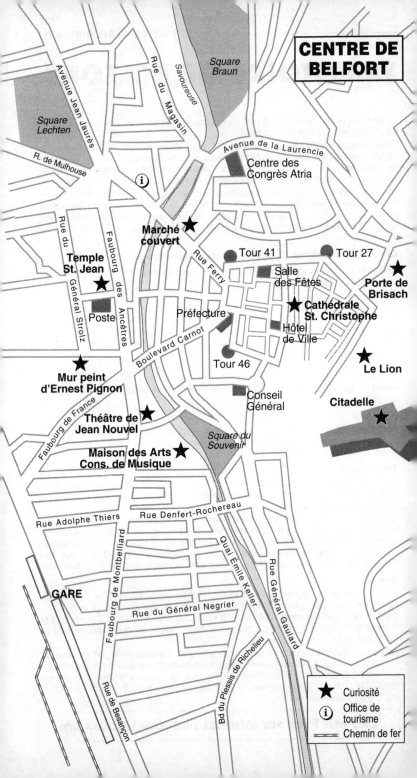

BELFORT ET SA REGION

BELFORT

Office de Tourisme de Belfort et du Territoire de Belfort. 2bis, rue Clemenceau 90000 Belfort ✆ 03 84 55 90 90 - Fax 03 84 55 90 99

50 125 Belfortains. Préfecture du Territoire de Belfort.

■ HISTOIRE

L'actuelle préfecture ne commence à être mentionnée qu'au XIIIe siècle. Si l'on sait que l'occupation de la région remonte au mésolithique, c'est-à-dire environ 6 000 avant J.-C., c'est autour du Ve millénaire avant notre ère qu'un peuple venu de l'est s'installe pour produire petit à petit une zone rurale dans les champs de l'actuelle Trouée. A l'époque romaine, ce sont les Séquanes qui occupent le terrain, puis les Germains d'Arioviste, avant que celui-ci ne soit chassé par Jules César. La ville romaine la plus importante est alors Mandeure (voir "Doubs"). Cependant les richesses naturelles commencent à intéresser les bâtisseurs des premiers siècles : le minerai est exploité autour d'Offemont, Danjoutin et autour de l'actuelle Belfort qui n'est alors sans doute qu'un hameau.

Les Burgondes, avant les Francs, apportent un véritable développement en perfectionnant les techniques d'extraction et la fabrication des outils, tandis que le christianisme s'étend sous les descendants de Clovis (la région est évangélisée par un moine venu de Bretagne, premier évêque, portant le nom de Saint-Dizier et qui périra assassiné).

L'histoire de Belfort rejoint alors l'histoire de la France et de ses zones frontalières. C'est que la Lotharingie tombe dans l'escarcelle de l'Empire, sous la mainmise des comtes de Ferrette puis de Montbéliard au prix de conflits qui se soldent par le traité de Grandvillars en 1226. Les Habsbourg prennent possession du terrain à la fin du XIIIe siècle (Rodolphe Ier), avec Delle, puis Belfort qui seront toutes deux affranchies au début du XIVe siècle. C'est pourtant Giromagny, avec son minerai et notamment l'argent qui lui apporte prospérité, qui constitue le centre le plus important à la fin du Moyen Age. Comme ailleurs, le Territoire est en butte aux conflits d'états et de religions : Belfort apparaît curieusement (Luther et Calvin ne sont pourtant pas loin) comme un fief catholique qui résiste fermement aux Réformés.

C'est l'annexion de la Franche-Comté en 1674, entérinée par le traité de Nimègue, qui va orienter le destin de Belfort vers celui d'une place forte d'importance capitale dans l'est de la France. Vauban étudie la question et bâtit une puissante citadelle en forme de pentagone pour parer aux attaques d'outre-Rhin. Belfort est militaire, quand Giromagny et Delle, ainsi que l'axe Beaucourt-Grandvillars ont tout pour devenir industrielles et commerçantes.

Belfort, au début du XIXe siècle, se renforce encore, donnant, par sa puissance, une certaine sécurité aux habitants et s'assure, malgré son peu de poids économique, un développement certain. Le château est construit entre 1817 et 1840, sous le commandement du Général Haxo. C'est cependant le retentissement du siège de 1870 qui offrira à la ville une notoriété extraordinaire. Durant 103 jours, Denfert-Rochereau et ses troupes résistent aux Prussiens qui ne pourront jamais la prendre. La guerre est finie, l'armistice signé, et Belfort refuse toujours de se rendre. Il faudra un ordre irrévocable pour que le général finisse par donner les clefs d'une ville insoumise le 14 février 1871. Cet épisode de courage et de ténacité influencera les choix de découpage futur : le Territoire, groupement d'une centaine de communes autour de Belfort, est détaché du département du Haut-Rhin, devenu allemand, et rattaché à la France.

Index général à la fin de ce guide

C'est ainsi que Belfort devient un centre économique d'importance : par le prestige (tout le monde connaît la ville) et sa nouvelle importance stratégique, point de liaison privilégiée entre l'Alsace et la France. De nombreuses entreprises s'y installent pour se développer, et dès lors, Belfort, jusqu'à aujourd'hui, se montrera à la pointe de l'économie régionale, pôle technologique et commercial de première importance entre France, Suisse et Allemagne.

La ville voit sa population quintupler entre les deux guerres pour atteindre 40 000 habitants. Les conflits du XXe siècle ralentiront cette progression tout en délimitant de façon durable les attributions et les activités du Territoire : une agriculture devenue modeste, une industrie dynamique dans les secteurs de pointe et un peu essoufflée dans ses composantes historiques (mines, travail du fer) et une identité finalement marquée pour ce département de 609 km2 qui sait encore faire entendre sa voix, dans sa région de Franche-Comté comme au niveau national.

Pour ce qui est de l'actualité, son premier adjoint et ancien maire, Jean-Pierre Chevènement, chef du Mouvement des Citoyens et anti-maastrichtien, ancien ministre des Armées, est l'actuel Ministre de l'Intérieur. La ville a plutôt mal vécu l'épisode Gigastorage, une grande usine de fabrication de disques informatiques, source potentielle de nombreux emplois et qui a dû finalement jeter l'éponge, menaçant de chômage ses 220 salariés, malgré le ferme soutien et l'engagement du président du Conseil général Christian Proust. Les Belfortains ont également d'autres soucis avec les projets qui s'attaquent à leur environnement : si l'un d'entre eux semble hors course (le Canal du Rhône au Rhin), l'autre (développement de l'aéroport de Fontaine pour servir de base à l'entreprise DHL) est encore à l'étude.

L'entreprise la plus importante de l'agglomération est GEC Alsthom, qui produit ici les turbines qui alimentent les centrales thermiques et les barrages.

La ville est aussi connue par son festival musical, les Eurockéennes de Belfort.

■ VISITE

Les fortifications. Vauban dessina les plans du pentagone et assura la réalisation de l'édifice à la fin du XVIIe siècle ; Haxo poursuivit l'œuvre entreprise en complétant par le château actuel et par des éléments modernes de défense (casemates). L'ensemble a été fort bien préservé, avec ses bastions, et la Roche, contre laquelle veille le Lion, surmontée par la caserne construite par Haxo.

On entamera par exemple la visite par la **porte Brisach**, une des portes d'origine (1687) des fortifications. On poursuivra de tours en fortins, **fort de la Miotte**, **fort de la Justice**, qui formaient avec le **fort du Vallon** la défense principale de la ville. La tour de la Miotte a une origine très ancienne (on parlait de la pierre de la Miotte) et de nombreuses légendes circulent sur cet édifice, les parents racontant notamment à leurs enfants que leur petit frère ou leur petite sœur avait été apporté par une cigogne en haut de la tour.

Le château. Construit au début du XIXe siècle, il contribua à asseoir la défense de la ville, avec ses casemates où logeaient les batteries et la caserne. De la construction primitive du Moyen Âge ne subsiste que la Tour des Bourgeois. Des visites guidées ont lieu de juin à octobre. Il abrite aujourd'hui le musée d'art et d'histoire.

Les mercredis du château, du 15 juillet au 31 août, voient se dérouler en plein air des concerts de musique gratuits.

Entre le 15 juin et le 15 juillet, les casemates aménagées accueillent des soirées cabaret "Nuits d'été au château".

Musée d'art et d'histoire. Château de Belfort ☏ *03 84 54 25 51. Ouvert du 1er octobre au 30 avril de 10h à 12h et de 14h à 17h sauf mardi. Du 1er mai au 30 septembre tous les jours de 10h à 19h.* C'est le premier musée du département par la richesse de ses collections. C'est aussi un lieu d'histoire remarquable, puisqu'aménagé dans le cadre historique du château. Il date de 1872 et regroupe l'histoire de la ville et du territoire depuis ses origines, ainsi qu'un fonds artistique remarquable. La collection d'archéologie recense les résultats des fouilles des grottes de Cravanche, de la nécropole de Bourogne et des vestiges romains. Une collection d'armes, uniformes et emblèmes et des œuvres d'art militaire retracent l'histoire locale, avec quelques objets personnels des héros de la ville : épée de Lecourbe, vêtements de Denfert-Rochereau.

La partie artistique est le fruit de plusieurs legs et donations qui ont permis de rassembler des œuvres importantes, peintures (Doré, Dürer) et sculptures (Rodin, Dalou), le musée se spécialisant dans ses nouvelles acquisitions vers l'art contemporain et les plasticiens.
A l'intérieur des fortifications, près du château, la Tour 46 est un nouvel espace destiné à accueillir des expositions temporaires organisées par le FRAC local (Fonds Régional d'Art Contemporain).

La cathédrale Saint-Christophe. Cette construction de grès rose fut élevée en vingt-trois ans, entre 1727 et 1750, au seuil de la vieille ville. Elle est aujourd'hui particulièrement célèbre pour ses orgues de Valtrin, restaurées une première fois par les frères Callinet au XIXe siècle, et à nouveau dans les années 60.

L'hôtel de ville. Cet ancien hôtel particulier fut bâti par François Noblat en 1724.

L'ancien arsenal. Il est devenu l'Hôtel du Gouverneur et se trouve sur la place de l'Arsenal. Sur cette place s'élevait la porte de l'Horloge (1636-1936), devant laquelle, le 29 juin 1636, Louis de Champagne, comte de la Suze au nom du roi Louis XIV reçut les clefs de la ville de Belfort, dès lors définitivement française.

L'Hôtel Seigneurial. Cette ancienne halle aux grains est le plus ancien monument de la ville. Il fut reconstruit dans le grès rose typique de la région à la fin du XVIe siècle.

Le Lion de Belfort. C'est dès 1871 que la municipalité, alors que la ville est encore sous occupation allemande, décide de commémorer la résistance acharnée des Belfortains sous le commandement de Denfert-Rochereau lors du siège de 103 jours. La commande est passée auprès de Auguste Bartholdi, qui a l'avantage d'être déjà connu et d'être originaire d'un "pays cousin" puisque né à Colmar. L'allégorie retenue est celle du lion, courageux, puissant et résistant.

Bartholdi représente tout d'abord son projet en peinture - un lion accroupi - sur la paroi rocheuse : la toile s'envole, mais l'artiste se rend compte que l'effet sera plus saisissant si le fauve est couché, prêt à bondir sur ses assaillants éventuels. L'idée est adoptée et la maquette terminée en septembre 1875. L'œuvre elle-même est entièrement terminée en septembre 1879, mais pour de sombres raisons politico-financières opposant le sculpteur à la municipalité du moment, le monument ne sera jamais inauguré officiellement. De tristes et longs procès opposeront les politiques entre eux, et l'artiste à la ville (une souscription avait été lancée pour la construction du lion, mais son succès avait été tel qu'il restait de l'argent lorsque le travail fut fini : c'est ce reliquat, qui, entre autres, attisait les jalousies, en dehors du fait que certains Belfortains, et au sein même de la municipalité, se déclaraient peu satisfaits par la représentation de leur résistance sous la forme de ce lion couché).

En compensation à ces diverses tracasseries, le maire Parisot, en 1880, émit le souhait d'offrir à Bartholdi une médaille d'or frappée aux armes de la ville. Là encore, l'initiative déchaîna les passions : il y eut un nouveau procès et la médaille ne fut jamais exécutée.

Pourtant, aujourd'hui, le Lion est une représentation connue du monde entier et un véritable emblème. Cette statue de grès rose gardant la citadelle a 22 m de long pour 11 m de hauteur, dans des proportions et des lignes sobres et harmonieuses. Sous sa patte, le fauve serein écrase une flèche, un trait ennemi qui ne peut atteindre la ville, si bien défendue. Le Lion de Belfort est classé Monument Historique depuis 1931. Une réplique est postée sur la place Denfert-Rochereau, à Paris.

Ancien couvent des Capucins. En face de la maison des Arts, on aperçoit les fondations du couvent des capucins fondé en 1619 à la demande de l'architecte Leopold d'Autriche dont dépendait Belfort et la Haute Alsace. Disciples d'un ordre mendiant rattaché aux franciscains, les capucins s'implantèrent à Belfort pour stopper la propagation de la Réforme qui s'était développée à Bâle, Mulhouse et surtout Montbéliard. Les fouilles archéologiques ont montré que les bâtiments qui succédèrent à une ancienne léproserie s'organisèrent autour d'un cloître disposant en son centre d'un puits. Au nord s'élevait la chapelle, à l'est un corps de bâtiment fut ajouté en 1766. Le jardin et un verger complétait l'ensemble sud. L'hôpital militaire prit possession des lieux en 1792 et se constitua ensuite par étapes jusqu'en 1914. Les derniers bâtiments de l'ancien couvent disparurent lors d'un incendie en 1883.

Le monument des trois sièges. Place de la République, on verra une sculpture à trois personnages qui confirme la vocation résistante de la ville : Denfert-Rochereau (1823-1878), acteur principal pendant le siège de 1870-71 ; le commandant Legrand (1759-1824), qui lutta en 1813-14 contre l'ennemi pendant 113 jours avec le concours de la population ; le général Claude-Jacques Lecourbe, qui donne son nom à une fort longue rue du XVe arrondissement parisien, est un autre héros de la ville, qu'il défendit, au prix de sa vie, en 1815. On trouvera, dans la Grand-Rue, une plaque sur un immeuble remplaçant l'hôtel particulier où il décéda le 22 octobre 1815.

Balade en ville

La Savoureuse sert de ligne de démarcation entre une partie moderne et commerçante et la vieille ville où se concentre la grande histoire de Belfort, autour de la citadelle en pentagone construite par Vauban et défendue par Denfert-Rochereau.

La promenade François Mitterand le long de la Savoureuse est très agréable. Au bord de la petite rivière, on passe la passerelle des Arts, on aperçoit la piscine Richelieu, la gare, la maison des Arts. C'est une balade verte et citadine qui présente tous les aspects de la ville.

Aujourd'hui, la **place d'Armes**, centre de la ville ancienne recueille l'affluence touristique avec son animation de bars et restaurants, mais aussi sa belle église Saint Christophe en grès rose et la mairie. Le boulevard Carnot, bordé de boutiques, mène sur l'autre rive, avec ses immeubles modernes et ses places commerçantes.

La grande rue piétonne est le **faubourg de France**, dans l'alignement du boulevard Carnot. Une très large artère qui évite le piétinement même le samedi après-midi. A proximité, un espace commercial récent avec ses bars, pizzerias, saladeries et "patateria" (le Terroir), restaurant (le Carré d'As) et cinémas Alpha. Le dépaysement évoque davantage Aulnay-sous-Bois que le Territoire de Belfort, et la galerie commerciale à un étage manque encore un peu de gaieté. On trouve en revanche un bar très animé, le Bartholdi, sur la place intérieure par laquelle on rejoint la rue piétonne.

A voir au passage, le long de la rivière, **l'église luthérienne Saint-Jean** et **le théâtre**. Rénové par Jean Nouvel en 1983, il présente des volumes intéressants à l'arrière du bâtiment. C'est une œuvre de jeunesse de l'architecte de l'institut du Monde Arabe qui a, depuis, su imposer son style.

Outre celle de la FNAC, la librairie la plus importante et la mieux fournie de Belfort est le Forum, rue du Faubourg de France.

On notera au cours de la balade, dans cette ville connue pour son architecture militaire, de nombreuses œuvres contemporaines intéressantes (outre le théâtre) : les colonnes de Guy de Rougemont, les sculptures de Michel Gérard sur la place du Marché des Vosges ou encore la fameuse fresque d'Ernest Pignon Ernest sur les façades d'un immeuble moderne en U.

Détente autour des fontaines, place de la Grande et de la Petite Fontaine, place de l'Etuve, jolie et ombragée d'arbres, avec la Fontaine aux trois chiens de Paul Rebeyrolle. Très agréable square Lechten, avec ses pièces d'eau et ses grands arbres, square de la Roseraie, avec ses roses bien sûr.

Outre le Lion, on notera une autre œuvre de Bartholdi place de la République : le monument des Trois Sièges. Sur la place d'Armes, le monument **Quand-Même** signé Mercier fut élevé comme une sorte d'hommage discret au "Lion" controversé.

Le lion est devenu, depuis la résistance de Denfert-Rochereau et de ses troupes, l'emblème de la ville. Outre le modèle original, au pied du château, on en voit plusieurs, dessinés ou statufiés, au hasard de la promenade (par exemple rue de la Porte de France, au-dessus d'une épicerie).

Le général Kléber. Le fameux général napoléonien, s'il est bien né à Strasbourg en 1753, devint Belfortain d'adoption en devenant, par sa formation d'architecte, inspecteur des monuments de Belfort à la Révolution. Il participa notamment à la construction de l'hôtel de ville et d'autres bâtiments du Territoire, en particulier l'église de Chèvremont.

Balade verte

On se promène dans le **square Lechten** qui fut créé par le jardinier, Emile de son prénom, qui lui a donné son nom dans les années 20. Son œuvre - on peut employer le terme pour ces compositions de parterres sur le principe des mosaïques - est une très réjouissante découverte. Le jardin est ouvert du lever du jour à la tombée de la nuit toute l'année.

A connaître également, le square Carlos Bohn, un tantinet art Déco (il fut réaménagé dans les années 30), avec son kiosque et une très belle roseraie. Egalement ouvert du lever du jour à la tombée de la nuit toute l'année.

Les randonnées pédestres sont une des activités les mieux "vendues" par la région en matière de tourisme. L'office de tourisme propose des circuits à travers tout le Territoire et où rien n'est laissé au hasard. ✆ **03 84 55 90 90**.

Quelques exemples :

Etang de Forges, durée 1h-1h30

Ballon d'Alsace, durée 1h30-2h

Etueffont, durée 1h30-2h

Malsaucy, Evette-Salvert, durée 1h

Le tourisme équestre est au même égard très prisé ici. Toutes les possibilités en la matière vous seront proposées par le **Comité départemental de tourisme équestre**. 44, rue des Magnolias 90160 Bessoncourt ✆ 03 84 29 92 04.

■ PRODUITS REGIONAUX

Laiterie de la Miotte, rue Jules Michelet : grand choix de fromages régionaux affinés. Morbier, comté, Mont d'or.

On achète sa charcuterie chez **Eich** avec les spécialités du territoire : les volailles de Vétrigne, l'Epaule du Ballon.

Au **Centre commercial 4 As**, des magasins franchisés et un coin pratique pour faire ses courses en avalant un sandwich.

■ MANGER, DORMIR

Bars, brasseries

On se retrouve en force au **Brussel's Café** (voir "restaurants"), place d'Armes ou, à côté, au **café des Marronniers**.

Le soir, on flânera du côté de la Grand'Rue, qui n'est pas, malgré son nom, la rue commerçante de la ville, mais une petite allée transversale, sans doute naguère importante dans la vieille ville, et qui rassemble aujourd'hui quelques adresses branchées, comme cette librairie-café, la **Fée Mélusine**, où les penseurs peuvent manger de la salade. Au **Djurdjura**, les couscous et une grosse animation à **la Strada**, une grande trattoria où l'on s'attable avec le tout-Belfort devant pizzas et pâtes. C'est aussi dans cette rue que l'on trouve une des tables cotées de la ville, **le Pot-au-feu**.

Le couscous encore **au Jardin d'Aladin**. 3, rue du Comte de la Suze ✆ 03 84 22 25 25.

On mange très bien au **Bar du Palais**, 12, rue Metz-Juteau.

A suivre encore, rue Pierre Dreyfus-Schmidt, les **Moules à la folie**, dont l'appellation dispense de commentaires (nombreuses bières belges pour accompagner une large gamme de préparation mytilophiles). En face, faisant le coin avec le boulevard Carnot, un pub soft et accueillant, le **Finnegan's**, avec un grand choix de pressions. Des banquettes moelleuses et des tableaux noirs annoncent la promo du soir, le tout en vert et bois. Voir aussi le **Black Bar**, quai Charles Vallet, où l'ambiance monte avec les premières heures de la nuit, ou encore **le Central**.

Près de la rue piétonne, dans le nouvel espace commercial, le **Bartholdi** est un lieu très fréquenté. C'est là, en particulier que vous viendrez regarder la télé les soirs de grands matchs dans une atmosphère enfiévrée.

Restaurants

Bien et pas cher

Le Bœuf Carottes. 14, rue du général Lecourbe 90000 Belfort ✆ **03 84 21 15 40.** Convivial bouchon lyonnais à la décoration récente, belle présentation d'assiette pour une cuisine d'usage, brandade de morue (49 F), os à moelle (39 F), salade lyonnaise (45 F).

Au Pied du Lion. Place de la Grande Fontaine 90000 Belfort ✆ **03 84 54 06 95.** Cuisine de la région avec un menu à 98 F. Grande salle moderne qui manque un peu de chaleur.

Brussel's Café. 3, place d'Armes ✆ 03 84 28 06 01. Les jeunes s'y retrouvent pour discuter ou pour manger un morceau, autour de gentils plats bistrot : langue de bœuf, spaghettis bolognaises. Très animé tous les soirs.

Grill-restaurant Saint-Hubert. 12 bis, fg des Ancêtres 90000 Belfort ✆ 03 84 21 88 44. Pour les bonnes viandes au grill dans une ambiance classique : entrecôte, bavette échalote, magret de canard grillé, filet de bœuf à la moelle, côte à l'os sauce barbecue.

Rond de Serviette. 2, rue de la Grande Fontaine 90000 Belfort ✆ 03 84 54 04 62. Cuisine bistrot efficace et à prix légitime (tournedos aux morilles, 128 F, asperges sauce cresson, 35F). Ambiance soutenue.

Aux Crêpes d'Antan. 13, rue du Quai 90000 Belfort ✆ 03 84 22 82 54. Près de la place d'Armes, la plus réputée des crêperies belfortaines, autant par le cadre et l'accueil que par la qualité des galettes. La situation est imprenable, les tarifs sans fièvre.

L'Ancêtre. 4, faubourg des Ancêtres 90000 Belfort ✆ 03 84 28 02 29. Comme un bistrot de chaîne pour célébrer les copieux plats de viandes, les carbonades et autres salades, mais aussi les pizzas. Une affluence régulière.

Le Richelieu. 2/4, boulevard Richelieu 90000 Belfort ✆ 03 84 28 10 95. *Fermeture annuelle du 1er au 15 août. Fermé samedi soir et dimanche. Menu 65 F. Carte 100 F.* A l'entrée de la ville, une brasserie coutumière, avenante et animée. On s'y refait une santé avec de solides plats de viandes ou abats (tripes, pieds de cochons) autour d'une grande carte de tradition.

Hôtel des Capucins. 20 Fg Montbeliard 90000 Belfort ✆ 03 84 28 04 60. *Chambres de 260 à 330 F.* On préfère le restaurant à l'hôtel, d'une sympathique simplicité, mais manquant un peu de gaieté. La cuisine y est cependant assez intéressante, avec de bonnes idées sur le terroir dans des préparations classiques : pied de cochon farci aux cèpes, salade de joues de porc, poulet fermier à la crème de morilles, magret de canard rôti à la vinaigrette de thym ; on accompagne avec un pot d'Edel à 19 F le quart. Menus assez justes, décor vieillot.

Bonne table

Le Molière. 6, rue de l'Etuve 90000 Belfort ✆ 03 84 21 86 38. *Menus 148 F, 158 F, 200 F.* Pour les fruits de mer. Une cuisine classique qui correspond à ce qu'on en attend, fraîcheur et simplicité autour de l'aquarium central.

Bistrot d'Alex. Pl. de la République 90000 Belfort ✆ 03 84 21 88 21. Un restaurant-bistrot, aux ambitions marquées et aux allures plutôt élégantes tout en restant accessible. Sur les nappes roses, on croise une cuisine recherchée et pas maladroite. Solide menu à 120 F : soupe de poissons, fricassée de saumon au paprika, faux-filet au beurre de vin rouge, tourte à la rhubarbe. Autre formule à 155 F utilisant des produits plus rares (bottillon d'asperges en roulade de saumon fumé, assiette du pêcheur au vin de Franche-Comté, carré d'agneau au jus de coriandre).

Le Pot-au-Feu. 27, Grande rue 90000 Belfort ✆ 03 84 28 57 84. L'enseigne est un appel à la nostalgie des plats de ménage, mais dans une libre adaptation. Au Pot-au-Feu, on aime la tradition, mais beaucoup plus manucurée qu'un rustique ragoût. Le terroir s'exprime donc avec une certaine délicatesse, dans un cadre élégant et étudié, pierre nue et plantes vertes. Escargots au beurre de persil, lapereau confit aux herbes du jardin, pot-au-feu de poisson, baeckeoffe au foie gras, pièce du boucher moelle à la coque. Menus joliment composés comme le 155 F, croustillant de charlotte et saumon fumé tiédi, brandade de morue pain rôti à l'huile d'olive, gâteau de riz au lait. De belles suggestions du jour et de la région pour une table digne d'intérêt, même si les véritables traditionalistes y verront un certain manque de simplicité.

Stamtisch. 3, rue du Comte de la Suze 90000 Belfort ✆ 03 84 54 04 51. Une vraie brasserie alsacienne, traditionnelle et heureuse. On y trouve, dans un décor chaleureux typique, tous les standards de la cuisine alsacienne, une très bonne flammekueche et un solide baeckeoffe, aux côtés des schiffalas, choucroutes, bibelaskäse, streusel à la mirabelle, et les charcuteries régionales (saucisse de Montbéliard fumée). Un service très attentionné par un jeune homme courtois et disponible.

Hôtels

Bien et pas cher

Auberge de Jeunesse. Rue de Madrid ✆ 03 84 21 39 16

Hôtel Bonsaï Escale. Zac de la Justice, avenue de Laurencie 90000 Belfort ✆ 03 84 54 09 67 - Fax 03 84 54 09 71. *Réservation centrale ✆ 0 801 63 72 71. 149 F la chambre pour 1, 2 ou 3 personnes avec salle de bain, et TV couleur.* Bonsaï signifie détente, repos et équilibre intérieur. Et ce sont bien ces trois aspects que l'on retrouve dans la conception des chambres qui sont fonctionnelles, claires et aux lumières reposantes. Pour les familles, la suite familiale constituée de deux chambres communicantes.

Hôtel des Capucins (voir ci-dessus)

Charme et confort

Grand Hôtel du Tonneau d'Or. 1, rue Reiset 90000 Belfort ✆ 03 84 58 57 56. *52 chambres de 440 à 680 F.* L'hôtel chic au cœur de la ville, sur l'axe reliant le centre commerçant à la place d'Armes. Grand escalier à rampe en fer forgé, colonnades et style. L'accueil est en relation, classique et courtois, les chambres ont un cachet certain. L'ensemble a été remarquablement mis en valeur. La table n'a pas un intérêt immense mais sait faire sobre et pas trop cher.

Hostellerie du Château Servin. 9, rue Négrier 90000 Belfort ✆ 03 84 21 41 85. *10 chambres de 300 à 450 F.* Les belles assiettes – et les belles additions – font toujours les caractéristiques essentielles de cette noble demeure où l'on cultive avec éclat et un certain apparat une auguste tradition. Produits de luxe accommodés dans un esprit de précision classique, excellent service, cave assez forte où il faut trier. Toujours, et depuis des lustres, la première table de Belfort pour le standing et la prestation générale. Hôtellerie de standing avec sa décoration au style appuyé.

Hôtel le Saint-Christophe. Place d'Armes 90000 Belfort ✆ 03 84 55 88 88. *Chambres de 265 à 350 F.* D'apparence anodine, le Saint-Christophe profite justement de sa situation, sur la plus belle place de la ville et d'un cachet évident dans les chambres, coquettes et même jolies comme dans un chalet suisse, bien arrangées et dotées d'un excellent confort. Ajoutez un accueil souriant et une brasserie animée qui permet de prolonger la soirée dans une vraie ambiance locale. Excellent rapport qualité/prix global, malgré un petit déjeuner pauvret, qu'une grande terrasse sur la place permet de prendre au soleil.

Le Boréal. 2 ter, Rue du Comte de la Suze 90000 Belfort ✆ 03 84 22 32 32. *Chambres de 390 à 460 F.* Un hôtel moderne dans un immeuble récent. Un peu clinquant extérieurement, car tranchant à l'évidence avec son environnement des années 50, il s'avère très confortable et fonctionnel. Accueil sans chaleur excessive, tarifs normaux.

Atria Novotel. Av. de l'Espérance 90000 Belfort ✆ 03 84 58 85 00. *Chambre 435 F.* Tel un vaisseau moderne, le Novotel attire l'œil depuis de nombreux points d'observation. Encore plus impressionnant de nuit, ressemblant à une patinoire futuriste, il est très bien placé, à proximité de la vieille ville et du centre de congrès. Prestation haut de gamme, chambres contemporaines parfaitement équipées.

■ SPORTS ET LOISIRS

Cinémas (Répondeur ✆ 08 36 68 00 31)

Kursaal. 63, avenue Jean Jaurès 90000 Belfort ✆ 03 84 21 42 96

Les Alpha. Centre commercial des 4 as 90000 Belfort ✆ 03 84 21 64 31

Théâtres

Théâtre Granit. 1, faubourg de Montbéliard 90000 Belfort ✆ 03 84 58 67 67

Théâtre du Pilier. Tour 41, rue Georges Pompidou 90000 Belfort ✆ 03 84 28 39 42

Théâtre Michel Deque. Rue James Long 90000 Belfort ✆ 03 84 22 66 76

Pour tout savoir sur les loisirs culturels des deux agglomérations de Belfort et de Montbéliard, il faut lire **Atmosphère**, le "magazine culturel de l'aire urbaine Belfort-Montbéliard-Héricourt". 1, rue des Entrepreneurs 90000 Belfort. C'est un gratuit complet et bien fait que l'on trouve en librairie.

Planétarium. Cité des Associations, rue Jean-Pierre Melville 90000 Belfort ✆ 03 84 28 67 21. *Ouvert au public le vendredi à 20h30 et le samedi à partir de 15h.* Sous la coupole venez observer le ciel et les étoiles pour un moment unique. La visite est placée sous la direction du CERAP, centre d'études et de réalisations astronomiques Pégoud, du nom de l'aviateur belfortain de la première guerre mondiale.

Théâtre de marionnettes. 30 bis, rue La Fontaine, quartier Pépinière 90000 Belfort ✆ 03 84 26 25 38. Des spectacles présentés en partenariat avec la ville et le Conseil Général. Marionnettes, ombres chinoises… Les dimanches, mercredis et jours fériés, presque toutes les semaines.

Web

La Galerie. 1, rue de Mulhouse 90000 Belfort ✆ 03 84 28 99 22. Les accros d'Internet ont maintenant leur lieu, qui leur permettra par là même de côtoyer des amateurs d'art. Cette galerie-cyber café est devenue ainsi un des lieux les plus branchés de la ville.

Visites guidées

L'office de tourisme vous indiquera toutes les possibilités à ce sujet. Sachez cependant qu'une visite «nature» au site de Malsaucy (voir plus loin) est quasiment incontournable.

Des visites guidées ont également lieu régulièrement : au planétarium de Belfort, aux mines de Ronchamp, sur les pelouses à orchidées de Chèvremont, le plateau des Mille Etangs, les turbines de GEC Alsthom ou la centrale de Fessenheim.

Loisirs sportifs

Parc de Loisirs de la Douce. A la sortie Ouest de la ville, entre Bavilliers et Essert. Le parc offre une belle promenade naturelle, avec un plan d'eau, une cascade et des plantes aquatiques, un belvédère, un solarium et un espace d'observation de la nature. Pour les enfants, des jeux, un terrain de basket et une piste de skate-board.

Base nautique des Forges. Rue A. Bussière ✆ 03 84 21 44 01. Un étang pour les loisirs nautiques (canoë - kayak, voile, planche) et un sentier d'interprétation de la nature. Pas de baignade. Egalement tir à l'arc et VTT.

Aviation. Voir "Chaux" ("Giromagny et le Nord").

Bowling. Centre Commercial des Quatre As ✆ 03 84 21 03 02

Cyclotouristes belfortains. Roger Fluchaire. 3, rue Deshaies ✆ 03 84 21 74 61

Escalade

Sites naturels : **Belfort :** fort de la Justice. **Lepuix-Gy :** rocher du cerf
Sites artificiels : **Bavilliers :** château d'eau. **Belfort :** gymnases Bonnet, Serzian, LEP. **Delle :** château d'eau, collège.

Golf de Rougemont-le-Château ("Giromagny et le Nord")

Montgolfière

Les Ballons de l'Est. 12, faubourg de Montbéliard 90000 Belfort ✆ **03 89 41 06 65 ou 07 49 02 63.** *Promenade en ballon : 600F/ personne / heure + instruction.*
Voir aussi "Chaux" ("Giromagny et le Nord").

Patinoire

Parc des Loisirs ✆ 03 84 21 43 06. *Accès par ligne 1 et 5.* Leçons, clubs, danse, vitesse, hockey, curling. Restaurant, snack-bar.

Carte du Territoire de Belfort en page 250

Pêche

Fédération départementale des associations de pêche et de pisciculture.
12, faubourg Saint-Martin 90150 Foussemagne ✆ 03 84 23 39 49

Piscines

Piscine du Parc. Parc des Loisirs ✆ 03 84 21 33 05

Piscine Pannoux. Bd Richelieu ✆ 03 84 28 32 73

Ski

On skie au **Ballon d'Alsace** : 11 remontées mécaniques, 45 km de pistes de ski de fond.

Compagnie Belfort Loisirs. 13, rue du Favery 90350 Evette-Salbert ✆ 03 84 29 25 55. Sorties ski de fond, randonnées, ski alpin.

SMIBA. Ecole de ski de fond au Ballon d'Alsace ✆ **03 29 25 20 38 et 03 84 28 12 01**

Ecole de ski français. 3 bis, rue Mercklé 90300 Valdoie ✆ 03 84 29 06 65. Pratique au Ballon d'Alsace.

Pour les possibilités de ski en Franche-Comté, se reporter au tableau p. 35-36. La station la plus proche, outre le Ballon d'Alsace, est Métabief, dans le Doubs.

Spéléologie

Club spéléo sous-vosgien. 16, route de Giromagny 90170 Etueffont ✆ **03 84 54 64 98.** Stages, initiation.

Groupe spéléologique belfortain. 1, rue du général Jeantet 90360 Lachapelle sous Rougemont ✆ **03 89 51 01 37.** Sorties, initiation.

Tennis

A Beaucourt, Belfort (Tennis du parc), Delle, Etueffont, Evette-Salbert (Malsaucy), Giromagny, Granvillars, Valdoie.

Tir à l'arc

Base de loisirs du **Malsaucy**, base de loisirs des **Forges**.

VTT

Base nautique des Forges (voir plus haut).

VTT Belfort. M. Mollier. 145, rue de Charmois 90400 Vezelois ✆ 03 84 56 18 57. *Sorties samedi et dimanche.*

Location : Auberge de la Musardière ✆ 03 84 23 92 92

Promenade

Petit train touristique. Il circule à partir de la place d'Armes, fait le tour de la vieille ville et du centre, avec commentaires enregistrés et parvient au terme de son périple dans la cour intérieure du château. Renseignements auprès de l'office de tourisme ✆ **03 84 55 90 90**.

■ LES GRANDES MANIFESTATIONS

Les Eurockéennes. Réservations ✆ **08 36 68 50 03 ou 3615 EUROCKEENNES.** Belfort est le pôle d'attraction du rock européen tous les ans, début juillet avec cette manifestation, qui se déroule sur trois jours dans le cadre naturel somptueux du Malsaucy. C'est le rendez-vous incontournable des musiciens de talent et d'un public rock français, genre lecteur des Inrockuptibles, assez critique pour distinguer une programmation d'exception en France.

La notoriété de l'événement permet ainsi chaque année de rassembler des "pointures". En 1996, le festival avait attiré 90 000 personnes, mais 1997 devait être plus "raisonnable" pour un meilleur confort des spectateurs, en limitant leur nombre à 75 000 privilégiés. En 1997, on croisait sur la scène, malgré la défection de dernière minute de Neil Young, des noms d'envergure : Neneh Cherry, Supergrass, Simple Minds ou les Smashing Pumpkins.

Au fil des années la scène s'ouvre à des mouvements musicaux «tous azimuts», davantage en retrait du rock pur, avec du groove, du funk ou de la techno (Maceo Parker ou les Chemical Brother en 1997). Les tarifs tournent autour de 180 F la journée et 440 F pour les trois jours. Comme tout grand festival qui se respecte, les Eurockéennes ont un petit cousin "off" près du camping de Chaux, très fréquenté et animé également. Si certains ont parlé d'un relatif essoufflement au regard de la fréquentation, il vaut mieux évoquer une nécessaire période de stabilisation, les jeunes de toutes les régions continuant, comme d'autres à la Rochelle, à affluer à Belfort début juillet.

Le FIMU, Festival International de Musique Universitaire. Rsgts ✆ 03 84 54 24 43.
Il se déroule durant les trois jours du week-end de Pentecôte, en plusieurs lieux de la vieille ville. C'est le pendant printanier des Eurockéennes, bénéficiant d'une organisation sans faille et d'un succès grandissant. Les diverses formations viennent de tous les pays européens, mais aussi d'Afrique et d'Amérique, abordant tous les genres de la musique, du folk au classique en passant par la musique celte ou le jazz.

Les Montgolfiades. Il n'est pas rare de voir des montgolfières dans le ciel belfortain, grâce aux trois clubs aérostatiques du département et à la beauté des paysages survolés. Les Montgolfiades consacrent, durant le deuxième week-end de septembre, l'importance et la bonne santé de cette réjouissante activité.

Concert d'orgues. A la cathédrale Saint-Christophe, dont les orgues sont classées, visites guidées tous les jeudis à 15 h et mini-concerts en juillet-août, toujours suivis par un public important. Renseignements à l'office de tourisme ✆ 03 84 55 90 90 et auprès des Amis de l'orgue et de la musique ✆ 03 84 21 31 82.

Les orgues constituent une caractéristique de la ville, puisque vous pourrez également écouter celles du temple Saint-Jean et des églises Sainte-Odile et Saint-Joseph. Les mélomanes insistent sur le fait qu'elles possèdent chacune un son propre, donnant au visiteur l'occasion d'un véritable "circuit des orgues".

Parmi les autres manifestations

Le **semi-marathon du Lion**, qui a lieu fin septembre et relie, sur les 21 km qui justifient son appellation, Belfort à Montbéliard.
Le **Festival du film Entrevues**, fin novembre.
Le **Carnaval de Belfort**, le premier samedi de mars.
Le **Festival "peintures et sculptures"**, durant la deuxième quinzaine de mars.
Le **marché aux fleurs** à la mi-mai.
Les **nuits d'été du château** en juin et juillet.
Les **mercredis du château** et les **mercredis de la fontaine** en juillet-août.
La **Passerelle des arts** le 15 août.
La **montée cycliste du Ballon d'Alsace** à la mi-août, par les "vieux volants" à la mi-septembre et en course pédestre fin octobre.
Les soirées **"Jazz à la Poudrière"**, le premier vendredi de chaque mois d'octobre à mai.
La **Foire aux livres**, de fin octobre à mi-novembre.

Les marchés du Territoire

Beaucourt. Place Roger Salengro : jeudi matin.
Belfort. Rue Fréry : mercredi matin, vendredi matin, samedi matin. Avenue Jean Jaurès : mardi matin, jeudi matin, dimanche matin. Bd Kennedy : mercredi matin. Marché aux puces : dans la vieille ville le premier dimanche du mois, le matin, de mars à décembre.
Delle. Place de la république : mercredi matin. Halle des Cinq Fontaines : samedi matin.
Giromagny. Place du général de Gaulle : samedi matin.
Grandvillars. Place de la résistance : samedi après-midi.
Grosmagny. Place de la Mairie : deuxième samedi après-midi du mois.
Valdoie. Place Larger : samedi matin.

DANS LES ENVIRONS

LE MALSAUCY - EVETTE-SALBERT

C'est dans cette très belle réserve naturelle que les Belfortains et les visiteurs font connaissance dans les meilleures conditions avec la faune et la flore locales. Le Malsaucy, c'est une petite région d'étangs et de forêts, à une dizaine de km au nord-ouest de Belfort. Un coin propice à la détente, aux week-ends harmonieux près de la nature, avec des équipements très bien adaptés (maison de l'environnement, bases nautique et de loisirs).
Les bienfaits du lac de Malsaucy sont anciens puisque ses eaux furent utilisées sur ordre de Mazarin pour compléter le débit insuffisant de la rivière la Savoureuse dans le domaine de la métallurgie. Le nord, riche en oiseaux, est une zone protégée, le sud accueille la base nautique.

Maison départementale de l'environnement. Site du Malsaucy 90300 Evette-Salbert ✆ 03 84 29 18 12. *Ouvert mercredi, samedi, dimanche et jours fériés, et tous les jours durant les vacances scolaires (fermeture exceptionnelle durant le Festival "Eurockéennes" le premier week-end de juillet).* C'est un programme complet de découverte de la nature qui vous est proposé ici, dans un cadre naturel propice. Le succès grandissant de cette jeune structure née en 1993 (27 000 visiteurs en 1996) prouve que les organisateurs ont su faire le bon choix pour mettre en valeur le patrimoine-nature. Visites guidées pour présenter la faune et la flore locale, expositions temporaires (aquarelles, photos, exposition florale) et annuelles sur l'environnement ("les aventures de l'énergie", un grand spectacle de 700 diapos "couleurs d'un songe" en 1997), stages photos-nature (initiation, perfectionnement) et divers ateliers et animations : taille de fruits, conférence sur les étoiles, à la découverte des sentiers, initiation à l'aquarelle, cerfs-volants, concert de jazz, à la recherche des champignons, soins aux animaux blessés, spectacle de conteurs.

ANDELNANS

Au Parc des Expositions se tiennent le marché aux puces et la Foire à la brocante et au jambon (premier dimanche de janvier, premier week-end de février).
Les dix premiers jours de septembre se déroule la Foire aux vins et à la gastronomie.

BAVILLIERS

Sur la "coulée verte", canal de Montbéliard à la Haute-Saône.
Le Parc du Châtelet rassemble un parc aux daims et un espace jeux pour enfants.

BOTANS

Musée agricole départemental. 5, rue de Dorans 90400 Botans ✆ 03 84 56 08 08. *Ouvert de Pâques à la Toussaint les samedis, dimanches et fêtes de 14h à 17h30. En semaine sur RV.* Un musée qui fleure bon la nostalgie et l'artisanat, installé "en situation" dans un ancien corps de ferme XIXe (dit "ferme Mouilleseaux"). Plusieurs métiers y sont évoqués, par le truchement d'instruments et outils authentiques (pressoir, batteuse, tarare, herse, etc....) : 800 m2 d'exposition, qui se complètent par la visite du verger de 5 000 m2 où les citadins en apprendront un peu plus sur la vie rurale. Dans le potager poussent divers légumes et plantes, parmi lesquels du raifort, de l'angélique et plusieurs dizaines de variétés de cucurbitacées. Une écurie reconstituée présente des selles, harnais et pièces d'attelage dans son cadre primitif. A la laiterie sont conservées les barattes, écrémeuses et presses à fromage. On verra enfin une originale collection d'anciens véhicules agricoles, parmi lesquels le "Kiva", ancêtre du motoculteur.
Lors de la fête d'automne, l'association "L'outil et la vie d'antan" propose un retour dans le temps (le deuxième dimanche d'octobre) avec démonstration de fabrication de plats régionaux, exposition de légumes et bien sûr dégustation. La fête de Pâques, animée par la même association, met en exergue le printemps et les jeunes pousses, végétales mais aussi animales, avec des expositions à thèmes.

CHEVREMONT

Une banlieue sans cachet, garnie de pavillons neufs. On retrouve un peu de naturel en prenant au sud la route de Vézelois, et la vraie nature du Territoire en suivant, vers l'est, la D26 qui passe l'Autruche, la retrouve à Fontenelle et enjambe la Madeleine, à la pointe de son lac, juste avant Petit-Croix.
Une bonne petite table dans cette direction, **l'Enclume**.

ESSERT

A la sortie ouest de Belfort par la N19 vers Lure, le canal de Montbéliard à la Haute-Saône, qui ne fut jamais achevé, prend d'Essert à Bermont, en passant par Bavilliers, le surnom de "coulée verte". C'est un lieu de balade et de pique-nique très apprécié des locaux.
A voir également le fort, construit après la guerre de 1870 et remanié à la fin du XIXe siècle pour s'adapter aux contraintes du progrès militaire. Propriété communale, il ne se visite malheureusement pas.
Le marché aux puces a lieu en septembre.

VALDOIE

Au nord de Belfort : c'est encore la ville, mais on est au seuil d'un décor forestier et montagneux vers Giromagny.

VEZELOIS

C'est tout près de Belfort (4 km sud-est) mais déjà la campagne. On fait la pause casse-croûte aux Sapins, chez Yolande.

■ ACHATS, ARTISANAT

La Maison du Terroir. 95, rue de Turenne 90300 Valdoie ✆ **03 84 26 21 40.** Pour approfondir sa connaissance des délices du territoire et des produits régionaux : volailles, foie gras, escargots, gibiers, fruits, miel, pain d'épices, ...

■ MANGER, DORMIR

Hôtel Restaurant La Tour du Val d'Oye. 25 rue de la Gare 90300 Valdoie ✆ **03 84 26 77 70.** Dans la rue principale, à droite en venant de Belfort, une étape agréable et bien tenue, membre des "Tables régionales de Franche-Comté". Cuisine soignée, bons produits locaux et tradition bien adaptée.

Chambres et tables d'hôtes, fermes-auberges

Auberge du Terroir l'Enclume. 14, rue du Texas 90340 Chevremont ✆ **03 84 27 50 55.** Fermé le mardi et le samedi midi. La maison est typique, au calme, entourée de verdure. L'adresse commence à être connue et les Belfortains y passent volontiers retrouver le plat du jour, l'excellente choucroute ou les tartes maison.

■ LOISIRS, SPORTS

Equitation, centre hippique Le Chenois. 90800 Bavilliers ✆ **03 84 21 23 07.** Poney, cheval, pour débutants ou confirmés. Randonnée (touristique-gastronomique ou à la carte).

Delta-plane et parapente, vol libre du Val d'Oye. 90800 Bavilliers ✆ **03 84 21 33 05 ou 03 84 21 87 61.** Entraînement au Ballon d'Alsace les week-ends, seulement pour initiés.

Base nautique du Malsaucy ✆ **03 84 29 21 84 - Fax 03 84 29 14 71.** Tous les loisirs nautiques et de nombreux autres sports dans le site préféré des Belfortains.

Centre équestre et Poney club. 12, rue Salbert 90350 Evette Salvert ✆ **03 84 29 10 02.** Initiation poney ou cheval : enfants 50F / h, adultes 55F / h, promenade en poney : enfants âgés de 4 à 14 ans : 35F / 1/2h.

GIROMAGNY ET LES VOSGES DU NORD

GIROMAGNY

Cet ancien fief du comté de Rosemont se situe au nord du département, sur les premiers contreforts vosgiens. La ville a des liens nationaux assez anciens, puisqu'elle fut rattachée à la France par le traité de Westphalie en 1648.

C'est le métal qui éveilla la région et qui fit de Giromagny, à la fin du Moyen-Age, la cité la plus florissante de l'actuel Territoire. Au cœur d'une terre riche en argent, en plomb et en fer, dans les collines entourant la vallée de la Savoureuse, Giromagny concentra la prospérité des mines d'Auxelles, Lepuix-Gy, La Madeleine ou Rougemont.

Au XVIe siècle, l'extraction devenant plus difficile, les filons étant de plus en plus profonds, on dut inventer de nouvelles machines, engageant de nouveaux investissements. Mais ce qui devait être le tournant majeur vers l'industrialisation tourna court du fait des conflits et passations de pouvoir. Il fallut attendre le retour dans le giron français pour que les travaux reprennent. L'âge d'or était cependant passé et le rendement ne fut plus jamais ce qu'il était. Les mines cessèrent d'être exploitées à la fin du XVIIIe siècle. De temps à autres, quelques tentatives permirent une relance passagère de l'exploitation et une maigre production de cuivre et d'argent. C'est l'industrie textile qui prit le relais à l'ère industrielle, s'éteignant doucement au fil du XXe siècle. Giromagny a su cependant opérer une reconversion profitable par une industrie parallèle de sous-traitance et un artisanat performant.

Bourg agréable, ses principaux monuments, outre le fort de grès rose, bel exemple d'architecture militaire du XIXe siècle, sont l'église et l'hôtel de ville, la fontaine Louis XV et la maison Mazarin (maison seigneuriale de 1517) qui prit le nom du cardinal, à qui Louis XIV avait confié l'administration des mines de Giromagny après l'annexion française au XVIIe siècle.

On verra également le musée de la Mine et des Techniques minières qui retrace l'histoire de cette exploitation du XV au XIXe siècle.

■ VISITE

Le fort ✆ **03 84 29 09 00.** *Accès depuis la mairie en allant vers le cimetière et la route d'Auxelles et en poursuivant vers le sud. Ouvert du 1er juin au 30 septembre le dimanche de 15h à 18h et le reste de l'année sur RV.* C'est le plus étonnant ouvrage militaire du coin, relativement bien préservé, et surtout fort bien restauré, bien qu'il reste encore beaucoup à faire, ce qui explique que tout ne puisse être visité. Il donne un aperçu très complet des choix d'agencement à la fin du siècle dernier.

Le fort de Giromagny est en effet l'un des maillons du système mis en place par Séré de Rivière, le Vauban du XIXe, après 1870 : un réseau serré de défense, précurseur de la ligne Maginot, pour parer aux attaques venues du nord et de l'est. Stratégiquement placé pour surveiller la fameuse "trouée de Belfort", dont la perspective court jusqu'en Alsace, il domine la vallée de la Savoureuse qui arrose Giromagny.

Le fort, baptisé Fort Dorsner du nom d'un général d'empire fut construit de 1874 à 1879 en grès rose des Vosges. Puissamment renforcé, il ne comptait pas moins de 47 bouches à feu. Sur le principe en vigueur dans les constructions de ce type, il comporte des casemates, des caponnières pour poster les canons, un couloir voûté, permettant de rejoindre à l'abri du feu les différentes parties.

La cour centrale, cernée des hautes murailles du fort, dessert chambres et casemates. L'une d'elles est aménagée en petit musée, avec des documents, des armes, et une chambrée d'époque reconstituée avec son mobilier.

Le Petit Futé sur internet : info@petitfute.com

Musée de la Mine et des techniques minières. Centre socioculturel, place des Commandos d'Afrique ✆ **03 84 29 03 90** ou à l'Office de tourisme ✆ **03 84 29 09 00**. *Ouvert d'avril à fin octobre du jeudi au dimanche de 14h30 à 18h.* Le musée présente les anciennes techniques d'extraction et de transformation du minerai, évoquant ainsi l'importance et l'ancienne richesse de Giromagny. En animation, deux sentiers pédestres permettent de visiter les traces de l'ancien site.

Maison de justice. Place des Mineurs. L'administration minière se dota d'une juridiction propre qui siégeait dans cette maison au XVIe siècle. Après l'annexion française, le bâtiment fut remanié et vendu. C'est aujourd'hui une propriété privée qui ne se visite pas, mais qui constitue une donnée importante dans le patrimoine historique de la ville.

Fontaine Louis XV, Grande Rue. Cet édifice de 1758 commémore le rattachement de la ville à la France (110e anniversaire du Traité de Westphalie).

A proximité

Excursion jusqu'au **Salbert**, à 651 m d'altitude, sommet de l'itinéraire de la "**randonnée des forts**". Très beau point de vue, table d'orientation. Giromagny est aussi le départ de deux intéressants tours pédestres : le circuit des fontaines et le circuit des mines.

ANJOUTEY

Un village fortement fleuri (label "quatre fleurs", grand prix du fleurissement en 1991), ce qui renforce encore son aspect franc-comtois, avec les façades ocres, rose fuchsia, brique ou bleu cobalt. La fête des fleurs a lieu fin août.

On mange la pizza et des plats de terroir au **Refuge**, installé dans une maison particulière, vers l'église. On boit un verre au **café Central**. Vers Etueffont, halte à l'auberge **Aux Trois Bonheurs**.

A proximité, à Bourg-sous-Châtelet, a été créée une superbe roseraie, sans doute la plus importante du département avec ses 600 variétés, qui voisinent avec des iris, mais aussi des arbres dans le parc, magnolias, érables, lilas. La roseraie ne se visite que sur rendez-vous. Renseignements à l'office de tourisme ✆ **03 84 55 90 89**.

LE BAERENKOPF

Sur la ligne frontalière avec le Haut-Rhin. De son sommet (1 074 m), on découvre toute la plaine d'Alsace et le ballon du même nom, distant d'une dizaine de km à vol d'oiseau.

BALLON D'ALSACE

Frontière entre quatre départements (Haute-Saône, Territoire de Belfort, Vosges, Haut-Rhin), c'est aussi l'un des plus beaux points de vue offerts par l'altitude dans la région, à 1 247 m. Carrefour très fréquenté par les randonneurs, qui se croisent sur les GR 5, GR 7 et GR 59. Un sentier de découverte a été mis en service (depuis 1994) au sommet : durée 1h30 à 2h. Bien entretenu, il offre une vision parfaite de l'environnement.

Le **monument des démineurs** consacre un épisode post-guerre mondiale de grande importance, puisque pas moins de 3 200 volontaires (et 30 000 prisonniers de guerre) participèrent à ces opérations de déminage dans les Vosges. Le nombre de victimes fut considérable (600 parmi les démineurs et on n'ose pas donner de chiffre parmi les prisonniers). Un musée-boutique montre quelques pièces de "l'art de la guerre".

Les distractions ne manquent pas, comme les possibilités d'hébergement et de restauration (**Hôtel du Sommet, ferme-auberge du Ballon, bar-restaurant des Démineurs**). En juillet et en août, vous pourrez bénéficier d'un guide-accompagnateur pour vos randonnées (renseignements au Point Accueil ✆ **03 84 29 30 23** ou **03 84 28 12 01**).

Vous pourrez aussi pratiquer, en été, le ski sur herbe, sur la piste du Petit Langenberg, le parapente (baptême de l'air, vol pédagogique, initiation) tous les samedis après-midi de mai à octobre.

La **fête du Ballon d'Alsace** a lieu chaque année à la mi-août. Information (tlj en juillet-août de 11h à 18h) Point Accueil ✆ **03 84 29 30 23** ou **03 84 28 12 01**. Un bulletin météo est affiché journellement.

LA CHAPELLE SOUS CHAUX

Musée Gantner. Le Genechey 90300 La Chapelle-sous-Chaux ✆ **03 84 29 20 73.**
Ouvert de Pâques à la Toussaint les mardis et samedis de 14h à 18h. Le musée, géré par un organisme privé, porte le nom d'un peintre, Bernard Gantner, dont plusieurs œuvres sont présentées dans le cadre de cette villa contemporaine au bord d'un étang. C'est un vaste panorama du travail de cet artiste, peintures, mais aussi dessins et aquarelles. Une collection exotique a été également constituée avec des objets d'art des cinq continents à vocation archéologique et artistique évoquant des civilisations méconnues et/ou anciennes.

On visitera également le parc, ses essences variées et son jardin japonais, agrémenté de pièces d'eau, passerelles et bois.

CHAUX

Un village ancien, le plus développé des alentours au Moyen Age, qui fut chef-lieu de la seigneurie de Rosemont. Voir l'église, reconstruite au XVIIIe siècle, sa chaire sculptée et ses vitraux. C'est aussi un village très tourné vers les airs, avec son aérodrome.

Sur le terrain d'aviation, avec piste en herbe, un centre-école de vol à voile et ULM, agréé par la Fédération Française de Vol à Voile (stages, baptême de l'air). Ecole de pilotage vol à moteur (stages, baptêmes, possibilité d'hébergement). Montgolfières (stages, baptêmes). Pour toutes ces activités, des instructeurs diplômés. L'aérodrome est aussi très fréquenté par les modélistes ce qui agrémente encore le spectacle.

Aéro-club de Belfort-Chaux. 52, Grande Rue 90300 Sermamagny ✆ 03 84 29 21 44

Association Belfortaine de vol à voile. Aérodrome de Belfort-Chaux 90300 Sermamagny ✆ 03 84 29 12 47

ELOIE

Entre Valdoie et Grosmagny, à 410 m d'altitude, au milieu d'une région d'étangs : son nom a d'ailleurs une étymologie aquatique. La commune est plantée de forêt à plus de 50%. Deux ruisseaux aux noms charmants la traversent : la Rosemontoise et le Verdoyeux, qui concurrencent bien la Savoureuse qui passe à Belfort.

Eloie a connu une quasi-extinction au XVIIe siècle, puisque l'on n'y comptait qu'un seul habitant en 1660. Ce qui n'empêche pas le blason d'être fort glorieux : "de gueules au pont d'une arche d'argent semé d'un coq d'or passant soutenu d'une rivière ondée d'azur en pointe" pour symboliser charité et hardiesse.

ETUEFFONT

Un cachet typique, un petit bourg soigné aux maisons pimpantes et un musée régional qui restitue l'activité ancienne.

Forge musée. 2, rue de Lamadeleine 90170 Etueffont ✆ **03 84 54 60 41.** *De Pâques à la Toussaint, tlj sauf dimanche matin et mardi, de 9h à 12h et de 14h à 18h.* Une jolie maison rose au milieu du village. L'activité de la forge a été primordiale dans cette région abondante en bois et en eau. Ce musée bien conçu retrace la vie quotidienne et le métier de quatre générations de forgerons, de 1843 à 1977, dans la maison d'habitation, un bâtiment XVIIIe classé, avec grange et étable, comme à l'atelier, qui rassemble instruments et outils traditionnels, en particulier le soufflet et le martinet de forge, dont vous pourrez voir une démonstration de fonctionnement. Un film présente en particulier la vie à la forge de l'un d'entre eux, Camille Petitjean, qui exerça durant toute la première moitié du XXe siècle. On pourra également voir des expositions temporaires et des démonstrations de forgeage et ferrage.

D'Etueffont vers Rougemont, la promenade se fait vosgienne : sapins et hêtres rafraîchissent l'atmosphère, l'air pur et les petits villages font le reste pour donner le sourire. On bat la campagne à pied et en VTT, la civilisation se fait plus discrète. Jolie route entre bois et étangs, site de pique-nique aménagé à mi-chemin.

FELON

Un village tranquille au sud de Rougemont, dans un coin à étangs. La fête des quetsches se déroule à la mi-septembre.

GROSMAGNY, PETITMAGNY

Entre Giromagny et Etueffont. Une atmosphère attachante, mais assez peu d'identité dans l'architecture d'aujourd'hui.

LEPUIX-GY

La commune est la plus étendue du Territoire puisqu'elle englobe les pentes du Ballon d'Alsace qui sert de frontière à quatre départements. C'est au nord de Giromagny, à Lepuix que se tenaient les principales industries de la région.

A voir l'ancienne scierie à Haut-Fer, qui fonctionnait à l'aide d'une roue hydraulique.

Juste avant l'arrivée, venant de Giromagny, une bonne petite table pour casser la graine, **chez Jean-Louis**.

Les balades sont donc nombreuses, à l'ouest vers les Vosges de Haute-Saône dans le Parc Naturel Régional des Ballons des Vosges, à l'est vers les villages fleuris du Territoire et au sud vers la préfecture Belfort. Immédiatement au nord, sur la route du Ballon d'Alsace, on aborde la forêt domaniale du Ballon et quelques sites naturels plaisants, comme la Roche du Cerf, prétexte à escalade, au-dessus de la maison forestière de Malvaux (sentier de randonnée vers le refuge de la Gentiane, un très beau parcours vosgien : le chemin part au niveau de la colonie de vacances, environ 200 m après la maison forestière). On trouve, tout près, une petite Auberge du Cerf, très simple, en rondins de bois, sans attrait particulier en dehors du site, ravissant.

La Scierie. Une entreprise familiale datant de 1879, fief de la famille Demouge et désormais propriété communale. Cette scierie à haut-fer utilisait un approvisionnement d'énergie fort ancien, l'eau arrivant par un canal en bois sur une roue à augets.

Le tissage du Pont. Cette unité de tissage évoque l'évolution industrielle régionale puisqu'elle vint en substitution de l'activité minière déclinante. Elle est constituée d'un bâtiment à étage et alimentée en énergie par une machine à vapeur qui fonctionnait avec l'eau acheminée par l'ancien canal minier.

ROUGEGOUTTE

A 450 m d'altitude, tranquillité, mais aussi animation due au passage routier important. Des maisons fleuries, une classique mairie-école, comme une réclame "village de France". On achète les confitures au P'tit Louis.

Rien d'exceptionnel mais un endroit agréable, en s'écartant de la route vers l'église : mentionnée dès la fin du XIIe siècle, elle possède une tour reconstruite en 1724 et un intérieur intéressant (statue de bois classée). Le tilleul aurait plus de quatre siècles.

ROUGEMONT-LE-CHATEAU

Un village en longueur plaisant mais sans charme évident, qui possède toutefois l'atout de la situation au pied du massif vosgien. Il doit son nom à son château, sur le site duquel on accède par un sentier pédestre. Il fut construit sur la colline portant le doux nom de "Montagnes des Boules". Il ne restait plus rien de cet édifice XIIe, vraisemblablement détruit autour de 1375, avant que des fouilles intensives ne mettent en valeur quelques-uns de ses éléments.

Sur place, hormis le golf, le programme des réjouissances est assez mince : un tabac-pêche-chasse, une maison de retraite et un petit restau plat du jour en coin de rue qui fait l'essentiel de l'animation nocturne avec ses soirées à thèmes. Formule à 49 F.

Depuis les ruines du château, on pourra poursuivre vers le Sudel, à 900 m d'altitude, d'où l'on jouit d'un panorama quasi à 360° sur le Territoire, mais aussi les Vosges et l'Alsace, avec le regard sur Masevaux, à quelques km à vol d'oiseau.

A **La Chapelle-sous-Rougemont**, l'entreprise Mécaplus, spécialiste de la mécanique de précision, est une des plus dynamiques du département. Dans le domaine de l'usinage mécanique, elle a des clients comme GEC Alsthom et Peugeot, son autre métier étant la fabrication de foyers de cheminée.

A partir de Rougemont, superbes excursions montagnardes vers le Baerenkopf, par exemple, frontière avec le Haut-Rhin à plus de 1 000 m, par un chemin balisé à partir de Saint-Nicolas ou Lamadeleine.

■ PRODUITS REGIONAUX

Au P'tit Louis. Rougegoutte ✆ 03 84 29 02 30. Des produits artisanaux à base de fruits, confitures, conserves, jus de pomme. A 100 m de la rue principale.

■ MANGER, DORMIR

Auberge de la Vaivre. 36, Grande Rue 90330 Chaux ✆ 03 84 27 10 61. *Fermeture annuelle du 14 juillet au 15 août. Ouvert à midi seulement. Fermé le samedi. Menus à 88, 118, 160 F. Carte 150 F.* Sur la route du Ballon d'Alsace, une taverne de campagne dans une grange aménagée : c'est chaleureux et généreux. Performant menu à 118 F avec le saucisson de Morteau en brioche, les grenadins de truite rose au pinot gris, la cuisse de canard confite rôtie et son velouté au cidre. Et le tout dans la gentillesse.

Le Santon. 2, Grande Rue 90330 Chaux ✆ 03 84 29 08 15. Un sympathique et convivial restaurant-gril, agréablement décoré et équipé d'une terrasse et d'une piscine. On y vien, en famille et sans façons, pour la bonne humeur et les robustes assiettes qui soutiennent sans défaillir.

A la Carpe d'Or. 22, rue du Commerce 90200 Rougegoutte ✆ 03 84 29 09 50. Une jolie salle accueillante et soignée, avec une pièce, sur l'arrière, donnant sur l'étang, au service d'une cuisine régionale pleine d'allégresse et de sincérité. Grande carte classique qui inclut la friture de carpes (sur réservation), la croûte aux morilles, la brochette de scampis et saint-jacques, l'onglet de veau au curry. Bons menus à 95 F et 145 F, tricolore de ravioles au jus de persil, feuilleté d'escargots aux champignons des bois, fricassée de cuisse de canard au malaga. Soirées dansantes pour réveiller le quartier. On boit un très bon pinot blanc à 118 F ou un pupillin blanc à 85 F.

Saint-Pierre. 26, rue 1ère D.F.L 90200 Giromagny ✆ 03 84 29 05 50. A la sortie, vers le Ballon d'Alsace, une table qui pratique une cuisine de tradition sans accroc. Menu "campagnard" à 90 F, avec la croustade forestière, la truite meunière et la tarte aux fruits. Dans la formule à 110 F, terrine de lapin, dos de saumon à l'oseille. Agréable salle pimpante et rénovée, jolie mise de table.

Le Saut de la Truite. Route du Ballon d'Alsace 90200 Lepuix-Gy ✆ 03 84 29 32 64. *Fermeture annuelle en décembre et janvier. Fermé le vendredi. 7 chambres de 160 à 240 F. Petit déjeuner 33 F. Menus de 105 à 180 F. Carte 100 F. Jusqu'à 21h. CB.* Belle maison début de siècle, accueillante et sérieuse, au calme des grands sapins. Un décor rustique soigné au-dessus de la Savoureuse, proche de la cascade du Saut de la Truite ; des chambres confortables pour des nuits de tout repos, et une carte de tradition régionale qui sait faire simple et soigné : croûte aux champignons, jambon cru de Luxeuil, truite au riesling, caneton rôti, tournedos aux morilles, civet de sanglier. Guettez le menu du mois à 120 F, toujours bien adapté du marché. Bonne cave alsacienne.

Le Vieux Relais. 3, rue du Général de Gaulle 90200 Auxelles-Bas ✆ 03 84 29 31 80. Sur la route de Ronchamp, juste après le rond-point en venant de Giromagny, un bon arrêt de tradition pour découvrir une cuisine bien soignée dans une gamme classique. Gâteau de lapereau en gelée, darne de saumon au beurre citronné, estouffade de bœuf à la bourguignonne. Bonne formule à 130 F qui donne l'essentiel des richesses régionales avec le jambon cru de Luxeuil et celui du Haut-Doubs, le pavé de bœuf charolais aux échalotes, le duo de saumon et d'empereur au coulis de poivron doux, la fricassée de volaille fermière au vin de Pupillin. Label "Table régionale de Franche-Comté", vins régionaux, en bouteille ou au pichet. Ambiance agréable chez Patrick Bertel, d'habitués d'affaires et de beaux dimanches.

Chambres et tables d'hôtes, fermes-auberges

Daniel Elbert. 8, rue de la Chapelle 90170 Etueffont ✆ 03 84 54 68 63. *270 F pour 1 personne, 295 F pour 2, petit déjeuner inclus.* Une belle maison comtoise rénovée dans un cadre boisé. Table d'hôtes 95 F (115 F le week-end). Piscine, tennis, randonnée.

Ferme-auberge du Ballon d'Alsace. Michel Morel 90200 Lepuix-Gy ✆ 03 84 23 97 21. *200 F pour 1 personne, 310 F pour 2, 380 F pour 3, petit déjeuner inclus.* Une ferme-auberge réputée dans le grand spectacle du Ballon. 4 chambres accueillantes à l'étage pour passer des nuits douillettes de montagnard paré pour la balade. Les meilleurs produits vosgiens pour se requinquer. Gros succès en période touristique.

Ferme-auberge du Mont-Jean. M. et Mme Stalder. 90200 Lepuix-Gy ✆ 03 84 27 13 95. *Fermé le mercredi.* Une très bonne halte sur la route du Ballon d'Alsace, au Mont-Jean à près de 800 m d'altitude. Une cuisine de terroir bien mitonnée. Spécialités de cabri, de fromage de chèvre et de tartes. Hébergement en gîtes d'étape (une salle commune de 20 places, un dortoir de 12 places).

■ LOISIRS, SPORTS

Théâtre des deux sapins. Place des Commandos d'Afrique 90200 Giromagny ✆ 03 84 29 58 76 ou 03 84 28 39 42

Poney-Club des Prés Heyd. Rue d'Auxelles 90200 Giromagny ✆ 03 84 29 31 47. Promenades, stages, initiation.

Golf de Rougemont. Route de Masevaux 90110 Rougemont-le-Château ✆ 03 84 74 74. *Golf de 18 trous dans un site verdoyant. Stages, initiation. Green-fee : 250 F.*

■ ESCAPADE EN TERRITOIRE

Belfort-Giromagny (49 km)

On sort de Belfort par la direction Danjoutin, avant de suivre Vézelois. On continue par la D13 sur Autrechêne, puis Brébotte. Dans le village, on tourne à gauche vers Montreux-le-Château, en passant par Bretagne.

Le département se déploie en toute candeur. Il ne manque pas de charme, avec la belle unité de ses villages, aux grosses maisons déjà montagnardes. On passe à Foussemagne, en rejoignant la D419, puis gauche-droite pour reprendre la D11 sur Fontaine, où l'on salue le vieux tilleul de Turenne, puis Larivière et la Chapelle-sous-Rougemont. On fait droite-gauche pour atteindre Rougemont-le-Château et son église de grès rose, après une excursion rafraîchissante sur le Lac de Seigneurie, sa plage et sa pêche.

A Rougemont, on trouve la D25 qui conduit à Etueffont. Une belle route qui passe ensuite à Petitmagny, Grosmagny et Rougegoutte avant d'atteindre Giromagny. Détour éventuel par Anjoutey, village magnifiquement fleuri.

Giromagny-Fougerolles (56 km)

On sort de Giromagny par la D12 jusqu'à Plancher-Bas, où l'on tourne à droite direction Plancher-les-Mines puis, après 4 km, la D97 vers Fresse et Mélisey, que l'on abandonne après 2 km pour la petite route à droite, fléchée Belfahy. On arrive sur la D133, que l'on prend à gauche pour rejoindre la D486 près de Servance. On prend à droite (excursion possible à pied jusqu'au Saut de l'Ognon), pour filer, dès l'entrée dans Servance, à gauche sur la route de Faucogney, indiquée "circuit touristique des Étangs". On garde la direction Faucogney, en longeant les étangs (fléchage "Faucogney-la-Mer"). Dans Faucogney, on suit la direction La Longine pour rejoindre la D6. On prend alors à droite, puis, après 1 km, le raidillon à 18 % indiqué "Es Voivres". On suit cette petite route, passant au hameau des Mottots, en gardant une direction nord-ouest, croisant un bel étang et un sympathique "chalet piégé".

Dans le hameau suivant, on prend sur la droite, pour parvenir à une route plus importante qui nous fait signe à gauche. On la prend, c'est la D136, qui passe à Saint-Bresson. On rejoint Raddon puis, en faisant droite et droite sur la D6, on opte pour la jolie D18 qui conduit à Fougerolles par la forêt de Raddon (voir «Haute-Saône»).

DELLE ET SA REGION

Le sud est encore davantage alsacien et ressemble à s'y méprendre au Sundgau dont il est voisin. Altkirch et la Suisse sont tout près, les maisons sont pimpantes, certaines à colombages, aux couleurs classiques des peintures alsaciennes.

BEAUCOURT

Tout près de Montbéliard, le village est connu pour son Musée européen de l'industrie horlogère et mécanique. Il est situé dans l'usine Japy, qui lança la course contre la montre au XIXe siècle.

Les "Puces Musicales" ont lieu en juin, rassemblant collectionneurs et mélomanes. Détente au Parc des Cèdres : arboretum, jeux pour enfants. Spectacles réguliers à la Maison pour Tous, Foyer Georges Brassens, qui accueille chanson, théâtre, musique.

Musée Japy. 16, rue Frédéric Japy 90500 Beaucourt © 03 84 56 57 52. *Ouvert du mercredi au samedi de 14h à 17h et le dimanche de 14h30 à 17h30. Fermé lundi et mardi.* Japy : vous connaissez sans doute cette marque pour l'avoir lu sur d'anciennes machines à écrire. C'était une grosse usine, l'un des joyaux du Territoire, créée au XVIIIe siècle par le fils d'un maréchal-ferrant de Beaucourt, Frédéric Japy. Passionné d'horlogerie et de mécanique, il fit son apprentissage chez un horloger suisse dont il racheta les machines pour créer son propre atelier. Rapidement, il mit au point d'autres procédés pour la fabrication des montres et ses machines, brevetés "Japy", qui devinrent rapidement une référence en la matière. La production allait ensuite passer à un stade beaucoup plus important pour atteindre, à l'orée du XIXe siècle, près de 40 000 pièces par an. De 400 personnes en 1795, les effectifs allaient décupler au siècle suivant pour atteindre 5 000 personnes. On fabriquait toujours principalement des montres et des horloges mais l'activité s'étendait à toutes les pièces réclamant des mouvements de précision en micro-mécanique, jusqu'aux fameuses machines à écrire en passant par des pièces de vaisselle (cafetières) et de quincaillerie.

Aujourd'hui, la marque n'est pas complètement éteinte, mais les usines de Beaucourt ne fonctionnent plus et c'est avec un brin de nostalgie, mais aussi de fierté que l'on visite ces anciens ateliers transformés en musée. On y a reconstitué entre autres les premières machines créées par Frédéric Japy et les ébauches des premières montres livrées par les ateliers Japy. A l'aide de documents et panneaux explicatifs, on revit cette grande aventure industrielle, étayée par une exposition très enrichissante : horloges, réveils et pendules, outillages et mouvements, lustrerie, vaisselle, moteurs thermiques et électriques, pompes, machines à écrire (de 1910 à 1973) et encore appareil photo, moulin domestique, concasseuse…On verra même les plans d'une voiturette dessinée par les ingénieurs Japy.

A proximité

Vers la Suisse et Porrentruy, c'est le Pays d'Ajoie, verte région rurale cousine du Sundgau, avec ses étangs, ses vergers et ses maisons à colombages.

BESSONCOURT

Situé dans l'axe de la trouée de Belfort, Bessoncourt se trouve aussi sur la voie européenne E5. C'est un calme village accoté à un bois, point de départ d'intéressantes balades, en particulier vers les vallées de l'Autruche, de la Madeleine et de la Saint-Nicolas. Ces deux dernières rivières, descendues du Baerenkopf par des voies distinctes, se réunissent un peu plus en aval pour former la Bourbeuse.

L'Office de tourisme de Belfort et du Territoire de Belfort propose un circuit pédestre au départ de Bessoncourt et passant les trois rivières en faisant une boucle par Fontaine. Une visite guidée explore le fort de fond en combles. Renseignements à la mairie. 19, rue des Magnolias 90160 Bessoncourt © **03 84 29 93 67**.

BOUROGNE

Un site important pour les archéologues qui y ont mis à jour une nécropole burgonde, cette civilisation très avancée qui occupa le terrain du IVe au Ve siècle, juste avant les Francs. La plupart des résultats importants des fouilles sont au musée de Belfort.

A voir également les fontaines et lavoirs XIXe qui participent au paysage villageois. La "nuit féerique", spectacle pyrotechnique, a lieu en juillet.

BREBOTTE

Au bord du canal Rhin-Rhône, à 10 km de Belfort, le musée de l'Artisanat et des Traditions rurales montre, dans une ferme aménagée du Sundgau (XVII-XIXe siècle), la vie quotidienne rurale, et l'artisanat du siècle dernier à 1940.

Musée de l'Artisanat et des traditions rurales. *Ouvert du mercredi au dimanche de 14h à 18h.* Sur la route de Froidefontaine D35, une ferme typique du Sundgau belfortain, avec ses colombages à l'alsacienne, datant du XVIIe siècle et remaniée au XIXe. Le musée raconte le passé et ses traditions, ses métiers anciens (menuisier, sabotier, charron, tourneur, forgeron, maréchal-ferrant, tonnelier, tisserand) et les hommes qui ont transmis leur savoir jusqu'à notre époque. Dans le corps de logis, exposition de mobilier, de vêtements, d'instruments domestiques, de vaisselle et dans les bâtiments, d'anciens outils de la vie rurale d'antan. Un hangar abrite les véhicules et gros matériels agricoles.

COURTELEVANT

Le village, à l'est de Delle, bordé par la Vendeline, appartint aux Habsbourg jusqu'au traité de Westphalie, puis aux seigneurs de Florimont.

Le Moulin ✆ **03 84 29 62 34 ou 03 84 29 61 66.** *Ouvert du 1er mai au 31 octobre de 14h à 18h les dimanches et jours fériés. En groupe sur RV.* Sur les bords de la Vendeline, classé monument historique, sur l'ancienne voie romaine Mandeure-Kembs, c'est la principale attraction du village. Le moulin, dont la première construction date du XVIe siècle, fut vendu après la Révolution, comme bien national et exploité par la même famille durant un siècle avant d'être progressivement abandonné.

C'est aujourd'hui une belle maison, parfaitement réhabilitée, depuis 1988, par l'association des Amis du Moulin de Courtelevant, et dont on a pu conserver les parties anciennes, en ajoutant d'autres éléments pour en faire un musée des techniques de meulage : une nouvelle roue à augets, inaugurée en 1994, a été installée, le mécanisme "la rotonde" est superbe, et l'on verra également le grand rouet et ses "alluchons" (dents en bois), la meule anglaise de 1816, une meule du Moyen Age reconstituée et le moulin à cylindre de 1830.

La fête du moulin a lieu le deuxième week-end de juin.

A Faverois (la route qui y conduit suit la Covatte), on boit un verre et on mange un petit morceau à **la Grangerie**.

CRAVANCHE

Le village possède un centre d'intérêt avec sa grotte préhistorique. Outre ce point touristique, il s'agit surtout d'un bourg rural et réidentiel.

DELLE

Cette petite ville a joué un rôle important dans l'histoire régionale, principalement par la puissance de ses seigneurs, comme par exemple Ferrette, au cœur du Sundgau alsacien, avec laquelle Delle montre quelque cousinage historique : un environnement purement rural, peu d'industries, quelques tanneries au Moyen Age, mais une ville tout de même, avec ses prérogatives, son prévôt, son bailli, sa seigneurie et un certain dynamisme commercial sur l'axe Belfort-Porrentruy.

Delle est jumelée avec Szentgotthard en Hongrie. Elle fut libérée par les troupes de De Lattre de Tassigny le 18 novembre 1944.

■ VISITE

Château Feltin. Cette grande demeure flanquée d'une tour ronde à clocher pointu se trouve rue Scherer et date de 1587, bâtie par Louis Lourdel, prévôt de Delle. Sa forme est classique, mais l'édifice présente d'intéressants éléments Renaissance, notamment sa porte d'entrée. Il accueille aujourd'hui la mairie.

La maison des Cariatides. Ces cariatides, statues pieuses placées en soutènement du dernier étage, constituent une curiosité typique. Elles se trouvent sur une ancienne auberge, la "Maison de la Couronne" utilisée comme salle municipale et comme assemblée de justice. Les cariatides sont très symboliques de la maison, puisque celle placée au centre figure la justice, tandis que de chaque côté se trouvent un couple de bourgeois et un couple de pauvres gens, sensés être égaux devant cette justice centrale. Au début du XVIIIe siècle, la maison fut vendue (elle n'était alors que louée par la ville à l'aubergiste) pour devenir l'auberge "A la Couronne". Réquisitionnée par les Alliés après la défaite des troupes napoléoniennes, elle hébergea quelques souverains de passage, Frédéric-Guillaume III de Prusse, l'empereur Alexandre Ier.

L'église. Elle est surmontée d'un classique clocher comtois à bulbe élancé.

L'ancien hôtel de ville. Il est daté de 1756, mais il est situé à l'emplacement d'une ancienne halle au blé XVIe. On y voit en façade les plaques commémoratives posées en 1964 pour le XXe anniversaire de la libération de la ville (18 novembre 1944).

Le centre socio-culturel. Il est logé dans un bâtiment édifié en 1576 qui devint propriété successive du seigneur de Morvillars, d'un chirurgien de la ville suisse de Porrentruy puis, en 1687, du receveur et futur bailli de Delle Jean-Pierre Taiclet, dont la famille conservera la maison jusqu'au début du XIXe siècle, l'embellissant et la développant. La ville rachète la maison en 1824 pour y installer la gendarmerie. C'est en 1976 que le département, devenu entre temps propriétaire (la maison était devenu un centre administratif) donne la possibilité à la ville d'en faire un centre socio-culturel.

Dans la voie Lentier, vestige de l'ancienne voie romaine Mandeure-Kembs, une ancienne scierie avec son fourneau.

Voir enfin les fontaines de la place de la République (1828) et de la rue Scherer (1848).

Balade en ville

Le centre ville est charmant : on part de la place de l'Hôtel de ville, avec sa jolie fontaine.

Outre les monuments décrits précédemment, au cours de la balade, vous verrez également une maison début de siècle avec une très belle façade en avancée, à fronton triangulaire, toute de bois sculptée ; une maison à tourelles de la fin du XVIe siècle, qui porte l'inscription IHS (Jésus Sauveur des Hommes) et qui est aujourd'hui rattachée à l'école (les anciens jardins sont aujourd'hui la cour de l'école).

Vous retrouverez du bois sculpté sur l'ancien cabaret de la veuve Pluet, dans une maison XVIe, où l'on lit encore l'inscription "Buvette" datant de la Révolution. C'était l'auberge de la Demi-Lune qui servait de lieu de réunion au club des Jacobins.

On s'installe aux beaux jours en terrasse au **café Central**. On se restaure à **la Clé d'Or**, pour les frites et les crêpes, aux **Arcades** ou au **Galopin**, la table à connaître pour les spécialités comtoises, qui fait aussi pataterie et fondues.

A proximité

La frontière suisse est à 2 km : c'est le moment de faire le plein de chocolat ; la ville la plus proche, Porrentruy et son beau château, est à 14 km.

La route est agréable, mais plutôt fréquentée, pour rejoindre Montbéliard, par Badevel.

FONTAINE

La curiosité principale du village est le **Tilleul de Turenne**, sous lequel le preux maréchal se serait reposé au cours de la conquête française. Nul doute, même si l'anecdote est sujette à caution (Turenne s'y serait arrêté avant une victoire sur les Autrichiens, et, en signe de remerciement, serait revenu s'asseoir à nouveau sous ses frondaisons au retour), que l'arbre est multicentenaire, avec ses 30 m de hauteur et 7 m de circonférence. Il est classé Monument Historique.

C'est à Fontaine, sur une ancienne base de l'OTAN, que l'entreprise DHL est supposée réhabiliter les pistes pour construire un nouvel aéroport de fret aérien, projet auquel les habitants du voisinage semblent tout à fait hostiles. Après diverses manifestations, DHL se tient sur la réserve, en insistant sur le fait que le site n'a pas encore été choisi et que cette base n'est aucunement privilégiée. Affaire à suivre, mais à Fontaine et à Petit-Croix, juste à côté, on se sent très concerné. Les panneaux fleurissent sur les façades des maisons. Florilège : "Non à l'aéroport, non au grand Canal", "Vol de nuit, vol de vie", "Non aux avions, non au bruit, non au TGV". Une grande manif a été organisée le 14 juin 1997 devant la maison du Peuple à Belfort pour protester fort contre tous ces projets de voies de communication du XXe siècle qui amélioreraient les échanges avec l'extérieur mais sans doute pas à l'intérieur.

FROIDEFONTAINE

L'église est un édifice roman très ancien pour certaines parties, puisque contemporain d'un monastère bénédictin du début du XIIe siècle. Le clocher XVIIe faisait partie du collège de jésuites. Voir également la belle maison du presbytère à côté de l'église.

MONTREUX-CHATEAU

Voir la chapelle dédiée à Sainte-Catherine et les tombes des seigneurs de Montreux.
Route plaisante jusqu'à Delle, où la campagne prend tous ses droits, en particulier à partir de Vellescot.

PETIT-CROIX

Un monument rend hommage à Pégoud, héros de l'aviation de la première guerre mondiale. Il donne son nom à de nombreuses rues des villages du Territoire.
La grande affaire actuellement - on sait les Francs-Comtois très vigilants pour tout ce qui touche à l'environnement - est dans le projet d'un nouvel aéroport et Petit-Croix est très concerné (voir ci-dessus "Fontaine"), d'autant que le village est aussi bien placé près du fameux canal du Rhin au Rhône.

RECHESY

L'Office de tourisme de Belfort et du Territoire propose une balade entre forêts et étangs, dans ce coin superbe appelé la «petite Sologne belfortaine». L'itinéraire proposé fait une petite incursion en Suisse, empruntant l'intéressant chemin de douaniers avec ses bornes numérotées arborant les divers écussons des deux pays : ours bernois, croix helvétique, lys royal ou simple "F" français. On côtoiera également l'ancienne voie ferrée, qui fut mise en service en 1913 et dont l'énergie électrique était apportée par les mines de Ronchamp.

A proximité

Le carré du souvenir. Il célèbre les violents combats de novembre 1944 pour la libération de la région, et en particulier l'attaque par l'ennemi d'un convoi sanitaire, au cours de laquelle plusieurs ambulancières trouvèrent la mort. Plusieurs monuments retracent l'épisode et l'un d'eux rend hommage à ces infortunées héroïnes.

SAINT-DIZIER L'EVEQUE

C'est au VIIe siècle que Saint-Dizier, originaire de Bretagne, vint officier dans la région. L'imprégnation chrétienne était encore timide et Dizier, qui revenait d'un pèlerinage à Rome, accompagné de deux compagnons (tous les autres étaient morts de maladie durant le trajet), faisait route vers l'oratoire Saint-Martin (à l'emplacement de l'église).
Il est au cœur de plusieurs légendes du pays, notamment celle du rocher des Pas du Diable : on raconte que le diable, voulant s'attaquer au saint homme durant l'une de ses promenades, le suit et s'élance sur lui au moment où ils passent tous deux sur un grand rocher plat : ses pieds fourchus et brûlants font fondre alors la roche et il s'englue au point de ne plus pouvoir bouger, tandis que Saint-Dizier continue son chemin en toute quiétude. On "lit" aujourd'hui sur la pierre les empreintes du saint et celles du diable.

Le tombeau de Saint-Dizier se trouve dans l'ancienne basilique, entre Saint-Dizier et Villars-le-Sec, près de la D50. Ce bel édifice XIe, relativement ruiné, conserve néanmoins un intérêt architectural certain, mélange d'arts roman (le chœur) et gothique (la nef). Lieu de pèlerinage intensif, la tombe du saint homme abritait la Pierre des Fous, que l'on peut admirer dans une pièce annexe, et qui passait pour miraculeuse (on passait en-dessous pour recevoir la bénédiction divine).

L'Office de tourisme de Belfort et du Territoire a tracé une promenade à travers champs et bois, au sud-est du village. Ce parcours donne l'occasion de passer au Val où l'on verra la fontaine XIXe à laquelle on accordait des vertus thérapeutiques (on utilisait notamment son eau pour oindre les malades mentaux). La balade croise les Pas du Diable (voir plus haut) et l'ancienne basilique Saint-Dizier.

Au sud, de beaux paysages également en direction de Croix. Le plateau de Croix, à 600 m d'altitude, propose quelques beaux points de vue sur les montagnes et une nature vivifiante. A Croix, les derniers puits à balancier de la région, dispositifs originaux en bois, sur le principe du levier.

SUARCE

Presque frontalier avec l'Alsace, Suarce est au cœur d'une petite et jolie région d'étangs. Là aussi, le cousinage avec le Sundgau est patent, et la Suarcine, qui passe dans le village (on la traverse à l'entrée et à la sortie), apporte un cachet supplémentaire. Maisons peintes à l'alsacienne sur des formes comtoises classiques, un certain nombre d'entre elles sont rénovées : l'ensemble est paisible et plutôt harmonieux.

Les pêcheurs sont évidemment à l'honneur avec tous les étangs environnants (joli site, au sud vers Delle, aux Ecarts de la Chapelle Florimont). Autour, c'est le bocage à la mode Territoire, déjà presque la Suisse : des prairies grasses au vert tendre, des vaches très bien portantes.

LE CANAL DU RHONE AU RHIN EN TERRITOIRE

Il utilise la vallée de la Bourbeuse, change de département après Montreux-Château et retrouve, après le seuil de Valdieu, les vallées alsaciennes de l'Ill et de la Largue.

La construction du canal fut décidée par Napoléon en 1804 et les travaux durèrent une trentaine d'années. Le grand nombre d'écluses, ainsi qu'une profondeur souvent faible (pas plus de 2 m par endroits) ont rendu son accès délicat, et quasi impossible pour la navigation marchande.

■ MANGER, DORMIR

Restaurant des Arcades. 30, Grande Rue 90100 Delle ✆ **03 84 56 22 23.** Bien placé sur la place centrale, cette petite table sans prétention cherche avant tout à distraire et sustenter : pizzas, salades, fruits de mer, etc. C'est correct, vite fait et pas bien cher.

Hôtel Moderne. 28, Av. du Général Charles de Gaulle 90100 Delle ✆ **03 84 36 08 51.** A partir du centre, en prenant la route de la Suisse, juste à la sortie. Un grand bâtiment sérieux, rénové, au confort standard. Les possibilités étant peu nombreuses en ville, le Moderne passe facilement pour l'étape recommandable. La cuisine, de tradition, est d'ailleurs assez bien faite.

Le Galopin. 29, Grande Rue 90100 Delle ✆ **03 84 36 17 52.** *Ouvert toute l'année. Fermé le dimanche. Menu à 70 F. Carte 60 F. Jusqu'à 21h.* Au centre, un bistrot "pataterie" qui anime le bourg avec ses röstis et ses plats de ménage typiquement régionaux. Bon enfant, tout simple et chaleureux.

Le Choix de Sophie. 54, rue du Général Leclerc 90600 Grandvillars ✆ **03 84 27 76 03.** *Fermé dimanche soir, lundi et samedi à midi. Menus de 92 à 200 F. Carte 160 F. Jusqu'à 21h30.* Dans un cadre rustique modernisé où dominent le bleu des poutres et la moquette. Des spécialités recherchées et intéressantes : foie gras à la croque au sel, sandre au beurre d'orange, magret au miel et citron. Une idée originale : le menu "Duo" à partager à deux.

Restaurant de la Promenade. 3, Rue de Delle, 25490 Badevel (Doubs) ✆ 03 81 96 15 66. Sur la route de Montbéliard, une halte sympathique pour goûter quelques assiettes de tradition et, à l'occasion, la friture de truite ou de carpe.

Chambres et tables d'hôtes, fermes-auberges

Marianne Liote. 5, rue des Vosges 90150 Foussemagne ✆ 03 84 23 48 76. *Chambre 200 F pour une personne, 250 F pour deux, 300 F pour trois, petit déjeuner inclus.* Une très belle demeure XVIIIe de caractère, dans un agréable parc, à un quart d'heure de Belfort sur la route de Bâle. Une chambre au premier, très confortable, avec télévision et coin salon. Pêche, randonnée, tennis.

Pierre Mattin. 3, rue des Vosges 90100 Chavannes-les-Grands. ✆ 03 84 23 37 13. *De mai à septembre. 170 F pour une personne, 220 F pour deux, 260 F pour trois, petit déjeuner inclus.* Un pavillon récent dans le style comtois, près de la frontière suisse (accès par D13). Deux chambres au premier étage, douillettes et bien équipées, celle avec un grand lit disposant d'un balcon.

Alain Ligier. 4, rue du Margrabant 90150 Larivière ✆ 03 84 23 80 46. *150 F pour une personne, 200 F pour deux, 250 F pour trois, petit déjeuner inclus.* Une jolie maison fleurie, dans le plus pur style alsacien, avec colombages et peintures récentes. Deux chambres à l'étage avec salle de bain indépendante. Parc, piscine.

Marie-Thérèse Sibre. 6, rue des Eglantines 90160 Bessoncourt ✆ 03 84 29 93 97. *Une chambre au premier étage, 150 F pour une personne, 185 F pour deux, petit déjeuner inclus.* A l'est de Belfort, sur la D419, le village est tranquille comme la maison, classique et rurale, dans une exploitation. Pêche, randonnée, tennis.

■ LOISIRS, SPORTS

Brebotte

Son et lumière. Un spectacle de reconstitution historique qui se déroule à la mi-juillet.

La **Fête des moissons et des traditions populaires** a lieu le premier dimanche de septembre, utilisant le matériel agricole ancien du musée.

Cravanche

Montgolfières, aéro-libre. 27, avenue des Commandos d'Afrique 90300 Cravanche ✆ 03 84 26 00 32. *Baptême de vol 1 000F/personne.*

Delle

La **foire à la brocante** a lieu en juin.

La **Halle des Cinq Fontaines** propose un programme varié dans tous les domaines du spectacle tout au long de l'année : café-théâtre, chanson (Maxime Le Forestier, les Innocents en 97), jazz, classique mais aussi rock (on y a vu récemment Miossec et No one is innocent).

L'Office de tourisme de Belfort et du Territoire de Belfort propose un circuit VTT au départ de Delle et passant à Fèche-l'église et Lebetain.

Centre équestre Froehly. Rue Caporal Peugeot 90100 Joncherey ✆ 03 84 36 07 62. Promenade pour groupes et personnes initiées.

Ferme équestre de l'Etang Fourchu. Ecart de la Chapelle 90100 Florimont ✆ 03 84 29 61 59. Pour initiés uniquement. 50 ou 60 F. Promenades en calèche pour tous, à l'heure, à la journée.

Fontaine

Sur l'aérodrome, on pratique le parachutisme (centre-école agréé par la Fédération, stages initiation et semaine), la montgolfière (baptêmes, promenade en ballon) et l'ULM avec l'association Tube et Toile 90 (promenades, baptêmes et stages tous niveaux) sur ULM pendulaire ou trois axes.

L'aérodrome reçoit également des rencontres d'aéromodélistes.

Club Aérostatique de Franche-Comté. Rue A Pegoud 90150 Fontaine ✆ 03 84 23 88 13

ASMB parachutisme. Aérodrome de Fontaine 90150 Fontaine ✆ 03 84 23 84 25

Tube et Toile 90. 11, rue F. Brouque 90300 Offemont

LE TERROIR DU TERRITOIRE

Certes, le gourmet itinérant retrouvera, avec le plus grand plaisir, les spécialités comtoises, et une bonne part des alsaciennes, dans les cuisines du Territoire de Belfort. Mais ce petit pays béni des dieux de la nature, gavé de forêts et de rivières, riche de plaines fertiles et d'un élevage prodigue, a su cajoler son terroir et ses artisans montrent leur dynamisme à travers de savoureuses créations.

Au premier rang d'entre elles, l'**épaule du Ballon** est une spécialité d'agneau garnie de myrtilles que de nombreux bouchers inscrivent sur leur ardoise.

A déguster également, le **Belflore**, une sorte de galette aux framboises, recouvertes d'une couche de meringue aux amandes et noisettes.

Enfin, toujours au chapitre sucré, les **Reflets du Territoire** qualifient une déclinaison chocolatière (une viennoiserie, un entremets glacé et des bonbons aux chocolat estampillés "Territoire"). 18 artisans-chocolatiers la programment dans leur magasin.

Où les trouver :

L'épaule du ballon

Belfort

Bercot Michel, charcuterie de la Roseraie. 2 bis, rue Salengro ✆ 03 84 21 27 52

David Daniel. 59, avenue Jean Jaurès ✆ 03 84 21 42 85

Eich Jean. 2, rue Porte de France ✆ 03 84 28 06 73

Guillaume Gérard. 1, rue de la Première Armée ✆ 03 84 26 01 77

"Boucherie Mad". 5, rue Thiers ✆ 03 84 28 02 94

Lounès Rachid "Boucherie Halal". 13, rue d'Amsterdam ✆ 03 84 28 02 20

Chatenois les Forges

Rollin Marcel. 68, rue du Général de Gaulle ✆ 03 84 29 41 04

Danjoutin

Bey Roland. 38, rue du docteur Jacquot ✆. 03 84 28 24 14

Gillet Jean-Pierre. 5, rue du 21 Novembre ✆ 03 84 28 24 08

Delle

Aubry Christian "Boucherie Chez Christian". Centre ville ✆ 03 84 36 03 18.

Grimel Olivier. 28, rue St Nicolas ✆ 03 84 36 04 41

Essert

Schmuck Jean-Marie "Renaud Salaisons". 36, rue du Gal de Gaulle ✆ 03 84 21 00 36

Giromagny

Vettorel Robert. 4, rue Thiers ✆. 03 84 27 19 22

Grandvillars

Babe Georges. 17, rue Leclerc ✆ 03 84 27 80 27

Lepuix Gy

Wimmer Jacques. 26, rue de l'Eglise ✆ 03 84 29 31 67

Méziré

Fave Denis. 10, rue du Rondé ✆ 03 84 27 81 82

Rougemont-le-Château

Prévot Claude. 7, avenue Jean Moulin ✆ 03 84 23 03 69

Zimmermann Georges. 1, place de l'Eglise ✆ 03 84 23 00 72

Sermamagny

D'Amico Angelo. 25, Grand'Rue ✆ 03 84 29 22 48

Valdoie

Racine Dominique "Racine-Traiteur". 2, rue Carnot ✆ 03 84 26 19 62

Le Belflore
Beaucourt
Levain Jean Paul. 12, rue du 18 novembre ✆ 03 84 56 90 70
Belfort
Bitard Dominique. 7, av. Miellet ✆ 03 84 28 52 73

Bossan Serge. 118, av. Jean Jaurès ✆ 03 84 28 55 38

Bruez Jean Marie. 228, av. Jean Jaurès ✆ 03 84 26 08 47

Brun Michel, L'ourson Gourmand. 9, faubourg de France ✆ 03 84 28 07 10

Cardot pascal, patisserie de la Roseraie. 128, av. Jean Jaurès ✆ 03 84 21 22 47

Courroy Norbert. 30, rue du Berger ✆ 03 84 22 37 94

Fiorone Dominique. Le Finois, 5 bd Joffre ✆ 03 84 21 34 19

Gardot François. Centre commercial des Résidences ✆ 03 84 21 02 31

Gaume Hubert. 28, rue du Ballon ✆ 03 84 21 06 59

Montémont Pascal. 65, av. Jean Moulin ✆ 03 84 22 29 09

Rhodes Pierre. 105, av. J Jaurès ✆ 03 84 22 17 80

Stoll Didier. A Chantilly. 8, bd Carnot ✆ 03 84 28 03 69

Vetter Marcel Aux 3 épis". 180, av. J Jaurès ✆ 03 84 26 34 34
Bourogne
Faivre Jean-Marie. 14, rue de Belfort ✆ 03 84 27 81 54
Chatenois les Forges
Lancetti Guy. 72, rue du Gal de Gaulle ✆ 03 84 29 40 94

■ PRATIQUE

Maison Départementale de l'Environnement. Site du Malsaucy 90300 Sermamagny ✆ 03 84 29 18 12

Comité Départemental de la Randonnée Pédestre. Hôtel du département, place de la Révolution Française 90020 Belfort ✆ 03 84 26 01 76

Compagnie Belfort-Loisirs ✆ 03 84 29 25 55

Club Alpin Français ✆ 03 84 21 27 25

Club Loisirs Léo Lagrange. 112, av. Jean Jaurès 90000 Belfort ✆ 03 84 21 47 17

Association du club sous-vosgien des sentiers. 11, rue de l'Ecole Maternelle 90170 Etueffont ✆ 03 84 54 62 00

Comité Départemental pour le tourisme équestre. 44, rue des Magnolias 90160 Bessoncourt ✆ 03 84 29 92 04

Bibliothèque - Discothèque municipale. Centre commercial des 4 As 90000 Belfort ✆ 03 84 28 47 57.

Centre hospitalier de Belfort. 14, rue de Mulhouse ✆ 03 84 57 40 00

Centre anti-poison ✆ 04 78 54 14 14

Mairie de Belfort. Place d'Armes ✆ 03 84 54 24 24

Commissariat de police ✆ 03 84 58 50 00

Faites-nous part de vos coups de cœur
Envoyez-nous vos bonnes adresses, elles seront utiles
aux futurs voyageurs. Voyez le questionnaire en fin du guide.

INDEX

Aboncourt-Gesincourt	230
Acey (Abbaye d')	142
Amancey	74
Amange	142
Amathay	75
Amondans	74
Andelnans	263
Andelot	133
Andelot-en-Montagne	159
Anjoutey	266
Antre (Lac d')	130
Arbois	156
Arc-et-Senans	76
Arc-les-Gray	239
Arc-sous-Cicon	76, 95
Argilières	227
Arinthod	131
Arlay	148
Aroz	219
Aubépin (l')	172
Aubigney	245
Aubonne	75
Audincourt	103
Augea	173
Augisey	127
Aumont	150, 159
Autoreille	236
Autrey-le-Vay	203
Auxelles-Bas	269
Aymé	39
Baerenkopf	266
Baignes	234
Ballon d'Alsace	266
Banney (Forêt du)	211
Basse Vaivre (La)	224
Baume-les-Dames	106
Baume-les-Messieurs	170
Bavans	103
Bavilliers	263
Beaucourt	271
Beaufort	173
Belfahy	214
Belfort	253
Bellefontaine	188
Bellevue (Sommet de)	235
Belmont	106
Belvoir	107
Bernard	39
Bersaillin	149
Besançon	51
Bessoncourt	271
Beure	68
Bizot (Le)	95
Bletterans	150
Bleu de Gex	44
Bois d'Amont	183
Bolandoz	74
Bonboillon	246
Bonlieu (Lac de)	122
Bonnal	111
Bonnétage	98
Bonnevaux-le-Prieuré	73
Botans	263
Bouchard	127
Bougey	219
Boult	246
Bouquet	39
Bourg-de-Sirod	190
Bourguignon-les-Morey	227
Bournel (Château de)	108
Bourogne	272
Boxberger	39
Brebotte	272
Breurey	220
Brevans	140
Broye-lès-Pesmes	244
Bucey-les-Gy	235
Buthiers	246
Calmoutier	234
Canal (Grand)	112
Cancoillotte	44
Chailluz	68
Chalain (Lac de)	118
Chamblay	145
Chambly (Lac de)	119
Champagney	199
Champagnole	190
Champlitte	226
Chapelle-des-Bois	84
Chapelle-sous-Chaux (La)	267

Chapelle-sous-Rougemont (La)	269
Charbonnières	69
Charcenne	236
Chardonnet (de)	39
Charezier	125
Charmes-Saint-Valvert	227
Charquemont	97
Chassal	181
Château-Chalon	165
Château-Garnier (Saut)	121
Château-Lambert	214
Chateleu	94
Châtillon	120
Chauffaud	95
Chaumercenne	244
Chaussin	150
Chaux (Forêt de)	142
Chaux	267
Chaux-du-Dombief	123
Chaux-la-Lotière	248
Chaux-lès-Passavant	107
Chaux-Neuve	85
Chavannes-les-Grands	276
Cherlieu (Abbaye de)	229
Chevènement	39
Chevigney-lès-Vercel	111
Chevreaux	171
Chèvremont	264
Chissey	145
Choye	236
Cinquetral	177
Cirey-lès-Bellevaux	246
Cita (Plateau de)	233
Clairval	108
Clairvaux	124
Clavel	40
Cléron	73
Cluse-et-Mijoux (La)	81
Cogna	125
Coiselet (Lac de)	132
Colombine	202
Combe	37
Combeaufontaine	219
Comté	44
Comtoise (Horloge)	185
Condes	132
Conflandey	219
Consolation (Cirque de)	96
Consolation-Maisonnettes	96
Conte	191
Corbenay	206
Corre	219
Coulans	74
Cour-Saint-Maurice	96
Courbet	40
Courcelles-les-Montbéliard	104
Courlaoux	168
Cramans	148
Cravanche	272
Crenans	131
Cressia	127
Creuse (La)	75
Crosey-le-Petit	111
Crotenay	193
Crouzet-Migette	79
Cubry	111
Cugney	236
Cure (La)	188
Cussey-sur-l'Ognon	70
Dampierre-lès-Conflans	206
Dampierre-sur-Doubs	105
Dampierre-sur-Salon	228
Damprichard	98
Delle	272
Denfert-Rochereau	40
Deschaux (Le)	146
Dessoubre (Vallée du)	96
Deux-Fays (Les)	149
Diable (Pont du)	78
Dino Zoo	69
Dôle (La)	186
Dole	137
Domblans	169
Doubs (Sauts du)	93
Doucier	119
Doye (Cirque de la)	166
Dramelay	132
Ecole-Valentin	66
Ecromagny	216
Eloie	267
Epenouse	109
Esmoulières	218
Esprels	202
Essert	264
Etalans	68
Eternoz	74
Etival	184
Etoile (L')	166
Etueffont	267
Eventail (Cascade de l')	121

Evette-Salbert 263
Faucogney 215
Faverney 220
Fay-en-Montagne 168
Félon 268
Ferrières-les-Scey 220
Ferté (La) 160
Feuillère 40
Filain 246
Fins (Les) 94
Fioget (Lac du) 123
Florimont 276
Foncine-le-Haut 184
Fondremand 246
Fontaine 273
Fontenois-la-Ville 205
Forge (Saut de la) 121
Forges (Château des) 244
Foucherans 73
Fougerolles 204
Fourgs (Les) 88
Fourier 40
Fournets-Luisans 110
Foussemagne 276
Fouvent-le-Haut 230
Frahier 203
Frais-Puits (Le) 233
Fraisans 144
Frasne-le-Château 236
Frasnois (Le) 123
Frémondans 97
Fresse 216
Froidefontaine 274
Froideville 150
Frontenay 166
Frotey (Sabot de) 233
Fruitière 37
Fuans 111

Gaffiot 40
Genevrey 214
Germigney 76, 145
Geruge 173
Gésincourt 224
Gévigney-Mercey 220, 230
Gigny 132
Gilley 91
Girard (Saut) 122
Giromagny 265
Gizia 171
Glacière (Grotte de la) 107

Golf 33
Goudimel 40
Goumois 99
Grand-Combe-Chateleux 91
Grandvillars 275
Grange-la-Doye 167
Grangettes (Les) 89
Granvelle (Perrenot de) 40
Gray 237
Grévy 41
Grosmagny 268
Grottes 36
Grusse 172
GTJ 36
Guy 41
Gy 235

Haut-du-Them (Le) 214
Héricourt 200
Hérimoncourt 103
Hérisson (Cascades du) 121
Hôpitaux-Neufs (Les) 88
Hôpitaux-Vieux (Les) 88
Huanne-Montmartin 111
Hugo 41, 54
Hyèvre-Paroisse 106

Iay (Lac d') 122
Isle-sur-le-Doubs (L') 108
Ivory 160

Jaune (vin) 45
Joncherey 276
Jonvelle 220
Jougne 87
Joux (Forêt de la) 78, 190
Joux (Lac de) 86
Jussey 220

Labergement-Sainte-Marie 87
Lacuzon (Grotte) 121
Lajoux 178
Lamoura 178
Langouette (Cascade de la) 184
Largillay 128
Larivière 276
Larmon 84
Larrivoire 181
Lauzin 202
Lavancia 130
Lavans 76

Lavans-lès-Saint-Claude	181
Lavigney	230
Lemuy	160
Lepuix-Gy	268
Levier	78
Lizerne (La)	97
Lizine	74
Lods	74
Longchaumois	184
Longeville	75
Longevilles-Mont d'Or (Les)	88
Lons-le-Saunier	163
Lopez	41
Loray	111
Lumière	41
Lure	198
Luxeuil-les-Bains	207
Maclus (Lacs)	122
Magny (Les)	203
Maîche	96
Maisières	73
Maisonnettes	96
Maizières	247
Malbuisson	88
Malsaucy	263
Mamirolle	66
Mancenans	97
Mandeure	103
Mantoche	239
Marast	201
Marigna-sur-Valouse	132
Marigny	118
Marnay	247
Massacre (Forêt du)	179
Mathay	105
Melin	220
Mélisey	215
Mer (La)	215
Mésandans	106
Mesnois	125
Métabief	86
Mièges	191
Mignovillard	193
Moidons (Grotte des)	158
Moirans-en-Montagne	129
Moissey	142
Molay (Jacques de)	41
Molay	227
Moncley	70
Mont d'Or	44
Mont-sous-Vaudrey	146
Montagna-le-Reconduit	172
Montagney	244
Montbarrey	145
Montbéliard	100
Montbéliarde	188
Montbenoît	91
Montchauvrot-Mantry	167
Montéchéroux	98
Montenois	105
Montépin (de)	41
Montfaucon	69
Montgesoye	74
Montigny	169
Montigny-sur-l'Ain	193
Montlebon	92
Montmirey-le-Château	142
Montreux-Château	274
Montrond	160
Morbier	185
Morey	227
Morez	182
Morilles	43
Morteau	92
Motte (Lac de la)	122
Mouchard	146
Moussières (Les)	180
Mouthe	85
Mouthier-Haute-Pierre	75
Nanc-lès-Saint-Amour	172
Nancray	69
Nans-sous-Sainte-Anne	77
Nantilly	240
Narlay (Lac de)	122
Neglia	134
Neuvelle-les-la-Charité (La)	221
Nilly	168
Nodier	41
Noidans-le-Ferroux	221
Noidans-lès-Vesoul	234
Noirefontaine	99
Notre-Dame-de-Lorette	145
Nozeroy	191
Offemont	276
Offlanges	142
Ognon (Vallée de l')	247
Onoz (Lac d')	130
Orchamps-Vennes	108
Orgelet	126
Oricourt	202

Ornans	71
Osselle (Grottes d')	78
Ougney	142
Ounans	148
Oye-et-Pallet	83

Pagnoz ... 147
Paille (vin de) ... 45
Palise ... 70
Pannessières ... 168
Parcey ... 141
Passavant-la-Rochère ... 204
Passenans ... 166
Pasteur ... 42, 138
Pêche ... 34
Pergaud ... 42
Pesmes ... 241
Pesse (La) ... 179
Petit-Croix ... 274
Petitmagny ... 268
Peugeot ... 42, 103
Pierrecourt ... 227
Pierrefontaine-les-Varans ... 108
Pirey ... 69
Plaisance ... 34
Planche des Belles Filles (La) ... 216
Plancher-les-Mines ... 216
Planches (Les) ... 159
Planches (Reculée des) ... 78, 158
Planches-en-Montagne (Les) ... 184
Plans d'eau ... 33
Poisoux ... 134
Polaincourt ... 224
Poligny ... 161
Pont-d'Héry ... 155
Pont-de-Poitte ... 125
Pont-de-Roide ... 99
Pont-du-Navoy ... 193
Pont-les-Moulins ... 110
Pontarlier ... 80
Pontcey ... 221
Port d'Atelier ... 230
Port-Lesney ... 77, 146
Port-sur-Saône ... 221
Poudrey (gouffre de) ... 69
Poupet (Mont) ... 153
Preigney ... 229
Prémanon ... 185
Président (Sapin) ... 78
Présilly ... 127
Proudhon ... 42

Puits (Le) ... 112
Pupillin ... 157
Pyle (Pont de la) ... 127

Queutrey ... 221
Quingey ... 78
Quintigny ... 168

Radelier ... 146
Ranchot ... 147
Randonnées ... 35
Ray-sur-Saône ... 222, 230
Rechesy ... 274
Reculée ... 38
Remorey (Lac de) ... 87
Renédale ... 76
Rennes-sur-Loue ... 79
Reugney ... 75
Revigny ... 171
Rigney ... 70
Rigotte (La) ... 227
Rioz ... 246
Roche (Montagne de la) ... 227
Roche-Morey (Abbaye de la) ... 227
Rochejean ... 89
Ronchamp ... 198
Rosay ... 171
Rosey ... 234
Rosière (La) ... 218
Rotalier ... 173
Rothenay ... 128
Rougegoutte ... 268
Rougemont ... 108
Rougemont-le-Château ... 268
Rouget de Lisle ... 42
Rousselle (Cadet) ... 42, 126
Rousses (Les) ... 184
Ruffey-sur-Seille ... 149
Rupt-sur-Saône ... 222
Russey (Le) ... 97

Saffloz ... 120
Saint-Amour ... 172
Saint-Antoine ... 88
Saint-Bresson ... 206
Saint-Claude ... 176
Saint-Colombans ... 209
Saint-Didier ... 168
Saint-Dizier-l'Evêque ... 274
Saint-Hippolyte ... 98
Saint-Hymetière ... 133

Saint-Jean-d'Etreux	172
Saint-Julien	227
Saint-Julien-sur-Suran	133
Saint-Laurent-en-Grandvaux	186
Saint-Laurent-la-Roche	128
Saint-Lothain	166
Saint-Loup Nantouard	239
Saint-Loup-sur-Semouse	205
Saint-Maur	171
Saint-Maurice-Crillat	123
Saint-Point (Lac de)	87
Saint-Point	88
Saint-Romain	130
Saint-Sauveur	212
Saint-Thiébaud	156
Saint-Valbert (Ermitage)	211
Saint-Vit	78
Salans	148
Salins-les-Bains	152
Sancey	109
Saugeais	91
Scey-sur-Saône	222
Sellières	149
Semmadon	223
Sémonin	42
Septfontaines	80
Septmoncel	178
Serre (Massif de la)	142
Servance	216
Seveux-Savoyeux	229
Ski	35
Sochaux	102
Soing	221
Solborde (Grotte de)	234
Sombacour	82
Sorans	247
Souvans	147
Suarce	275
Syam	191
Tavaillon	185
Ternuay	218
Tétras (Grand)	179
Thise	65
Thoirette	133
Thoiria	125
Touillon-et-Loutelet	82
Toulouse-le-Château	149
Tour-du-Meix (La)	127
Transjurassienne	180
Trépot	69
Tuyé	38
Vacherin	44
Vaire-le-Grand	69
Vaite	229
Vaivre et Montoille	234
Val (Lac du)	119
Val-Saint-Eloi	224
Valay	245
Valdoie	264
Valentigney	105
Vallerois-le-Bois	234
Vanne	221
Vannoz	192
Vaucluse	97
Vaudioux (Le)	193
Vaujeaucourt	104
Vaux (Monts de)	162
Velesmes	240
Vellerot	110
Vercel-Villedieu	109
Veria	134
Vernantois	173
Vernierfontaine	73
Vernois (Lac du)	122
Vers-en-Montagne	193
Vesoul	231
Vèze (La)	65
Vézelois	264
Vieille-Loye (La)	144
Villard-Saint-Sauveur	181
Villards-d'Héria	130
Villars le Pautel	224
Villars-le-Sec	275
Villefrancon	236
Villeneuve-les-Charnod	134
Villers-Farlay	145
Villers-le-Lac	93
Villers-Robert	150
Villers-Saint-Martin	109
Villers-sous-Chalamont	78, 79
Villers-sur-Saulnot	203
Villersexel	201
Vitreux	142
Voiteur	166
Voray-sur-l'Ognon	248
Vouglans (Lac de)	129
Voynet	42
VTT	36
Vuillafans	74
Vy-les-Rupt	223
Zéro	42

FRANCHE-COMTE

Collaborez à la prochaine édition

Comme le disait déja au XIXe siècle, notre illustre prédécesseur Baedeker : *"Les indications d'un guide du voyageur ne pouvant pas prétendre à une exactitude absolue, l'auteur compte sur la bienveillance des touristes et les prie de bien vouloir lui signaler les erreurs ou omissions qu'ils pourraient rencontrer, en lui faisant part de leurs observations qui seront reproduites dans la prochaine édition".*

Aussi n'hésitez pas à communiquer au Petit Futé les adresses qui ont retenu votre attention et plus précisément vos trouvailles, récits de vos expériences, découvertes, bons tuyaux, adresses inédites ou futées qui méritent d'être publiées… Envoyez-nous vos commentaires par courrier en utilisant éventuellement le dos de cette page (joignez, si vous le souhaitez, un complément d'information sur papier libre) et en joignant les cartes de visite ou les factures comportant les coordonnées de l'établissement. Sur vos indications, le Petit Futé effectuera vérifications et tests nécessaires

N'oubliez pas, plus particulièrement pour les hôtels, restaurants et commerces, de préciser avant votre commentaire détaillé (5 à 15 lignes) l'adresse complète, le téléphone et les moyens de transport pour s'y rendre ainsi qu'une indication de prix.

Signalez-nous les renseignements périmés, incomplets ou qui ont, selon vous, changé, en précisant le pays, la date d'achat et la page du guide.

Nous offrons gratuitement la nouvelle édition à tous ceux dont nous retiendrons les suggestions, tuyaux et adresses inédites ou futées, et dont les courriers seront insérés signés (initiale et nom complet) dans les prochaines éditions.

Nom et prénom ....

....

Adresse et coordonnées complètes ....

....

....

Date de votre voyage ....

Afin d'accuser réception de votre courrier, merci de retourner ce document avec vos coordonnées soit par courrier, soit par fax, soit par internet à l'une ou à l'autre des adresses suivantes :

LE PETIT FUTE   COUNTRY GUIDE
18, rue des Volontaires   **Malaïa Ordynka, 5/7**
Fax : 01 42 73 15 24   **MOSCOU 109017**
75015 PARIS   **RUSSIE**
FRANCE

INTERNET : info@petitfute.com

FRANCHE-COMTE

FRANCHE-COMTE

ECRIRE DANS LE PETIT FUTÉ
Pourquoi pas vous ?

Pour compléter et corriger la prochaine édition du **Petit Futé de FRANCHE-COMTE**, améliorer les guides du Petit Futé qui seront utilisés par de futurs voyageurs et touristes, nous serions heureux de vous compter parmi notre équipe afin d'augmenter le nombre et la qualités des enquêtes.

Pour cela, nous devons mieux vous connaître et savoir ce que vous pensez, très objectivement, des guides du Petit Futé en général et de celui que vous avez entre les mains en particulier.

Nous répondons à tous les courriers qui nous sont envoyés dés qu'ils sont accompagnés d'au moins une *adresse inédite ou futée* qui mérite d'être publiée...
(voir modèle au dos de ce questionnaire)

1 Qui êtes-vous ?

Nom et prénom ....

Adresse ....

....

Quel âge avez-vous ? ....

Avez-vous des enfants ? ☐ oui (combien ?) .... ☐ non

Comment voyagez-vous ? ☐ seul ☐ en voyage organisé

2 Comment avez-vous connu les guides du Petit Futé ?

☐ par un ami ou une relation ☐ par un article de presse
☐ par une émission à la radio ☐ à la TV
☐ dans une librairie ☐ dans une grande surface
☐ par une publicité, laquelle ? ....

3 Durant votre voyage,

vous consultez le Petit Futé environ .... fois

combien de personnes le lisent ? ....

4 Vous utilisez ce guide surtout :

☐ pour vos déplacements professionnels
☐ pour vos loisirs et vacances

5 Comment avez-vous acheté le Petit Futé ?

☐ vous étiez décidé à l'acheter
☐ vous n'aviez pas prévu de l'acheter
☐ il vous a été offert

6 Utilisez-vous d'autres guides pour voyager ?

☐ oui   si oui, lesquels ? ....
☐ non

FRANCHE-COMTE

7 Comptez-vous acheter d'autres guides du Petit Futé ?

☐ oui, lesquels :
☐ City Guides   ☐ Guides Week-End   ☐ Guides de région   ☐ Coutry Guides
☐ non   si non, pourquoi ?

8 Le prix du Petit Futé vous paraît-il ?

☐ cher   ☐ pas cher   ☐ raisonnable

9 Quels sont, à votre avis, ses qualités et ses défauts ?

qualités ....

défauts ....

10 Date et lieu d'achat ....

**Testez vos talents de "critique" en apportant aux guides du Petit Futé une adresse inédite ou futée qui mérite d'être publiée...
en nous retournant cette page à l'adresse ci-dessous :**

Nom de l'établissement ....

Adresse exacte et complète ....

....

Téléphone .... Fax ....

Votre avis en fonction de l'établissement :

	Très bon	Bon	Moyen	Mauvais
Accueil :	☐	☐	☐	☐
Cuisine :	☐	☐	☐	☐
Rapport qualité/prix :	☐	☐	☐	☐
Confort :	☐	☐	☐	☐
Service :	☐	☐	☐	☐
Calme :	☐	☐	☐	☐
Cadre :	☐	☐	☐	☐
Ambiance :	☐	☐	☐	☐

Etes-vous un habitué de cette adresse ?   ☐ oui   ☐ non

Remarques et observations personnelles. Proposition de commentaire. Faites-nous part de vos expériences et découvertes sur papier libre. N'oubliez pas, plus particulièrement pour les hôtels, restaurants et commerces, de préciser avant votre commentaire détaillé (5 à 15 lignes) l'adresse complète, le téléphone et les moyens de transport pour s'y rendre ainsi qu'une indication de prix.

LE PETIT FUTE COUNTRY GUIDE
18, rue des Volontaires 75015 Paris